Klaus Bringmann

Geschichte der Juden
im Altertum

Vom babylonischen Exil bis
zur arabischen Eroberung

Klett-Cotta

Mit 42 Abbildungen und Karten im Text sowie 2 Farbtafeln

Klett-Cotta
© J. G. Cotta'sche Buchhandlung Nachfolger GmbH, gegr. 1659,
Stuttgart 2005
Alle Rechte vorbehalten
Fotomechanische Wiedergabe nur mit Genehmigung des Verlags
Printed in Germany
Umschlag: Klett-Cotta Design
Fotos:
oben: Motiv aus dem Bilderzyklus der Synagoge von Dura-Epos:
Institut für Archäologische Wissenschaften Abt. II der Universität Frankfurt a. M.
unten: © Royalty-Free/Corbis
Gesetzt aus der 12 Punkt Perpetua von OADF, Altdorf
Auf säure- und holzfreiem Werkdruckpapier gedruckt
und gebunden von Kösel, Krugzell
ISBN 3-608-94138-X

Bibliographische Information Der Deutschen Bibliothek
Die Deutsche Bibliothek verzeichnet diese Publikation in der
Deutschen Nationalbibliographie; detaillierte bibliographische
Daten sind im Internet über ‹http://dnb.ddb.de› abrufbar

Inhalt

Vorwort

Dieses Buch ist der Geschichte der Juden im Altertum, die nicht identisch ist mit der des Alten Israel, gewidmet. Die Geschichte des Alten Israel, so wird hier vorausgesetzt, reicht von der Einwanderung hebräisch sprechender Hirtenclans nach Kanaan, dem später so genannten Palästina, bis zur Vernichtung der beiden israelitischen Teilreiche Israel und Juda durch die Assyrer und Babylonier im siebten beziehungsweise frühen sechsten Jahrhundert v. Chr. Die Geschichte der Juden hat demgegenüber ihren Anfang mit einem Neubeginn im Jahre 538 v. Chr. genommen: mit der Rückkehr der in das Zweistromland deportierten Elite des ehemaligen Reiches Juda nach Jerusalem. In der Unterscheidung von israelitischer und jüdischer Geschichte folge ich Julius Wellhausen, der im neunzehnten Jahrhundert sein von der Landnahme bis zur Zerstörung des Tempels durch die Römer im Jahre 70 n. Chr. reichendes Werk «Israelitische und jüdische Geschichte» genannt hat. Der damit zum Ausdruck gebrachten Differenzierung folgte auch die «Geschichte der Juden in der Antike», die Peter Schäfer im Jahre 1983 vorgelegt hat. Von dieser unterscheidet sich die Konzeption der hier vorgelegten Darstellung in zwei Punkten: Wie der Untertitel seines Buches zu erkennen gibt, beschränkt sich Peter Schäfer auf die Geschichte der Juden Palästinas in der Zeit von Alexander dem Großen bis zur arabischen Eroberung (332 v. – 638 n. Chr.). Das aber bedeutet, daß weder die Begründung des jüdischen Tempelstaates und seiner auf der Thora, der in den fünf Büchern Mose niedergelegten Weisung Gottes (dies alles fällt in die Zeit der persischen Oberherrschaft), noch die Geschichte der jüdischen Diaspora in seinem Buch Berücksichtigung findet. Beides halte ich jedoch für notwendige Bestandteile einer Geschichte der Juden im Altertum, und dementsprechend bin ich verfahren. Denn ohne Einbeziehung der jüdischen Geschichte in der Perserzeit (538 – 332 v. Chr.) bleibt alles Weitere ohne das notwendige Hintergrundverständnis, und ohne Berücksichtigung der Diaspora, des zweiten Pols jüdischer Geschichte neben dem Jerusalemer Zentrum, ergäbe sich eine halbierte Geschichte der Juden im Altertum.

Die Geschichte des Alten Israel und die Geschichte der Juden sind durch eine tiefe Zäsur, die Zeit der Babylonischen Gefangenschaft (582 – 538 v. Chr.) voneinander getrennt, und beide hängen doch wieder insofern eng miteinander zusammen, als der Neubeginn des Jahres 538 unter Rückgriff auf die geschichtliche Erinnerung an die Vergangenheit erfolgte. Da also die Zeit der Babylonischen Gefangenschaft das Verbindungsglied zwischen dem Alten Israel und der Geschichte der Juden darstellt und die Grundlagen des an der historischen Erinnerung orientierten Neuanfangs in der Zeit des Exils gelegt worden sind, ist diese wichtige Zwischenepoche in diese Darstellung mit einbezogen worden.

Ein erklärendes Wort bedarf noch die Verwendung der unterschiedlichen Bezeichnungen für Land und Leute, Israel, Judäa und Juden. Mit Judäa ist entweder das kleine Heilige Land des jüdischen Tempelstaates mit Jerusalem als Mittelpunkt oder die um zusätzliche Gebiete erweiterte römische Provinz dieses Namens gemeint, mit Israel entweder Eretz Israel, das heißt das ganze, ursprünglich von den zwölf Stämmen bewohnte Land in Palästina und im Ostjordanland oder die Gesamtheit des Volkes, das nach den Vorschriften der Thora lebt, Jahwe als den Gott verehrt, neben dem es keine anderen Götter gibt, und ihm im Jerusalemer Tempel ihre Opfer darbrachte. Der Begriff Israel setzt einerseits eine patriotische Fiktion voraus, indem er das ideelle Fortbestehen der zwölf Stämme voraussetzt, wie dies übrigens auch in der Berufung der zwölf Apostel durch Jesus zum Ausdruck kommt, und hat doch insofern einen Anhalt an der Realität, als Nachkommen der untergegangenen Stämme des Nordreiches Israel weiterhin im Lande ihrer Vorfahren lebten. Infolge ihrer religiösen Ausrichtung nach dem in Judäa gelegenen Jerusalemer Heiligtum werden sie alle schon im Altertum als Juden bezeichnet. In der Diaspora hießen sie ohnehin so, ob die Einwanderer nun aus Judäa, aus Galiläa oder sonstwoher stammten. In der Darstellung habe ich mich darum bemüht, daß die jeweilige Bedeutungsvariante der genannten Bezeichnungen aus dem Kontext kenntlich wird.

Ein letztes erklärendes Wort braucht noch ein anderer Aspekt dieses Buches. Der Verfasser ist kein Judaist, sondern Althistoriker, und er läßt sich von der Überzeugung leiten, daß das Erbe Jerusalems nicht weniger zu den vornationalen Grundlagen Europas gehört wie das des antiken Griechenlands und Roms. Dementsprechend liegt der Schwerpunkt der Darstellung auf der Geschichte der Juden im Verhältnis zu der sie umgebenden hellenistischen und römischen Welt der Antike. Nach der negativen Seite gewendet bedeutet das, daß mit diesem Buch kein Kompendium der Wissenschaft vom Judentum vorgelegt wird, und ebensowenig handelt es sich um eine kritische Übersicht über das unendliche Meer der Forschungsprobleme, die nur allzu leicht den Zugang zu den großen Linien der Geschichte der Juden im Altertum versperren würde. Für eine erste Orientierung über die Quellen, die heuristische Grundlage jeglicher historischer Rekonstruktion, und über weiterführende wissenschaftliche Literatur verweise ich auf den entsprechenden Abschnitt des Anhangs zu diesem Buch.

Bei der Abfassung des Manuskripts habe ich mich wieder der bewährten Hilfe von Herrn cand. phil. Dirk Wiegandt bedienen dürfen; Herrn Dr. Hans-Christoph Noeske verdanke ich wertvolle Hinweise und Herrn Dr. Helmut Schubert die Vorlagen für die Abbildung der Münzen judischer und nichtjüdischer Provenienz. Beiden Herren, vormals wissenschaftliche Mitarbeiter der Abteilung II des Seminars für Griechische und Römische Geschichte, jetzt des Instituts für Archäologische Wissenschaften an der Frankfurter Universität, gilt mein aufrichtiger Dank. Bei der Korrektur der Druckfahnen und der Erstellung des Index haben mich Herr Dirk Wiegandt sowie die Herren Tilmann Moritz und David Wierzejski, studentische Hilfskräfte an der Abteilung Alte Geschichte des Historischen Seminars der Universität Frankfurt, aufs beste unterstützt. Last but not least, danke ich Herrn Dr. Christoph Selzer, Lektor des Verlags Klett-Cotta, ohne dessen Ermutigung und Unterstützung dieses Buch nicht zustande gekommen wäre.

Frankfurt am Main
Juni 2005   *Klaus Bringmann*

Einführung

Die Geschichte der Juden nimmt ihren Ausgang von einer doppelten Katastrophe: der Vernichtung der beiden Reiche Israel und Juda in den Jahren 721 und 582 v. Chr. Beide Daten bezeichnen das Ende der Geschichte des alten Israel. Diese reicht von der Einwanderung nomadisierender Hirten nach Palästina in der Zeit vom 14. bis 12. Jahrhundert v. Chr. über die Bildung des Bundes der zwölf hebräischen Stämme, von denen einer, die Judäer, zum ethnischen Kristallisationskern des jüdischen Volkes geworden ist, bis zur Staatsbildung unter Richtern und Königen. Der Entstehungsgrund der Staatsbildung war die Notwendigkeit der Selbstbehauptung gegen die Stadtstaaten der Philister und Kanaanäer in Palästina. Ob am Anfang der israelitischen Staatsbildung die lockere Kooperation der Stämme stand, die ihr kultisches Zentrum in der Verehrung eines gemeinsamen Bundesgottes namens Jahwe fand, ist umstritten: Ihre Vollendung war das in der historischen Erinnerung mit viel Verklärung und Schatten versehene Königtum Davids und Salomos im 10. Jahrhundert. Das von ihnen geschaffene Reich der zwölf Stämme fand seinen Mittelpunkt in der von David eroberten Stadt Jerusalem und dem von Salomo errichteten Ersten Tempel auf dem Berg Zion. Aber unter Salomos Nachfolger zerbrach der Reich der zwölf Stämme in die zwei Teilreiche Israel und Juda. Das Israel genannte Nordreich umfaßte zehn Stämme und mehrere kanaanitische Städte, vor allem in der Jesreelebene; auf dem Boden des Südreichs Juda mit der Hauptstadt Jerusalem siedelte neben den Judäern nur noch der kleine Stamm Benjamin. Während im Nordreich die Kette der Usurpationen nicht abriß und die Dynastien einander ablösten, verblieb das Südreich Juda unter der Herrschaft des Hauses Davids. Die beiden Reiche waren miteinander verfeindet, aber es war nicht diese Feindschaft, die Israel und Juda zum Verhängnis wurde, sondern ihre Stellung zwischen den Großmächten des fruchtbaren Halbmonds: Ägypten im Niltal sowie Assur beziehungsweise Babylon im Zweistromland. In der Zeit zwischen 734/33 und 582 v. Chr. vollzog sich die Katastrophe beider Reiche. Sie begann mit einer Kette von Deportationen und endete in der Vernichtung ihrer Existenz. Zuerst getroffen wurde das Nordreich Israel. In drei Schüben zwischen den Jahren

734/33 und 721 wurde die Elite des Volkes in das nördliche Mesopotamien deportiert und in der Weite des Landes zerstreut. An die Stelle der Verschleppten traten Neusiedler, und die eroberte Hauptstadt Samaria wurde zur Sicherung des Landes mit einer großen assyrischen Militärkolonie belegt. So zerbrach zusammen mit dem Reich Israel die alte ethnische Struktur der zehn Stämme. Auch das Südreich erlitt ein ähnliches Schicksal wie der Norden. Auch es erlebte eine Kette von Deportationen, und im Jahre 582 v. Chr. löschte Nebukadnezar, der König des Neubabylonischen Reiches, seine Existenz aus. Jerusalem und der Tempel des Gottes, der auf dem Berg Zion wohnt, wurden zerstört, die Reste der von den vorausgehenden Deportationen bereits dezimierten Oberschicht, die Königsdynastie, die Priester, der Kriegeradel und die Schmiede, gingen ins babylonische Exil. Aber die Deportierten wurden im Unterschied zu denen des Nordreichs nicht unter den Völkern des fremden Landes zerstreut. Sie bildeten in Babylonien weitgehend autonome Gemeinschaften, und ihr harter Kern hielt an der religiösen Überlieferung als der Grundlage der historischen Erinnerung und der Lebensordnung des Volkes fest und nährte unter dem Einfluß der Propheten die Erwartung einer Rückkehr in das Heilige Land und der Wiedererrichtung des Tempels in Jerusalem als der zentralen Kultstätte ihres Gottes. Im Exil wurden so von einer Minderheit die Grundlagen der künftigen Geschichte der Juden gelegt. Aber die Deportierten bildeten nicht nur die Keimzelle, aus der die Gemeinde des Zweiten Tempels im Heiligen Land hervorging, sie waren es auch, die die erste große Diasporagemeinde, die im Zweistromland, begründeten. Die Klammer, die das Zentrum und die Diaspora miteinander verband, waren der Opferkult im Jerusalemer Heiligtum und die auf göttlicher Weisung, der Thora, beruhende religiöse Lebensform. Tempel und Thora begründeten trotz räumlicher und sprachlicher Trennung über Jahrhunderte hinweg die Identität des Volkes der Juden.

Die Stunde der deportierten Elite kam, als Kyros II., der Begründer des persischen Großreiches, dem Neubabylonischen im Jahre 538 v. Chr. ein Ende bereitete und den exilierten Juden die Rückkehr nach Jerusalem und die Wiedererrichtung des Tempels erlaubte. In der Zeit der Könige Kyros (559 – 530 v. Chr.), Dareios I. (522 – 486 v. Chr.) und Artaxerxes I. (465/64 – 425 v. Chr.) kehrten in mehreren Wellen Teile der alten Oberschicht ins Heilige Land zurück, richteten den Tempel wieder auf und begründeten unter der im Land verbliebenen bäuerlichen Bevölkerung die auf der Thora beruhende religiöse Lebensordnung unter der Herrschaft von Hohenpriestern. Damals wurde zum ersten Mal das vertikale Bündnis zwischen einer jüdischen Führungselite und der höchsten erreichbaren Macht, dem persischen Großkönig, geschlossen. Dieses Bündnis, das «die Juden zu Dienern von Königen und nicht zu Dienern von Dienern» (Isaac Arama) machte, ist neben der Bewahrung der eigenen Identität, ein zweiter Grundzug der Geschichte der Juden vom Altertum bis in die Neuzeit. Es war der Großkönig, der die Thora als eine für alle Juden, wo immer sie wohnten, verbindliche Ordnung sanktionierte, und in seinem Auftrag und unter seinem Schutz organisierten im 5. Jahrhundert v. Chr. Esra und Nehemia Kult, Gesellschaftsordnung und Herrschaftsform, unter der die Juden des Heiligen Landes lebten. Aber nicht nur im Heiligen Land, sondern auch in der Diaspora, die sich von Mesopotamien und Medien über Syrien bis nach Ägypten erstreckte und sich später noch weiter nach Westen ausdehnte, stand und fiel jüdisches Leben mit der Möglichkeit der Politik der vertikalen Bündnisse. Die Oberherren wechselten: Mit Alexander dem Großen kamen die hellenistischen Könige, mit Pompeius im Jahre 63 v. Chr. die Römer. Aber hinter allen Veränderungen, die der Wechsel der Oberherren mit sich brachte, sahen beide Seiten, die Herrscher und die Beherrschten, ihren Vorteil in der Aufrechterhaltung eines vertikalen Bündnisses.

Diese Politik war gewiß schweren Belastungsproben ausgesetzt. Ein guter Teil der politischen Geschichte der Juden im griechisch-römischen Altertum hat sich in den Krisen vollzogen, denen die Politik des vertikalen Bündnisses ausgesetzt war. Zwei dieser Krisen verdienen schon jetzt besondere Erwähnung. In der ersten Hälfte des zweiten Jahrhunderts v. Chr. bewirkten der fiskalische Druck der griechischen Oberherrschaft der Königsdynastie der Seleukiden und die Attraktivität der griechischen Lebensform eine innere und äußere Erschütterung, die durch eine Verkettung kontingenter Umstände beinahe in die Katastrophe der Vernichtung der jüdischen Religion und der auf der religiösen Lebensordnung beruhenden Identität des jüdischen Volkes geführt hätte. Dann kam im ersten Jahrhundert n. Chr. unter römischer Oberherrschaft die Vernichtung des jüdischen Tempelstaates und die Zerstörung des Tempels. Diese Katastrophe resultierte aus dem Scheitern des unter dem Diktator Caesar und dem Kaiser Augustus geknüpften engen vertikalen Bündnisses mit der römischen Weltmacht.

Die erste der genannten beiden schweren Krisen, die des zweiten Jahrhunderts v. Chr., wurde durch die jüdische Erhebung unter den Hasmonäern überwunden. Der Erfolg dieser Erhebung bedeutete nicht nur eine Selbstbehauptung des jüdischen Monotheismus und der jüdischen Lebensform: Unter Ausnutzung der zunehmenden Schwäche der griechischen Oberherren aus dem Haus der Seleukiden gelang es den Erben des Glaubenshelden Judas Makkabaios auch, die politische Unabhängigkeit zu erkämpfen und eine territoriale Expansion einzuleiten, die im Endergebnis einer Wiederherstellung des Reiches der Könige David und Salomon gleichkam. Aber es zeigte sich schnell, daß Unabhängigkeit und Expansion weniger der eigenen Stärke als der Gunst äußerer Umstände verdankt war, dem Machtvakuum im Vorderen Orient, das durch den Niedergang des Seleukidenreiches und der Fixierung der römischen Weltmacht auf ihre inneren Probleme im Gefolge der gescheiterten gracchischen Reformversuche in der zweiten Hälfte des zweiten und zu Beginn des ersten Jahrhunderts v. Chr. entstanden war. Mit Rom oder, anders gewendet, mit Pompeius auf der Bühne des Vorderen Orients (65 – 63 v. Chr.) änderte sich alles.

Welche Gestalt auch das neue vertikale Bündnis annehmen mochte – ob Rom jüdische Klientelkönige oder -fürsten aus dem Haus des Herodes ernannte oder das jüdische Kernland zu einem Annex der Großprovinz Syrien machte –, Rom war zum unentrinnbaren Schicksal der Juden geworden. Von Haus aus standen die Aussichten für ein gutes Auskommen mit dem neuen Oberherrn nicht schlecht. Mit untrüglichem Machtinstinkt erfaßten beide Seiten den Vorteil einer engen Kooperation: die Juden, weil sie in der Diaspora des Ostens und im Heiligen Land seit der gewaltsamen Expansion in der Zeit der Hasmonäer von feindseligen Nachbarn umgeben waren und eines Rückhalts bei der höchsterreichbaren Macht bedurften, die Römer, weil sie in den Juden loyale Freunde hatten, die auf Gedeih und Verderb auf sie angewiesen waren. Prinzipiell war Rom in der Anerkennung jüdischer Autonomie und in der Unterstützung jüdischer Interessen großzügig, und die Römer haben in den mannigfachen Konflikten, die die Juden mit ihrer Umwelt zu bestehen hatten, wiederholt griechische Gemeinden gezwungen, die jüdischen Privilegien, die zum Schutz der religiösen Lebensordnung der jüdischen Diaspora bestanden, zu respektieren. Dennoch endete die Zusammenarbeit in gegenseitiger Desillusionierung und im Scheitern des vertikalen Bündnisses.

Dies geschah in einem komplizierten, verschlüsselten Prozeß, der in diesem Buch genauer analysiert werden wird. An dieser Stelle sei nur soviel gesagt: Es gab auf römischer Seite Mißgriffe, die auf einem Unverständnis der religiösen Lebensordnung der Juden beruhten, und eine auf die daraus resultierenden Schwierigkeiten reagierende zunehmende Brutalisierung der römischen Herrschaftsausübung. Diese war zumindest teilweise das Produkt politischer Hilflosigkeit, und es gab auf jüdischer Seite eine politisierte, hochproblematische

Aktualisierung der alten messianischen Erwartung, daß Gott am Ende aller Tage seinen Gesalbten schicken werde, der das Joch der Heiden zerbrechen und die Herrschaft eines Königs aus dem Hause Davids errichten würde. Aus diesen Wurzeln ist eine Katastrophe unvorstellbaren Ausmaßes erwachsen: Zwischen 66 und 135 n.Chr. wurde die von Esra und Nehemia geschaffene Ordnung beseitigt, der Tempel und die heilige Stadt zerstört und dem Judentum für alle Zeiten der Opferkult auf dem Berg Zion unmöglich gemacht. Das zerstörte Jerusalem wurde unter dem Namen Aelia Capitolina als heidnisch-hellenistische Stadt von Kaiser Hadrian neu gegründet, das Heilige Land wurde Eigentum des römischen Kaisers, und den Juden wurde das Betreten ihrer entweihten heiligen Stadt verboten, selbst der Name Judäa wurde ausgetilgt und die neue römische Provinz in programmatischer Absicht in Syria Palaestina umbenannt. Das jüdische Volk verlor damals einen beträchtlichen Teil seiner biologischen Substanz und seines Siedlungsgebietes, und die Situation der Diaspora verdüsterte sich insbesondere im hellenistischen Osten. Die in Umrissen kenntlichen Probleme des Zusammenlebens zwischen Griechen und Juden in Alexandrien, dem New York der Alten Welt, sind nur die Spitze eines Eisbergs.

Dennoch war die in der Zeit zwischen 66 und 135 n.Chr. eingetretene Katastrophe nicht das Ende des jüdischen Volkes, der jüdischen Religion und der jüdischen Geschichte. Was die römische Seite anlangt, so war eine wesentliche Voraussetzung eines Neubeginns, daß das Regiment der Kaiser trotz des deutlichen Anstiegs antijüdischer Vorurteile (für den beispielsweise der Judenexkurs in Tacitus' Historien ein guter Gradmesser ist) sich nicht den Antijudaismus zur Maxime der praktischen Politik wählte. So töricht und verblendet war man damals wenigstens nicht. Die Römer boten den religiösen Führern des geschlagenen Volkes die Möglichkeit, jüdisches Leben neu zu organisieren – ohne Tempel und Heiliges Land, ohne Hohenpriester und eigene Staatlichkeit, indem sie den jüdischen Gemeinden eine sehr weitgehende religiöse Autonomie gewährten. Diese religiöse Autonomie schloß übrigens eine freiwillige zivile Gerichtsbarkeit unter Juden ein, und zumindest nach dem Zeugnis des Origenes tolerierte die römische Obrigkeit sogar die Ausübung einer innerjüdischen Strafgerichtsbarkeit.

Auf jüdischer Seite war die wichtigste Voraussetzung für den Neubeginn, daß der bis dahin herrschende Pluralismus, der von der hellenistischen Religionsphilosophie eines Philon von Alexandrien über die zahlreichen, auf strengste Heiligung des Lebens nach dem Religionsgesetz fixierten Gruppierungen im Heiligen Land bis zu der hohenpriesterlichen Partei der Sadduzäer reichte, sein Lebensrecht und seine Lebensmöglichkeit verloren hatte und die Vielfalt sich letztlich auf die Richtung des Schriftgelehrtentums der Pharisäer reduzierte. Die Schriftgelehrten waren es, die nach der Katastrophe mittels der Auslegung der Heiligen Schrift, die nach der Zerstörung des Tempels als die einzige ideelle Grundlage jüdischen Lebens verblieben war, die zweite, die mündliche Thora, den Talmud, insbesondere die Rechtstexte der Mischna, schufen, und vor allem ihnen ist es letztendlich zu verdanken, daß die Juden als ein Volk der geschichtlichen Erinnerung und der Erwartung einer messianischen Erlösung vor dem Aufgehen in der nichtjüdischen Umwelt bewahrt wurden. Das war auch deswegen keine leichte Aufgabe, weil das Gleichgewicht zwischen einer Aufrechterhaltung der messianischen Erwartung und einer Immunisierung gegen die Versuchung der Ungeduld, das Reich Gottes mit Gewalt herbeizuzwingen, unter den Zumutungen der Fremdherrschaft leicht aus den Fugen geraten konnte.

Man mag es ein Stück tragischer Ironie nennen, daß eine der Varianten der um die Zeitenwende umlaufenden messianischen Strömungen das von den Rabbinen gegen die Versuchungen des Messianismus mühsam immunisierte Judentum in der späten Kaiserzeit vor eine neue Herausforderung stellte. Gemeint ist das Christentum, das, innerhalb des Judentums entstanden, aus dessen Grenzen heraustrat, zu einer neuen, von Heidenchristen getragenen Weltreligion wurde und durch das Bündnis mit dem Kaisertum den Rang einer Staatsreligion des römischen Imperiums erlangte. Das Christentum hat seine jüdischen Wurzeln nie verleugnet. Zwar hatte im zweiten Jahrhundert n. Chr. Markion, ausgehend von den Briefen des Apostels Paulus, das Christentum so radikal von seinen jüdischen Wurzeln getrennt, daß er den Gott der christlichen Erlösung und den jüdischen Gott der Schöpfung einer prinzipiell bösen Welt für verschiedene Götter erklärte, indem er das Evangelium vom fremden Gott, dem neuen Gott der Christen, verkündete – dies ist der Untertitel des bedeutenden Buches, das der große protestantische Kirchen- und Dogmenhistoriker Adolf Harnack Markion als dem Stifter einer neuen Religion gewidmet hat. Aber die entstehende katholische Kirche hat in der Auseinandersetzung mit der Gemeinde des Markion stets daran festgehalten, daß der Gott Israels derjenige sei, den auch sie verehrt, und daß in der Person Jesu Christi der in den Prophezeiungen des Alten Testaments verheißene Erlöser des Gottesvolkes erschienen sei. Freilich erhob sie den Anspruch, daß die christliche Kirche das neue Israel sei und das Bekenntnis zur Göttlichkeit Jesu Christi die Zugehörigkeit zu diesem neuen auserwählten Volk konstituiere. In dieser Deutung der messianischen Verkündigungen war impliziert, daß die Juden, die sich der Anerkennung der Messianität Jesu verschlossen, in den Augen der christlichen Kirche im Irrtum verharrten. Der traditionelle Antijudaismus, den schon die heidnische Welt gekannt hatte, erhielt auf diese Weise eine neue, eine theologische Dimension, in der das bittere Gift der Enttäuschung und der Verärgerung über die verstockten jüdischen «Gottesmörder» (so ein verbreiteter christlicher Vorwurf an die Adresse der Juden) steckte. Schließlich war der göttliche Erlöser in seiner menschlichen Gestalt unter den Juden erschienen, und ihnen war zuerst das Evangelium gepredigt worden. In den letzten Kämpfen, die um die Frage ausgetragen wurden, ob die Welt christlich oder heidnisch bleiben sollte, ist Kaiser Iulian, den die Christen den Abtrünnigen nannten, mit dem Plan umgegangen, die Juden zu Verbündeten in seinem Bemühen zu machen, das Christentum zu marginalisieren und die Opferkulte reichsweit wiederherzustellen. Iulian scheiterte, und den Juden wurde der Tempel in der christlich gewordenen Stadt Jerusalem nicht wieder aufgebaut. So nahmen die Juden teil an der Niederlage des letzten Versuchs, den Siegeslauf des Christentums zu beenden. In dieser schwierigen Lage, die, wie leicht einzusehen ist, auch ein Minenfeld gefährlicher Emotionen war, fiel dem Kaisertum eine Schlüsselrolle zu. Es war der Erbe von Regelungen, die das Judentum und seine religiöse Lebensform schützten, und es hat diese Rolle als Beschützer jüdischen Lebens auch nicht aufgegeben, als es das Bündnis mit dem Christentum einging und die Kaiser selbst Christen wurden. Der christliche Kaiser war freilich der Schutzherr der Christenheit, und es war diese neue Rolle, die in der Spätantike dazu führte, daß die Juden zwar aufs ganze gesehen im Gegensatz zu Heiden und Häretikern eine geduldete Minderheit blieben, aber auf den Status von Bürgern zweiter Klasse herabgedrückt wurden. Vor allem wurden sie in der christlichen Umwelt dem Erwartungsdruck einer Bekehrung ausgesetzt, und damit verschlechterte sich gemessen an der Zeit des heidnischen Imperiums ihre Lage. Die heidnischen Kaiser hatten sich um die Innenseite der jüdischen Religion nicht gekümmert, der christliche Kaiser stand auf der Seite der Kirche, die die Bekehrung der Juden zum wahren Israel erwartete. Nach wie vor waren die Juden auf das vertikale Bündnis mit der höchsterreichbaren politischen Gewalt angewiesen. Aber dieses Bündnis war in der christlichen Welt für sie weitaus schwieriger und spannungsgeladener geworden als in der heidnischen. In dieser Wandlung der Verhältnisse ist die Spätantike das Eingangstor zur Geschichte der Juden im europäischen Mittelalter und in der Neuzeit.

Die Grundlegung der religiösen Lebensordnung
unter persischer Oberherrschaft
(538 – 332 v. Chr.)

Das Exil

In der Zeit zwischen 734/33 und 721 v. Chr. wurde die Elite des Israel genannten Nordreichs von den assyrischen Königen Tiglatpilesar III., Salmanas-
sar V. und Sargon II. in drei Schüben ins nördliche Zweistromland deportiert,
das Reich selbst fiel im Jahre 721 der Vernichtung anheim, und in seine Hauptstadt Samaria hielt eine assyrische Militärkolonie Einzug. Die Deportierten
wurden am oberen Chabora, dem modernen Khabur, einem östlichen Neben-
fluß des Euphrat, sowie im Distrikt von Gozan östlich von Harran/Carrhae
sowie in den Städten Mediens angesiedelt. Von ihrem weiteren Schicksal ist so
gut wie nichts bekannt. Eine Namensliste auf einer Tonscherbe, die in aramäischer Sprache viele biblische Namen enthält, ein offizielles assyrisches Dokument mit Bezug auf einen «Samaritaner» sowie eine Reihe von israelitischen
Namen sind die einzigen Zeugnisse, die Israel im Exil hinterlassen hat. Wir
wissen nicht, ob die Deportierten ihren Gott in der Fremde oder die Götter
ihren neuen Umgebung verehrten und sich, wie es antikem Brauch entsprach,
einer synkretistischen Religion zuwandten, in der die alten und die neuen
Götter gemeinsam Platz fanden. In dem einzigen Buch der Bibel, dem freilich
erst in hellenistischer Zeit entstandenen Buch Tobit, das von den Exilierten
aus Israel handelt, ist der Held ein Galiläer, der im Unterschied zu den Samaritanern als ein treuer Verehrer des Gottes geschildert wird, der im Tempel von
Jerusalem wohnt. Da die Deportierten aus Israel kaum Spuren hinterlassen
haben, wird man annehmen müssen, daß sie durch Heirat und Assimilation in
der einheimischen Bevölkerung, unter der sie zerstreut lebten, aufgegangen
sind. Auf dem Territorium des alten Nordreichs hatte Sargon II. Angehörige

fremder Völker angesiedelt, die neben den im Lande verbliebenen Teilen der hebräischen und kanaanitischen Bevölkerung zusammenlebten. Das Ergebnis dieses Zusammenlebens war eine synkretistische Gottesverehrung, die auf Weisung des assyrischen Königs sowohl Jahwe als den alten Landesgott und die Götter der Neusiedler einschloß, und dabei ist es auf lange Zeit geblieben: «So handeln diese Völker nach ihren früheren Bräuchen. Sie verehren den Herrn und dienen zugleich ihren Götzen. Was ihre Väter getan haben, das tun auch ihre Kinder und Kindeskinder bis auf den heutigen Tag», so heißt es mißbilligend in den Königsbüchern des Alten Testaments, dem großen jüdischen Geschichtswerk, das seine Endredaktion im sechsten Jahrhundert erhalten hat (2. Kön. 17,40).

Knapp anderthalb Jahrhunderte später erlitt das Südreich Juda ein ähnliches Schicksal wie das Nordreich Israel. König Nebukadnezar, der Herrscher des Neubabylonischen Reiches, ließ ebenfalls die Oberschicht in drei Schüben, in den Jahren 597, 587 und 582 v. Chr., deportieren, zerstörte Jerusalem mitsamt dem Tempel und setzte dem Reich Juda ein Ende. Aber im Unterschied zu den Exilierten aus Israel gingen die aus dem Südreich Juda Verschleppten nicht in ihrer Umwelt auf. Sie wurden nicht nur zum Kristallisationskern der ersten großen jüdischen Diaspora, sondern von ihnen gingen auch die Wiederherstellung des Tempels in Jerusalem und die Schöpfung der religiösen Ordnung des Volkes aus, die den Anfang und die Grundlage der jüdischen Geschichte bildet. Selbstverständlich war das nicht, denn auch die Verbannten aus Juda standen in Gefahr, neben ihrem angestammten Gott die Götter des fremden Landes zu verehren, ganz so, wie die assyrischen Kolonisten in Samaria neben ihren angestammten Göttern auch Jahwe als den Gott des Landes verehrten, in dem sie lebten. Denn es war üblich, daß Migranten die Götter ihres Aufenthaltsortes als ihre eigenen annahmen. Deshalb leistete beispielsweise die Versammlung der in Mesopotamien lebenden Ägypter ihren Eid bei den babylonischen Göttern Bel und Nabu. In einem fremden Land wurden die dort verehrten Götter allgemein als die größere Macht verglichen mit den angestammten der alten Heimat angesehen, zumal man sie auf die hergebrachte Weise nur in dem Tempel des ihnen heiligen Landes verehren konnte. Deshalb sagt der Prophet Ezechiel, der das Schicksal der Deportierten teilte und in Mesopotamien lebte: «So spricht Gott der Herr: Auch wenn ich sie weit weg unter die Völker geführt und in alle Länder zerstreut habe, so bin ich in den Ländern, wohin sie gekommen sind, ihnen doch noch ein wenig ein Heiligtum» (Ezechiel 11,16), und er hält es für notwendig, die

Verbannten davor zu warnen, die Götter des Landes zu verehren: «Niemals soll geschehen, was euch eingefallen ist, als ihr sagtet: Wir wollen wie die anderen Völker sein, wie die Menschen in anderen Ländern, und wollen Holz- und Steinbilder verehren» (Ezechiel 20,32). Im gleichen Sinn warnt Jeremia, der große Prophet der Katastrophe und des Exils, die zur Deportation bestimmte Elite seines Volkes: «Nun werdet ihr in Babylon Götterbilder aus Silber, Gold und Holz sehen, die man auf den Schultern trägt und die den Völkern Furcht einflößen. Hütet euch dann, euch den Fremden anzugleichen und euch von der Furcht vor diesen Göttern erfassen zu lassen…» (Brief des Jeremia in Baruch 6,3–4).

Was im einzelnen geschah, wissen wir nicht, aber es gibt deutliche Spuren, daß auch die jüdischen Verbannten keineswegs davor gefeit waren, der Versuchung des fremden Landes zu erliegen. Einen Hinweis auf die anfangs eingetretene Religionsmischung gibt neben den Hinweisen der Propheten das theophore, das heißt das von einem Gott abgeleitete Namensmaterial. Selbst Angehörige der ins Exil geführten davidischen Königsdynastie, Scheschbazzar und Serubbabel, die später einen entscheidenden Anteil an der Restauration des Jerusalemer Heiligtums hatten, trugen Namen, die von babylonischen Gottheiten abgeleitet waren. Eine Ausnahme war das nicht. Beispielsweise nannte ein Jude, der im Distrikt von Nippur lebte, seinen Sohn Schameschladin, das heißt «Möge (der Gott) Schamasch urteilen», und dieser wiederum gab dann seinem Sohn den theophoren jüdischen Namen Jedaiah, das heißt «der Herr beschützt». Was die Namen von Juden anbelangt, die in dem aus dem fünften Jahrhundert v. Chr. stammenden Archiv des Bankhauses Muraschu in Nippur aufbewahrt sind, so hält sich die Zahl der Vatersnamen, die sich auf fremde Gottheiten und die sich auf den Gott Israels beziehen, ungefähr die Waage. Und als Kyros, der Begründer des persischen Großreiches, der babylonischen Herrschaft ein Ende bereitete und der Prophet den Verbannten die Rückkehr verhieß, da rechnete er mit verstockten Angehörigen des eigenen Volkes, die den Umbruch der Weltgeschichte nicht Jahwe, sondern den Idolen der falschen Gottheiten zuschrieben: «Ich (das heißt Jahwe) ließ es dich (aus dem Mund seines Propheten) wissen, bevor es geschah, damit du nicht sagst, mein Götteridol hat das vollbracht, mein geschnitztes und gegossenes Abbild hat es befohlen» (Jesaia 48,5). Aber mit dieser halb jüdischen, halb heidnischen Religion war es um die Mitte des fünften Jahrhunderts vorbei. Keiner der Juden, die im Archiv des Hauses Muraschu verzeichnet sind, trägt noch einen theophoren Namen, der einen heidnischen Gott bezeichnet, auch diejenigen nicht, deren Väter noch nach den fremden Göttern Babylons genannt worden waren.

Dieser Umschwung war in der Zeit des Exils von einer kleinen Gruppe vorbereitet worden, die von den Propheten angeleitet an dem einen Gott Israels auch in der Fremde festhielt. Ihre Stunde kam, als Kyros Babylon eroberte und auch die Verehrer Jahwes in den Genuß seiner Politik der religiösen Restauration kamen. Eine wichtige Voraussetzung für den Erfolg, den die auf Jahwe als den einzigen Gott Israels eingeschworene Gruppierung schließlich hatte, war in dem äußeren Umstand begründet, daß die Babylonier die Deportierten in kompakten Einheiten wie beispielsweise im Gebiet von Nippur am Chebar, dem «großen Kanal» des Euphrats, angesiedelt und in Juda selbst nicht in die ethnische Struktur eingegriffen hatten. Nippur, eine ursprünglich sumerische Stadt, hatte einige Jahre König Nabupolossar von Babylon widerstanden und war zur Strafe mit dem Verlust großer Teile seines Territoriums bestraft worden. Vor allem dort hatte Nebukadnezar jüdische Exilierte ansiedeln lassen. Es war in Nippur, wo das Bankhaus Muraschu seine Geschäfte mit den Inhabern von Kronland machte, und zu den Kunden des Hauses gehörten auch dort lebende Juden. Die Königsbauern waren in Korporationen mit Haftungspflicht organisiert und mußten schon aus diesem Grunde die Dienste des Bankhauses in Anspruch nehmen. Nach Ausweis des erhaltenen Archivs, das dieses Bankhaus unterhielt, gab es keine spezifisch jüdische Korporation, aber Juden, die in 28 von circa 200 Siedlungen bezeugt sind, begegnen in allen der korporativ organisierten Berufsgruppen. Ungefähr 6 % der namentlich erfaßten Funktionsträger der Krone und des königlichen Hauses waren Juden. Sie waren somit vollständig in das ökonomische System des babylonischen Mesopotamiens integriert, und das war es auch, wozu ihnen der Prophet Jeremia geraten hatte. «Baut Häuser und wohnt darin, pflanzt Gärten und eßt ihre Früchte. Nehmt euch Frauen und zeugt Söhne und Töchter, nehmt für eure Söhne Frauen und gebt eure Töchter Männern, damit sie Söhne und Töchter gebären! Ihr sollt euch dort vermehren und nicht vermindern. Bemüht euch um das Wohl der Stadt, in die ich euch weggeführt habe, und betet für sie zum Herrn; denn in ihrem Wohl liegt euer Wohl» (Jeremia 29,4 – 7).

Wie anderen Minderheiten auch war den Juden eine weitgehende innere Autonomie eingeräumt. Sie bildeten Gemeinschaften unter der Leitung von Ältesten. Die Deportierten richteten sich in dem fruchtbaren Land ein, und in ihrer Mehrheit blieben sie, auch als die Rückkehr ins Heilige Land wieder möglich geworden war, in der neuen Heimat, in der sie Wurzeln geschlagen hatten. Wie der jüdische Historiker Josephus schreibt, blieben sie, weil sie ihren Besitz in Babylonien nicht mehr verlassen wollten. Aber eine Minderheit lebte in der Erwartung der Rückkehr, und diese Erwartung wurde, zunächst ohne erkennbaren Grund, über zwei Generationen unter den Verbannten genährt. Auch das war in der damaligen Welt nicht ungewöhnlich. Mit Recht ist auf analoge Fälle hingewiesen worden: Die Messenier kehrten im Jahre 369 v. Chr. nach hundertjährigem Exil in ihre Heimat zurück, die Flüchtlinge von Harran warteten 54 Jahre in Babylon bis zu ihrer Rückkehr, und die Samier erhielten ihre Heimat im Jahre 321 v. Chr. nach mehr als vierzigjähriger Verbannung aufgrund eines Dekrets Alexanders des Großen zurück. Was aber ungewöhnlich ist, war die religiöse Motivierung der jüdischen Verbannten, die ihre Hoffnung auf eine Rückkehr in das verlorene Heilige Land gerichtet hatten.

Prinzipiell war es möglich, den angestammten Gott auch in der neuen Heimat zu verehren. So bauten aramäische Kolonisten ihren Göttern Nabu, Banit, Bethel und der Königin des Himmels Altäre im ägyptischen Syene, und jüdische Militärsiedler errichteten in Elephantine, ebenfalls in Ägypten, ihrem Gott Jahwe einen Tempel. Vielleicht ist Ezechiel so zu verstehen, daß dies auch Juden in Babylonien taten, die neben fremden Göttern auch Jahwe opferten: «Ihr aber vom Haus Israel – so spricht Gott der Herr: Weil ihr mir denn nicht gehorchen wollt, so fahrt hin, und diene ein jeder seinen Götzen, aber meinen heiligen Namen laßt hinfort ungeschändet mit euren Opfergaben und Götzen» (Ezechiel 20,39).

In der religiösen Vorstellungswelt des alten Orients und des klassischen Altertums war eine Gottheit mit dem Boden ihres Landes verbunden. In einem fremden ist der Gott, theologisch gesehen, derselbe wie in seiner Heimat, aber funktional, was seine Macht anbelangt, ist er es nicht. Dies ist der Grund, warum der harte Kern der Anhänger eines angestammten Gottes abgeneigt ist, dessen Verehrung auf ein anderes Idol mit gleichem Namen in der Fremde zu übertragen. Als beispielsweise Sin, der Mondgott von Harran, seine Stadt verließ, wurde diese schutzlos und von den Medern im Jahre 610 v. Chr. eingenommen. Aus Harran stammte die Mutter des späteren Königs Nabonides von Babylon, und sie lebte 54 Jahre in der Verbannung. Sie weigerte sich, ihre Verehrung des Gottes auf den namensgleichen Sin von Uruk zu übertragen, und sie verehrte auch nicht mehr die von Harran nach Babylon verpflanzten Götteridole. 54 Jahre lang, so heißt es, flehte sie zu ihrem Gott, er möge nach Harran zurückkehren, damit sein Volk den Gott wieder an seinem angestammten Platz verehren könne. Und als die Assyrer das Idol des

Marduk aus Babylon nach Assur entführten, übertrugen die Babylonier ihre Devotion für den Gott nicht auf den Marduk im benachbarten Borsippa. Denn das nach Assur entführte Idol segnete das Land der Assyrer, und erst als der Gott nach Babylon zurückgekehrt war, rief er alle Länder auf, ihm ihre Gaben und Tribute nach Babylon zu bringen. Eine solche Wiederkehr der Segensmacht ihres Gottes wird den Juden in der Prophetie des dritten Jesaia vorausgesagt, wenn Jahwe wieder seinen Platz im Jerusalemer Heiligtum eingenommen hat und dort von seinem Volk verehrt wird: «… dein Herz wird erbeben, wenn sich die Schätze der Völker am Meer zu dir kehren und der Reichtum der Völker zu dir kommt» (Jesaia 60,5).

Als der Tempel in Jerusalem zerstört war, baute die an der Südgrenze Ägyptens in Elephantine angesiedelte jüdische Garnison sich einen Tempel und brachte Jahwe, ihrem angestammten Gott, dort ihre Opfer dar. Als dann der Jerusalemer Tempel wieder errichtet war, blieb für die jüdischen Militärsiedler Jahwe, wie es in einem Dokument heißt «der Gott, der in Elephantine, der Festung, wohnt», und sie kümmerten sich nicht um den Kult in Jerusalem, der doch nach dem Gebot des Deuteronomiums, des fünften Buches Mose, der einzig legitime war. Die Samaritaner, die ebenfalls Jahwe in eigenen Heiligtümern verehrten, versuchten sogar den Wiederaufbau des konkurrierenden Tempels in Jerusalem zu verhindern. Das Dilemma der Exilierten in Babylonien bestand also darin: Sollten sie ihrem angestammten Gott in der Fremde Tempel bauen und Jerusalem vergessen oder sollten sie ihren fernen Schutzgott verehren, ohne ihm opfern zu können? Und wie konnten sie, unfähig, ihrem Gott an seiner heiligen Stätte zu opfern, der Attraktivität der siegreichen heidnischen Götter in ihrer Umgebung widerstehen?

Dieser Konflikt ist in der Zeit des babylonischen Exils ausgetragen worden. Letzen Endes blieb die Gruppierung siegreich, die ihren Gott ohne Opferdienst weiter verehrte und auf die Wiederherstellung des Tempels in Jerusalem hoffte, der Stätte also, an der Jahwe wohnte und bereit war, Opfer von seinem Volk anzunehmen. Dem Sieg dieser Gruppierung hatte die Prophetie und die religiöse Reform des Jahres 612 v. Chr. vorgearbeitet, die ihren Niederschlag in dem Gesetzesbuch des Deuteronomiums gefunden hatte. Diese Reform war erfolgt, als König Josia in der Krise des zerfallenden assyrischen Großreichs die Chance sah, das Joch der Heiden abzuschütteln und das Reich Davids wiederherzustellen. Er stellte die Tributzahlungen ein und wies den Reichsgott Assur aus dem Tempel und erklärte ihn zur alleinigen Wohnstätte Jahwes, des einen und einzigen Gottes des Reiches Juda. Ein angeblich im

Tempel aufgefundener Gesetzeskodex sanktionierte diese Entscheidung und verpflichtete das ganze Volk auf die durch Mose einst dem Volk übermittelte Weisung Gottes. Josia ließ daraufhin alle konkurrierenden Kultstätten zerstören, in Juda ebenso wie in Samaria das alte israelitische Heiligtum von Bethel. Die religiöse Reform des Jahres 612 war also zugleich das Programm der kultischen Einheit, der politischen Emanzipierung von Assur und der Rückgewinnung aller Gebiete, in denen der gemeinsame Stammesgott Jahwe verehrt wurde. Josia scheiterte politisch. Was blieb, war die Zentralisierung des Kultes in der heiligen Stadt Jerusalem und die Verpflichtung des Volkes auf die Liebe zu Gott und auf das Gesetz, das Unterpfand eines von Gott geschenkten glücklichen Gedeihens:

> Höre Israel, der Herr ist unser Gott, der Herr allein. Und du sollst den Herrn, deinen Gott, lieben von ganzem Herzen, von ganzer Seele und aller deiner Kraft. Und diese Worte, die ich dir heute gebiete, sollst du dir zu Herzen nehmen und sollst sie deinen Kindern einschärfen und davon reden, wenn du in deinem Hause sitzt oder unterwegs bist, wenn du dich niederlegst oder aufstehst… So halte nun die Gebote und Gesetze und Rechte, die ich dir heute gebiete, daß du danach tust. Und wenn ihr diese Rechte hört und sie haltet und danach tut, so wird der Herr, dein Gott, auch halten den Bund und die Barmherzigkeit, wie er deinen Vätern geschworen hat, und wird dich lieben und segnen und mehren, und er wird segnen die Frucht deines Leibes und den Ertrag deines Ackers, dein Getreide, Wein und Öl, und das Jungvieh deiner Kühe und deiner Schafe in dem Lande, das er dir geben wird, wie er deinen Vätern geschworen hat.
>
> (Deuteronomium 6,4–7 und 7,11–13)

Im Sinne dieses Aufrufs und dieses göttlichen Versprechens deuteten die Propheten die Katastrophe, die zuerst das Nordreich Israel und dann auch Juda getroffen hatte. Sie war die Strafe des Herrn für die Sünde des Ungehorsams gegen die Weisungen, die Gott seinem Volk gegeben hatte. Schon im achten Jahrhundert hatten die Propheten Amos und Hosea in Israel sowie Micha und Jesaia in Juda das kommende Unheil verkündet, und vor der Zerstörung Jerusalems hatte Jeremia eindringlich davor gewarnt, Gott durch den Abfall vom babylonischen Oberherrn herauszufordern. Wer sich an die prophetische Deutung der Geschichte hielt, mußte in der Gefangenschaft die Strafe Gottes für die Sünden sehen, die er begangen hatte. Aber er konnte sich aufrechterhalten in der Erwartung, der der Prophet Ezechiel Ausdruck verliehen hatte, daß Gott, schon um zu beweisen, daß er der Herr über alle ist, seinen Tempel wiederaufrichten, den Sündern einen neuen Geist geben und die Geläuterten an die Stätte seiner Verehrung zurückführen werde:

> *So spricht Gott, der Herr: Ich tue es nicht um euretwillen, ihr vom Hause Israel, sondern um meines heiligen Namens willen, den ihr entweiht habt unter den Heiden, wohin ihr auch gekommen seid. Denn ich will meinen großen Namen, der von den Heiden entheiligt ist, den ihr unter ihnen entheiligt habt, wieder heilig machen. Und die Heiden sollen erfahren, daß ich der Herr bin, spricht Gott, der Herr, wenn ich vor ihren Augen an euch zeige, daß ich heilig bin. Denn ich will euch aus den Heiden herausholen und euch aus allen Ländern sammeln und wieder in euer Land bringen, und ich will reines Wasser über euch sprengen, daß ihr rein werdet; von all eurer Unreinheit und euren Götzen will ich euch reinigen. Und ich will euch ein neues Herz und einen neuen Geist in euch geben und will das steinerne Herz aus eurem Fleische wegnehmen und euch ein Herz aus Fleisch geben. Ich will meinen Geist in euch geben und will solche Leute aus euch machen, die in meinen Geboten wandeln und nach meinen Rechten handeln und danach tun. Und ihr sollt wohnen im Lande, das ich euren Vätern gegeben habe, und sollt mein Volk sein. Ich will euch von all eurer Unreinheit erlösen und will das Korn rufen und will es mehren und will keine Hungersnot über euch kommen lassen. Ich will die Früchte auf den Bäumen und den Ertrag auf dem Felde mehren, daß euch die Heiden nicht mehr verspotten, weil ihr hungern müßt. Dann werdet ihr an euren bösen Wandel denken und an euer Tun, das nicht gut war, und werdet euch selbst zuwider sein um eurer Sünde und Götzendienstes willen. Nicht um euretwillen tue ich das, spricht Gott, der Herr, das sollt ihr wissen, sondern ihr werdet euch schämen müssen und schamrot werden, ihr vom Hause Israel, über euren Wandel.*
>
> (Ezechiel 36,22–32).

Das Wort des Propheten zeigt das Volk vom Götzendienst befleckt und verkündet, daß Gott um seines heiligen Namens willen eine Wende herbeiführen wird, indem er dem Volk eine neue Gesinnung gibt und es in das Land seiner Väter zurückführt. Diese Wende mußte also mit der inneren Umkehr der Menschen beginnen: Sie mußten sich von den fremden Göttern lossagen und die Gebote ihres Gottes einhalten, deren grundlegendes lautete: «Ich bin der

Herr, dein Gott; du sollst keine anderen Götter haben neben mir», damit sie
geläutert in ihr Land zurückkehren und Gott an der Stelle verehren könnten,
wo er seine Wohnung genommen hatte, auf dem Berg Zion in der heiligen
Stadt Jerusalem. Entsprechend dem Gebot des Deuteronomiums durfte es bis
zu dieser Rückkehr keinen Opferkult Jahwes geben. Um so wichtiger wurde
als Vorbereitung zur Rückkehr die Versenkung in die Gebote Gottes, wie sie
im Gesetzbuch des Deuteronomiums und in den Worten der Propheten
niedergelegt waren. So trat bis zur Erfüllung der Verheißung an die Stelle des
Tempels der opferlose Wortgottesdienst, an die Stelle des Priesters der Schriftgelehrte und an die Stelle des Opfers die Lesung der Weisungen Gottes.

Dies waren Folgerungen, die zunächst nur von einer Minderheit der Frommen gezogen wurden, aber dieser Minderheit gehörte, wie sich zeigen sollte,
die Zukunft. Sie wurde zur bestimmenden Kraft in der Formierung des jüdischen Volkes. Die Frommen lebten in der Erwartung der Rückkehr nach Jerusalem, und nirgends hat sich diese Hoffnung, die zugleich die Erwartung einer
Vergeltung für die erlittene Vertreibung war, so machtvoll zu Wort gemeldet
wie im 137. Psalm:

Wie können wir des Herrn Lied singen
in fremdem Lande?
Vergesse ich dich, Jerusalem,
so verdorre meine Rechte,
meine Zunge soll an meinem Gaumen kleben,
wenn ich deiner nicht gedenke,
wenn ich nicht lasse Jerusalem
meine höchste Freude sein.
Herr, vergiß den Söhnen Edoms nichts,
was sie sagten am Tage der Zerstörung Jerusalems:
Reißt nieder, reißt nieder bis auf den Grund.
Tochter Babel, du Verwüsterin,
wohl dem, der dir vergilt, was du uns angetan hast!
Wohl dem, der deine jungen Kinder nimmt
Und sie am Fels zerschmettert.

Die Rückkehr nach Jerusalem

Die Rückkehr nach Jerusalem war das Ergebnis einer weltpolitischen Wende, die dem Neubabylonischen Reich ein Ende setzte und den frommen Verehrern Jahwes im Exil die Erfüllung ihrer Hoffnung brachte. Die Wende ging von den Persern aus. Sie hat ihrerseits eine Vorgeschichte, die hier nicht ausführlich erzählt werden kann. Das Wichtigste, das zum Verständnis des großen Zusammenhangs notwendig ist, ist das Folgende: Am Ende des siebten Jahrhunderts v. Chr. hatte das Zusammenspiel seiner beiden mächtigsten Vasallenkönige, des babylonischen Herrschers Nabupolassar und des Königs der Meder Kyaxares, das Assyrische Reich vernichtet. Die Meder siedelten im Nordosten von Assur, und ihr Reich war wie alle orientalischen Großreiche ein lockerer Vasallenverband, dem unter anderen auch die Achämeniden, das Herrschergeschlecht in der südiranischen Landschaft der Persis, angehörten. Unter Kyaxares hatte sich das Medische Reich weiter nach Osten in das iranische Hochland und im Westen über Armenien bis in das östliche Anatolien ausgebreitet. Angeblich am 28. Mai 585 v. Chr. beendete die von Thales von Milet vorausgesagte Sonnenfinsternis einen sechsjährigen Krieg zwischen Kyaxares und Alyattes, dem König der Lyder, dem Herrscher über das westliche Kleinasien. Auf Vermittlung des babylonischen Herrschers Nebukadnezar II. schlossen beide Mächte Frieden und Bündnis. Das damit wieder befestigte Gleichgewicht der Großmächte des Vorderen Orients war freilich nicht von Dauer. Der Anfang vom Ende der im Jahre 585 fixierten Machtkonstellation kam, als der Achämenide Kyros II. den mit militärischen Mitteln ausgetragenen Konflikt mit seinem medischen Oberherren Astyages, dem Sohn des Kyaxares, gewann und den medischen Heerbann dazu brachte, auf seine Seite überzutreten. Dieses Ereignis ist in der babylonischen Nabonideschronik auf das Jahr 550/49 v. Chr. datiert.

Kyaxares hatte seinerzeit, als er das Bündnis mit dem Lyderkönig Alyattes schloß, dieses damit besiegelt, daß sein Sohn Astyages die Tochter seines neuen Verbündeten heiratete. Als nun Astyages von Kyros besiegt worden war, schmiedete der lydische König Kroisos, der Schwager des Astyages, ein gegen den Sieger gerichtetes Bündnis, dem neben Sparta Nabonides von Babylon und der ägyptische Pharao Amasis angehörten. Kroisos wartete nicht auf seine Verbündeten, sondern er begann den Krieg, indem er mit seinem Heer den Halys, den Grenzfluß im Osten seines Reiches, überschritt und in das Land des Kyros einfiel. Er unterlag, und sein Reich wurde dem persischen eingegliedert. Dieses Ereignis fixiert die oben genannte Nabonideschronik auf das

Jahr 547/46 v. Chr. Kyros vergaß nicht, daß der babylonische König ein Bündnis gegen ihn geschlossen hatte. Sobald er den Rücken frei hatte, fiel er in das Reich des Nabonides ein, und im Oktober 539 v. Chr. ergab sich ihm die Hauptstadt Babylon. Dort wurde er als Befreier begrüßt. Der Grund war, daß Nabonides sich seiner Stadt entfremdet hatte, indem er, seiner Mutter folgend, Sin, den Stadtgott von Harran, an der Stelle von Marduk, dem Stadtgott von Babylon, zu seinem Schutzgott erhob und in den letzten Jahren seiner Herrschaft außerhalb Babylons residierte. So hatte Kyros leichtes Spiel. In seinem Namen proklamierte eine babylonische Zylinderinschrift den Sieger als den Erwählten und den Sohn des Stadtgottes Marduk, und in der bildlichen Darstellung ergriff Kyros zum Zeichen seines Herrschaftsantritts nach überkommener Sitte die Hände des Gottes.

Alle diese Ereignisse, durch die mehrere Reiche stürzten und ein neues, größeres und mächtigeres als alle vorangegangenen entstand, erlebten die Juden als bloße Zuschauer. Die Frommen erlebten sie nicht ohne tiefe Erschütterung und emotionale Beteiligung. Der namenlose Prophet, der als Zeitzeuge den Aufstieg des Kyros erlebte und dessen Botschaften Aufnahme in das Buch Jesaia gefunden haben, deutete die Ereignisse als das Werk Jahwes, und er fand den verborgenen Sinn der Geschichte darin, daß der Gott Israels in seiner Barmherzigkeit den fremden Herrscher um der Rettung seines Auserwählten Volkes willen zum Werkzeug seines Willens erhoben hatte, damit alle Welt die Macht und die Herrlichkeit Jahwes erkenne. Der Stammesgott des kleinen Israel wurde in dieser Deutung zum einzigen und universalen Gott, zum Herrn der Weltgeschichte. In den Jahren, die dem Fall Babylons unmittelbar vorausgingen, verkündete der Prophet im Namen seines Gottes, daß Kyros von Gott zu seinem Gesalbten, zum Messias und Retter des jüdischen Volkes, erhoben worden sei:

> *So sprach ich zu meinem Gesalbten, zu Kyros,*
> *dessen rechte Hand ich [zum Zeichen der Herrschaftsübertragung]*
> *ergriffen hatte,*
> *so daß ich die Völker vor ihm niederwarf*
> *und die Lenden der Könige entgürtete,*
> *auftat vor ihm die Tore,*
> *und die Türen blieben nicht verschlossen:*
> *Ich werde hergehen vor dir,*
> *und die Wege werde ich ebnen*

und die ehernen Türen zertrümmern
und die eisernen Riegel zerschlagen,
und will dir geben die Schätze aus dem Dunkel
und die Vorräte aus den Verstecken,
damit du erkennst, daß ich Jahwe bin,
der dich rief bei deinem Namen, Israels Gott.
Um meines Knechtes Jakob willen
Und Israels, meines Erwählten,
darum rief ich dich bei deinem Namen,
gab dir Ehrennamen, da du mich nicht kanntest:
ich Jahwe, und es gibt keinen sonst,
außer mir gibt es keinen Gott.

(Jesaia 45,1–5)

Es versteht sich von selbst, daß Kyros diese Sicht der Dinge nicht teilte. Er verstand sich nicht als den Auserwählten Jahwes, und er war kein Monotheist, der den Gott Israels mit Gott schlechthin gleichsetzte. Er erfüllte auch nicht die Prophezeiung, daß er an Babylon Vergeltung für das üben werde, was die Juden von der Hand der Babylonier erlitten hatten. Und dennoch: Kyros gab den Exilierten die Erlaubnis, nach Jerusalem zurückzukehren und den Tempel wiederaufzubauen. Das Edikt, in dem er den Verbannten seine Entscheidung bekannt gab, ist in hebräischer Sprache abgefaßt und lautet:

So spricht Kyros, König von Persien. Alle Königreiche der Erde hat der Gott
des Himmels mir gegeben, und er befahl mir, ihm ein Haus in Jerusalem zu
bauen, das in Juda ist. Wer ist hier unter euch, der zu seinem Volk gehört?
Sein Gott möge mit ihm sein und lasse ihn hinauf nach Jerusalem ziehen,
das in Juda ist, und das Haus des Gottes von Israel bauen, der Gott ist in
Jerusalem. Und alle, die zurückbleiben [und nicht mit nach Jerusalem zie-
hen], von allen Plätzen, wo einer Einwohner ist, laß sie, die Männer des
Ortes, wo er wohnt, ihm helfen mit Silber und mit Gold, mit Naturalien und
Zugtieren, daneben mit Gaben für das Haus des Gottes, das in Jerusalem ist.

(Esra 1,2–4).

Zusätzlich zu diesem Edikt des Jahres 538 v. Chr. überliefert das Buch Esra die interne Verwaltungsanweisung, mit der Kyros die geplante Restauration des Jerusalemer Tempels in die Wege leitete. Der Text fand sich im Archiv der

Königsresidenz von Ekbatana und ist nicht in Hebräisch, sondern in Reichs-
aramäisch, der Sprache der persischen Administration, abgefaßt. Er lautet:

> *Protokoll. Im ersten Jahr des Königs Kyros. König Kyros hat eine Anord-*
> *nung erlassen betreffend das Haus des Gottes in Jerusalem. Das Haus soll*
> *wieder aufgebaut werden als Stätte, an der man Opfer darbringt, und seine*
> *Grundmaße sollen erhalten bleiben. Seine Höhe soll dreißig Ellen betragen,*
> *die Länge sechzig Ellen und die Breite zwanzig Ellen. Auf drei Lagen Qua-*
> *dersteine soll eine Lage Holz kommen, und die Materialien sollen vom Haus*
> *des Königs gegeben werden. Auch soll man die goldenen und silbernen Gerä-*
> *te des Hauses des Gottes zurückgeben, die Nebukadnezar aus dem Tempel*
> *zu Jerusalem weggenommen und nach Babylon gebracht hat. Man soll sie*
> *zurückbringen in den Tempel von Jerusalem, an ihre Stelle im Hause des*
> *Gottes.*
>
> *(Esra 6,3–5)*

Sowohl die Anweisung des Königs an seine Verwaltung, das Material zum
Wiederaufbau des Tempels zur Verfügung zu stellen und die von Nebukadnezar nach Babylon verschleppten Kultgeräte wieder im Jerusalemer Heiligtum
aufzustellen, als auch das Edikt, das den Exilierten erlaubte, nach Jerusalem
zurückzukehren und den Tempel wiederaufzubauen, sind ihrer Intention
nach keine Privilegien zugunsten der Juden, sondern Ausdruck des Dankes für
die Hilfe, die der König bei der Eroberung der Länder des Neubabylonischen
Reiches von den dort verehrten Göttern empfangen hatte. Der Gott einer
Stadt oder eines Landes ist im Verständnis des Alten Orients ihr Herr, und
Stadt und Land sind ihrem jeweiligen Gott heilig. In diesem Sinne ist Jahwe
ebenso der Gott Israels, wie Marduk der König Babylons oder der Mondgott
Sin der Herr von Harran ist. Ein menschlicher Herrscher ist demnach der Vertreter Gottes auf Erden, und als Vizeregent fungiert er als oberster Priester des
dem himmlischen Herrn einer Stadt oder eines Landes gewidmeten Kultes.
Das Neubabylonische Reich mit seinen Städten und Ländern war Kyros
kampflos zugefallen, und so zerstörte er im Unterschied zu Sargon oder Nebukadnezar, die das Reich Israel und das Reich Juda gewaltsam erobert hatten,
weder die dort befindlichen Heiligtümer, noch entführte er die Idole der Gottheiten und ihre Kultgeräte in seine Hauptstadt. Im Gegenteil: Er hatte die
Herrschaft über das Neubabylonische Reich von den Göttern selbst erhalten,
und so erklärte er öffentlich, als er Babylon betrat, daß der Stadtgott Marduk

ihn zum Herrn über die Welt bestellt hatte. In Ur dagegen war es der Mond-gott Sin, dem er diese Rolle zuschrieb, und als er zu den Juden sprach, war es Jahwe oder in der Sprache seiner Kanzlei der Gott des Himmels, der in Jeru-salem wohnt, dem er die Herrschaft über alle Völker verdankte. Es versteht sich von selbst, daß, wenn der König sich an sein Volk, die Perser, wandte, die Weltherrschaft ein Werk Ahura-Mazdas, des höchsten Gottes der Achämeni-den, war. Der Dank, den Kyros den Göttern für die Herrschaft über alle Lan-de schuldete, bestand in der Verehrung ihrer Götter und, falls deren Heiligtü-mer zerstört und ihre Kultgemeinden deportiert worden waren, in der Wiederherstellung der Tempel und in der Rückführung der Exilierten, der Verehrer der betreffenden Götter. Dies war es, was Kyros im Sinn hatte, als er anordnete, den Tempel von Jerusalem wiederaufzubauen, die Kultgeräte dort-hin zurückzubringen und den in Babylonien Exilierten die Rückkehr in die heilige Stadt Jahwes zu gestatten. Einen Vorzug genossen die Juden damit nicht. Denn Kyros ordnete auch die Rückführung der Götter von Assur, Susa und anderen von den Babyloniern zerstörten Städten an und sammelte, wie es in einer Inschrift heißt, alle Einwohner dieser Städte und gab ihnen ihre Wohnstätten zurück. Der neue Oberherr kam also als Instrument der Erret-tung und als Wiederhersteller der angestammten Kulte der Völker – oder wie der Prophet Jahwes sich ausdrückt, als der Gesalbte des Herrn, und das hieß als der legitime König Israels und der Welt.

Kyros war jedoch weder Monotheist noch ein Verehrer des Gottes der Juden, und er verknüpfte im Sinne einer im Alten Orient verbreiteten Theo-logie die verschiedenen Gottheiten mit dem universalistischen Konzept der Einheit in der Vielheit. Die Vorstellung des jüdischen Propheten, der ihn als den Gesalbten des einen Gottes begreift, neben dem es keine anderen Götter gibt, und die Vorstellung, daß nur der Gott Israels heilig, groß und mächtig ist, wäre ihm ebenso wie später dem römischen Kaiser Iulian als Verirrung und Anmaßung erschienen. Tatsächlich nahm denn auch Kyros gar kein spezielles Interesse an dem Gott der jüdischen Deportierten in Babylonien. Er baute ihnen den Tempel nicht wieder auf, und er ließ die Rückkehrer nicht auf sei-ne Kosten in ihr Heiliges Land schaffen. Er gab lediglich die Anweisung, Mate-rial zum Wiederaufbau des Heiligtums zur Verfügung zu stellen und die geraubten Kultgeräte zurückzugeben, alles Weitere war denen anheim gestellt, die mit finanzieller Unterstützung ihrer in Babylonien zurückbleibenden Glaubensgenossen und ihrer nichtjüdischen Nachbarn die Mühsal der Rück-kehr und des Wiederaufbaus auf sich nahmen.

Die Rückkehrer standen unter Führung Serubbabels, eines Angehörigen des davidischen Königshauses, das in das babylonische Exil geführt worden war, und ihn bestimmte Kyros zum Statthalter des persischen Verwaltungsbezirks Jehud, dessen Mittelpunkt das zerstörte Jerusalem war. Das Buch Esra berichtet von der Wiedererrichtung des Altars und der Wiederaufnahme des Opferkultes am ersten Tag des Monats Tischri, vermutlich im September 537 v. Chr., und der anschließenden ersten Feier des Laubhüttenfestes. Mit dem Neubau des Tempels sollte begonnen werden, Werkleute wurden in Dienst genommen und die Grundsteinlegung festlich begangen. Aber dann geriet der Bau ins Stocken, und erst im Jahre 521, im zweiten Jahr des persischen Großkönigs Dareios I., wurde ernstlich mit dem Bau begonnen. Die Gründe für die Verzögerung lagen nicht bei den Persern. Kyros hatte die Wiedererrichtung des Tempels den Juden überlassen. Weder er noch sein Nachfolger Kambyses kümmerten sich darum, was in dem kleinen, unbedeutenden Jerusalem geschah. Der Grund lag also bei den Juden, und bei ihnen kamen mehrere Umstände zusammen, die den Tempelbau verhinderten. Das Buch Esra berichtet davon, daß die benachbarten Samaritaner im ehemaligen Nordreich Israel, die ebenfalls Jahwe, freilich neben anderen Göttern, verehrten, von den strengen Monotheisten in Jerusalem verlangten, an dem Neubau beteiligt zu werden, um Anteil auch an dem Jerusalemer Kult zu gewinnen. Als sie in Jerusalem zurückgewiesen wurden, bewirkten sie durch Eingaben an die persische Regierung eine Unterbrechung der Bauarbeiten. Der Prophet Haggai, der im zweiten Jahr des Königs Dareios zur Überwindung des so bewirkten Stillstandes aufrief, nennt noch einen anderen Grund für die Verzögerung des Wiederaufbaus: Die Elite des Volkes, an ihrer Spitze der Statthalter Serubbabel und der Hohepriester Joschua, zogen dem Tempelbau die Mehrung des eigenen Reichtums und den Bau ihrer eigenen Paläste vor. Er sagt: «Dies Volk spricht: Die Zeit ist noch nicht da, daß man des Herrn Haus baue. Und des Herrn Wort geschah durch den Propheten Haggai: Aber eure Zeit ist da, daß ihr in getäfelten Häusern wohnt, und dies Haus (das Gottes) muß wüst stehen» (Haggai 1,2 – 3).

Wahrscheinlich stand hinter der Verzögerung des Tempelbaus noch ein tieferes Problem, das an die Grundlagen des jüdischen Selbstverständnisses rührte. In Babylon und in Ur konnte Kyros ohne Schwierigkeiten als Wiederhersteller der angestammten Kulte und als legitimer Vertreter der Stadtgötter anerkannt werden, aber für die Juden mußte die Vorstellung, daß Jahwe einen Heiden zu seinem Gesalbten und zum Erlöser seines Volkes machte, erhebliche Irritationen auslösen. Zwar verkündete der namenlose Prophet, den wir Deuterojesaia, den Zweiten Jesaja, nennen, daß Kyros der von Gott erwählte König sei, aber damit stieß er auf Widerspruch, und der Prophet hatte guten Grund, das Volk davor zu warnen, mit Gottes Plan zu rechten und den Erwählten nicht anzunehmen:

> *Weh dem, der mit seinem Schöpfer hadert, eine Scherbe unter irdenen Scherben! Spricht denn der Ton zu seinem Schöpfer: Was machst du?, und sein Werk: Du hast keine Hände! Weh dem, der zum Vater sagt: Warum zeugst du? Und zum Weibe: Warum gebierst du? So spricht der Herr, der Heilige Israels und sein Schöpfer: Wollt ihr mich zur Rede stellen wegen meiner Söhne? Und wollt ihr mir Befehl geben wegen des Werkes meiner Hände?*
>
> *(Jesaia 45,9–11)*

Mit der hier kritisierten Auffassung sympathisierten alle, die mit Jesaia und Ezechiel einen Messias aus dem Hause Davids als ihren Erlöser erwarteten. In ihren Augen war es Sünde, den heidnischen Herrscher als den König Israels anzuerkennen und in seinem Auftrag den Tempel wiederzuerrichten. Dies war wohl der Hauptgrund, warum der Bau nicht vorankam, bis die Zeit gekommen schien, daß ein Sproß aus dem Hause Davids das angestammte Königtum erneuern und zum Zeichen seiner Erwähltheit dem Gott Israels den Tempel erbauen würde. Gekommen schien diese Zeit in den Wirren, unter denen sich die Etablierung der Herrschaft des Achämeniden Dareios im Perserreich vollzog. Dareios, der aus einer Nebenlinie des Herrscherhauses stammte, mußte sich im Jahre 522 gegen den Usurpator Gaumata durchsetzen, der sich für einen Sohn des Kyros ausgab, und anschließend hatte er zahlreiche Aufstandsbewegungen niederzuschlagen, die eine Befreiung von der persischen Oberherrschaft, und das heißt: von der beschwerlichen Tributpflicht, dem Zeichen der Untertänigkeit, zum Ziel hatten. Darüber berichtet Dareios selbst in dem großen Rechenschaftsbericht der Inschrift von Behistûn. Juda gehörte nicht zu den aufständischen Provinzen, aber es stand, wie es scheint, zeitweise ebenfalls im Begriff, abzufallen und den gefährlichen Versuch zu machen, das davidische Königtum wiederherzustellen. Dazu kam es, wie gesagt, letztendlich nicht.

Das Ergebnis der zur Erneuerung des davidischen Königtums drängenden prophetischen Bewegung, die zu Beginn der Regierungszeit des Dareios in Gang kam, war der Wiederaufbau des Tempels. Er geschah durch Serubbabel, den Enkel des vorletzten Königs von Juda, der im Jahre 597 v. Chr. ins babylonische Exil geführt worden war. Im zweiten Jahr des Königs Dareios, als dieser mit der Niederschlagung der Aufstandsbewegungen beschäftigt war, prophezeite Haggai den Umsturz der bestehenden Machtverhältnisse und rief Serubbabel als den Erwählten Gottes zum König aus, dem es als legitimem Herrscher zukam, Gott den Tempel wiederzuerrichten:

Am 24. des Monats (Tischri, das heißt: im September 521) erging das Wort des Herrn ein zweites Mal an Haggai: Sag zu Serubbabel, dem Statthalter von Juda: Ich lasse den Himmel und die Erde erheben. Ich stürze die Throne der Könige und zerschlage die Macht der Königreiche der Heiden. Ich stoße die Kriegswagen samt ihren Kriegern um, und die Pferde sinken samt ihren Reitern zu Boden, einer vom Schwert des anderen getroffen. An jenem Tag – Worte des Herrn – nehme ich dich, Serubbabel, Sohn des Schealtiël, meinen Knecht, und mache dich zu meinem Siegelring; denn ich habe dich erwählt – Worte des Herrn der Heere.

(Haggai 2,20–23)

Zur gleichen Zeit verknüpfte auch ein anderer Prophet namens Sacharja, mit der Königsherrschaft Serubbabels den Neubau des Tempels. In seiner fünften Vision heißt es: «Da erging das Wort des Herrn an mich: Serubbabels Hände haben den Grund zu diesem Haus gelegt, und seine Hände werden es vollenden, damit man erkennt, daß mich der Herr der Heere zu euch gesandt hat» (Sacharja 4,8 – 9). Und in der ursprünglichen Fassung der achten Vision des Propheten fungiert Serubbabel als der Sproß aus dem Hause Davids, dem schon Jesaia das Königtum in der segensreichen Endzeit aller Geschichte verheißen hatte:

Danach erging an mich das Wort des Herrn: Nimm einige der (zurückgekehrten) Verbannten, von den Familien Heldai, Tobija und Jedaja, und komm selbst an diesem Tag zum Haus des (Hohenpriesters) Joschua, des Sohnes des Jozadak. Es sind Leute, die aus Babylon zurückgekommen sind. Nimm Silber und Gold, mach eine Krone, setze sie Serubbabel, dem Sohn des Schealtiël, aufs Haupt und sage zu ihm: So spricht der Herr der Heere: Da ist ein Mann, Sproß (Davids) ist sein Name; denn wo er steht, wird es sprossen, und er wird den Tempel des Herrn bauen. Er ist es, der den Tempel des Herrn baut. Er ist mit Hoheit bekleidet, und er sitzt auf seinem Thron.

(Sacharja 6,9–13)

In dem Text freilich, den wir heute lesen, ist der Name Serubbabels getilgt, und an seiner Stelle empfängt im Widerspruch zum verbliebenen Kontext der Hohepriester Joschua die Königskrone. Der Text wurde verändert, als sich herausgestellt hatte, daß eine Erneuerung des davidischen Königtums in voller Unabhängigkeit unmöglich war. Denn Dareios ist im selben Jahr, in dem die Propheten dazu aufriefen, Serubbabel zum König zu krönen, der Aufstände in seinem Reich Herr geworden, und Serubbabel blieb, was er war, Statthalter im persischen Verwaltungsbezirk Jehud.

Vorher hatte er bereits am 24. Elul, das ist der 2. September, des Jahres 521 v. Chr., zusammen mit dem Hohenpriester die Arbeiten am Tempel wiederaufgenommen. Dareios akzeptierte diese Eigenmächtigkeit, und er nahm hin, daß ein Angehöriger des Hause Davids den Tempel wiederaufbaute. Aber der Großkönig bestand darauf, daß er selbst für die Kosten aufkam. Die Anweisung, die er gab, lautete: «Der Statthalter der Juden und ihre Ältesten mögen das Haus des Herrn an seiner früheren Stelle wiederaufbauen. Auch ordne ich an, daß ihr (gemeint sind die Funktionäre der persischen Administration) die Ältesten der Juden beim Bau des Hauses des Gottes unterstützen sollt: Aus den königlichen Einkünften, die das Gebiet jenseits des Stroms (des Euphrats) aufbringt, soll jenen Männern pünktlich der Bedarf geliefert werden, damit sie nicht aufgehalten werden» (Esra 6,7 – 8). Darüber hinaus ordnete er an, daß für das tägliche Brandopfer, das im Namen der jüdischen Kultgemeinde dargebracht wurde, aus den Einkünften des Königs Opfertiere, Weizen und Salz, Wein und Öl geliefert wurden. Die Bedingung, die er stellte, war, daß die Priester bei der betreffenden Opferhandlung auch für das Leben des persischen Oberherrn und seiner Söhne beteten.

Damit etablierte Dareios die Modalitäten, unter denen heidnische Fremdherrschaft und jüdische religiöse Autonomie miteinander koexistieren konnten. Außerhalb Judäas bauten Fremdherrscher als Stellvertreter der Gottheiten ihrer Untertanen Tempel in deren Städten und wurden in Person als Opfernde am Altar auch bildlich dargestellt. In Jerusalem war dies so nicht möglich. Der Tempel wurde von einem Sproß des angestammten Königshauses und den jüdischen Ältesten als nominellen Bauherren errichtet. Und es waren jüdische Priester mit dem Hohenpriester an der Spitze, die am 3. Adar des sechsten Regierungsjahres Dareios' I., das ist der 1. März 517 v. Chr., anläßlich der Tempelweihe den Opferdienst vollzogen, aber sie opferten auch im Namen des heidnischen Oberherrn, und sie beteten für ihn und seine Dynastie. So wurde es gehalten, solange eine autonome jüdische Tempelgemeinde in Jerusalem unter einem fremden Oberherrn lebte und ihn auf diese Weise ihrer Loyalität versicherte. Als im Jahre 66 n. Chr. die zum Abfall von Rom entschlossene Partei die Macht in Jerusalem ergriff und das Opfer und das Gebet für den römischen Kaiser einstellte, war dies die Aufkündigung des Gehorsams und das Zeichen zum Aufruhr. Der Tag, an dem das Opfer für den fremden Oberherrn eingestellt wurde, war der Anfang vom Ende des Zweiten Tempels.

Silbermünze aus der Zeit der persischen Oberherrschaft

Vs.: Behelmter Kopf nach rechts

Rs.: Männliche Gottheit auf geflügeltem Rad sitzend nach rechts, auf der ausgestreckten Linken einen Falken haltend. Links unten bärtige Maske. Die aramäische Aufschrift oben: «YHD» = Jehud weist die Münze als eine lokale Prägung für den gleichnamigen persischen Verwaltungsbezirk aus. (Meshorer I, 115 Nr. 1 mit Pl. 1)

Esra und Nehemia

Jerusalem mit dem wiederaufgebauten Tempel war die einzige Stadt und der Mittelpunkt des persischen Verwaltungsbezirks Jehud, der einen Teil der großen Satrapie jenseits des Euphrats bildete. Die Stadt, deren Befestigung Nebukadnezar zerstört hatte, lag auf dem etwa 1200 m langen Plateau zwischen dem Kidron- und Tyropaiontal, das heute nicht mehr sichtbar ist. Als Kaiser Hadrian an der Stelle der im Jahre 70 n. Chr. zerstörten Stadt das von ihm neugegründete Aelia Capitolina errichten ließ, wurde das Tal mit dem Schutt des alten Jerusalem aufgefüllt. Sein Verlauf entsprach der Straße, die heute vom Damaskustor im Norden nach Süden führt. Das Heiligtum lag auf der nördlichen Erhebung des Plateaus und bedeckte eine Fläche von ungefähr zwei Morgen. Im Nordwesten des Tempels erhob sich die Zitadelle, die spätere Burg Antonia. Sie beherbergte eine kleine Garnison und war der Sitz des Statthalters. Der Umfang des Bezirks Jehud entsprach dem Kerngebiet des ehemaligen Königreichs Juda, das Nebukadnezar im Jahre 605 v. Chr. dem Neubabylonischen Reich inkorporiert hatte. Im Süden hatten die Edomiter einen Streifen jüdischen Landes okkupiert, der in persischer Zeit ein Teil des Verwaltungsbezirks Idumäa war. Der Bezirk Jehud erstreckte sich von Beth-Horon und Bethel im Norden bis Beth-Sur im Süden sowie von Gezer, Emmaus, Modein und Keila im Westen bis Jericho und Engedi am unteren Jordan und am Westufer des Toten Meeres im Osten. Seine Fläche betrug ungefähr 2800 km^2, entsprach also etwa der des Saarlandes oder einem Achtel des heutigen Staates Israel. Abgesehen von den Palmenhainen von Jericho, einer königlichen Domäne, in der ein kostbarer Balsam gewonnen wurde, und der Oase von Engedi am Toten Meer war das Land bergig und wenig ertragreich. Es war dünn besiedelt und erholte sich nur langsam von den Verheerungen, die Nebukadnezars Feldzüge angerichtet hatten. Die Angabe des Buches Esra, daß 42 360 Freie und 7337 Sklaven aus Babylonien zurückkehrten, ist, wie mit Recht gesagt worden ist, eine wilde Übertreibung. Nach den Ergebnissen archäologischer Surveys ist für den Verwaltungsbezirk in der Perserzeit mit einer Bevölkerungszahl zu rechnen, die 30 000 Menschen nicht überstieg. Das Land lebte von Ackerbau und Viehzucht. Der Transithandel, der von Südarabien zum Mittelmeer nach Gaza führte, berührte das judäische Bergland nicht, das somit keinen Anteil an diesem Handel hatte. Das Land war tributpflichtig, und es gab, vor allem wegen der Differenzierung der Gesellschaft in reich und arm, große soziale Probleme, die sich in einer verbreiteten

Verschuldung und in dem bedrohlichen Phänomen der Schuldknechtschaft niederschlugen.

Hinzu kamen Gefährdungen der religiösen Restauration, die ja das eigentliche Anliegen der sie tragenden Rückkehrer aus dem babylonischen Exil gewesen war. Diese Gruppierung hatte den Wiederaufbau des Tempels und die Wiederaufnahme des Kultes durchgesetzt. Kult und Tempeldienst wurden von zwei erblichen Ständen versehen, von Priestern und Leviten. Als König Josia im Zuge seiner politisch-religiösen Reform alle lokalen Kultstätten in seinem Reich schloß und die Verehrung Jahwes im Jerusalemer Heiligtum konzentrierte, bedeutete dies eine erhebliche Verstärkung der Jerusalemer Priesterschaft durch lokale priesterliche Familien. Die Alimentierung des gesamten Kultpersonals war die Aufgabe des Königs gewesen. Als im zweiten Regierungsjahr Dareios' I. der Versuch einer Wiederherstellung des davidischen Königtums scheiterte, bedurfte die Frage der materiellen Fundierung der beiden Stände, die den Tempeldienst versahen, dringend einer innerjüdischen, von der persischen Zentrale sanktionierten Regelung. Die Führer der Restauration dachten jedoch nicht ausschließlich in den Kategorien einer materiellen Fundierung des wiederhergestellten Zentralkultes. Sie hatten die prophetische Verkündigung verinnerlicht, daß die Rückkehr in das Heilige Land von einer inneren Umkehr des Volkes abhängig sei und Gott seinem Volk einen neuen Geist eingebe. Das hieß, daß das Volk den Weisungen des Herrn, seines Gottes, Folge leistete, und deren Grundlage war das erste Gebot des Dekalogs, das da lautete: «Ich bin der Herr, dein Gott, du sollst keine anderen Götter haben neben mir.» Die größte Gefährdung dieses Grundsatzes lag in dem im Vorderen Orient verbreiteten Synkretismus der Religionen, und dessen Voraussetzung war die Mischehe, die Heirat zwischen Juden und Angehörigen anderer Völker, die fremde Götter verehrten.

Die Zeit des Exils hatte die Gefahr, in fremden Völkern aufzugehen, noch einmal aktualisiert. Dagegen hatten unter Führung der Propheten die strengen Monotheisten Front gemacht. Aber ein schneller und leichter Sieg war ihnen nicht beschieden, weder in Babylonien noch in der wiederhergestellten Kultgemeinde von Jerusalem. Im Buch Esra heißt es, bezogen auf die Verhältnisse um die Mitte des fünften Jahrhunderts v. Chr.:

Das Volk Israel und die Priester und Leviten haben sich nicht ferngehalten von den Völkern des Landes und ihren Greueln, von den Kanaanitern, Hetitern, Perisitern, Jebusitern, Ammonitern, Moabitern, Ägyptern und Amori-

*tern. Sie haben von deren Töchtern Frauen genommen für sich und ihre Söh-
ne. So hat sich der heilige Same mit den Völkern des Landes vermischt, und
die Obersten und Führer waren die ersten bei diesem Treubruch.*

(Esra 9,1–2)

Daß gerade Angehörige der Aristokratie mit den großen Familien außerhalb
der Grenzen ihres Landes Ehebündnisse eingegangen waren, hat nichts Über-
raschendes und entspricht einer verbreiteten Übung. Sie dienten der Steigerung von Einfluß, Macht und Reichtum aristokratischer Familien. Das war
beispielsweise in Athen während des sechsten und fünften Jahrhunderts v. Chr.
nicht anders als in Jerusalem. Insofern sind die Alkmaioniden oder Miltiades
und Kimon, die fürstlichen Herren zur Zeit der Perserkriege, mit den priesterlichen Familien Jerusalems vergleichbar, und der Unterschied zu Athen
bestand nur darin, daß die Verschwägerung mit Samaritanern oder Ammonitern all denen, die auf der Absonderung von den umwohnenden Völkern als
einer notwendigen Voraussetzung der Einhaltung des Heiligen Bundes mit
dem einen Gott Israels bestanden, ein schweres Ärgernis war, das es zu beseitigen galt. Das Ärgernis war um so schlimmer, als die Verschwägerung mit großen nichtjüdischen Dynastengeschlechtern bis in die Familie reichte, die die
Hohenpriester, die obersten Repräsentanten des Opferkultes, stellte. Von den
Söhnen des Hohenpriesters Joschua und seiner Brüder hatten mehrere, so erfahren wir, fremde Frauen geheiratet. Eljaschib, der Vater des Hohenpriesters
Jojada, war verwandt mit Tobija, einem ammonitischen Dynasten aus dem
Transjordanland, und diese Verwandtschaft hatte zu dem Skandal geführt, daß
dem Fremden eine große Vorratskammer im Jerusalemer Tempel überlassen
worden war, die eigentlich der Aufbewahrung von Weihrauch, Speiseopfern
und Abgaben zur Unterhaltung des Kultpersonals diente. Weiterhin hatte
einer der Söhne des um das Jahr 432 v. Chr. amtierenden Hohenpriesters Jojada eine Tochter des Sanballat von Horon, des Statthalters des persischen Verwaltungsbezirks Samaria, geheiratet, und dieser Sanballat war ein Gegenspieler des jüdischen Reformers Nehemia und versuchte, die Wiederbefestigung
Jerusalems zu verhindern. Die unbefangene Einstellung gegenüber Mischehen
begegnet übrigens auch noch in der jüdischen Literatur der nachexilischen
Zeit. Im Buch Ruth ist die Heldin eine Moabiterin, die sich Jahwe zu ihrem
Gott erwählt und zweimal aus Bethlehem stammende Juden heiratet, und das
Buch Esther ist die Geschichte einer Jüdin, die einen heidnischen Herrscher,
den persischen Großkönig Ahasveros/Xerxes, heiratet und so in die Lage

kommt, die Juden vor den Anschlägen ihres Feindes Haman zu retten. Aber die Frommen, die im Exil den Gefahren der Mischehe und der Religionsmischung widerstanden hatten, bestanden darauf, daß ihre Losung: «Jahwe allein ist der Gott Israels» die strikte Trennung von den Heidenvölkern als Schutz gegen das Eindringen des Polytheismus notwendig mache.

So kam vieles zusammen, was in den Augen der in Babylonien verbliebenen Frommen ein Eingreifen in Jerusalem und bei den Juden in der Satrapie jenseits des Euphrats notwendig machte. Aufgrund ihrer Nähe zu der höchsten Autorität im Perserreich, dem Großkönig und seinem Hof, erhielten prominente Angehörige der babylonischen Diaspora, der Priester Esra und der königliche Mundschenk Nehemia, um die Mitte des fünften Jahrhunderts v.Chr. eine Ermächtigung zu den notwendigen Reformen. Ermöglicht wurde ihnen das durch den von den persischen Oberherren beobachteten Brauch, die religiösen und sonstigen Angelegenheiten ihrer Untertanen, die im übrigen eine weitgehende Autonomie genossen, im Benehmen mit deren Vertretern zu regeln. So verkündete beispielsweise Kambyses, der Nachfolger des Reichsgründers Kyros, einen neuen Tarif für die Entlohnung der Tempeldiener der Ischthar von Uruk, für die Tempelsänger in Jerusalem existierte eine vom Perserkönig autorisierte Dienstordnung (Nehemia 11,23), und Dareios I. regelte in einer Verordnung die Wahl der administrativen Vorstände der ägyptischen Tempel. Wie vielfach belegt ist, erfolgten solche Regelungen im engen Einvernehmen mit den Betroffenen: Im Jahre 419/18 v.Chr. erging eine Instruktion Dareios' II. an den Satrapen von Ägypten, die sich auf das von den jüdischen Militärsiedlern in Elephantine begangene Passahfest bezog. Damit autorisierte der König eine jüdische Festordnung, die von sich aus zu geben er gar keinen Anlaß hatte. Wie man sich die Vorgänge im einzelnen vorzustellen hat, ist einer im Jahre 1973 entdeckten dreisprachigen Inschrift aus dem lykischen Xanthostal im südlichen Kleinasien zu entnehmen. Die Inschrift enthält einen Volksbeschluß der Xanthier über die Einrichtung eines Kultes für zwei karische Götter. Dem lykischen Text sind eine Übersetzung ins Griechische und Reichsaramäische beigegeben. Den Volksbeschluß hatte die Gemeinde dem Vertreter der persischen Reichsgewalt, dem karischen Satrapen Pixodaros, im ersten Jahr des Königs Artaxerxes (es ist unklar, ob der III. mit dem Beinamen Ochos oder Arses, der den Herrschernamen Artaxerxes (IV.) führte, gemeint ist, und demnach fällt das Datum entweder auf das Jahr 359/58 oder 338/37 v.Chr.) zur Genehmigung vorgelegt. Pixodaros erteilte die erbetene Genehmigung, indem er die Kultordnung in der Verwaltungssprache des Perserreiches mit dem Vermerk publizierte: «Dieses Gesetz hat er (Pixodaros) geschrieben. Es haben vorgeschlagen die Bürger von Xanthos.» Durch diesen Vermerk und durch die Publikation in der Verwaltungssprache des Großkönigs wurde die Kultordnung der Xanthier zu lokal gültigem Reichsrecht und stand unter dem Schutz der höchsten Autorität, die es im Perserreich gab. Ein solches Verfahren ist literarisch im Buch Esther, der Gründungslegende des jüdischem Purimfestes, vorausgesetzt. Dort schreibt Mordechai die Festordnung, und die Königin Esther erhebt sie durch ihre Bekräftigung zum Gesetz, das für alle Juden im persischen Reich Gültigkeit hat.

Dies alles legt die Vermutung nahe, daß es am Hofe des Großkönigs Abteilungen der Verwaltung gab, die auf die Angelegenheiten der Untertanen spezialisiert waren. Tatsächlich wird im Buch Nehemia ein solcher Beauftragter für jüdische Angelegenheiten namentlich genannt: «Petachja, der Sohn Meschesabels, einer der Nachkommen Serachs, des Sohnes des Judas, stand dem König (Artaxerxes I.) in allem, was das (jüdische) Volk betraf, zur Seite» (Nehemia 11,24). Auf dieses Amt gewannen die jüdischen Monotheisten strikter Observanz entscheidenden Einfluß, und zwar deshalb, weil sie das stärkste aller ideologischen Interessen, das religiöse, antrieb. Juden, die neben Jahwe auch Marduk oder Nabu verehrten, oder religiös indifferent waren, hatten an diesem Amt für jüdische Angelegenheiten allenfalls um persönlicher Vorteile willen ein Interesse, während es den religiös motivierten Reformern um Esra und Nehemia um die heilige Sache ihres Gottes ging. Indem sie Einfluß und vor allem die Gunst des Königs gewannen, änderte sich die Balance zwischen den entschiedenen Verehrern Jahwes und den an ihre Umwelt Angepaßten innerhalb der babylonischen Judenschaft zugunsten der monotheistischen Partei eines Esra und Nehemia, und wie meist schloß sich die Mehrheit der Lauwarmen und Unentschlossenen letztlich der engagierten Minderheit an.

Esra und Nehemia haben über ihre Reformtätigkeit in Jerusalem autobiographische Rechenschaftsberichte verfaßt. Sie liegen großen Teilen der nach ihnen benannten Büchern des Alten Testaments zugrunde. Ursprünglich bildeten sie den Schlußteil des im vierten Jahrhundert v. Chr. verfaßten chronistischen Geschichtswerks und wurden erst später als gesonderte Werke in das Alte Testament aufgenommen. Diesen Überlieferungsverhältnissen ist es zu verdanken, daß ihr folgenreiches, die religiöse Lebensform der Juden im Zeitalter des Zweiten Tempels konstituierendes Wirken ungewöhnlich gut, wenn auch einseitig aus der Perspektive der beiden Urheber, dokumentiert worden ist.

Esra war Priester und Schriftgelehrter, und er kam im siebten Jahr des Königs Artaxerxes I., das heißt im Jahre 458 v. Chr., mit der Ermächtigung nach Jerusalem, den Juden im Verwaltungsbezirk Jehud und in der Diaspora der großen Satrapie jenseits des Stromes (sie reichte vom Euphrat bis zur östlichen Küste des Mittelmeeres) eine gesetzliche Ordnung zu geben, nach der sie leben sollten. Diese Mission war verknüpft mit einem zweiten, vom persischen Großkönig autorisierten Rückwanderungsschub aus der babylonischen Diaspora. Wie es zu der Beauftragung Esras kam, entzieht sich unserer Kenntnis, aber es darf vermutet werden, daß sie durch die Zusammenarbeit der strengen Monotheisten mit dem Amt für jüdische Angelegenheiten am Hofe des Königs vorbereitet wurde. Das Zustandekommen dieser Beauftragung war, so läßt sich erschließen, auch durch besondere Zeitumstände begünstigt. Im Jahre 460 v. Chr. hatte sich Ägypten unter Führung der beiden einheimischen Fürsten Amyrtaios und Inaros mit Unterstützung der Athener gegen Artaxerxes erhoben, und erst nach vier Jahren konnte dieser ein Heer zur Unterwerfung der abgefallenen Satrapie nach Ägypten entsenden. In dieser Situation mochte es sinnvoll erscheinen, den Wünschen der Juden, genauer: ihrer Führer am Hofe des Königs, entgegenzukommen. Die von ihnen vorgeschlagene gesetzliche Ordnung wurde durch königliche Sanktionierung zu personengebundenem Reichsrecht erhoben, und die Zahl der loyalen, an der bedrohten Grenze zu Ägypten wohnenden Juden wurde durch einen neuen Rückwanderungsschub aus Babylonien vergrößert. Das entsprechende Dekret des Königs ist in seiner originalen Sprachform, dem Reichsaramäischen, in das Buch Esra aufgenommen worden. Es lautet:

> *Artaxerxes, der König der Könige, an Esra, den Priester und Beauftragten für das Gesetz des Gottes des Himmels: Friede zuvor! Das ist es, was ich befehle: Jeder in meinem Reich, der zum Volk Israel, den Priestern und den Leviten gehört und gewillt ist, nach Jerusalem zu gehen, darf mit dir ziehen. Denn du bist vom König und dem Rat der Sieben (das ist der innere Kreis der aus den Inhabern der sieben Hofämter bestehenden Zentralregierung des Reiches) ausgesandt und sollst nach dem Gesetz, das in deiner Hand ist, untersuchen, wie es um Jehud und Jerusalem steht.*
> *Auch sollst du das Silber und das Gold dorthin bringen, das der König und der Rat der Sieben dem Gott Israels spenden, dessen Wohnung in Jerusalem ist. Bring auch alles Gold und Silber dorthin, das du in der ganzen Satrapie Babylonien erhältst, samt den Gaben, die das Volk Israel und die Priester für*

das Haus ihres Gottes in Jerusalem spenden. Von diesem Geld sollst du dann gewissenhaft Stiere, Widder und Lämmer sowie die dazugehörigen Speise- und Trankopfer kaufen und sie auf dem Altar eures Gottes in Jerusalem dar- bringen. Das übrige Silber und Gold möget ihr nach dem Willen eures Got- tes verwenden, wie es dir und deinen Brüdern gut scheint. Auch die Geräte, die der König dir für den Dienst im Hause deines Gottes übergibt, sollst du dem Gott in Jerusalem übergeben. Auch was du sonst noch brauchst für das Haus deines Gottes, bekommst du aus den Schatzhäusern deines Königs. Ich, König Artaxerxes, befehle allen Schatzmeistern in der Satrapie jenseits des Stromes: Alles, was Esra, der Priester und Beauftragter für das Gesetz des Gottes des Himmels, von euch fordert, soll man unverzüglich liefern, und zwar bis zu 100 Talente Silber, bis zu 100 Kor Weizen (etwa 400 hl), bis zu 100 Bat Wein (etwa 40 hl), dazu Salz in jeder Menge. Alles, was der Gott des Himmels befiehlt, soll man mit frommem Eifer liefern für das Haus des Gottes des Himmels, damit nicht ein Strafgericht das Reich des Königs und seiner Söhne treffe.

Auch wird euch bekannt gemacht: Niemand ist befugt, einem Priester, Levi- ten, Tempelsänger, Torwächter, Tempelsklaven oder allen, die im Hause die- ses Gottes eine Arbeit verrichten, Steuern, Abgaben oder Zölle aufzuerlegen. Du aber Esra bestelle Rechtskundige und Richter nach dem Gesetz deines Gottes, das in deiner Hand ist: Sie sollen dem ganzen Volk (der Juden) in der Satrapie jenseits des Stroms Recht sprechen, allen, die das Gesetz deines Got- tes kennen, und wer es nicht kennt, den sollst du es lehren. Doch über jeden, der das Gesetz deines Gottes und das Gesetz des Königs nicht befolgt, halte man streng Gericht und verurteile ihn je nachdem zum Tode, zum Aus- schluß aus der Gemeinde [das heißt zur Ächtung], zu einer Strafe an Hab und Gut oder zu Gefängnis.

(Esra 7,12–26)

Weittragende Bedeutung besaß dieser Erlaß insoweit, als er Esra ermächtigte, die Thora als ein personengebundenes, für die Juden des Vorderen Orients gel- tendes Reichsrecht zu proklamieren. Esra sammelte zu diesem Zweck das frü- here Recht, das in der Königszeit in Geltung war, und ergänzte es in Hinblick auf die Anliegen, um die es den Reformern ging. Dies waren die Ausgestaltung der Kultordnung des Jerusalemer Tempels, die materielle Fundierung des Kult- personals und die Abgrenzung des Gottesvolkes von den Heiden und ihren Göttern. Die Kodifizierung und die anschließende Promulgierung der Thora

entsprach einerseits der von Dareios I. im Jahre 518 v. Chr. angeordneten Auf-
zeichnung und Publikation des geltenden ägyptischen Rechts der Pharaonen
(weshalb der griechische Historiker Diodor den Perserkönig den sechsten
Gesetzgeber Ägyptens nennt), enthielt aber andererseits auch Neuerungen,
die den speziellen Reformanliegen entsprangen. Insofern glich, ungeachtet
aller Unterschiede, Esras Thora der solonischen Gesetzgebung in Athen, die
älteres mit neuem Recht zur Abwehr einer die Rechtsgemeinschaft existentiell
bedrohenden Krise verband. Diese reformerische Seite des Gesetzbuches, «das
in Esras Hand war», hatte die Immunisierung der Juden gegen die Gefahr zum
Ziel, in der polytheistischen Umwelt letztlich aufzugehen, durch eine periodisch wiederkehrende Niederschlagung der Schulden das soziale Problem zu
entschärfen und die materielle Fundierung des Jerusalemer Tempels und des
Kultpersonals zu sichern. Durch öffentliche Lesung in Jerusalem setzte Esra
das Gesetz des Himmelsgottes, das zugleich ein vom heidnischen Großkönig
sanktioniertes Rechtsbuch war, in Kraft und nahm dem Volk den Eid auf die
Befolgung der im Gesetzbuch aufgezeichneten Vorschriften ab. In dem Protokoll des Eides sind aus den gesetzlichen Bestimmungen der Bücher Exodus,
Leviticus, Numeri und des Deuteronomiums (2.–5. Buch Mose) alle Punkte
einzeln aufgeführt, die die eigentlichen Neuerungen darstellten. Sie sollen
deshalb im Wortlaut mit Angabe der Quellenstellen in der Thora mitgeteilt
werden:

*Besonders werden wir unsere Töchter nicht den Heidenvölkern des Landes
geben noch ihre Töchter für unsere Söhne nehmen [vgl. Exodus 34,15 – 16;
Deuteronomium 7,3 – 4]. Wenn die Heidenvölker des Landes Waren,
besonders Getreide jeder Art, am Sabbat zum Verkauf anbieten, werden wir
ihnen am Sabbat oder einem anderen heiligen Tag nichts abnehmen [dies ist
eine Konsequenz aus dem Gebot zur Heiligung des Sabbats: Exodus 23,12].
Wir verzichten in jedem siebten Jahr auf den Ertrag des Bodens und auf jede
Schuldforderung [vgl. Exodus 23,10 – 11; Deuteronomium 15,1 – 3]. Ferner übernehmen wir die Pflicht, jährlich einen Halbschekel für den Dienst im
Hause unseres Gottes zu geben [vgl. Exodus 30,11 – 16], für die Schaubro-
te, das tägliche Speiseopfer und das tägliche Brandopfer, für die Opfer an
den Sabbaten, Neumondtagen [das heißt am jeweiligen Monatsersten] und
Festen, für die Weiheopfer und die Sündopfer, durch die man Israel Sühne
schafft, und für alle Arbeiten im Hause unseres Gottes. Die Lieferung des
Brennholzes haben wir ausgelost unter den Priestern, den Leviten und dem*

Volk. Jede Familie soll es jährlich zu der für sie bestimmten Zeit zum Haus unseres Gottes bringen. Es sollen auf dem Altar des Herrn, unseres Gottes, brennen, wie es im Gesetz vorgeschrieben ist [vgl. Leviticus 6,5]. Ferner bringen wir jährlich zum Haus des Herrn die ersten Früchte unserer Felder und die ersten Baumfrüchte [vgl. Exodus 23,19], unsere erstgeborenen Söhne und die ersten Jungen unseres Viehs, wie es im Gesetz vorgeschrieben ist [vgl. Exodus 13,2]. Die ersten Jungen unserer Kinder und Schafe bringen wir zum Haus unseres Gottes für die Priester, die im Haus unseres Gottes Dienst tun [zu den Abgaben für die Priester und Leviten vgl. Numeri 18,12 – 32]. Den Erstanteil von unserem Brotteig und von den Früchten aller Bäume sowie von Wein und Öl bringen wir für die Priester in die Kammern des Hauses unseres Gottes [vgl. Numeri 15,20 – 21]. Den Leviten geben wir den Zehnten vom Ertrag unseres Bodens. Die Leviten selbst erheben den Zehnten an allen Orten, an denen wir das Feld bebauen [vgl. Numeri 18,26 – 32]. Wenn die Leviten den Zehnten erheben, soll ein Priester aus der Familie Aaron die Leviten begleiten. Die Leviten bringen dann den Zehnten vom Zehnten unseres Gottes in die Vorratskammern [vgl. Numeri 18,26 und 28] ... So werden wir das Haus unseres Gottes nicht im Stich lassen.

(Nehemia 10,31–40)

Die Selbstverpflichtung des Volkes bezog sich demnach auf zwei Punkte: auf die Absonderung von den fremde Götter verehrenden Heiden mittels einer Absage an alle Mischehen und auf die materielle Fundierung des Kultes und des Kultpersonals durch eine komplex zusammengesetzte Abgabenordnung. Auf dieser Grundlage hat dann Esra, wie er selbst in seinem autobiographischen Rechenschaftsbericht erzählt, die Auflösung der bestehenden Mischehen organisiert.

Im Prinzip waren damit die Grundlagen für den jüdischen Sonderweg in der Alten Welt gelegt. Die Juden verehrten im Unterschied zu den umwohnenden Völkern des Vorderen Orients ausschließlich den einen Gott, den sie als den universalen Gott schlechthin begriffen, und sie taten dies in der Form eines Opferkultes, des eigentlichen Kernstücks antiker Religiosität, nur an dem einen Ort, dem Heiligtum von Jerusalem. In der Diaspora verzichteten sie auf jeden Opferdienst, und dies war der Grund, warum sie als Nichtopfernde bei ihren nichtjüdischen Nachbarn für gottlos galten. Das zweite Merkmal, das sie von ihrer Umwelt abhob, war ihre gesellschaftliche Absonderung. Sie hatten Speisegesetze einzuhalten, die ihnen eine Speisegemeinschaft mit Nicht-

juden unmöglich machte oder zumindest erschwerte, sie hielten die Sabbatruhe, die anderen unbekannt war, und ihnen war aufgegeben, nur untereinander zu heiraten. Wenn sie denn die Gebote der Thora ernst nahmen, gab es
keine Ehegemeinschaft mit Andersgläubigen und, bedingt durch die Pflicht
zur Sabbat- und Festruhe, konnten Juden mit heidnischen Nachbarn nur eingeschränkt geschäftlich kommunizieren. Sie blieben unter sich – und zogen
sich damit den Vorwurf der Menschenfeindlichkeit zu. So sind aus der religiösen Ordnung, die das jüdische Volk davor bewahrte, seinen Monotheismus
im Meer der polytheistischen Umwelt zu verlieren, sowohl der vorchristliche
Antijudaismus der Antike und die Faszination entstanden, die diese Gemeinschaft auf Sympathisanten ausüben und sie sogar zum Übertritt zum Judentum veranlassen konnte. Die nach dem Gesetz Esras verfaßte Judenschaft
wirkte, wie mit Recht gesagt worden ist, wie ein Magnet. Sie stieß ab und sie
zog an. Die jüdische Exklusivität war im Prinzip nicht ethnisch und schon gar
nicht rassisch begründet, sondern sie beruhte ausschließlich auf der Verehrung
des einen Gottes und der Befolgung seiner Gebote. Insofern stand sie Fremden offen, und die Propheten nährten die Erwartung, daß am Ende aller Tage
sich alle Völker zu dem Gott Israels bekehren würden:

> *Die Fremden, die den Herrn verehren,*
> *die ihm als Knechte dienen*
> *und seinen Namen lieben,*
> *alle, die den Sabbat halten und ihn nicht entweihen,*
> *die dem Bund treu bleiben, den ich mit ihnen schloß:*
> *sie bringe ich zu meinem heiligen Berg (Zion)*
> *und erfülle sie in meinem Bethaus mit Freude.*
> *An ihren Brandopfern und Schlachtopfern auf meinem*
> *Altar habe ich Gefallen,*
> *denn mein Haus wird ein Haus des Gebets für alle*
> *Völker sein.*
> *(Jesaia 56,6–7)*

Mit Esras Reform war eine entscheidende Weichenstellung für die künftige
Geschichte der Juden erfolgt, aber eine schnelle und vollständige Lösung der
anstehenden Probleme erreichte er nicht. Die wirtschaftliche Lage im Bezirk
Jehud blieb trotz der prophetischen Verheißungen eines Wohlstandes, der auf
die Wiedererrichtung des Tempels folgen würde, schlecht, die Stadtmauer

Jerusalems lag noch immer in Trümmern, und die Juden litten unter den Übergriffen ihrer Nachbarn. Dementsprechend hatte sich die soziale Lage trotz der Vorkehrungen der Thora über eine periodisch wiederkehrende Niederschlagung der Schulden nicht verbessert, und auch das Problem der Mischehen war, zumindest was die Oberschicht anbelangt, noch keineswegs im Sinne Esras gelöst. Die doppelte Verpflichtung, die auf dem Volk lastete, dem fremden Oberherrn Tribut zu zahlen und für den Tempel und die Unterhaltung des Kultpersonals aufzukommen, trug aller Wahrscheinlichkeit nach zu einer weiteren Verschärfung der sozialen Gegensätze bei. Während die Bauern die Last der doppelten Besteuerung trugen, genossen die priesterliche Aristokratie und die Leviten zusätzlich die vom Perserkönig gewährte Steuerfreiheit. Gegen Ende des Jahres 445 v. Chr. erfuhr Nehemia, ein Angehöriger der babylonischen Judenschaft, der am Hofe Artaxerxes' I. das Amt eines Mundschenken versah, von einer Gesandtschaft, die von Jerusalem nach Susa, der elamitischen Hauptstadt des Königs, kam, wie es um Jerusalem und das Heilige Land stand.

Nehemia beschloß, seinen Einfluß beim König geltend zu machen, und erreichte, daß dieser ihn im Frühjahr des folgenden Jahres zum Statthalter ernannte, ihn mit militärischer Begleitung nach Jerusalem schickte und ihm erlaubte, mit materieller Unterstützung der königlichen Verwaltung der Wälder Jerusalem und den Tempel neu zu befestigen. In der Stadt angekommen, gewann er die Gemeinde für das große Unternehmen, aber er stieß sofort auf den Widerstand der Nachbarn, die den Mauerbau mit allen Mitteln zu verhindern suchten. Weder Sanballat, der als Statthalter von Samaria fungierte, noch der ammonitische Dynast Tobija im Transjordanland noch Geschem der Araber, der im Süden das Land von Hebron bis zu den Grenzen Ägyptens kontrollierte, wollten dulden, daß die Juden mit der Befestigung Jerusalems den zu ihrer Selbstbehauptung nötigen Rückhalt in Gestalt einer befestigten Stadt gewannen. Die mesopotamischen Kolonisten, deren Vorfahren unter dem assyrischen König Sargon in Samaria angesiedelt worden waren, richteten eine Eingabe an den König, in der sie unter Hinweis auf die Erhebungen der Juden gegen ihre ehemaligen babylonischen Oberherren Artaxerxes ersuchten, die Einstellung der Bauarbeiten zu verfügen. Tatsächlich erreichten sie, was sie wollten. Dem König kamen Bedenken, daß die Juden sich auch gegen ihn erheben könnten, und er ermächtigte die Nachbarn, den Bau der Stadtmauern gegebenenfalls mit Waffengewalt zu verhindern.

Hier stand also Ermächtigung gegen Ermächtigung. Freilich hatte sich der König noch nicht endgültig festgelegt, sondern die Einstellung der Bauarbeiten unter dem Vorbehalt verfügt, daß dies bis auf weiteres gelten solle. Immerhin gab er den Nachbarn auf, in Jerusalem einzugreifen, damit, wie es in seinem Schreiben heißt, dem König kein Nachteil aus der Befestigung Jerusalems entstünde. Aber Nehemia, der seinerseits eine entgegengesetzte Instruktion vom König erhalten hatte, wehrte sich. Er bewaffnete das Volk, so daß jeweils ein Teil zur Bewachung der Bauarbeiten eingeteilt wurde und die übrigen, nach Sippen geordnet, an den ihnen zugewiesenen Streckenabschnitten weiterbauen konnten. Die Nachbarn verdächtigten Nehemia, er verfolge die Absicht, sich zum König aufzuwerfen und von Artaxerxes abzufallen. Aber sie konnten dafür keinen Beweis erbringen, sondern beriefen sich auf die früheren Erhebungen der Juden gegen Nebukadnezar. Der Großkönig zeigte sich durch das historische Argument beeindruckt und setzte die Ermächtigung, den Bau der Mauern zu verhindern, gegen die andere, sie wiederherzustellen, und überließ es entsprechend einer persischen Regierungsmaxime den streitenden Parteien, wer sich durchsetzte. Das entsprach ziemlich genau dem Verhalten des Ahasveros/Xerxes in der literarischen Fiktion des Buches Esther. Dort gab Xerxes zunächst den Befehl, daß alle Juden an einem festgesetzten Tag in seinem Reich der Ächtung verfallen seien, und gab damit den Nachbarn das Recht, die Juden straflos zu töten. Die von Mordechai und der Königin Esther ausgehende Rettungsaktion gipfelte in einem Edikt, das den Juden das Recht auf Selbstverteidigung gab, und so retteten diese sich selbst. Das war *mutatis mutandis* die Situation, der sich Nehemia gegenübersah. Er besaß das Recht, die Mauern Jerusalems wiederaufzubauen, die Koalition der Nachbarn die entgegengesetzte Ermächtigung, den Bau der Stadtmauern zumindest bis auf weiteres zu verhindern. Der Grund für diese eigentümliche Regierungspraxis des persischen Oberherrn, der Recht gegen Recht setzte, aber es den Untertanen überließ, es durchzusetzen, lag in der Struktur eines Riesenreiches, das eine schwache Suprastruktur darstellte und keine Exekutivgewalt außer der schwerfälligen und kostspieligen Aufbietung des persischen Heerbannes besaß. Die persische Reichsgewalt erhob sich über ein Konglomerat von Untertanen, deren Loyalität dem eigenen Volk oder der eigenen Stadt galt. Der Großkönig verfügte nicht über die Mittel, die zahlreichen Fehden in seinem Reich zu unterdrücken, und so beschränkte er sich darauf, die Konflikte zu moderieren. Er griff nur ein, wenn Abfallbewegungen die Integrität seines Reiches tatsächlich bedrohten. Den Untertanen blieb somit ein großer Spielraum für Nachbarschaftsfehden und Selbstverteidigung. Dies nutzte Nehemia aus, und so gelang ihm in kurzer Frist die Wiederbefestigung von Jerusalem.

Aber Nehemia hatte nicht nur mit der Feindschaft der Nachbarn zu kämpfen, sondern auch mit inneren Problemen, die der Verwirklichung seines Ziels entgegenstanden. Der Wiederaufbau der Stadtmauern, die angeblich in nur 52 Tagen vollendet wurden, war nicht die einzige schwere Belastung, die der Statthalter seinem Volk auferlegte. Nehemia plante, Jerusalem neu zu bebauen und zu besiedeln; zu diesem Zweck erfaßte er die ganze Bevölkerung, und ein Zehntel wurde durch das Los bestimmt, Wohnung in der Hauptstadt zu nehmen. Dies alles war mit hohen Kosten und Arbeitsleistungen verbunden, und so erklärt es sich, daß die latente soziale Krise in der Zeit seiner ersten Statthalterschaft (445 – 433 v. Chr.) zu einem offenem Streit führte. Das zu Fronarbeiten gezwungene Volk erhob Protest gegen die wohlhabende Aristokratie, der das harte Schuldrecht den Zugriff auf das Land und die Person der bei ihnen verschuldeten Kleinbauern erlaubte:

> *Die Männer des einfachen Volkes und ihre Frauen erhoben aber laute Klagen gegen ihre jüdischen Stammesbrüder. Die einen sagten: Wir müssen unsere Söhne und Töchter verpfänden, um Getreide zu bekommen, damit wir zu essen haben und leben können. Andere sagten: Wir müssen unsere Felder, Weinberge und Häuser verpfänden, um in der Hungerzeit (vor der neuen Ernte) Getreide zu bekommen. Wieder andere sagten: Auf unsere Felder und Weinberge mußten wir Geld aufnehmen für die Steuern des Königs. Wir sind doch vom selben Fleisch wie unsere (wohlhabenden) Stammesbrüder; unsere Kinder sind ihren Kindern gleich, und doch müssen wir unsere Söhne und Töchter zu Sklaven erniedrigen. Einige von unseren Töchtern sind schon erniedrigt worden. Wir sind machtlos, und unsere Felder und Weinberge gehören anderen.*
>
> *(Nehemia 5,1 – 5)*

Das Volk, das Nehemia zu einer großen gemeinsamen Anstrengung aufgerufen hatte, war also in sich gespalten und drohte seine Fähigkeit zur Selbstbehauptung gegen die feindseligen Nachbarn und zum friedlichen Zusammenleben im Inneren zu verlieren. Dies war die Situation, der in Athen seinerzeit Solon mit der Niederschlagung aller Schuldforderungen und dem Rückkauf der in die Fremde veräußerten Athener beizukommen suchte. Genau das gleiche tat Nehemia, und er konnte sich für seine soziale Reform auf das in der

Thora, dem von Esra verkündeten Gesetz des Himmelsgottes, verankerte Gebot einer periodisch wiederkehrenden Schuldenniederschlagung berufen. Nehemia und seine Familie gingen bei dem angeordneten allgemeinen Schuldenerlaß mit gutem Beispiel voran. Er selbst hat geschildert, wie er alles in seiner Macht Stehende tat, um die Belastung der kleinen Leute zu vermindern. Als Statthalter hatte er Anspruch auf einen erheblichen Teil der Einnahmen, die dem König aus der Besteuerung des Landes zuflossen, aber er verzichtete auf diesen Anteil, der täglich vierzig Silberschekel betrug. Nehemia war reich, und vermutlich hatte er seinen märchenhaften Reichtum seiner Stellung als Günstling und Mundschenk des Königs zu verdanken. Wie er selbst berichtet, hatte er sein Vermögen noch vermehrt, indem er sich an dem Kreditgeschäft mit seinen Stammesgenossen beteiligte. Nun verzichtete er auf alle seine Forderungen, und er bezahlte die Kosten seiner aufwendigen Hofhaltung in Jerusalem aus seiner eigenen Tasche. In der Rechenschaft, die er seinem Gott legte, heißt es dazu: «Dennoch habe ich den Unterhalt eines Statthalters nicht gefordert; denn der Frondienst lag schon schwer genug auf dem Volk. Denke daran mein Gott, und laß mir all das zugute kommen, was ich für dieses Volk getan habe» (Nehemia 5,18–19).

Nehemia hatte freilich nicht nur in der Frage der Verschuldung den Reichen und Mächtigen, zu denen er ja selbst gehörte, entgegenzutreten. Er mußte dies auch wegen der engen Verbindung von Angehörigen der jüdischen Aristokratie mit nichtjüdischen Dynastenfamilien tun, die der Konstituierung eines in sich geschlossenen jüdischen Gemeinwesens ablehnend gegenüberstanden. Nach seiner Schilderung kam es zu einem Einvernehmen zwischen seinen auswärtigen und seinen inneren Gegnern, ja sogar zu dem Versuch, den lästigen Reformer durch einen Anschlag auf sein Leben zu beseitigen. Der Versuch scheiterte, aber die Drohungen hörten, wie er schreibt, nicht auf:

Zu jener Zeit sandten die Vornehmen von Juda auch viele Briefe an (den ammonitischen Dynasten) Tobija, und Briefe von Tobija gelangten an sie. Denn viele Menschen in Juda waren mit ihm durch enge Beziehungen verbunden. Er war nämlich der Schwiegersohn Schechanjas, des Sohnes des Arach, und sein Sohn Johanan hatte die Tochter des Meschullam, des Sohnes Berchjas, geheiratet. Auch rühmten sie vor mir seine Verdienste und trugen ihm zu, was ich sagte. Tobija schickte auch Briefe, um mir Furcht zu machen.

(Nehemia. 6,17–19)

Im Jahre 433 v. Chr. rief der König seinen Statthalter Nehemia an seinen Hof zurück. Aber Nehemia war noch nicht an das Ende seines Reformwerks gelangt, und so bat er den König nach einiger Zeit, nach Jerusalem zurückkehren zu dürfen. Es war sein Ziel, die enge Verflechtung der jüdischen mit den nichtjüdischen Aristokratien der umwohnenden Völker, die zu beseitigen bereits Esra angestrebt hatte, endgültig und auf Dauer zu zerschlagen. Er griff in seiner zweiten Statthalterschaft nach 432 v. Chr. rücksichtslos, um nicht zu sagen gewalttätig durch, und er verschonte selbst die hohenpriesterliche Familie nicht: «Einer der Söhne des Hohenpriesters Jojada, des Sohnes des Eljaschib, war der Schwiegersohn des (persischen Statthalters von Samaria) Sanballat von Horon; ihn verbannte ich aus meinem Bezirk (das heißt Jehud). Vergiß es ihnen nicht, mein Gott, daß sie das Priestertum und den Bund der Priester und Leviten befleckt haben» (Nehemia 13,28 – 29). Die große Vorratskammer des Tempels, die der Aufnahme der Abgaben für den Tempel und das Kultpersonal diente, hatte Eljaschib dem mit ihm verwandten Dynasten Tobija überlassen, der auf diese Weise eine wichtige Funktion innerhalb des jüdischen Tempelstaates einnahm. Das machte Nehemia rückgängig, und er sorgte auch dafür, daß die fremden Händler in Jerusalem ihre Waren nicht mehr an den Sabbat- und Festtagen feilbieten durften. Die zweite Statthalterschaft Nehemias verband die Abrechnung mit seinen Gegnern mit der Durchsetzung der in der Thora niedergelegten Ordnung, die Esra gegeben hatte. Die Einziehung und Verteilung der heiligen Abgaben wurden wieder den Priestern und Leviten übertragen, für die Nehemia der Norm der Thora entsprechend eine Dienstordnung festlegte. In diesem Sinne heißt es in seinem Rechenschaftsbericht: «Nun brachte ganz Juda wieder den Zehnten von Getreide, Wein und Öl zu den Vorratskammern. Zur Aufsicht über die Vorratskammern bestellte ich den Priester Schelemja, den Schreiber Zadok und den Leviten Pedaja. Ihnen stellte ich Hanan, den Sohn Sakkurs, des Sohnes Mattanjas, an die Seite. Denn sie galten als zuverlässig, und ihnen oblag es nun, den Zehnten an ihre Brüder zu verteilen. Denke dafür an mich, mein Gott, und lösche die guten Taten nicht aus, die ich für das Haus meines Gottes und seine Ordnung vollbracht habe» (Nehemia 13,12 – 14). Und im Schlußwort seines Rechenschaftsberichtes hat Nehemia das Ergebnis seines Wirkens in der Zeit seiner zweiten Statthalterschaft in folgenden Worten zusammengefaßt: «So habe ich das Volk von allem gereinigt, was fremd war. Für die Priester und Leviten habe ich Ordnungen aufgestellt, die jedem seinen Dienst zuteilen. Auch habe ich angeordnet, wie man an den festgesetzten Tagen das

Brennholz liefern und die ersten Erträge bringen soll. Denke daran, mein Gott, und halte es mir zugute» (Nehemia 13,30 – 31).

Durch die Reformen Esras und Nehemias ist das Judentum in der Prägung, wie es uns in der Zeit des Zweiten Tempels entgegentritt, begründet worden. Die großen Gelehrten wie Julius Wellhausen und Eduard Meyer, deren grundlegenden Forschungen diese Erkenntnis verdankt wird, haben freilich über dieses Judentum hart und letztlich verständnislos geurteilt. Die theokratische Ordnung, in der der Tempel der Mittelpunkt der Kultgemeinde und der Hohepriester ihr oberster Repräsentant war, verfiel ebenso ihrem Verdikt wie die auf einer Absonderung der Juden von den Heiden zielenden Bestimmungen der Thora. In diesem Sinne heißt es in Eduard Meyers Geschichte des Altertums:

> *Die Priester, früher die Diener der Volksangehörigen, ein Berufsstand ohne Grundbesitz, ohne wahren Geschlechtsverband, den Schutzbefohlenen näherstehend als den Vollbürgern, werden jetzt der erste Stand, die Elite des Volkes, reichlich mit Einkünften ausgestattet…; sie erhalten die Führung im Rat der Ältesten, der die Verwaltung und Rechtsprechung ausübt. An ihrer Spitze steht der Hohepriester, dessen Befugnisse der Priesterkodex [das ist der die theokratische Ordnung begründende Teil der Thora], in dem er unter der Maske des Aharon erscheint, ins Ungemessene gesteigert hat; er allein tritt in unmittelbare Berührung mit Jahwe und vertritt ihm gegenüber die Gemeinde, er ist ihr geistliches und damit zugleich ihr weltliches Oberhaupt. Das «übrige Volk», die Laien, ist eigentlich nur dazu da, den Priestern zu zinsen, damit diese den Tempeldienst regelmäßig vollziehen können, der den Mittelpunkt der Weltordnung bildet; sie müssen froh sein, daß ihnen vergönnt ist, dabei zuzuschauen und den Chor zu bilden. Im übrigen haben sie die Verheißung (der messianischen Endzeit) für die Zukunft – wann sie eintreten wird, vermag niemand zu ergründen. Dafür haben sie tagtäglich bei allem, was sie tun und treiben, eine Fülle absurder Vorschriften (die in der Thora niedergelegt sind) zu beachten, nicht weil dieselben einen sittlichen und religiösen Wert hätten, sondern weil so einmal Jahwes Wille ist; nach ihrer inneren Berechtigung auch nur zu fragen, wäre frevelnde Vermessenheit.*
> *(Geschichte des Altertums IV.1[7], 197)*

Der zitierte Text beschreibt, von dem negativen Werturteil, das ihn durchzieht, einmal abgesehen, völlig korrekt die Grundelemente der theokratischen Verfassung in der Zeit des Zweiten Tempels, aber er zeigt nicht das geringste Verständnis für die Entstehungsbedingungen, an die diese Verfassung geknüpft war. Die Ordnung Esras und Nehemias setzt das Trauma der akuten Gefahr voraus, daß ein entwurzeltes Volk in den fremde Götter verehrenden Völkern der Umgebung aufgehen könnte, und spiegelt die Furcht wider, als Volk des Gottes Israels, das keinen eigenen Staat und kein geschlossenes Siedlungsgebiet besitzt, ausgelöscht zu werden. In dieser Situation hielt die Minderheit der strengen Monotheisten im Exil an der religiösen Überlieferung und an dem Prophetenwort fest, daß in der Befolgung der Weisungen Gottes die Bedingung der Rettung sei, daß nämlich Gott, um seine Macht und Herrlichkeit zu demonstrieren, sein Volk nach Jerusalem zurückführen und sich als der Herr aller Völker offenbaren werde. Die angestammte Religion, die unbedingte Verehrung des einen Gottes, war also subjektiv in der Vorstellung der Gläubigen und auch objektiv, wie sich zeigen sollte, das Unterpfand für das Überleben Israels im Meer der Völker. Von diesem Bewußtsein gibt die Thora, die in der Zeit Esras ihre Schlußredaktion erfuhr, ein deutliches Zeichen. Ihren erzählenden Partien liegt die Erfahrung des Exils unter Völkern, die fremde Götter verehren, und die Errettung durch den Bund Israels mit Gott zugrunde. Die Folgerungen aus dieser Erfahrung zieht das Religionsgesetz, das unter Esra verkündet wurde. Eines seiner Hauptanliegen ist die Absonderung der Verehrer Jahwes von den fremde Götter verehrenden Völkern des Vorderen Orients.

Hinzu kommt etwas anderes: Die Rückkehr nach Jerusalem und der Wiederaufbau des Tempels hatten sich unter den Vorzeichen einer messianischen Erwartung vollzogen, die nicht in Erfüllung ging. Kyros, der Begründer des persischen Großreichs, der im Buch Jesaja von dem zweiten Propheten als der Gesalbte des Herrn proklamiert wird, konnte die ihm zugedachte Rolle nicht spielen, und Serubbabel, der aus dem Hause Davids stammte und für die Propheten Haggai und Sacharja der ersehnte Messias war, mußte froh sein, daß er sich in der Krise des Jahres 521 v. Chr. nicht zu weit vorgewagt und sich nicht gegen den persischen Oberherrn erhoben hatte. Wenn denn schon kein König aus dem Hause Davids als der Stellvertreter Jahwes in Jerusalem fungieren konnte, so blieb nur übrig, daß an die Spitze des Volkes der Hohepriester und an die Stelle des Königtums die theokratische Ordnung traten. Der Text des Propheten Sacharja ist, wie oben gezeigt wurde, das authentische Zeugnis eines Prozesses, in dem das Hohenpriestertum an die Stelle des Königtums tritt. Die Konsequenz aus dem Scheitern des Messianismus haben Esra und Nehemia gezogen. Ihre Reformen haben das jüdische Volk als ganzes gegen die doppelte Gefahr immunisiert, in fremden Völkern aufzugehen und sich von den messianischen Verheißungen zu dem selbstmörderischen Versuch ihrer Realisierung hinreißen zu lassen. Das eine wie das andere hätte das Ende des jüdischen Volkes und des Monotheismus als einer positiven Religion bedeuten können. Der Wandel vom Leitbild des davidischen Königtums zum Ideal einer auf Tempel und Opferkult konzentrierten theokratischen Verfassung hat sich im übrigen auch in der jüdischen Historiographie der Perserzeit niedergeschlagen. Die noch im sechsten Jahrhundert entstandenen Königsbücher des Alten Testaments stellen die Könige Israels und Judas in den Mittelpunkt der Darstellung, und sie enden mit einem Zeichen der Hoffnung in königsloser Zeit, der Freilassung Jojachins, des entthronten vorletzten Königs aus dem Hause Davids, aus der Gefangenschaft des babylonischen Königs. Die Chronik hingegen, das im vierten Jahrhundert geschriebene und ursprünglich mit den Büchern Esra und Nehemia endende Geschichtswerk, zentriert die Geschichte beider Reiche um die Fixpunkte von Tempel und Kult.

Silberner Halbobol aus der Spätzeit der persischen Oberherrschaft

Vs.: Kopf in Vorderansicht

Rs.: Eule von vorn, flankiert von der althebräischen Aufschrift: «YHZQYH – HPHH» = Yehezqiah – Hapeha, das heißt Ezekia der Statthalter (Meshorer I, 116 Nr. 10 mit Pl. 2) Die Abbildung der Rückseite bedient sich des Symbols des damals am weitesten verbreiteten Geldes, der attischen Eule. Die Aufschrift gibt nach Sprachform und Inhalt zu erkennen, daß es sich um eine Emission des jüdischen Statthalters des persischen Verwaltungsbezirks Jehud handelt. Sie ist ein Indiz für die weitgehende Selbständigkeit, die Judäa wie andere Teile des Perserreiches gegen Ende der persischen Oberherrschaft genoß.

Aber Tempel und Kult sind nicht der ganze Inhalt der Geschichte der Juden. Der Hohepriester war nicht nur das Oberhaupt der priesterlichen Hierarchie, er war auch, dem Papst in den Zeiten des Kirchenstaates vergleichbar, der Repräsentant der weltlichen Herrschaft, dies freilich in den Grenzen, die durch die Zugehörigkeit Jerusalems und des Heiligen Landes zum Perserreich gezogen waren. Das einzige Ereignis, das aus der Spätzeit der Perserherrschaft nach der zweiten Statthalterschaft Nehemias überliefert ist, fällt in die Regierungszeit Artaxerxes' II. (404–359 v. Chr.), als der Perser Bagoas, oder in der aramäischen Sprachform Bagohi, Statthalter des Landes war. Bagoas ist in dieser Funktion in den Elephantine-Papyri erwähnt, in denen es um ein Hilfersuchen der jüdischen Militärsiedler an die obersten Autoritäten der geistlichen und weltlichen Herrschaft in Jerusalem geht. Dieser Bagoas spielte, wie der jüdische Historiker Josephus berichtet, eine Rolle in dem Machtkampf, den der Hohepriester Johanan und sein Bruder Jeschua um den Besitz des höchsten Amtes austrugen. Jeschua wurde von Bagoas begünstigt, und der Konflikt zwischen den Brüdern steigerte sich so, daß der Hohepriester seinen Bruder im Heiligtum erschlug. Daraufhin belegte Bagoas die Juden sieben Jahre lang mit einer hohen Strafe. Für jedes beim täglichen Opfer geschlachtete Sühnelamm mußten sie fünf Silberschekel an den Statthalter abführen. Der Vorfall beleuchtet blitzartig die Lage, in der sich der jüdischen Kirchenstaat befand. Er war geistlich und weltlich zugleich, und um die Macht, die mit seinem höchsten Amt verbunden war, gab es dynastische Kämpfe und Rivalitäten, in denen der Oberherr beziehungsweise sein Stellvertreter das letzte Wort sprach. Welches Konfliktpotential in dieser Konstellation lag, sollte sich erst zeigen, als griechische Oberherren die persischen abgelöst hatten.

Die Judenschaft außerhalb des jüdischen Tempelstaates

In dem kleinen Jerusalemer Tempelstaat lebte, wie mit gutem Grund vermutet werden darf, nur eine Minderheit des jüdischen Volkes. Der Süden und Südwesten des ehemaligen Königreiches Juda war an Edomiter und Araber sowie an die Stadtstaaten der Küstenebene Gaza, Askalon und Asdod, gefallen, aber es gab hier, wie aus dem Buch Nehemia hervorgeht, «von Berscheva bis zum Hinnomtal» (Nehemia 11,30) jüdische Siedlungen. Ebenso waren drei südliche Distrikte von Samaria, Lydda, Ramathaim und Aphairema, von Menschen bewohnt, die, wie es in einem Dokument aus hellenistischer Zeit heißt, ihre Opfergaben in Jerusalem darbrachten. Da die Religion die Zugehörigkeit zum jüdischen Volk konstituierte, waren auch sie Juden. Gleiches gilt für die Bewohner des Berglandes, das sich im Norden von Galiläa bis hin zu den Jordanquellen erstreckte. Hier lebten Nachkommen der alten israelitischen Stämme, denn hier hatten die Assyrer im Unterschied zu Samaria weder Deportationen vorgenommen noch mesopotamische Kolonisten angesiedelt. Die jüdische Überlieferung aus persischer und hellenistischer Zeit nennt mehrfach Verehrer Jahwes aus dem alten israelitischen Norden, die als Pilger nach Jerusalem gingen und die Vorschriften des Religionsgesetzes peinlich einhielten. Überliefert ist auch, daß sich Juden in den Stadtstaaten an der palästinensischen Mittelmeerküste niederließen. Ein Ostrakon aus der Mitte des fünften Jahrhunderts bezeugt, daß ein Jude namens Zebadia eine Weinpflanzung im Territorium von Asdod besaß. Jüdische Siedlungen gab es ebenfalls jenseits des Jordans in Gilead, dem ehemaligen Gebiet der Stämme Gad und Manasse, das freilich von den Assyrern schwer verwüstet worden war. Eine jüdische Niederlassung ist auch in der am Rande des Jordangrabens gelegenen bedeutenden Stadt Beth-Schean, die in hellenistischer Zeit den Namen Skythopolis führte, bezeugt. Unabhängig von ihrer ethnischen Herkunft waren alle, die Jahwe verehrten und den Tempel von Jerusalem als den Ort betrachteten, an dem ihr Gott Wohnung genommen hatte, Angehörige des durch seine Religion definierten jüdischen Volkes. Das aber heißt: Israel war in Juda aufgegangen, und umgekehrt hatte die patriotische Fiktion eines Fortlebens der Zwölf Stämme, wie sie beispielsweise in der Legende von den 72 Schriftgelehrten aus zwölf Stämmen, die in hellenistischer Zeit die hebräische Thora ins Griechische übersetzten, oder in der Berufung von zwölf Aposteln durch Jesus in Erscheinung tritt, eine reale Grundlage in der Tatsache, daß von den Jordanquellen im Norden bis Berscheva im Süden, von der Mittelmeerküste im Westen bis Gilead im Osten Menschen lebten, die Jahwe als den auf dem Berg Zion in Jerusalem wohnenden Gott verehrten.

Alle Juden, die außerhalb der Jerusalemer Tempelgemeinde und das heißt außerhalb des Bezirks Jehud lebten, waren Bewohner nichtjüdischer Städte oder Stammesgebiete, sie besaßen an ihren Wohnorten folglich kein Bürgerrecht und waren, in griechischer Terminologie gesprochen, Metöken in fremder Herren Land. Aber Artaxerxes I. hatte, wie bereits dargelegt worden ist, Esra ermächtigt, für alle diejenigen, die die Thora als ihr Gesetz und das Jerusalemer Heiligtum als die einzige Opferstätte Jahwes anerkannten, Richter in der großen Satrapie jenseits des Euphrats einzusetzen. Somit lebten auch Juden außerhalb der autonomen Tempelgemeinde von Jerusalem insoweit nach eigenem personengebundenen Recht, als es um die Regelung von Rechtsverhältnissen innerhalb jüdischer Gemeinschaften ging. Anders als im Bezirk Jehud hatte freilich der Jerusalemer Hohepriester in fremden Hoheitsgebieten keine Möglichkeit, die Einhaltung des Opfermonopols zu erzwingen, das einst die Kultreform des Königs Josia dem Jerusalemer Heiligtum verschafft hatte. Welche Folgen das hatte, haben die Ausgrabungen in dem wenige Kilometer nördlich von Jerusalem gelegenen Lachis gezeigt. Hier weihte ein Jude namens Ya'usch, Sohn des Mahalia, Jahwe einen Altar, an dem Weihrauchopfer dargebracht wurden, und ebendort gab es in frühhellenistischer Zeit einen Schrein, der demselben Typ angehörte, wie er in dem vorexilischen Heiligtum von Arad gefunden worden ist. Dem Schrein von Lachis war in persischer Zeit sogar ein kleiner Tempel vorausgegangen.

In einem partikularen Tempel verehrten auch die jüdischen Militärsiedler auf der Nilinsel von Elephantine an der Südgrenze Ägyptens den Gott ihrer Väter. Diese Militärsiedler, die wohl schon zur Zeit des Pharao Psammetichos I. (664 – 610 v. Chr.) angesiedelt worden waren, folgten einer synkretistischen Religion, ähnlich wie sie auch in Juda vor der deuteronomistischen Reform des Königs Josia üblich gewesen war. Man verehrte Jahwe als den angestammten Gott der fernen Heimat, aber man respektierte auch die Götter des Landes, in dem man lebte. In den Papyri und Ostraka, die Zeugnis von dem Leben der Militärsiedler im fünften Jahrhundert v. Chr. geben, sind Eidesformeln überliefert, in denen neben Jahwe auch ägyptische und westsemitische Gottheiten angerufen werden. Eine Subskriptionsliste zugunsten der lokalen Tempel verzeichnet von seiten jüdischer Subskribenten 126 Schekel für den Gott Israels sowie 120 für Anabethel und 76 für Eschenbethel. Gleichwohl blieben Konflikte mit der nichtjüdischen Umgebung nicht aus. Der eigentliche Stein des Anstoßes war die Sitte der jüdischen Garnison, Jahwe in ihrem Tempel Lämmer zu opfern, das heißt ein Tier, das den ägyptischen Verehrern des widderköpfigen Gottes Khnum, dessen Tempel in unmittelbarer Nachbarschaft des jüdischen lag, heilig war. Im Jahre 411 v. Chr. zerstörten die ägyptischen Gläubigen unter Führung ihrer Priester den jüdischen Tempel. Der lokale persische Gouverneur hatte sich bestechen lassen und schritt nicht ein. Dafür wurde er später ebenso wie die Rädelsführer der Zerstörungsaktion bestraft. Aber die persische Administration erlaubte den Militärsiedlern zunächst nicht, den Tempel wiederaufzubauen. Daraufhin wandten sich die Abgewiesenen an die Autoritäten in Jerusalem, aber diese hatten verständlicherweise kein Interesse daran, sich für die Wiedererrichtung eines schismatischen Tempels einzusetzen. Erst im Jahre 408 v. Chr. erhielt die jüdische Garnison, diesmal auf Verwendung des Sohnes des persischen Statthalters von Samaria, wo ebenfalls Verehrer Jahwes lebten, die Erlaubnis, ihren Tempel wiederaufzubauen – freilich mit der Einschränkung, daß dort nur noch unblutige Opfer dargebracht werden durften. Dies war der gravierendste Konflikt zwischen Juden und Ägyptern, von dem wir wissen. Aber schon vorher gab es aus anderem Anlaß vermutlich Mißhelligkeiten. Die jüdischen Militärsiedler begingen wie alle Juden im ersten Monat nach dem Frühjahrsäquinoktium das Passahfest, und dies war das Fest der Befreiung der Juden vom ägyptischen Joch und des Triumphes, den die Israeliten beim Auszug aus Ägypten über den Pharao errungen hatten. Es liegt nahe zu vermuten, daß die Ägypter Anstoß an diesem patriotischen Fest der Juden nahmen. Dies dürfte der Hintergrund einer Initiative der Militärsiedler gewesen sein, die dazu führte, daß das Passahfest und seine Ordnung unter den Schutz der persischen Reichsgewalt gestellt wurden. Unter den Papyri von Elephantine befindet sich ein Brief, den Hannania, der jüdische Sekretär des persischen Satrapen von Ägypten Arsames, im Jahre 419 v. Chr. an Jedania, dem Vorsteher der Judenschaft von Elephantine, richtete. Das Schreiben bezieht sich auf einen Brief des Großkönigs Dareios II. und enthält Vorschriften zur Feier des Festes vom 14. bis zum 21. des Monats Nissan.

Die Masse der in Elephantine gefundenen Dokumente betrifft freilich wenig spektakuläre Angelegenheiten und gibt gerade deshalb einen guten Einblick in den Alltag der Militärsiedler und ihrer Familien. Die Themen, um die es geht, sind Kauf und Verkauf, Kleinkriminalität wie Diebstahl oder Streitigkeiten über Eigentumsansprüche sowie Angelegenheiten des Ehe- und Familienrechts. Die Siedler erhielten von den persischen Behörden neben Geld vor allem Tagesrationen, hauptsächlich Gerste, Linsen und Bohnen. Bei Kreditaufnahme konnten sie ihren Anspruch auf Entlohnung als Sicherheit an den Gläubiger verpfänden. Das biblische Verbot, Zinsen zu nehmen, fand bei den entsprechenden Kreditverträgen keine Beachtung. Generell folgten die von rechtskundigen Schreibern in aramäischer Sprache aufgesetzten Verträge den Normen eines internationalen Vertragsrechts, das insbesondere auf zerstreute Minderheiten im Persischen Reich Anwendung fand. Im Eherecht war die Frau dem Mann insoweit gleichgestellt, als auch sie im Unterschied zur Norm des Deuteronomiums (24,1) die Ehe durch Willenserklärung vor Zeugen auflösen konnte. Gleichberechtigung der Geschlechter bestand auch darin, daß der verlassene Ehepartner Anspruch auf eine finanzielle Kompensation hatte. Frauen waren selbständige Rechtssubjekte, sie konnten über ihr Eigentum frei verfügen und rechtskräftige Verträge abschließen. Alles in allem ergibt sich das Bild einer Gemeinschaft, die einerseits in den religiösen Verhältnissen der vordeuteronomistischen Zeit lebte und andererseits sich des internationalen Rechts der aramäischen Schreiber bediente.

Ein anderes Bild bietet die babylonische und die ihr zugehörige Diaspora in Medien. Sie bediente sich wie ihre Umwelt der aramäischen Sprache und war in das System der königlichen Ökonomie vollständig integriert. Ja, ihre Elite hatte es verstanden, gute Beziehungen zum Königshof anzuknüpfen und so die Grundlage des vertikalen Bündnisses zu legen, das es den strikten Monotheisten erlaubte, das Monopol des Jahwekultes in Jerusalem und, als weiteres Kriterium der Zugehörigkeit zum Gottesvolk, die Befolgung der in der Thora niedergelegten Weisungen durchzusetzen. Vermutlich gab es für die jüdische Diaspora in Babylonien und Medien eine ähnliche Regelung der innerjüdische Rechtsprechung, wie sie Esra mit Ermächtigung durch Artaxerxes I. in der Satrapie jenseits des Euphrats einführte. Diese Selbstverwaltung war streng geschieden von der alle Ethnien übergreifenden Organisation der königlichen Ökonomie im Zweistromland, in die auch die jüdische Diaspora eingeordnet war. Wie die Masse der Bevölkerung erhielten die Juden einzelne Stücke des Landes zu individueller Bewirtschaftung und waren dafür zu Abgaben und Dienstleistungen verpflichtet. Sie waren als Wirtschaftssubjekte Mitglieder in den lokalen Organisationseinheiten, die kollektiv für die der Krone geschuldeten Abgaben und Dienstleistungen hafteten. Einige Juden besaßen Lehnsgüter, die sie zu militärischem Dienst verpflichteten. So begegnet beispielsweise in den bereits genannten Dokumenten des Bankhauses Muraschu ein Jude namens Gedalia, der in einer Einheit von Panzerreitern diente. Andere fungierten als Einnehmer von Pachten und Abgaben, als Verwalter in königlichen Wirtschaftsbetrieben oder im Dienst von Großgrundbesitzern – ein gewisser Hanani wird als Leiter einer königlichen Geflügelfarm genannt – oder auch als Funktionäre des Bewässerungssystems, von dessen Effizienz der Ertrag der Landwirtschaft und damit auch die Höhe der königlichen Einnahmen abhing.

Während die Masse der im Archiv des Hauses Muraschu genannten Juden zu den Unter- und Mittelschichten der mesopotamischen Bevölkerung gehörte, gab es auch einzelne, die durch königliche Gunst zu Reichtum und Einfluß gelangten. Ihr Prototyp ist Nehemia, der Mundschenk des Königs und langjährige Statthalter des Bezirks Jehud. Von Angehörigen dieser hauchdünnen Schicht handelt auch die in persischer Zeit entstandene, in aramäischer Sprache geschriebene Erzählung des Buches Tobit. Der Held der Erzählung, ein von den Assyrern deportierter Angehöriger des nordisraelitischen Stammes Naphthali, der in anachronistischer Weise als gläubiger Verehrer des Jerusalemer Heiligtums und der Thora Esras vorgestellt wird, und sein Neffe Ahikar sind als Hoflieferanten zu Wohlstand gelangt, und Ahikar hat es sogar bis zum Leiter des Finanzressorts des assyrischen Königs gebracht. Der mit Tobit durch Heirat verwandte Raguel, dessen Tochter den Sohn des Tobit namens Tobias heiratet, wird in der Erzählung als reicher Großgrundbesitzer geschildert. Sein mobiles Vermögen besteht aus Sklaven, Ochsen, Schafen, Eseln, Kamelen, Kleidern, Geld und Gerätschaften. Quelle des Reichtums ist offensichtlich die Landwirtschaft, und Geld, wohl vor allem in der Form von Edelmetall, spielt wie bei den Griechen in homerischer Zeit vor allem als Rücklage für die Notzeiten von Mißernten und Viehseuchen eine Rolle. Münzgeld lief im Zweistromland kaum um, und aus diesem Grunde gab es für eine entwickelte Geldwirtschaft im Zweistromland der persischen Zeit keine Grundlage. Die seit Voltaire verbreitete Vorstellung, daß die Juden in der babylonischen Diaspora als Händler und Geldverleiher zu Reichtum gekommen seien, trifft somit, wie mit Recht gesagt worden ist, nicht zu. Sie ist anachronistisch und projiziert das aus dem Mittelalter und der Neuzeit vertraute Bild in die gänzlich anders gearteten Verhältnisse der Perserzeit.

II

Die Begegnung mit den Griechen
(332 – 163 v. Chr.)

Alexander der Große und die Folgen

Mit der persischen Oberherrschaft waren die Juden, alles in allem, gut gefahren. Zweihundert Jahre lang hatten die Jerusalemer Priester Opfer und Gebete für die Großkönige dargebracht, denen sie tatsächlich viel zu verdanken hatten. Aber als nach der Schlacht bei Issos der siegreiche makedonische Eroberer im Vorderen Orient erschien und die persische Herrschaft im Laufe des Jahres 332 v. Chr. westlich des Zweistromlandes zusammenbrach, blieb dem jüdischen Tempelstaat nichts anderes übrig, als sich der Macht der Verhältnisse zu beugen. Während der langen Belagerung von Tyros mußten die Juden ebenso wie andere phönizische und syrische Gemeinden die Kriegsanstrengungen Alexanders des Großen unterstützen. Im Herbst 332 leistete nur noch die persische Besatzung von Gaza, dem Eingangstor nach Ägypten, dem Makedonenkönig zwei Monate lang verzweifelten Widerstand. Als die Stadt gefallen war, stand der Weg nach Ägypten offen, und der persische Satrap lieferte das Land im November Alexander dem Großen aus. Alexander marschierte in Ägypten ein und unternahm seinen berühmten Zug in die Oase Siwa, dann kehrte er im Frühjahr des folgenden Jahres nach Tyros zurück, um den Krieg gegen Dareios III. im Osten fortzusetzen. Ob der Makedonenkönig Jerusalem besuchte, wie eine späte jüdische Überlieferung behauptet, steht dahin. In den nichtjüdischen Quellen ist davon nirgends die Rede, und aus Alexanders Lebzeiten liegt auch keine einzige Äußerung von jüdischer Seite vor, die erkennen ließe, daß der makedonische Eroberer Jerusalem besucht hätte. Mit dem Wechsel der Oberherrschaft änderte sich abgesehen von den Kriegslasten im Prinzip zunächst nichts. Der neue Herr ließ alles beim alten. Die in der Perserzeit etablierte Autonomie des jüdischen Tempelstaates und die auf der Thora beruhende religiöse Lebensordnung blieben unangetastet. Erst als im Jahre 168 v. Chr. ein hellenistischer Herrscher die traditionelle Verfassung aufhob und die jüdische Religion verbot, zog die in dieser Zeit entstandene letzte Prophetie des Buches Daniel einen scharfen Trennungsstrich zwischen der persischen und der griechischen Periode der jüdischen Geschichte und paßte das ältere Schema der einander ablösenden vier Weltreiche den neuen Verhältnissen an.

Dennoch brachte der Herrschaftswechsel Folgen hervor, die den jüdischen Anspruch, daß das Jerusalemer Heiligtum die einzige Stätte sei, an der dem Gott Israels Opfer dargebracht werden dürften, in Frage stellten. Samaria, die ehemalige Königsstadt des Reiches Israel und als uneinnehmbare Festung Militärstützpunkt aller fremden Oberherren bis in die römische Zeit, ergab sich im Jahre 332 v. Chr., rebellierte jedoch im Winter 332/31, als Alexander sich in Ägypten aufhielt. Als er im Frühjahr von dort nach Palästina zurückkehrte, unterwarf sich die Stadt aufs neue. Die Rebellen wurden ausgeliefert, andere ergriffen die Flucht. Eine Gruppe von ihnen wurde in einer Wüstenhöhle in Wadi el Daliyeh vierzehn Kilometer nördlich von Jericho aufgespürt und getötet. Die Gebeine von mehr als zweihundert Menschen, Männer, Frauen und Kinder, sind *in situ* zusammen mit den in aramäischer Sprache geschriebenen Eigentumsurkunden, die die Flüchtlinge mit sich führten, vor nunmehr vierzig Jahren entdeckt worden. Alexander gründete in Samaria eine Garnison makedonischer Militärsiedler und löste damit unabsichtlich Ereignisse aus, die zu einem scharfen jüdisch-samaritanischen Schisma führten. Im Unterschied zu der mesopotamisch-syrisch-israelitischen Mischbevölkerung des alten Samaria verehrten die neuen makedonischen Militärsiedler nicht Jahwe als den Gott des Landes, sondern sie brachten ihre eigenen Götter mit. Da der nachexilische Rigorismus nicht die Koexistenz des einen Gottes Israels mit den Göttern der Heiden duldete, bildeten die strengen Monotheisten unter den Samaritanern mit Bewilligung Alexanders des Großen, wie die bei dem jüdischen Historiker Josephus erhaltene samaritanische Überlieferung behauptet, eine eigene Gemeinde mit dem Zentrum in Sichem, einer Stadt, die im Jahre 724 v. Chr. von den Assyrern zerstört worden war. In Samaria hatten die alten Siedler ihren Status an die neuen aus Makedonien und Griechenland eingebüßt, und in Jerusalem wurden sie auch nur als Juden zweiter Klasse angesehen. Also errichtete die neugegründete Gemeinde von Sichem auf dem nahe gelegenen Berg Garizim, einer uralten Kultstätte, einen eigenen Tempel und nannten sich selbst «Sidonier (das heißt Kanaanäer) von Sichem». Damit erhoben sie den Anspruch, daß sie im Heiligen Land die älteren Verehrer Jahwes seien und die Kultstätte auf dem Garizim das Altersvorrecht vor dem Tempel in Jerusalem habe. Wie immer es aber um die ethnische Herkunft dieser samaritanischen Verehrer Jahwes in Sichem bestellt sein mochte: In religiöser Hinsicht waren sie die Erben des alten Israel, die nach der samaritanischen Version der Thora lebten, und im Grunde unterschieden sie sich von den Juden in Jerusalem nur dadurch, daß ihre Kultstätte nicht auf dem Berg Zion lag. Um so schärfer war die gegenseitige Abneigung. Die Juden fühlten sich als die wahren Erben Israels und bedachten die Samaritaner von Sichem mit der herabsetzenden, auf ihre Herkunft von assyrischen Militärsiedlern aus der Stadt Kuttim anspielenden Bezeichnung «Kuttäer». Wie groß das Ärgernis war, das die Juden an den Schismatikern von Sichem und an dem Völkergemisch dort nahmen, bezeugt das aus dem ersten Viertel des zweiten Jahrhunderts v. Chr. stammende Weisheitsbuch des Jesus Ben Sirach (50,25 – 26):

Zwei Völker verabscheue ich, und das dritte ist kein Volk:
die Bewohner von Seïr und Philisterland
und das törichte Volk, das in Sichem wohnt.

Zu den Folgen des Alexanderzuges gehört jedoch nicht nur die Aktualisierung des alten Gegensatzes zwischen Juden und Samaritanern, sondern auch die folgenreiche Intensivierung der Begegnung zwischen Juden und Griechen, dem führenden Volk der hellenistischen Zeit. Nicht, daß es in persischer Zeit solche Begegnungen zwischen einzelnen Angehörigen beider Völker nicht gegeben hätte. Es gab schließlich sowohl eine griechische als auch eine jüdische Diaspora von Oberägypten bis zum Kaspischen Meer. Griechische Söldner, Handwerker und Händler waren lange vor Alexander dem Großen eine allgegenwärtige Erscheinung im Vorderen Orient, und es ist reizvoll, sich vorzustellen, daß Nehemia und Apollonides von Kos, der jüdische Mundschenk und der griechische Leibarzt Artaxerxes' I., sich am Hofe des Großkönigs begegnet sind. In Babylon trafen die Deportierten aus Juda auf die griechischen Söldner Nebukadnezars, zu denen auch ein Bruder des Dichters Alkaios von Lesbos gehörte; und kurz nachdem Psammetichos II. (594 – 588 v. Chr.) im Nildelta, in oder in der Nähe von Taphanhes, eine Garnison griechischer Söldner angesiedelt hatte, kamen jüdische Flüchtlinge aus Jerusalem dorthin, unter anderen auch der Prophet Jeremia, der seine letzten Ermahnungen an seine Schicksalsgenossen von Taphanhes aus richtete. Vielleicht ist

Herodots Erwähnung von Syrern in Palästina, die die Beschneidung übten, ein Reflex seiner Bekanntschaft mit Juden, die er auf seinen Reisen machte. Aber abgesehen von diesem isolierten und unklaren Hinweis zog das kleine jüdische Volk keine nachweisbare Aufmerksamkeit griechischer Besucher des Orients auf sich. Die *lingua franca* des Vorderen Orients, das Aramäische, deckte über das Völkergemisch, das sich hinter der Gemeinsprache verbarg, einen für Fremde undurchdringlichen Schleier: Für die Griechen vor Alexander waren alle Orientalen schlicht und einfach «Babylonier».

Das wurde anders durch die Neuentdeckung Asiens im Gefolge des Alexanderzuges. Die Juden wurden erstmals wirklich als ein besonderes Volk wahrgenommen – freilich nur unter dem Aspekt eines spezifisch griechischen Wahrnehmungsinteresses. Sie galten als eines von vielen Beispielen für die Weisheit des Ostens, die griechischen Intellektuellen der Bestätigung ihrer eigenen Ideale diente. Für Theophrast, den bedeutendsten Schüler des Aristoteles, war ausgerechnet die jüdische Religion ein Beispiel für die Richtigkeit seiner These, daß Religionen im Urzustand keine blutigen Opfer kannten. In seinem Werk «Über Frömmigkeit» opfern die Juden, um das blutige Werk nicht ansehen zu müssen, nur zur Nachtzeit, und sie figurieren, da sie keine Götterbilder kennen, als Verehrer der gestirnten Gottheiten der platonischen Theologie. Ein anderer Aristotelesschüler, Klearchos von Soloi, läßt seinen Lehrer im Gespräch mit einem jüdischen Weisen in Kleinasien, das in der Zeit des Aufenthaltes des Aristoteles in Assos, 347–344 v. Chr., spielt, auftreten und diesen durch ein hypnotisches Experiment die Richtigkeit der platonischen Seelenlehre empirisch ‹beweisen›, indem er demonstriert, daß im Schlaf die Seele den Körper verläßt, also unabhängig von ihm existiert. Dieser jüdische Weise spricht nicht nur griechisch, er ist auch, wie es bei Klearchos heißt, seiner Seele nach ein Grieche. Die Juden erscheinen somit bei beiden griechischen Philosophen als ein philosophisches Volk, und deshalb erklärte Klearchos die Juden zu Nachfahren der indischen Weisen. Um 300 v. Chr. ‹entdeckte› dann der griechische Indienreisende Megasthenes, daß alle Lehren der frühen griechischen Philosophen über die Natur auch schon den Weisen des Ostens bekannt gewesen seien, den Brahmanen Indiens ebenso wie «den sogenannten Juden in Syrien».

Gegen Ende des vierten Jahrhunderts v. Chr. wurde das Bild der Juden deutlicher, wenn auch nicht unbedingt realistischer. Hekataios von Abdera beschrieb die Ursprünge des Volks, zwar nicht nach dem jüdischen Bericht im Buch Exodus, sondern nach einer Version ägyptischer Priester, und er besaß auch Kenntnis von den Institutionen des jüdischen Tempelstaates. Seine Informationen deutete er nach dem Muster seiner philosophischen Überzeugungen, die von dem platonischen Ideal einer statischen, von Weisen nach unverbrüchlichen Gesetzen gelenkten Gesellschaft bestimmt war. In dieser Gesellschaft herrschte angeblich das Ideal der Gleichheit des Besitzes, und die göttliche Herkunft ihrer Ordnung war der Garant ihrer ewigen Dauer. Die Juden entsprachen in dieser Deutung dem Konzept einer philosophischen Religion, die in der ewigen Ordnung des Kosmos das Walten eines höchsten Gottes erblickte. Sie verehrten ausschließlich den Gott des Himmels, und ihr Gesetzgeber Moses betrachtete das Firmament als einzige Gottheit und verbot deshalb, Götterbilder anzufertigen und zu verehren. Freilich vermerkte Hekataios die ungesellige und fremdenfeindliche Lebensweise der Juden, aber er entschuldigte sie mit der Erfahrung der Knechtschaft in Ägypten. Generell wurde er auch bereits auf den Unterschied zwischen dem Ideal und der Wirklichkeit des jüdischen Lebens aufmerksam, und er griff zur Erklärung dieser Diskrepanz auf das den Griechen geläufige Erklärungsmodell des Verfalls von politisch-gesellschaftlichen Ordnungen zurück. Mit anderen Worten: In der ersten Generation, die auf den Alexanderzug folgte, erblickten griechische Intellektuelle in den Juden das, was sie sehen wollten, ein im übrigen austauschbares empirisches Beispiel für ihre Ideen von der Weisheit des Orients. Die jüdischen Priester entsprachen den Magiern und den indischen Gymnosophisten, Moses repräsentierte den Typus des großen Gesetzgebers – er war sozusagen der Lykurg der Juden –, die jüdische Theokratie rückte in die Nähe des platonischen Idealstaates, und die jüdische Religion wurde als konkrete Erscheinungsform des philosophischen Konstrukts einer natürlichen Religion interpretiert.

Aber um 300 v. Chr. begann bereits das Interesse am Judentum wieder zu erlahmen. Der Reiz des Neuen war aufgebraucht, und in der bewegten Zeit der Diadochenkämpfe war das kleine, inzwischen bekannt gewordene Volk der Juden viel zu unbedeutend, um noch besonderes Interesse auf sich zu ziehen. Der Historiker der Diadochenkämpfe, Hieronymus von Kardia, erwähnte die Juden zur großen Enttäuschung des Josephus, des großen jüdischen Historikers des ersten Jahrhunderts n. Chr., mit keinem Wort, während er dem neu in den Gesichtskreis der Griechen eingetretenen arabischen Volk der Nabatäer einen ausführlichen Exkurs widmete. Eine Generation später, etwa zwischen 240 und 230 v. Chr., nannte Eratosthenes von Kyrene, einer der großen alexandrinischen Gelehrten, Karthager, Römer, Arier (im Osten des iranischen Hochlandes) und Inder als die nichtgriechischen Völker, die dem Ideal griechischer Bildung am nächsten kamen, und sprach Römern und Karthagern die beste Regierungsform zu: Von den Juden war keine Rede mehr.

Was auf der anderen Seite die Juden Palästinas anbelangt, so hatten sie seit dem siebten Jahrhundert v. Chr. nach dem Zeugnis archäologischer Funde Bekanntschaft mit griechischen Waren aus Zypern und Rhodos gemacht, und dementsprechend werden in der Völkertafel des ersten Buch Mose von den vier Söhnen des Yavan – dies ist die im ganzen Vorderen Orient gebräuchliche, von den Ioniern abgeleitete Bezeichnung für die Gesamtheit der Griechen – drei genannt, die Städte auf Zypern und Rhodos repräsentieren: Kittim, Elischa und Rodanim. Im fünften Jahrhundert v. Chr. erreichten die athenischen Tetradrachmen, die damals führende Welthandelswährung, auch Judäa, aber da die Küstenstädte Palästinas bis zum Ende des Perserreiches in der Hand der Phönizier waren und sie den Handel mit dem Binnenland vermittelten – im Buch Nehemia stammen die Händler, die fremde Ware nach Jerusalem brachten, aus Tyros –, gab es keine direkten Kontakte zwischen Athen und Jerusalem. Mit Makedonen und Griechen machten die Juden erst wirklich Bekanntschaft, als diese den Vorderen Orient erobert hatten. Die neuen Herren, die das eroberte Land als ihren speererworbenen Besitz betrachteten, waren als rücksichtslose Ausbeuter gefürchtet und verhaßt. Im Bezirk Jehud oder, wie er in griechischer Bezeichnung genannt wurde, Judäa eignete sich Alexander sofort den wertvollsten Teil des Landes, die Palmenhaine von Engedi, an, dessen Balsam das Doppelte seines Gewichts in Silber wert war. Alexander war es auch, der die von den Perserkönigen gehorteten riesigen Edelmetallvorräte ausprägen ließ. Das neue Geld floß in die Taschen der mit ihm gekommenen Griechen und Makedonen, und es nahm zum größten Teil den Weg nach Westen. Die in den Markt eingeschleuste Geldmenge verminderte zumindest kurzfristig die Kaufkraft der beiden Edelmetalle Silber und Gold, und beides, der Geldwertverlust und die Abwanderung der Edelmetallvorräte, ging zu Lasten der in einen Kolonialstatus versetzten Orientalen.

Alexanders plötzlicher Tod am 10. Juni 323 entfesselte das Chaos eines nicht enden wollenden Kriegszustandes. Sein Reich zerbrach in den länger als eine Generation dauernden Kämpfen, die Alexanders Generäle um sein Erbe austrugen, und darunter hatten Palästina und somit auch die Juden besonders zu leiden. Denn mit dem Auseinanderbrechen des Universalreiches stellte sich die gefährliche Mittellage Palästinas zwischen rivalisierenden Großmächten des Vorderen Orients, zwischen den Herrschern Ägyptens auf der einen und denen in Syrien und Mesopotamien auf der andere Seite, wieder her, und es trat eine Situation ein, die an die diejenige erinnerte, der seinerzeit die beiden Königreiche Israel und Juda zum Opfer gefallen waren. Zwischen 320/19 und 301 v. Chr. wechselte in den Kämpfen der Diadochen Jerusalem siebenmal den Besitzer. Was dies für die Betroffenen bedeutete, läßt sich anhand der Ereignisse des Jahres 312 v. Chr., von denen Näheres überliefert ist, leicht ausmalen. Damals nahm Ptolemaios, der Satrap Ägyptens, nach seinem Sieg, den er bei Gaza über Demetrios, den Sohn des Antigonos Monophthalmos, errungen hatte, Jerusalem an einem Sabbat ein, als die Juden wegen religiöser Bedenken nicht zu den Waffen greifen durften, um ihre Stadt zu verteidigen. Wie es bei Josephus heißt, behandelte Ptolemaios die Stadt hart und grausam, und als er noch im selben Jahr von dem heranrückenden Antigonos Monophthalmos gezwungen wurde, Palästina wieder zu räumen, zerstörte er, bevor er sich nach Ägypten zurückzog, die Befestigungen von Ioppe, Samaria und Gaza und deportierte eine große Zahl von gefangenen Juden nach Ägypten. Im zweiten Jahrhundert v. Chr. heißt es dazu bei dem in Alexandrien lebenden Historiker Agatharchidas von Knidos:

> Es gibt ein Volk, das sich Juden nennt und die große und wohlbefestigte Stadt Jerusalem bewohnt. Diese ließ es ruhig in Ptolemaios' Gewalt gelangen, weil sie nicht zu den Waffen greifen, sondern aus unzeitigem Aberglauben lieber einer grausamen Herrschaft sich unterwerfen wollten.

Nach diesem Zitat fährt Josephus in seinen «Jüdischen Altertümern» wie folgt fort:

> So urteilt Agatharchidas über unser Volk. Um nun wieder auf Ptolemaios zurückzukommen, so nahm er in den Gebirgen Judäas, in der Umgebung von Jerusalem, in Samaria und in der Gegend des Garizim viele Menschen gefangen, führte sie nach Ägypten und siedelte sie dort an.
>
> (Jüdische Altertümer XII, 6–7)

Wie die Juden die Wirren im letzten Drittel des vierten Jahrhunderts erlebten, davon geben die in die biblischen Bücher Sacharja und Daniel aufgenommenen Prophezeiungen jener Zeit einen anschaulichen Eindruck. Als Alexander sich im Jahre 332 v. Chr. anschickte, Tyros zu belagern, erwachte wie in der Zeit der Krise der persischen Herrschaft beim Regierungsantritt Dareios' I. die

alte messianische Hoffnung von neuem, daß der Zusammenbruch der Fremdherrschaft den Anfang jener Endzeit bringen werde, in der sich die von Alexander gedemütigten Heiden zum Gott Israels bekennen und ein Reich des
ewigen Friedens, ein größeres Israel, entstehen werde, dem kein Feind mehr
etwas anhaben könne:

> *Ausspruch (Jahwes): Das Wort des Herrn ruht auf dem Land Hadrach,
> Damaskus ist seine Ruhestätte. Denn dem Herrn gehört das Gebiet von
> Aram und alle Stämme Israels, auch Hamat, das daran grenzt, selbst Tyros
> und Sichem, so klug sie auch sind. Tyros baut sich eine Festung, es hatte Sil-
> ber wie Staub und Gold wie Schlamm in den Gassen. Seht, der Herr läßt es
> verarmen, er schlägt seine Streitmacht auf dem Meer. Askalon soll es sehen
> und sich fürchten, auch Gaza, und sie sollen gewaltig zittern ... So werden
> auch sie zu dem Rest gehören, der unserem Gott zu eigen ist ... Ich selbst
> werde der Wachposten sein, der mein Haus vor Feinden schützt, die in den
> Krieg und wieder nach Hause ziehen ... .*
>
> (Sacharja 9,1–8)

Aber Alexander zog nicht wieder nach Hause, und Jerusalem fiel unter seine
Herrschaft. Dann kamen die endlos erscheinenden Kämpfe der Diadochen,
wechselnde Besetzungen der heiligen Stadt, Kriegsgreuel, Plünderungen und
Versklavungen. Wie in Ägypten und Babylonien wurde auch in Judäa erwar-
tet, daß die fremden Herrscher sich selbst ausrotteten und das Ende der
Fremdherrschaft nahe bevorstünde. Orakel und Prophezeiungen, die dies vor-
aussagten, liefen um, und in einer zweiten Prophezeiung heißt es im Buch
Sacharja:

> *Auch deine Gefangenen werde ich um des Blutes deines Bundes willen frei-
> lassen aus ihrem Kerker, der wasserlosen Zisterne. Kehrt in Scharen zurück,
> ihr Gefangenen, voll Hoffnung. Ja, heute verkünde ich: Die doppelte Zahl
> führe ich zu dir zurück, denn ich spanne mir Juda als Bogen und lege Eph-
> raim als Pfeil darauf. Ich rufe deine Söhne, Zion, zum Kampf gegen die Söh-
> ne Yavans, ich mache dich zum Schwert deines Helden.*
>
> (Sacharja 9,11–13)

Aus dieser Vision eines siegreichen Endkampfes der Juden gegen ihre griechischen Peiniger wurde jedoch nichts. Aber die Erwartung, daß es mit der grie-

chischen Herrschaft zu Ende gehen würde, nahm in Judäa noch andere Formen als die Vorstellung eines siegreichen Endkampfes an. Die Kriegswirren der Zeit zwischen 320/19 und 301 v. Chr. sind der zeitgeschichtliche Hintergrund der Deutung, die im zweiten Kapitel des Buches Daniel der gleichnamige Seher dem Traum des babylonischen Königs Nebukadnezar gibt. Das aus Gold, Silber, Erz (Bronze) und aus einer Mischung aus Eisen und Ton bestehende riesige Standbild, das der König in seinem Traum erblickte, bezeichnet nach Daniel die Abfolge von vier Weltreichen, des babylonischen, des medischen, des persischen und des griechischen. Das letzte, aus Ton und Eisen bestehende Weltreich, das der Griechen, ist gekennzeichnet durch eiserne Härte und steht doch, weil es in sich uneinig ist, auf tönernen Füßen. Es heißt:

Ein viertes endlich wird hart wie Eisen sein; Eisen zerschlägt und zermalmt ja alles; und wie Eisen alles zerschmettert, so wird dieses Reich alle anderen zerschlagen und zerschmettern. Die Füße und Zehen aber waren, wie du gesehen hast, teils aus Töpferton, teils aus Eisen. Das bedeutet: Das Reich wird geteilt sein; es wird aber etwas von der Härte des Eisens haben, darum hast du das Eisen mit Ton vermischt gesehen. Daß aber die Zehen teils aus Eisen, teils aus Ton waren, bedeutet: Zum Teil wird das Reich hart sein, zum Teil brüchig.

(Daniel 2,40–42)

Und mit Anspielung auf die dynastischen Heiraten der Nachfolger Alexanders, die Bündnisse stiften sollten und doch keinen Frieden zwischen ihnen brachten, heißt es im folgenden Vers:

Wenn du das Eisen mit Ton vermischt gesehen hast, so heißt das: Sie werden sich zwar durch Heiraten miteinander verbinden; doch das eine wird nicht an dem anderen haften, wie sich Eisen nicht mit Ton verbindet.

(Daniel 2,43)

Das eisenharte, jedoch in sich brüchige Reich der Griechen, diesen Koloß auf tönernen Füßen, wird der Gott des Himmels selbst, so der Seher, vernichten und an dessen Stelle ein anderes errichten, das nie untergeht und das er keinem anderen Volk als dem seinen überlassen wird. Doch auch diese Endzeiterwartung ging nicht in Erfüllung. Als sich die Diadochen Lysimachos, Ptolemaios und Seleukos gegen ihren Gegenspieler Antigonos Monophthalmos, den Verfechter der Reichseinheit, verbündeten und dieser im Jahre 301 v. Chr. in der Schlacht bei Ipsos eine vernichtende Niederlage erlitt, schwiegen in Palästina für lange Zeit die Waffen. Ptolemaios, der nicht an der Schlacht beteiligt war, nutzte die Gelegenheit und ergriff Besitz von dem Land, das den Zugang zu Ägypten beherrschte, obwohl dies gegen die mit Seleukos getroffene Absprache ging. Doch Seleukos erklärte sich um der Freundschaft mit seinem Verbündeten willen bereit, das *fait acccompli* hinzunehmen. Was folgte, war die hundertjährige Herrschaft der Ptolemäer über Palästina und die phönizischen Küstenstädte.

Palästina unter ptolemäischer Herrschaft

Die Demarkationslinie, die im Jahre 301 v. Chr. zwischen dem Ptolemäer- und Seleukidenreich gezogen wurde, verlief entlang des «Großen Flusses», arabisch: dem Nahr el Kebir oder, wie die Griechen ihn nannten, dem Eleutheros, und der Wasserscheide zwischen dem Orontes und dem Litani. Sie folgte somit im Westen einer natürlichen Grenze, die sich im Osten bis an den Rand der Wüste fortsetzte. Von geringen Schwankungen abgesehen hatte diese Grenze das ganze dritte Jahrhundert v. Chr. Bestand. Es gab zwar mehrere Kriege zwischen Ptolemäern und Seleukiden, in denen es ungeachtet der verschiedenen Anlässe um den Besitz des Landes ging, das den Zugang zu Ägypten kontrollierte, aber vor dem Jahre 219 v. Chr. gelang es seleukidischen Heeren nie, den Festungsgürtel aufzubrechen, mit dem die Ptolemäer ihr dem Hauptland vorgelagerten Glacis umgeben hatten. Das im Süden der ptolemäischen Provinz Syrien und Phönizien gelegene Judäa genoß somit drei Generationen lang einen ungestörten Frieden. An der Spitze der Provinz stand ein Stratege, für die ökonomischen Belange war der Intendant der Einkünfte, der Dioiketes, verantwortlich, der sich bei der Ausübung seiner Funktionen lokaler Agenten, der sogenannten Oikonomoi, bediente. Die Provinz war ähnlich wie zur Perserzeit in Unterbezirke, griechisch: Hyparchien, wie Samaritis, Judäa oder Idumäa, eingeteilt. Diese Verwaltungsstruktur wurde über ein Land gelegt, dessen rechtliche Struktur keineswegs einheitlich war. Es zerfiel in drei Kategorien: Kronland, Städte des griechischen beziehungsweise des phönizischen Typs und einheimische Stammesgemeinden, die in der Terminologie der griechischen Administration als Ethne (Völker) bezeichnet wurden.

Was die Städte anbelangt, so glichen sich die phönizischen dem Typus der griechischen Polis an: Die Stadtkönige, die bis dahin geherrscht hatten, verschwanden. In Tyros geschah dies im Jahre 274 v. Chr. Und mit diesem Jahr begann die Stadt nach Jahren der Ära des Volkes zu datieren. An der Spitze der phönizischen Städte standen Richter, Schofeten oder Suffeten genannt, aber die eigentliche Regierung lag wie in Karthago in der Hand aristokratischer Ratsversammlungen. Phönizische Gemeinden verfügten über ein großes Territorium. So reichte beispielsweise das Gebiet von Tyros im Süden bis zum Berg Karmel und im Osten bis zum Oberlauf des Jordans. Allerdings wurde die Herrschaft von Sidon und Tyros über die Küste Palästinas von den Ptolemäern beendet. Im Norden erhielt Akko vor dem Jahr 261 v. Chr. von König Ptolemaios II. den dynastischen Beinamen Ptolemais, und er richtete hier eine königliche Münzstätte ein. Eine weitere Münzstätte erhielt im Süden die wichtige Stadt Gaza. Sie war von alters her Knoten- und Endpunkt wichtiger Handelswege. Durch Gaza führte der Verbindungsweg von Syrien nach Ägypten, und hier endeten die Karawanen, die begehrte Handelsgüter aus dem arabischen Raum, nicht zuletzt den extrem wertvollen Weihrauch zur weiteren Verteilung im Mittelmeerraum brachten. Gaza war zudem das Einfallstor nach Ägypten und wurde deshalb von den Ptolemäern zu einer starken Festung ausgebaut. Im Norden zwischen Ptolemais und Stratons Turm, dem späteren Caesarea maritima, lag Dora, ebenfalls eine ptolemäische Festung. Weiter im Süden wird Ioppe (Jaffa) als Schiffslandeplatz erwähnt, und von den alten Philisterstädten behauptete vor allem Askalon seinen Rang als wichtiger Hafenplatz. Im frühen dritten Jahrhundert sind sogar Händler aus Askalon in Athen nachweisbar.

Das Binnenland und besonders die wichtigen Straßenverbindungen wurden von der ptolemäischen Regierung durch Militärsiedlungen und Wachposten gesichert. Schon unter Alexander dem Großen war eine makedonische Garnison nach Samaria gelegt worden, und noch in römischer Zeit verehrten die Siedler Perdikkas, einen der Marschälle Alexanders, als den Gründer ihrer Stadt. Unter den Ptolemäern kamen neue Garnisonen hinzu: in dem am Rande des Jordangrabens gelegenen Beth-Schean, das die Jordanfurt an der Straße von Ägypten nach Damaskus beherrschte und in ptolemäischer Zeit nacheinander die griechischen Namen Nysa und Skythopolis erhielt, in Philotera im Süden des Sees Genezareth sowie jenseits des Jordans das nach der makedonischen Königsstadt genannte Pella, eine starke Festung, die den Jordanübergang auf der Ostseite kontrollierte. Der Ort erhielt dann unter ptolemäischer

Herrschaft den Namen Berenike nach der Ehefrau des Dynastiegründers. Von dort aus führte der Weg weiter nach Osten, nach Gerasa und Philadelphia (Amman), wo ebenfalls Griechen angesiedelt wurden. Zur Sicherung der Route nach Damaskus und Arabien wurden östlich des Sees Genezareth Militärsiedlungen nach Susita, griechisch: Hippos (Pferd), und Gadara gelegt. Hinzu kamen kleinere Forts im Ostjordanland. In einem Papyrus des Jahres 259/58 v. Chr. aus dem sogenannten Zenonarchiv ist ein solches Fort in der Ammonitis genannt, das den Namen Birta, das heißt Festung, trug. Dieses Befestigungssystem diente auch dem Schutz der Rekultivierung und Wiederbesiedlung des Landes, das nach den Verheerungen durch Assyrer und Babylonier als Siedlungsland aufgegeben worden war. Diese Rekultivierung war so erfolgreich, daß im Jahre 218 v. Chr. anläßlich des ersten Einfalls des Seleukiden Antiochos' III. in die ptolemäische Provinz Syrien und Phönizien die Städte Philotera und Philadelphia nach dem Zeugnis des Polybios in der Lage waren, dessen ganze Armee mit Proviant zu versehen.

Von der Verfassung der genannten Städte und Orte ist nichts bekannt. Zu unterscheiden ist vermutlich zwischen älteren Stadtgemeinden und neu gegründeten Militärsiedlungen. Eine solche war das bereits genannte Birta. Dort war eine aus makedonischen und jüdischen Siedlern bestehende Reitereinheit stationiert, die unter dem Befehl des jüdischen Dynasten Tobias stand, eines Nachkommen des «Ammoniters» Tobija, den Nehemia als seinen Gegenspieler mehrfach nennt. Militärsiedlungen gab es somit in alten Stadtgemeinden und als Neugründungen auf Kronland. Dieses Kronland hatte einen erheblichen Umfang in der Provinz. Abgesehen von den judäischen Balsamhainen von Jericho und Engedi bestand es aus dem Ostjordanland, Galiläa, dem oberen Jordantal sowie vermutlich aus Lydda, Ekron und Iamneia in der palästinensischen Küstenebene. Wie es genutzt wurde, ob es verpachtet, an erbliche Militärsiedler ausgegeben oder als Lehen an hohe Funktionäre und Höflinge verliehen wurde, stand im Belieben des Königs. Diese Lehnsträger übten auf ihren Gütern große Macht aus. Aus einer Inschrift ist bekannt, daß einem von ihnen, Ptolemaios, dem Sohn des Thraseas, ganze Dörfer in der Nähe von Skythopolis als Teile seines Gutsbezirks gehörten und er das Recht in Anspruch nahm, seine Bauern vor Einquartierung, Requirierung und Übergriffen durchziehender Soldaten zu schützen. Bearbeitet wurde das Kronland von einheimischen Bauern: In Dörfern organisiert waren sie zu Abgaben und Dienstleistungen verpflichtet, für die eine Dorfgemeinschaft kollektiv haftete. Schuldner konnten versklavt werden, aber da die Krone ein Interesse daran hatte, daß die bäuerliche Bevölkerung, von deren Arbeitsleistung die Einnahmen des Fiskus abhingen, nicht vermindert wurde, dekretierte die Regierung im Jahre 260 v. Chr., daß Versklavte freizulassen seien und keine Versklavungen von freien Bauern künftig stattfinden dürften: «Und auch in Zukunft soll es unter keinen Umständen irgend jemandem gestattet sein, freie einheimische Menschen zu kaufen oder sich zum Pfand geben zu lassen.» Der König schob damit der privaten Aneignung der Arbeitskraft von Königsbauern einen Riegel vor.

Das hervorstechendste Merkmal der ptolemäischen Herrschaft bestand in der Ausbeutung der einheimischen Bevölkerung durch ein ausgeklügeltes System der Besteuerung. Es gab eine Bodenertragsabgabe, die wahrscheinlich die Höhe von einem Drittel der Feld- und der Hälfte der Baumfrüchte erreichte, daneben eine Viehsteuer, Verkaufssteuern, beispielsweise für Sklaven, Zoll- und Mautabgaben sowie andere Spezialsteuern wie etwa die sogenannte Salzsteuer und das Kranzgeld, die alle in Geld zu entrichten waren. Steuerpflichtige mußten Steuererklärungen abgeben, deren Richtigkeit anhand der zusätzlichen Angaben des Dorfvorstehers kontrolliert wurden. Steuerhinterziehung wurde mit konfiskatorischen Strafen belegt. Die Naturalien, die in den könig-

Halbdrachme aus der Zeit der ptolemäischen Oberherrschaft

Vs.: Kopf Ptolemaios' I. mit Diadem geschmückt nach rechts

Rs.: Adler auf Blitzbündel nach links mit althebräischer Aufschrift im linken Feld «YHDH» = Jehud (Meshorer I, 184 Nr. 1) Die für den Umlauf im ptolemäischen Verwaltungsbezirk Jehud bestimmte Prägung betont durch Königsbild und dynastisches Symbol, den Adler des Zeus, die Zugehörigkeit des jüdischen Tempelstaates zum Reich des ptolemäischen Münzherrn.

lichen Speichern gesammelt wurden, sind offenbar nach Möglichkeit ver-
marktet worden. Denn auf die Einnahme von Geld, dem universalen Tausch-
mittel schlechthin, war das Steuersystem ausgerichtet, das durch die Institution der Steuerpacht eine wohlhabende Schicht von Privatleuten zu Garanten
des Eingangs möglichst hoher Geldbeträge machte. Die Steuerpacht wurde in
Alexandrien in einem Auktionsverfahren an die Meistbietenden vergeben.
Diesen waren Gewinnchancen bei der Einziehung der Steuern eingeräumt,
aber sie hatten auch das Risiko zu tragen, gegebenenfalls mit ihrem Privatver-
mögen für Mindereinnahmen zu haften.

Was steuerpflichtige autonome Gemeinden anbelangt, so scheinen die
Modalitäten der Steuereinziehung anders geregelt gewesen zu sein. Ihnen war
es wohl überlassen, die betreffenden Abgaben in eigener Regie einzuziehen
und einen Festbetrag an den königlichen Fiskus abzuführen. Zumindest ist für
Judäa eine solche Regelung überliefert. Im Laufe des dritten Jahrhunderts
v. Chr. – wir wissen nicht genau, wann dies geschah – brachte der Hohepriester die Funktion eines Steuerpächters an sich. Kontrolliert wurde er durch
einen vom König ernannten Tempelvorsteher, der nach Analogie einer für die
ägyptischen Tempel geltenden Regelung für das Finanzwesen des von der
Krone subventionierten Jerusalemer Heiligtums zuständig war. Wie wir aus
Josephus erfahren, betrug das Fixum, das der Hohepriester jährlich an die
königliche Kasse abzuführen hatte, zwanzig Silbertalente, das sind rund 500
Kilogramm Silber oder 40 Kilogramm Gold.

Die Ptolemäer richteten ihre Steuer- und Wirtschaftspolitik an dem mer-
kantilistischen Ziel aus, in den Besitz von Silber, dem wichtigsten Stoff, aus
dem Geld hergestellt wurde und über den Ägypten nicht verfügte, zu gelangen und den Abfluß des eigenen Silbergeldes ins Ausland zu verhindern. Zu
diesem Zweck gaben sie Drachmen aus, deren Gewicht um 18 % unter dem
von den anderen Reichen verwendeten attischen Standard lag. Damit legten
sie die Grundlage zu einem besonderen, von der Außenwelt abgeschlossenen
und von ihnen kontrollierten Wirtschaftsraum. Zusätzlich schufen sie für den
Binnenraum ein weiteres gesetzliches Zahlungsmittel in Gestalt von Kupfer-
geld, und sie sorgten dafür, daß Silbergeld des attischen Standards, das durch
den Handel in ihr Land gelangte, gegen ägyptische Währung eingetauscht
werden mußte. Damit hatten sie die Möglichkeit, durch Einschmelzen fremden Silbergeldes und Neuausprägung ihr eigenes Geldvolumen zu vermehren.
Hinzu kamen andere Methoden der Gewinnmaximierung. Zum Beispiel
unterwarfen die Ptolemäer Olivenöl, eines der Hauptausfuhrprodukte ihrer

syrischen Provinz, einer Monopolregie, die ihnen einen Gewinn von 65 % des verkauften Öls sicherte. Dies hatte den Effekt, daß das künstlich verteuerte Öl praktisch nur in Ägypten abgesetzt werden konnte. Damit sorgten sie dafür, daß sich die Wirtschaft des syrischen Nebenlandes ganz auf den Markt des ägyptischen Hauptlandes ausrichtete. Ebenso belasteten sie die in der wohlhabenden Oberschicht beliebten Weine und Öle aus Griechenland sowie andere Luxuswaren, die griechische Händler ins Land brachten, mit hohen Zöllen. In den bereits erwähnten Papyri aus dem Archiv des Zenon, der im Auftrage des Finanzministers und Großunternehmers Apollonios von 259 bis 257 v. Chr. das ptolemäische Syrien bereiste, wird eine Welt kenntlich, die von dem Streben nach rücksichtsloser und ausgeklügelter Gewinnmaximierung bestimmt war. Nutznießer waren in erster Linie Griechen, angefangen von der Königsdynastie über die hohen Funktionäre und Günstlinge der Ptolemäer bis zu den griechischen Unternehmern und Händlern, die im Land ihren Geschäften nachgingen. Von Ausnahmen abgesehen blieben den Einheimischen nur die untergeordneten Positionen. In dieser kolonialen Gesellschaft beutete eine griechische Herrenschicht das Land aus, und mit gutem Grund ist das Wort, das Edmund Burke auf das britische Indien gemünzt hat, auch auf die griechische Herrschaft im Vorderen Orient übertragen worden: «Jede Rupie Gewinn, die ein Engländer macht, ist für immer Indien verloren.»

Die andere Seite der Medaille ist die technische und ökonomische Modernisierung, die von den Griechen ins Land gebracht wurde. Eingeführt wurden beispielsweise die fußgetriebene Töpferscheibe, Verbesserungen in der Schmiedekunst und der Glasurtechnik sowie die Kunst des Schneidens der Steine für Siegelringe. Die griechischen Öllampen waren den offenen, die bis dahin im Orient verwendet worden waren, überlegen, sie waren sicherer und sparsamer im Verbrauch. Die Rotationsmühle war sowohl kräftesparender als auch effektiver als die alten Mahlsteine, der griechische Webstuhl erleichterte und verbesserte die Textilproduktion, in der Landwirtschaft erhöhten neue Kulturen und neue Technologien die Arbeitsproduktivität. Bevorzugt angebaut wurde anstelle von Gerste und Spelt der Weizen. Maschinen zum Zerquetschen der Oliven und Weinpressen erleichterten die Arbeit, und Wasserräder verbesserten die Bewässerungssysteme. Landwirtschaft und Handwerk bildeten auch in Judäa das Rückgrat der Ökonomie, und die überwältigende Mehrheit der Bevölkerung schuf mit ihrer Hände Arbeit die Güter, die nicht nur ihnen und ihren Familien den Lebensunterhalt sichern mußten, sondern auch die Überschüsse, die von einer aus Grundbesitzern sowie Priestern und

Leviten bestehenden einheimischen Oberschicht und sowie von den griechischen Kolonialherren abgeschöpft wurden. Den besten Einblick in die Schich-
tung der Bevölkerung Judäas in hellenistischer Zeit hat vom Standpunkt der
traditionellen Elite zu Beginn des zweiten Jahrhunderts v. Chr. der Weisheitslehrer Jesus Ben Sirach gegeben. Er schreibt:

> *Die Weisheit der Schriftgelehrten mehrt die Weisheit.*
> *Wer frei ist von Arbeit, kann sich der Weisheit widmen.*
> *Wie kann sich einer der Weisheit widmen, der den Pflug hält*
> *Und mit dem Treiberstachel prahlt,*
> *der Rinder austreibt, Ochsen zurückholt,*
> *mit den Jungstieren sich unterhält,*
> *der seinen Sinn auf das Eggen der Furchen richtet*
> *und darauf bedacht ist, die Mast zu vollenden?*
> *Ebenso arbeitet der Handwerker und Künstler,*
> *der Tag und Nacht beschäftigt ist,*
> *der Siegelringe schneidet,*
> *oder dessen Aufgabe es ist, in das bunte Gewebe Abwechslung zu bringen,*
> *der seinen Sinn auf die genaue Wiedergabe des Musters richtet*
> *und darauf bedacht ist, das Werk schön zu vollenden.*
> *Ebenso der Schmied, der am Amboß sitzt*
> *Und auf die eisernen Geräte achtet,*
> *dem der Hauch des Feuers das Fleisch schmelzen läßt*
> *und den die Hitze des Ofens durchglüht,*
> *dem der Lärm des Hammers das Ohr betäubt*
> *und dessen Augen auf das Muster des Geräts gebannt sind,*
> *der seinen Sinn auf die Vollendung der Stücke richtet*
> *und darauf bedacht ist, das Vollendete zu verzieren.*
> *Ebenso der Töpfer, der vor seiner Arbeit sitzt*
> *Und mit seinen Füßen die Scheibe dreht,*
> *der unaufhörlich um seine Arbeit besorgt ist*
> *und dessen ganzer Eifer der großen Anzahl gilt,*
> *der mit dem Arm den Ton knetet*
> *und ihm mit den Füßen die Zähigkeit nimmt,*
> *der seinen Sinn auf die Vollendung der Glasur richtet*
> *und darauf bedacht ist, den Ofen richtig zu erhitzen.*
> *Sie alle verlassen sich auf ihre Hände,*

und jeder ist weise in seinem Geschäft.
Ohne sie wird keine Stadt besiedelt,
und wo sie sich niederlassen, da hungern sie nicht.
Aber zur Volksversammlung werden sie nicht hinzugezogen,
in der Gemeinde ragen sie nicht hervor.
Sie sitzen auf keinem Richterstuhl
Und kennen sich nicht aus in Recht und Gesetz.
(Sirach 38,24–33)

Dem arbeitenden Volk stellt Jesus Ben Sirach die Schriftgelehrten und Weisheitslehrer gegenüber, die, wie es heißt, «die Gesetze des Höchsten erforschen und die Weisheit der Vorfahren ergründen». Sie sind Ratgeber, Richter und Gesandte, kurz: die Führer des Volkes. Ihre Autorität beruht auf der Kenntnis der Heiligen Schrift, der Thora, der Propheten und der Weisheitsbücher. Verglichen mit dem erblichen Priesterstand, dessen Aufgabe der Vollzug des Opferkultes war, war dies ein neue Elite, die ihre Entstehung der Thora als dem kodifizierten Rechtsbuch und der schriftlich fixierten historischen Erinnerung des jüdischen Volkes verdankte. Ihre Angehörigen, gleichgültig ob sie sich aus der Priesterschaft oder aus dem Laienstand rekrutierten, waren Spezialisten der Schriftauslegung, und als solche betrachteten sie sich als die legitimen Führer des Volkes, die auch in der Ratsversammlung ein bestimmendes Wort mitzureden hatten. Jesus Ben Sirach charakterisiert die öffentliche Rolle des Schriftgelehrten mit den folgenden Worten:

Im Kreis der Großen tut er Dienst,
und erscheint vor den Fürsten,
er bereist das Land fremder Völker.

Die traditionelle Mentalität, deren Bezugspunkt der Gott Israels und seine in der Heiligen Schrift festgelegte Weisung war, wurde freilich herausgefordert durch den säkularen Charakter der für Orientalen zugleich befremdlichen und attraktiven Kultur der Griechen. Deren Träger waren freie Intellektuelle, die weder an Palast noch an Tempel gebunden waren, die keine heiligen Schriften kannten, sondern alles und jedes, auch die Religion und die Götter, vor den Richterstuhl der autonomen Vernunft zogen. Auch Homer konnte von Griechen ohne Glauben an seine Götter gelesen werden, und schon früh, etwa bei Xenophanes, einem im sechsten und frühen fünften Jahrhundert lebenden vorsokratischen Philosophen, hatte sich die Kritik an dem Bild zu Wort gemeldet, das Homer von den Göttern gezeichnet hatte:

Alles haben den Göttern Homer und Hesiod angehängt,
was bei Menschen Schimpf und Tadel ist:
stehlen, ehebrechen und einander betrügen.
(H. Diels, Fragmente der Vorsokratiker 21 fr. 11)

Ein derartiger Umgang mit den Weisungen der Thora oder den Aussagen der Propheten war für einen frommen Juden undenkbar. Auf den Punkt gebracht hat den fundamentalen Unterschied, der Juden und Griechen voneinander trennte, der jüdische Historiker Josephus in seiner Auseinandersetzung mit Apion, einem der Wortführer des alexandrinischen Antijudaismus. Er schreibt:

Bei uns gibt es keine Unzahl voneinander abweichender und sich gegensei-
tig widersprechender Bücher, sondern nur zweiundzwanzig, welche die Auf-
zeichnung der gesamten Vergangenheit enthalten und denen zu Recht
geglaubt wird. Und von diesen stammen fünf von Moses; sie enthalten die
Gesetze und die Geschichte von der Entstehung des Menschengeschlechts bis
zu Moses' Tod: Dieser Zeitraum erstreckt sich über beinahe dreitausend Jah-
re… Durch unser Verhalten ist evident, wie wir mit unseren Schriften umge-
hen. Obwohl (seit ihrer Abfassung) so lange Zeit verstrichen ist, hat noch
niemand gewagt, etwas hinzuzusetzen, wegzunehmen oder zu verändern.
Mit der Geburt ist allen Juden die Überzeugung eingewachsen, daß sie die
Lehren Gottes sind, daß man ihnen treu bleiben und, wenn nötig, mit Freu-
den für sie sterben muß. Man hat schon viele unter den (jüdischen) Kriegs-
gefangenen gesehen, die Folterqualen und alle denkbaren Todesarten ertru-
gen, ohne ein Wort gegen die Gesetze und die zusammen mit ihnen (in die
Heilige Schrift) aufgenommenen Bücher zu sagen. Welcher Grieche würde
Entsprechendes aushalten? Oder auch nur die geringste Schädigung auf sich
nehmen, um ihre gesamte Literatur vor dem Untergang zu retten? Denn sie
halten sie nur für Werke, die nach dem Gutdünken ihrer Verfasser erdichtet
sind, und das denken sie zu Recht auch von den älteren Schriften, da sie
doch sehen, wie von den heutigen einige es wagen, über Ereignisse zu schrei-
ben, bei denen sie weder zugegen waren noch sich bemüht hatten, von Wis-
senden Erkundigungen einzuziehen.

(Josephus, Gegen Apion I,38–45)

Die Griechen verwandten ihrerseits keine Mühe darauf, sich näher mit den Traditionen und Überlieferungen ihrer orientalischen Untertanen zu befassen. Sie nahmen diese schlicht und einfach nicht wahr, und sie nahmen auch nicht die Unbequemlichkeit auf sich, deren Sprachen zu erlernen. Und wenn sie es getan hätten: Ungläubigen wäre die Thora ohnehin stumm geblieben. Aber umgekehrt übten die griechische Kultur und die griechische Lebensweise zumindest auf Teile der jüdischen Oberschicht eine Faszination aus, von der nicht abzusehen war, welche Reaktionen der Zusammenstoß der Kulturen auslösen würde. Wie aus Jesus Ben Sirach hervorgeht, hatte in Judäa bereits die gesellige Kultur der Griechen in Gestalt des Symposiums Einzug in Jerusalem gehalten. Seinem Sohn gab er für die Rolle des Symposiarchen, des Gastmahlpräsiden, die folgenden Anweisungen:

> *Wenn du das Gastmahl leitest, überhebe dich nicht,*
> *sei unter den Gästen wie einer von ihnen!*
> *Sorge erst für sie, dann setze dich,*
> *trage erst auf, was sie brauchen, dann laß dich nieder,*
> *damit du dich freuen kannst, wenn sie dich ehren,*
> *und für dein gutes Benehmen Beifall findest.*
> *Als Älterer ergreife das Wort, denn dann steht es dir an.*
> *Doch schränke die Belehrung ein und halte den Gesang nicht auf ...*
> *Ein Rubin an goldenem Geschmeide*
> *Ist ein schönes Lied beim Weingelage.*
>
> (Sirach 32,1–5)

Vorbildcharakter genoß bei Angehörigen der Oberschicht nicht nur die gesellige Sitte der Griechen. Eindruck machte auch die Rücksichtslosigkeit der auf den Erwerb von Geld und Reichtum ausgerichteten Mentalität, durch die sich die neuen Herren des Landes auszeichneten. Als Muster und Vorbild eines Mannes, der sich gar sehr auf seine Zeit verstand und zu Macht und Reichtum gekommen war, gilt dem jüdischen Verfasser des Tobiadenromans der Steuerpächter Josephus, der Sohn jenes Tobias, der im Transjordanland um das Jahr 258/57 v. Chr. als Kommandeur einer jüdisch-makedonischen Reitereinheit im Dienst der Ptolemäer bezeugt ist. Durch Bestechung und griechisch-urbanen Witz gewann er die Gunst der Königs und des Hofes und stieg durch das hohe, die Konkurrenten übertreffende Gebot, das er abgab, als in Alexandrien die Steuerpacht im Auktionsverfahren vergeben wurde, zum Generalsteuer-

pächter der ptolemäischen Provinz Syrien und Phönizien auf. Mit gewalttätigen Methoden brachte er die notwendigen Gelder zusammen, die es ihm
erlaubten, seine Verpflichtungen gegenüber dem königlichen Fiskus zu erfüllen und sich mit großzügigen Geschenken an das Königspaar und an einflußreiche Höflinge in Gunst zu erhalten. Für den Verfasser des Tobiadenromans war dieser Josephus das Ideal des erfolgreiche Mannes schlechthin. In
der abschließenden Würdigung aus Anlaß seines Todes heißt es: «Damals
starb auch der Vater des Hyrkanos, Josephus, ein tüchtiger und großzügiger
Mann, der das jüdische Volk aus Armut und Schwäche in einen glänzenderen
Zustand des Lebens versetzte, indem er 22 Jahre die Steuerpacht von Syrien,
Phönizien und Samaria hielt» (Josephus, Jüdische Altertümer XII, 224). Josephus und seine Familie waren unter Ptolemaios IV. (221–205/4 v. Chr.) auch
in Jerusalem einflußreich und mächtig. Ja, nach der Erzählung des Tobiadenromans hatte Josephus zu Beginn seiner Karriere dem Hohenpriester Onias II.
aus der Stellung des für die Steuereinziehung in Judäa zuständigen Beauftragten der Krone verdrängt. Ein neues Lebensideal war in der Person des Josephus zum Zuge gekommen, und der Hohepriester, der für die alte theokratische Ordnung stand, hatte das Nachsehen.

Weder die höchste Würde der Theokratie, das Hohenpriesteramt, noch der
Erwerb großer Reichtümer durch einen Dynasten aus dem Laienstand waren
in der unsicheren neuen Zeit eine Garantie dauernder Macht. Die Vorrang-
stellung der Tobiaden überlebte den Sturz der ptolemäischen Herrschaft nicht
lange. Im Wechsel von Aufstieg und Untergang und in der täglichen Erfahrung von der Brüchigkeit aller konventionellen Werte griffen Skepsis und
Resignation um sich – mächtig gefördert durch die vom Kynismus inspirierte
Predigt griechischer Wanderphilosophen, deren Einfluß auch im ptolemäischen Jerusalem zur Verkündung einer Umwertung aller Werte führte.

Faßbar ist diese Reaktion auf die Fragwürdigkeit aller Lebensverhältnisse
im Buche Kohelet. Der Titel bezeichnet den Beruf des Predigers, der in wechselnden Versammlungen in Straßen und auf Plätzen spricht. Was der Wanderprediger zu sagen hatte, richtete sich nicht wie die Worte der traditionellen Weisheitslehrer an die Söhne der führenden Familien und einen
exklusiven Schülerkreis, sondern an den Mann auf der Straße. Dies war genau
das Publikum, an das sich auch die griechischen Wanderphilosophen des dritten Jahrhunderts v. Chr., ein Krates, Bion von Borysthenes oder Menippos von
Gadara, wandten. Aber hinter Kohelet, dem Berufer von Versammlungen, verbarg sich kein griechischer, sondern ein jüdischer Wanderphilosoph, der die

neuen und die alten Werte wog und zu leicht befand. Er war überzeugt, daß der Mensch das Leben nur mit Gottes Gnade genießen und damit das höchste Lebensziel erreichen könne, aber daß es unmöglich sei, Gottes Wege zu erkennen und so eine Gewähr für das Erreichen dieses Lebensziels zu erlangen. Diese Unmöglichkeit ist die Quelle seiner Verzweiflung und seines Realismus, und weder die Weisheit der Schriftgelehrten noch die auf Gewinnmaximierung zielende Geschäftigkeit eines Josephus und seines Sohnes Hyrkanos konnten die aus der Unkenntnis der Wege Gottes entspringende Maxime außer Kraft setzen, daß auf dieser Welt alles eitel sei, nichts als ein Windhauch – dies ist das Schlüsselwort des Traktats. Denn alles menschliche Streben steht unter dem Vorbehalt, daß der Mensch denkt und Gott lenkt und daß Gottes Wege nicht berechenbar sind. Der alte Glaube der Weisheitslehrer, daß alles Unglück, das den Menschen trifft, auf menschlicher Schuld und Versündigung beruht, ist dem Wanderlehrer nichts als eine Illusion. Mit Berufung auf die Erfahrung stellt er fest, daß es in der Welt nicht gerecht zugeht und die Gottesfurcht ihren Lohn nicht findet, der ihr verhießen ist:

> *Natürlich weiß ich, daß es auch den Weisheitsspruch gibt:*
> *Denen, die Gott fürchten, wird es gut gehen,*
> *weil sie sich vor ihm fürchten;*
> *dem, der das Gesetz übertritt, wird es nicht gut gehen,*
> *und er wird kein langes Leben haben, gleich dem Schatten,*
> *weil er sich nicht vor Gott fürchtet.*
> *Es kommt aber vor, daß etwas auf der Erde getan wird und Windhauch ist:*
> *Es gibt gesetzestreue Menschen,*
> *denen es so ergeht,*
> *als hätten sie wie Gesetzesbrecher gehandelt;*
> *und es gibt Gesetzesbrecher,*
> *denen es so ergeht,*
> *als hätten sie wie Gesetzestreue gehandelt.*
> *Ich schloß daraus, daß auch dies Windhauch ist.*
>
> *(Kohelet 8,12–14)*

Windhauch aber ist auch das Evangelium des Gelderwerbs, das Lebensideal der kolonialen Welt der hellenistischen Zeit:

Wer das Geld liebt,
bekommt von Geld nie genug;
wer den Luxus liebt,
hat nie genug Einnahmen – auch das ist Windhauch.
(Kohelet 5,9)

Reichtum kann seinem Besitzer Schlimmes bringen, und ein schlechtes Geschäft bestätigt das Wort: «Wie gewonnen, so zerronnen». Die Zwänge und die Erbarmungslosigkeit des Konkurrenzkampfes vergällen nicht nur den Ausgebeuteten, sondern auch dem Ausbeuter das Leben:

Dann wieder habe ich alles beobachtet, was unter der Sonne getan wird, um Menschen auszubeuten. Sieh, wie die Ausgebeuteten weinen, und niemand tröstet sie, niemand befreit sie aus der Gewalt ihrer mächtigen Ausbeuter. Da preise ich mir wieder die Toten, die schon gestorben sind, und nicht die Lebenden, die noch leben müssen. Glücklicher aber als beide preise ich den, der noch nicht ist, der noch nicht das schlimme Tun gesehen hat, das unter der Sonne geschieht. Denn ich beobachtete: Jede Arbeit und jedes erfolgreiches Tun bedeutet Konkurrenzkampf zwischen den Menschen. Auch das ist Windhauch und Luftgespinst.
(Kohelet 4,1–4)

Den Vorrang vor dem Wettlauf nach Geld und Reichtum räumt Kohelet eher den traditionellen Werten des Gehorsams gegenüber den Weisungen Gottes und dem Streben nach Weisheit ein, aber dies gilt ihm nicht mehr in dem absoluten Sinn, der diesen Werten seit den Zeiten Esras und Nehemias beigemessen worden war, sondern ist ihm nur noch eine relative Wahrheit:

Halte dich nicht zu streng an das Gesetz, und sei nicht maßlos im Erwerb von Weisheit: Warum solltest du dich selbst ruinieren? Entferne dich nicht zu weit vom Gesetz, und verharre nicht im Unwissen: Warum solltest du vor der Zeit sterben? Es ist am besten, wenn du an dem einen festhältst, aber auch das andere nicht losläßt.
(Kohelet 7,16–18)

Von der Relativierung des Gesetzes zu seiner Aufhebung war ein weiter Weg, aber es sollte in hellenistischer Zeit eine Konstellation eintreten, in der das Unausdenkbare Ereignis wurde.

Die Diaspora im Ptolemäer- und Seleukidenreich

Die Entstehung des hellenistischen Staatensystems hatte für die jüdische Diaspora eine dreifache Auswirkung: Sie lebte nicht länger wie in der Zeit des Perserreiches unter einem Oberherrn, sondern unter zwei miteinander rivalisierenden makedonischen Dynastien, den Ptolemäern in Ägypten und, von der ptolemäischen Provinz Syrien und Phönizien abgesehen, den Seleukiden in Asien. Mit dieser politischen Aufteilung war ein kultureller Bruch verbunden: Während in Asien einschließlich Palästinas weiterhin das Aramäische die Verkehrs- und Literatursprache der indigenen Völker blieb, setzte sich bei den Juden Ägyptens die Sprache und Kultur der griechischen Kolonialherren durch. Und schließlich nahmen die Juden an der durch die griechische Eroberung des Ostens initiierten räumlichen und sozialen Mobilität teil, deren Intensität alles Frühere in den Schatten stellte. In den Kämpfen, die von den Nachfolgern Alexanders des Großen um den Besitz Palästinas und Phöniziens ausgetragen wurden, hatte Ptolemaios I. viele Juden versklavt und nach Ägypten deportiert, und während der ptolemäischen Herrschaft war dann eine jüdische Einwanderung ermutigt und begünstigt worden. Zur Sicherung der Fremdherrschaft und zur Meliorisierung des Landes am Nil wurden Einwanderer benötigt, die Militärdienst leisteten und an Anbaumethoden gewöhnt waren, die den ägyptischen überlegen waren. Diese Einwanderer waren ungeachtet ihrer Herkunft als privilegierte Minderheiten die natürlichen Verbündeten und eine wesentliche Stütze der Herrschaft der landesfremden Dynastie. Es versteht sich zwar von selbst, daß Griechen und Makedonen in diesem Herrschaftskonzept die Hauptrolle spielten, aber die Juden waren ebenfalls seine Nutznießer. Sie stellten wie in der Vergangenheit tüchtige Soldaten, sie verwendeten anders als die Ägypter, die mit Pflügen und Hacken aus Holz den Boden bearbeiteten, Eisengeräte im Ackerbau, und sie verstanden sich wie die Griechen und im Unterschied zu den biertrinkenden Ägyptern auch auf den von den Ptolemäern geförderten Weinbau.

Was die Stellung der Juden in der multiethnischen Gesellschaft Ägyptens anbelangt, so ist zunächst zu unterscheiden zwischen dem flachen Land im Nildelta, dem Flußtal und dem großen Meliorisierungsgebiet im Fayum auf der einen und den drei griechischen Städten auf der anderen Seite. Die älteste war die noch zu Zeiten des einheimischen Pharaos Psammetichos I. (664 – 610 v. Chr.) als konzessionierte griechische Handelsstation gegründete, am kanopischen Nilarm gelegene Naukratis, dann folgten das von Alexander dem Großen gegründete Alexandrien, die Residenz- und Hauptstadt der Ptolemäer, die

den Handel von und nach Ägypten kontrollierte, sowie das von Ptolemaios I.
gegründete Ptolemais in Oberägypten. Auf dem flachen Land wurden alle
Nichtägypter zu der privilegierten Klasse der Hellenen gerechnet. Dabei wurde, wie die Papyri zeigen, zwischen denen, die beim Militär oder in der Verwaltung dienten, und bloßen Residenten ohne dienstliche Funktion unterschieden. Ägypter und die heterogen zusammengesetzte Gruppe der Hellenen
lebten nach eigenem Recht. Griechisches Recht wurde auch auf Juden angewendet. Als beispielsweise im Jahre 227 v. Chr. ein Jude eine Beleidigungskla-
ge gegen eine Jüdin anstrengte, erschien diese, wie es das griechische Recht
vorsah, mit einem männlichen Vormund, einem in Ägypten ansässigen Athener, vor Gericht, obwohl dies weder im jüdischen noch im aramäischen Recht
vorgeschrieben war, und in Leihkontrakten fand ungeachtet des biblischen
Verbots, Zinsen zu nehmen, der landesübliche Zinssatz von zwei Prozent pro
Monat Anwendung.

Die meisten der in den Papyri als solche bezeichneten oder identifizierba-
ren Juden waren Militärsiedler. Im Fayum erhielten diese Soldaten Landlose in
der Größenordnung von 24 – 100 Arourai, das sind etwa 6 $\frac{1}{2}$ bis 27 $\frac{1}{2}$ Hektar.
Das war in dem außerordentlich fruchtbaren Land ein großer Besitz. Noch das
kleinste Landlos war dreimal so groß wie das Stück Land, das nach dem Zensus von 1947 die überwältigende Mehrheit der Fellachen Ägyptens (97 %)
bearbeitete. Die Militärsiedler waren also im ptolemäischen Ägypten eine
Klasse von mittleren Gutsbesitzern, und dazu stimmt auf das beste, daß sie das
Land teilweise nicht selbst bearbeiteten, sondern an ägyptische Bauern ver-
pachteten. Nach den vorhandenen Zeugnissen waren 6 % der im Fayum angesiedelten Soldaten Juden (zum Vergleich: Griechen aus der Kyrenaika stellten
9 %). In die höheren Ränge des Militärs oder der Administration sind Juden
anscheinend nicht aufgestiegen. Neben den als Gutsbesitzer fundierten Militärsiedlern begegnen auch jüdische Pachtbauern, Winzer und Tagelöhner,
auch ein Wächter eines königlichen Kornspeichers. Die jüdische Diaspora war
somit als eine eher untere Mittelschicht in die griechisch geprägte privilegierte Minderheit Ägyptens integriert, und sie bedienten sich als Nutznießer der
kolonialen Fremdherrschaft auch der Sprache der Kolonialherren, des Griechischen. Aber in religiöser Hinsicht gingen sie ihre eigenen Wege. Eigene
Tempel hatten sie in Ägypten nicht – auch wenn der Küster einer Dorfsyna-
goge auf einem griechischen Papyrus die pompöse Bezeichnung eines Tem-
pelhüters (*neokoros*) trägt. Dementsprechend wurde kein Opferkult praktiziert;
auch der alte Tempel von Elephantine scheint nicht mehr existiert zu haben.

Die Monopolstellung des Jerusalemer Heiligtums war also inzwischen anerkannt. Für den Wortgottesdienst gab es Gotteshäuser, und in einem hebräischen
Papyrus ist bezeugt, daß dabei die Lesung der Zehn Gebote dem Schema
Israel, dem zusammengesetzten Glaubensbekenntnis aus dem Deuteronomium und dem Buch Numeri: «Höre Israel, Jahwe ist unser Gott, Jahwe
allein…» (Deuteronomium 6,4), vorausging. Das Hebräische fand dabei als
heilige Sprache noch Verwendung.

Eine jüdische Minderheit gab es nicht nur auf dem Lande, sondern auch in
Alexandrien, dem Mittelpunkt des wirtschaftlichen und geistigen Lebens im
Ptolemäerreich. Über ihre Lebensverhältnisse in der Frühzeit der Stadt ist so
gut wie nichts bekannt, sieht man von der Überlieferung ab, daß die jüdischen
Einwanderer anfangs im vierten, dem östlichen, nahe am Meer gelegenen
Stadtviertel Quartier nahmen. Daß Neuankömmlinge dazu neigen, in der
Fremde zusammenzubleiben und erst ihre Nachkommen mit zunehmender
Integration in die Mehrheitsgesellschaft die frühe Ghettobildung aufbrechen
und sich unter den Einheimischen zerstreuen, ist ein verbreitetes Phänomen,
und so mag diese Überlieferung durchaus zutreffend sein. Juden sind jedenfalls schon in der Frühzeit Alexandriens bezeugt. Jüdische Namen finden sich
auf den Grabsteinen der ersten Friedhöfe der Stadt, teilweise noch in aramäischer und teilweise auch schon in griechischer Sprache, und es mag ein Zeichen früher Integration sein, wenn sich griechische Namen unter die hebräischen mischen – so wenn beispielsweise eine Frau, die den griechischen
Namen Hedyne trägt, als Tochter (oder vielleicht Ehefrau) eines Mordechai
genannt wird. Die Münzmeister Zabnai und Ammai, deren Namen auf Münzen eines um 318 v. Chr. im Nildelta vergrabenen Schatzes stehen, waren vermutlich alexandrinische Juden.

Über die rechtliche Stellung der Juden in der griechischen Stadt existiert
eine umfangreiche und kontroverse wissenschaftliche Literatur, auf die hier im
einzelnen nicht eingegangen werden kann. Jedenfalls ist davon auszugehen,
daß eine griechische Stadt die Möglichkeit hatte, Fremde durch Verleihung
des Bürgerrechts zu naturalisieren. Von dieser Möglichkeit ist wahrscheinlich
in den Anfängen der neuen Stadt auch großzügig Gebrauch gemacht worden.
Aber spätestens im zweiten Viertel des dritten Jahrhunderts wurde angesichts
einer anschwellenden Zuwanderung die Bürgerschaft eine geschlossene Korporation. Einwanderer wurden nun nicht mehr in die Demen genannten
Untergliederungen des Bürgerverbands aufgenommen. Die Zugehörigkeit zur
Bürgerschaft wurde so, von Ausnahmen abgesehen, erblich, und die Zuwan-

derer erhielten unter der amtlichen Bezeichnung «Alexandriner, nicht in das Verzeichnis der Demen aufgenommen» den Status anerkannter Residenten, die einen besonderen Gerichtsstand bei dem sogenannten Fremdengericht besaßen. Ein königliches Dekret aus der ersten Hälfte des dritten Jahrhunderts ordnete an, daß Prozeßparteien ihre Demenzugehörigkeit mit anzugeben hatten, sofern sie Bürger der Stadt waren; waren sie Soldaten, so mußten sie ihre Herkunft, ihre Einheit und ihr Landlos, alle übrigen ihre Herkunft und ihren Status vermerken. Zur letzten Gruppe gehörten alle als Hellenen bezeichneten Residenten der Stadt: Athener, Kyreneer, Juden, Makedonen und andere, soweit sie nicht zum Militär gehörten. Diese Residenten bildeten ethnische Körperschaften, die sogenannten Politeumata. Neben kleinen wie dem Verband der Böoter gab es den im Zuge der jüdischen Einwanderung groß gewordenen der Juden, dessen Vorsteher zu anerkannten Vertretern jüdischer Interessen in der Stadt der Griechen wurden. Mit anderen Worten: Es gab in Alexandrien eine Minderheit von Juden, die das Bürgerrecht besaß und eine große Anzahl von solchen, die Residenten waren und eine privilegierte Sondergemeinde bildeten. Aus diesem Statusunterschied sollten in späterer, in römischer Zeit, als der Ruf nach Gleichberechtigung erhoben wurde, noch schwere Konflikte entstehen.

Was jüdische Vollbürger der griechischen Stadt anbelangt, so wissen wir nicht, wie sie mit dem Problem fertig wurden, dem eifersüchtigen Gott ihrer Väter Genüge zu tun und die Götter der Stadt, deren Bürger sie waren, als solche zu respektieren. Eines ist jedoch sicher: Wer in die höchsten Ränge am Hofe des Königs aufsteigen wollte, mußte sein Judentum – dies im religiösen Sinne verstanden – aufgeben. Ein solcher Mann war im dritten Jahrhundert Dositheos, der Sohn des Drimylos. Von ihm heißt es im Dritten Makkabäerbuch: «Er war seiner Herkunft nach ein Jude, später fiel er vom Gesetz ab und entfremdete sich dem väterlichen Glauben» (3 Makk. 1,3). Dieser Mann war um das Jahr 240 v. Chr. in Alexandrien einer der beiden Leiter des königlichen Sekretariats, und im Jahre 225/24 v. Chr. begleitete er Ptolemaios III. auf dessen Inspektionsreise durch Ägypten; er rettete Ptolemaios IV. das Leben, als vor der Schlacht bei Raphia (217 v. Chr.) ein Mordanschlag auf ihn verübt wurde, und schon für das Jahr 222 v. Chr. ist Dositheos als Priester Alexanders des Großen und der zu Göttern erhobenen Ptolemäer bezeugt. Dies war ein Ausnahmefall, der aber immerhin zeigt, was in der Diaspora geschehen konnte, wenn die gebotenen Aufstiegschancen das Übergewicht über die Treue zur angestammten Religion gewannen.

Zum Ptolemäerreich gehörte in Afrika auch die Kyrenaika sowie die Insel Zypern, beides alte griechische Siedlungsgebiete, deren politische Struktur durch die griechische Stadt, die Polis, bestimmt war. Zur Sicherung ihrer Herrschaft siedelten die Ptolemäer auch dort Militärverbände an, deren Angehörige verschiedener, griechischer oder nichtgriechischer, Herkunft waren und sich je nach ethnischer Zusammengehörigkeit selbst verwalteten. Diese bildeten dann auf dem Territorium der betreffenden griechischen Städte sozusagen einen Staat im Staate. In Berenike (dem modernen Bengasi) ist eine solche jüdische Organisation nach dem Vorbild des in Alexandrien existierenden Politeuma bezeugt, und auch in Kyrene existierte ein besonderer jüdischer Verband neben der griechischen Bürgerschaft. Dieser privilegierte Status der von den Ptolemäern angesiedelten Juden, die nach Art griechischer Bürgerschaften Volksbeschlüsse in eigener Sache faßten, dauerte bis tief in die römische Kaiserzeit. In Berenike ehrte beispielsweise die jüdische Gemeinschaft einen Römer namens Marcus Titius «für sein Wohlwollen für die Bürger der Stadt und auch für die Juden unserer Gemeinschaft (*politeuma*)».

Im dritten Jahrhundert v. Chr. wurde in Alexandrien mit der Übersetzung der Heiligen Schrift der Juden ins Griechische begonnen und damit der Grundstein für das griechische Alte Testament, die sogenannte Septuaginta, gelegt, mit der die religiöse Überlieferung der Juden aus der sprachlichen Isolierung des Hebräischen herausgeführt wurde. Am Anfang dieser Übersetzungstätigkeit, die ihren Abschluß wohl erst um das Jahr 100 v. Chr. fand, stand die Thora, die Übersetzung der ersten fünf Bücher Mose. Nach jüdisch-alexandrinischer Tradition fand diese Übersetzung unter dem Patronat Ptolemaios' II. Philadelphos (285 – 246 v. Chr.) statt. Tatsächlich führen die ersten Spuren der griechischen Thora, die ihre Existenz in den Papyri Ägyptens hinterlassen hat, in das dritte Jahrhundert. Der jüdische Historiker Demetrios, der in der Zeit Ptolemaios' IV. (221 – 205 v. Chr.) unter dem Titel «Über die Könige in Judäa» eine knappe Darstellung der Geschichte des alten Israel in griechischer Sprache verfaßte, entlehnte seine Zitate aus den Büchern Genesis und Exodus dieser Übersetzung. Und in der Vorrede seiner «Erläuterung der mosaischen Schriften», die der jüdische Philosoph Aristobulos zwischen den Jahren 175 und 170 v. Chr. König Ptolemaios VI. widmete, heißt es: «Die Übersetzung des mosaischen Gesetzes wurde unter König (Ptolemaios II.) Philadelphos, deinem Vorfahren, der bei dieser Gelegenheit größte Freigebigkeit bewies, angefertigt, wobei Demetrios von Phaleron (Schüler des Aristoteles und athenischer Politiker, den Ptolemaios I. nach Alexandrien berief) das

Unternehmen leitete.» Fünfzig Jahre später, um 120 v. Chr., schrieb ein Jude unter dem Pseudonym Aristeas, dem Namen eines fiktiven Griechen am Hofe Ptolemaios' II., ein Buch, in dem das Übersetzungswerk als historischer Anknüpfungspunkt für eine ebenfalls fiktive Reise nach Jerusalem genommen wird. Folgende Geschichte bildet den Rahmen der Erzählung: Ptolemaios II. schickte seinen Höfling Aristeas zusammen mit anderen Gesandten zu dem Hohenpriester Eleazar nach Jerusalem mit der Bitte, ihm qualifizierte Schriftgelehrte für eine Übersetzung der Thora ins Griechische zu schicken, die dann Aufnahme in die Bibliothek von Alexandrien finden sollte. Der Hohepriester entsandte zweiundsiebzig Schriftgelehrte, sechs aus jedem der – fiktiv gewordenen – Zwölf Stämme Israels zusammen mit einer zuverlässigen Abschrift des hebräischen Textes. In zweiundsiebzig Tagen vollendeten die zweiundsiebzig Schriftgelehrten die Übersetzung. Dann wurde die griechische Thora der Judenschaft von Alexandrien vorgelesen und von ihr ebenso wie von König Ptolemaios II. für verbindlich erklärt.

Die übliche Deutung des Vorgangs geht dahin, daß die Thora für den Gebrauch im Gottesdienst der jüdischen Gemeinde von Alexandrien übersetzt worden ist, da angenommen wird, daß sie das hebräische Original nicht mehr verstand. Aber dagegen ist eingewandt worden, daß dies eine anachronistische Erklärung sei. Noch im zweiten Jahrhundert v. Chr. sind im Gottesdienst hebräische Thoratexte vorgelesen worden. Dabei handelte es sich nicht wie später um eine das ganze Jahr fortlaufende Lesung der gesamten Thora, sondern um kleine Abschnitte wie die Zehn Gebote und das Schema Israel, zusammengesetzt aus Deuteronomium 6,4 – 9; 11,13 – 21 und Numeri 15,37 – 41, oder am Neujahrsgottesdienst Leviticus 23,23 – 25. Unter den Bedingungen der kostspieligen Buchproduktion der Antike wäre es eine unsinnige Verschwendung von Geld und Arbeit gewesen, fünf Buchrollen zu übersetzen und zu vervielfältigen, wenn allenfalls eine kleine Auswahl von wenigen Versen für die praktischen Zwecke des Gottesdienstes benutzt wurde. Auf die richtige Spur führt die Angabe des Verfassers der Aristeas-Erzählung, daß zwei Exemplare des übersetzten Textes angefertigt wurden, eines für die jüdischen Ältesten und eines für die königliche Bibliothek. Nicht dem jüdischen Gottesdienst, sondern der Gesetzesfunktion der Thora, die nach einem Wort Martin Luthers der Juden Sachsenspiegel war, galt das Interesse des Königs. Gesetze waren im Orient seit langem übersetzt worden, und die Kunst des Übersetzens war vor allem in den multiethnischen Großreichen hochentwickelt. So ging beispielsweise auf Befehl Dareios' I. eine Gruppe ägyptischer Rechtskundiger an den Hof des Königs, um eine Kodifikation des ägyptischen Rechts zusammen mit einer Übersetzung ins Aramäische anzufertigen. Anordnungen der persischen Administration wurden erst ins Reichsaramäische, dann, je nach Empfängerkreis, in andere Sprachen übersetzt, und unter den Ptolemäern entstand eine griechische Übersetzung des demotischen Rechts der Ägypter, die am Hof in Gegenwart der hohen Beamten verlesen und damit in Kraft gesetzt wurde. Ein Papyrus, der die griechische Übersetzung einiger auch im demotischen Original erhaltener ägyptischer Rechtsvorschriften enthält, ist vor einiger Zeit publiziert worden. Auch hier wird die Übersetzung wie im Fall der Thora von seiten der Administration des griechischen Königs veranlaßt worden sein.

Die Übersetzung der fünf Bücher Mose diente somit der Kenntnis des jüdischen Rechts in einer Welt, in der das Griechische die Sprache der neuen Herren war und diese sich um das in fremden Sprachen Geschriebene nicht kümmerten. Aber die Thora war für die Juden mehr als eine Rechtskodifikation. Diese war eingelassen in eine Darstellung der von Gott bestimmten Geschichte der Menschheit und des Volkes Israel von den Urvätern bis zu Moses. Um derartige indigene Überlieferungen kümmerte sich kein Grieche. Es blieb den Angehörigen der orientalischen Völker überlassen, den Griechen ihre Geschichte nach ihrer Überlieferung zu präsentieren. Geschehen ist dies bereits im dritten Jahrhundert. Der babylonische Priester Berossos erzählte die Geschichte Babyloniens von der Erschaffung der Welt bis zur Eroberung des Zweistromlandes durch Alexander den Großen, Manetho, ein ägyptischer Priester, die Ägyptens von den Götterdynastien der Anfänge bis zum Beginn der griechischen Herrschaft. Im letzten Viertel des dritten Jahrhunderts schloß sich ein ägyptischer Jude diesem Trend an: Der bereits erwähnte Demetrios verfaßte aufgrund der Thora und der Geschichtsbücher des Alten Testaments seine knappe, das griechische Publikum nicht überfordernde Darstellung «Über die Könige Judäas» in griechischer Sprache.

Anders als in Ägypten und in den griechischen Nebenländern der Ptolemäer blieben die Juden des Vorderen Orients mehrheitlich im Einflußbereich der aramäischen Sprache und Kultur. Aber es gab Ausnahmen, und diese hängen, ähnlich wie in Ägypten, mit der von den griechischen Königen praktizierten Herrschaftssicherung mittels Kolonisation zusammen. Hauptnutznießer waren auch hier ohne Frage Griechen und Makedonen. Aber ihre Zahl reichte in Asien ebensowenig wie in Ägypten aus, um den Bedarf an Neusiedlern zu decken. So wurden vor allem Juden, die wegen des Verbots der

Kindertötung auch im Zweistromland einen Geburtenüberschuß hatten, zu Mitnutznießern auch der seleukidischen Kolonisation. Die sich vom iranischen Hochland bis zum westlichen Kleinasien erstreckende jüdische Diaspora des Seleukidenreiches rekrutierte sich im dritten Jahrhundert vor allem aus der babylonischen Judenschaft. Josephus berichtet, daß Seleukos I. jüdische Kolonisten in Antiochien am Orontes und in anderen Neugründungen ansiedelte und ihnen besondere Privilegien verlieh. Dazu gehörte in Antiochien das Recht, daß jüdische Teilnehmer an den sportlichen Übungen im Gymnasium sich Geld anstelle des aus einer königlichen Stiftung finanzierten Öls geben lassen konnten, wenn sie Bedenken hatten, nichtkoscheres Öl zu verwenden. Es ist umstritten, ob diese Regelung schon auf den Stadtgründer zurückgeht. Aber daß sie in der Zeit des großen jüdischen Aufstandes gegen die Römer (66 – 70 n. Chr.) schon seit längerer Zeit existierte, ist unbezweifelbar. Damals, als die griechische Bürgerschaft der Stadt dieses Privileg kassieren wollte, entschied der römische Statthalter von Syrien zugunsten der Juden, da es sich um ein althergebrachtes Recht handelte. Ob das Privileg den in einem Politeuma organisierten Juden oder eher einer Minderheit, die das Bürgerrecht der Stadt besaß, gewährt worden war, steht dahin. Josephus weiß weiterhin davon zu berichten, daß es unter Antiochos I. (281 – 261 v. Chr.), als Antiochien zur Hauptstadt des Reiches geworden war, eine erhebliche jüdische Zuwanderung gegeben habe.

Der am besten bekannte Fall der Einrichtung von jüdischen Militärsiedlungen im Seleukidenreich des dritten Jahrhunderts stammt aus der Zeit, als Antiochos III. seinen Feldzug zur Festigung der seleukidischen Herrschaft im Osten seines Reiches unternahm (212 – 205 v. Chr.). Damals ordnete der König an, daß 2000 jüdische Familien aus Babylonien nach Phrygien und Lydien im westlichen Kleinasien transferiert und in festen Plätzen zur Sicherung des auch nach der Niederwerfung des Usurpators Achaios (213 v. Chr.) noch immer unruhigen Landes angesiedelt werden sollten. Der Brief des Königs an seinen Generalstatthalter in Kleinasien Zeuxis hat Josephus in sein Geschichtswerk eingefügt. Da dieser Brief einen Einblick in die Motive des Königs sowie in die Methode der Ansiedlung und der Gewährung von Privilegien gewährt, soll er hier im Wortlaut mitgeteilt werden. Josephus schreibt:

> *In einem Schreiben aber bezeugte er (Antiochos III.) uns Frömmigkeit und Loyalität, als er erfahren hatte, daß Unruhen in Phrygien und Lydien ausgebrochen waren zu der Zeit, als er sich in den Oberen Satrapien aufhielt.*

*Darin befahl er Zeuxis, seinem Strategen und einem seiner Ersten Freunde,
er solle Leute aus unserem Volk von Babylon nach Phrygien kommen lassen.
Dies ist der Wortlaut des Briefs:*

*König Antiochos grüßt Zeuxis, seinen Vater. Wenn du gesund bist, wäre es
gut, ich selbst befinde mich wohl. Als ich erfuhr, daß Leute in Phrygien und
Lydien revoltieren, war ich der Meinung, daß dies großer Aufmerksamkeit
meinerseits bedürfe, und nachdem ich mit meinen Freunden beratschlagt hatte, was zu tun sei, faßte ich den Entschluß, 2000 jüdische Familien mit
ihrem Hab und Gut aus Mesopotamien und Babylonien in die Festungen und
wichtigsten Plätze (des Landes) umzusiedeln. Denn ich bin überzeugt, daß sie
loyale Hüter unserer Interessen sein werden wegen ihrer Frömmigkeit, und ich
weiß, daß sie für ihre Treue und ihren Eifer (zu tun), wozu sie aufgerufen werden, das Zeugnis meiner Vorfahren besitzen. Es ist also mein Wille, sie umzusiedeln, obwohl dies mühsam ist, und daß sie, da ich es versprochen habe,
nach ihren eigenen Gesetzen leben. Wenn du sie nun in die oben erwähnten
Orte geführt hast, wirst du jedem einen Platz für den Hausbau geben sowie
Land für den Ackerbau und Weinpflanzungen, und du wirst Steuerfreiheit
auf die Feldfrüchte für zehn Jahre gewähren. Bis sie aber aus dem zugewiesenen Land Früchte ernten, soll ihnen Getreide für den Unterhalt ihrer Sklaven
zugemessen werden. Du sollst aber auch den in unserem Dienst Stehenden
das Notwendige geben, damit sie unserer Großzügigkeit teilhaftig geworden
sich um so eifriger unseren Interessen widmen. Und kümmere dich nach Vermögen um das Volk, daß es von niemandem Belästigung erfahre.*
(Josephus, Jüdische Altertümer XII, 147–153)

Dies war der Anfang der jüdischen Diaspora in Kleinasien. Noch in der römischen Kaiserzeit begegnen die Spuren einer weit gespannten jüdischen Präsenz
in Lydien und Phrygien in Gestalt von Grabinschriften, jüdischen Symbolen
und Fluchformeln. Ja, mehr noch: Die griechische Stadt Apameia in Phrygien
bildete in der Kaiserzeit auf ihren Münzen die Arche Noah ab, weil die Juden
der Umgebung einen in der Nähe gelegenen Berg mit dem Ararat identifizier-
ten, auf dem die Arche nach dem Ende der Sintflut gelandet sein soll. Seit dem
ersten Jahrhundert v. Chr. sind dann Juden in den alten griechischen Städten an
der Ägäisküste Kleinasiens und auf den Inseln nachweisbar, aber wir wissen
nicht, wie sich diese Ausweitung der Diaspora, ob durch freiwillige Migration
oder Verkauf von jüdischen Sklaven, im einzelnen vollzogen hat.

Bronzemünze der griechischen Stadt Apameia in Phrygien aus der Zeit zwischen 222 und 235 n. Chr.

Vs.: Gepanzerte Büste des Kaisers Severus Alexander mit Strahlenkrone

Rs.: Arche Noah nach links, darin Mann und Frau sitzend, auf Deckel zwei Tauben, die eine mit Zweig; links: Mann und Frau nach der Landung betend mit erhobenen Händen. Auf der Arche ist in griechischen Buchstaben der Name Noahs zu lesen (Sammlung Aulock, Phrygien Nr. 3506).

Antiochos III. hatte den Militärsiedlern zugestanden, nach ihren eigenen Gesetzen zu leben. Das bedeutete wohl auch, daß sie wie ihre Vorfahren zur Zeit der persischen Herrschaft eine eigene Gerichtsbarkeit nach dem personengebundenen Recht der Thora besaßen. Wir wüßten gerne, ob dies auch die Blutgerichtsbarkeit einschloß, soweit Täter und Opfer Juden waren. Leider besitzen wir kein Zeugnis, das einen realen Fall bezeugt, sondern nur die Erzählung eines fiktiven Falles, der eben dies, die Praktizierung der Blutgerichtsbarkeit nach mosaischem Recht, voraussetzt. Es handelt sich um die in Babylonien in hellenistischer Zeit entstandene Novelle von der schönen, tugendhaften Susanna und den beiden lüsternen Alten – eine Erzählung, die bekanntlich eines der beliebtesten der Bibel entnommenen Motive der europäischen Malerei darstellt. In dieser Erzählung lauern die beiden Alten Susanna auf und stellen sie vor die erpresserische Alternative, sich ihnen hinzugeben oder von ihnen des Ehebruchs mit einem jungen Mann angeklagt zu werden und den Tod zu erleiden. Vorausgesetzt sind zwei Bestimmungen des mosaischen Rechts, daß der Ehebruch einer Frau mit dem Tod bestraft wird und eine übereinstimmende Aussage zweier Zeugen sowie ein hinreichender Schuldbeweis für eine Verurteilung notwendig sind. Susanna verweigert sich ihnen, wird von ihnen vor Gericht gezogen und in der von den Ältesten geleiteten Versammlung der Juden zum Tod verurteilt. Gerettet wird die Schuldlose durch das rechtzeitige Eingreifen Daniels. Er bewirkt entsprechend der in der Mischna überlieferten Rechtsregel, daß eine Hinrichtung aufzuschieben sei, wenn jemand unter Hinweis auf neue Beweismittel den Fall neu aufzurollen verspricht. Eben dies tut Daniel, indem er die beiden Alten in getrennten Verhören der Falschanklage überführt, so daß sie nach dem Talionsprinzip des mosaischen Rechts den Tod erleiden müssen: «Das Böse, das sie ihrem Nächsten hatten antun wollen, tat man nach dem Gesetz des Mose ihnen an: Man tötete sie» (Daniel 13,61 – 62). Ob das geschilderte Verfahren der Realität jüdischer Selbstverwaltung entsprach, war schon im dritten Jahrhundert n. Chr. unter den christlichen Interpreten der Bibel strittig. Aber der größte unter ihnen, Origenes von Alexandrien, wies darauf hin, daß noch zu seiner Zeit mit römischer Duldung in Palästina so verfahren wurde.

Der jüdische Tempelstaat unter seleukidischer Herrschaft

Mit dem Regierungsantritt Antiochos' III. im Jahre 222 v. Chr. begann der Zusammenbruch des prekären Gleichgewichts der Mächte, das bis dahin Palästina eine lange Friedenszeit beschert hatte. Der neue König, der sich mit Abfallbewegungen im Osten seines Reiches und dann in Kleinasien konfrontiert sah, nahm gleichwohl den Kampf gegen das Ptolemäerreich auf, das sich unter Ptolemaios III. im Jahre 245 v. Chr. in den Besitz des Hafens seiner Hauptstadt Antiochien, des pierischen Seleukia an der Orontesmündung, gesetzt hatte. Der Krieg begann im Jahre 221, aber Antiochos III. mußte die Operationen wegen der Bedrohung durch den Usurpator Molon, der die Residenzstadt Seleukia am Euphrat besetzt hatte, zunächst abbrechen. Nach Molons Niederlage und Tod wurde der Krieg wieder aufgenommen. Im Jahre 219 nahm Antiochos den ptolemäischen Vorposten vor seiner Hauptstadt, Seleukia in Pierien, ein und fiel im folgenden Jahr in die ptolemäische Provinz Syrien und Phönizien ein. Sidon und Tyros wurden ihm in die Hände gespielt, und es gelang ihm, sich in Besitz fast des ganzen Landes zu setzen. Aber am 23. Juni 217 verlor er südlich von Gaza die entscheidende Schlacht bei Raphia. Judäa war von den militärischen Operationen nicht direkt betroffen, aber sie wurden offenbar aufmerksam registriert. Wie sich die Ereignisse aus jüdischem Blickwinkel ausnahmen, geht aus der den Vierten Syrischen Krieg betreffenden Prophezeiung ex eventu hervor, die in die Endredaktion des Buches Daniel Aufnahme gefunden hat:

> Einer [von den Seleukiden, nämlich Antiochos III.] zieht gegen [den König des Südens: Ptolemaios IV.]; er rückt vor und überflutet alles. Dann rüstet er nochmals und dringt bis zu dessen Festung (Gaza?) vor. Das erbittert den König des Südens; er zieht gegen den König des Nordens aus und kämpft gegen ihn. Dieser hat zwar ein großes Heer aufgeboten, aber das Heer fällt dem anderen in die Hand und wird aufgerieben. Da wird sein Herz stolz, und er wirft Zehntausende zu Boden, aber er bleibt nicht stark.
>
> (Daniel 11,10–12)

Zwar fiel es Ptolemaios IV. in den drei Monaten, die er sich nach seinem Sieg in Syrien und Phönizien aufhielt, leicht, alle Städte wieder in seine Gewalt zu bringen. Wie der Historiker Polybios schreibt, blieb diesen gar nichts anderes übrig, als sich zu unterwerfen, und sie taten es um so lieber, als sie ohnehin stärker den Ptolemäern als den Seleukiden zuneigten. Dennoch wurde Ptolemaios IV., wie die oben zitierte Prophetie des Buches Daniel andeutet, seines Sieges nicht froh. Er mußte seinem Gegner die strategisch wichtige Stadt Seleukeia in Pierien überlassen, die Antiochos zurückgewonnen hatte, und er mußte Achaios, der sich in Kleinasien gegen Antiochos empört hatte, seinem Schicksal überlassen. Als besonderes Problem erwies sich, daß er den Sieg bei Raphia nur mit Hilfe ägyptischer Bauern gewonnen hatte, die er in die kriegsentscheidende Waffe, die makedonische Phalanx, eingereiht hatte. Deren gestärktes Selbstbewußtsein entwickelte sich zu einer zunehmenden Aufsässigkeit. Es kam zu Rebellionen im Nildelta und anderenorts, und seit 206 v. Chr. entzog sich Oberägypten für mehr als zwanzig Jahre ganz der ptolemäischen Herrschaft. Die Rüstungsanstrengungen im Vierten Syrischen Krieg und die nachfolgenden Wirren hatten zudem eine ernste Finanzkrise in Ägypten zur Folge. Die Regierung begegnete der Geldknappheit mit einer massiven Geldverschlechterung. Sie gab Kreditmünzen aus Kupfer in großen Mengen aus, so daß der Wert der Silbermünzen in Relation zu Kupfer auf das Doppelte und Vierfache anstieg. Seit 210 verschwand Silber ganz aus dem Geldumlauf auf dem flachen Land. Weiterhin behalf sich die Regierung mit einer Vervielfältigung der Geldmenge durch Ausprägung unterwertiger Silbermünzen – mit dem Ergebnis, daß eine vollwertige alte Silbermünze auf dem Markt vier neue wert war.

In dieser Zeit der Geldverschlechterung, in der die Administration gutes Geld zu erhalten versuchte und schlechtes ausgab, besorgte der Generalsteuerpächter Josephus aus der jüdischen Familie der Tobiaden, wie bereits erwähnt, die Geschäfte des Königs in der Provinz Syrien und Phönizien, und er vergaß darüber die Seinen nicht. Einer seiner Söhne, Hyrkanos, unternahm im Jahre 210 anläßlich seiner Teilnahme an den Geburtstagsfeiern für den ptolemäischen Thronerben in Alexandrien den Versuch, durch Verteilung reicher Geschenke an den König und den Hof seinen Vater aus der lukrativen Steuerpacht zu verdrängen, und löste damit eine heftige Familienfehde aus. Er unterlag, so daß er Jerusalem verlassen mußte und seine Residenz in dem Wüstenschloß Araq-el Emir im Westjordanland aufschlug. Der Vater und die Brüder behaupteten ihren Einfluß in Jerusalem, und so blieb der Gegensatz zwischen den Tobiaden und dem Hohenpriester, das heißt zwischen der Macht des Geldes und der offiziellen Regierung des jüdischen Ethnos, weiterhin wirksam.

Dies hatte erhebliche Konsequenzen, als Antiochos III. den Umstand, daß Ptolemaios IV. bei seinem Tod im Sommer 204 v. Chr. ein unmündiges Kind von sechs Jahren auf dem Thron hinterließ, zu seinem zweiten und dieses Mal erfolgreichen Versuch nutzte, sich in den Besitz der ptolemäischen Provinz Syrien und Phönizien zu setzen. Im Jahre 203 eroberte er zunächst die ptolemäischen Außenbesitzungen im südwestlichen Kleinasien und schloß bei dieser Gelegenheit ein Kooperationsabkommen mit dem makedonischen König Philipp V., der seinerseits die Gunst der Stunde zu einer Expansion auf Kosten der Ptolemäer im Bereich der Meerengen zwischen Europa und Asien und im südwestlichen Kleinasien nutzte. Dann fiel Antiochos in Palästina ein. Im Jahre 202 begann er mit der Belagerung der Festung Gaza, und im Sommer des folgenden Jahres nahm er sie ein. Die Gegenoffensive des ptolemäischen Strategen Skopas im Winter 201/200 brachte ganz Palästina wieder unter ptolemäische Herrschaft, aber im Sommer verlor Skopas die Entscheidungsschlacht bei dem Panheiligtum an den Jordanquellen. Im Frühjahr 199 kapitulierte er in Sidon, und Antiochos ging im folgenden Jahr daran, alle Städte, die noch zu dem Kinderkönig Ptolemaios V. hielten, zu unterwerfen. Im Herbst 196 schloß die vormundschaftliche Regierung in Alexandrien Frieden mit dem Sieger. Sie verzichtete auf alle Besitzungen, die sie im Krieg verloren hatte, und Ptolemaios V. heiratete zur Bekräftigung der Versöhnung eine Tochter Antiochos' III. namens Kleopatra.

Jerusalem war im Jahre 202 oder 201 von Antiochos mit jüdischer Hilfe gewonnen worden, doch Skopas hatte es im Winter 201/200 zurückgewonnen und eine Besatzung in die Zitadelle der Stadt gelegt. Nach der Schlacht an den Jordanquellen begann der Sieger eine lange Belagerung der Stadt. Schließlich gelang die Eroberung mit Hilfe und Unterstützung des von seinem Hohenpriester angeführten Volkes. Aus jüdischer Sicht sind diese Ereignisse, die zu dem Herrschaftswechsel führten, in der Prophezeiung des Buches Daniel, wie folgt, festgehalten:

> *Der König des Nordens stellt nochmals ein Heer auf, noch größer als das erste, und nach einigen Jahren zieht er gegen jenen (den König des Südens) mit einer großen Streitmacht und einem riesigen Troß ins Feld. In jener Zeit erheben sich viele gegen den König des Südens; auch gewalttätige Leute aus deinem (dem jüdischen) Volk stehen auf, und so erfüllt sich eine Vision. Aber sie kommen zu Fall. Da zieht der König des Nordens heran, schüttet einen Belagerungswall auf und erobert die stark befestigte Stadt. Die Kräfte des Königs des Südens halten nicht stand; selbst die Truppe seiner auserlesenen Kämpfer ist nicht stark genug, um sie zu halten. Der gegen ihn vorrückt, verfährt mit ihm nach Gutdünken. Keiner kann ihm widerstehen: So faßt er Fuß im Lande der Zierde, und seine Hand bringt Vernichtung.*
>
> *(Daniel 11,13–16)*

Am Ende der kriegerischen Verwicklungen lag Jerusalem in Trümmern, auch der Tempel hatte gelitten. Aber die Stadt hatte unter Führung ihres Hohenpriesters für die richtige Seite, die des Siegers, Partei ergriffen. Zugleich hatten sich auf diese Weise die Priester und Schriftgelehrten von dem übermächtigen Einfluß der Tobiaden befreit. Dem rechtzeitigen Übertritt auf die Seite des Siegers folgte die Belohnung auf dem Fuße. Hellenistische Herrscher pflegten Loyalität zu belohnen, und Antiochos zögerte nicht, der jüdischen Gesandtschaft, mit der er verhandelte, die verdienten Wohltaten zu erweisen. Der König bestätigte die traditionelle theokratische Verfassung des jüdischen Ethnos; er sicherte dem Opferkult Subventionen und dem Kultpersonal Steuerfreiheit zu, und es wurden Bestimmungen zur Behebung der Kriegsschäden getroffen: Der König ordnete die Restitution im Krieg versklavter Juden an, gewährte materielle Unterstützung für den Wiederaufbau des Tempels und der

Stadt, und er förderte die Neubesiedlung Jerusalems durch einen Steuernachlaß. Das Dokument, das dies alles anordnet, ein Schreiben des Königs an Ptolemaios, den Sohn des Thraseas und Strategen der neugewonnenen Provinz, hat Josephus in sein Geschichtswerk aufgenommen. Es hat folgenden Wortlaut:

> *König Antiochos grüßt Ptolemaios. Da die Juden uns gleich nach Betreten ihres Landes ihren freundschaftlichen Eifer bewiesen und uns auch bei unserer Ankunft in ihrer Stadt einen glanzvollen Empfang bereiteten, indem sie uns mit dem Ältestenrat an der Spitze entgegenzogen, außerdem dem Heer und den Elefanten in reichem Maße Proviant lieferten und auch bei der Gefangennahme der ägyptischen Besatzung in der Zitadelle halfen, halten wir es für recht und billig, ihnen ihre Unterstützung zu vergelten, indem wir ihre durch Kriegsereignisse zerstörte Stadt wiederherstellen und ihre zerstreuten Bewohner zum Zusammenleben (in Jerusalem) zurückrufen. Zunächst beschließen wir aus Frömmigkeit, ihnen einen Beitrag zu dem Opferdienst zu gewähren, und zwar Opfertiere, Wein, Öl und Weihrauch für zwanzigtausend Silberstücke sowie Weizenmehl in heiligen Artaben nach dem Gesetz des Landes, (das sind) 1460 Medimnen Weizen, und 375 Medimnen Salz. Ich ordne hiermit an, dies (regelmäßig) auszugeben, ferner die Arbeiten am Tempel sowie auch an den umgebenden Säulenhallen zu vollenden, und was sonst noch erneuerungsbedürftig ist. Das Baumaterial soll aus Judäa selbst sowie aus dem Gebiet anderer Volksgemeinden und aus dem Libanon [das heißt aus den Wäldern des königlichen Domanialbesitzes] geliefert werden, ohne daß dafür eine Mautabgabe erhoben wird. Das gleiche gilt für alles übrige, was zur Verschönerung des Tempels erforderlich ist. Alle Angehörigen des Volkes sollen nach den Gesetzen ihrer Vorfahren [das heißt nach der Thora] leben. Der Ältestenrat, die Priester, die Tempelschreiber und die heiligen Sänger sollen von dem, was sie an Kopfsteuer zu bezahlen haben, sowie von der Kranz- und Salzsteuer befreit werden. Damit aber die Stadt sich schneller bevölkere, gewähre ich den gegenwärtigen Bewohnern und allen denen, die bis zum Monat Hyperberetaios [dies ist der letzte Monat des seleukidischen Jahres: August/September, vermutlich 198 v. Chr.] zurückkehren, Steuerfreiheit für drei Jahre. Auch für später erlassen wir ihnen ein Drittel des Tributs, um die Schäden zu beheben. Außerdem erklären wir alle aus der Stadt in die Sklaverei Verschleppten für frei und befehlen, ihnen ihr Vermögen zurückzugeben.*
>
> *(Josephus, Jüdische Altertümer XII, 138–144)*

Aus anderen Nachrichten geht hervor, daß der Hohepriester, der in dem zitierten Schreiben mit keinem Wort erwähnt wird, wieder das Recht erhielt, die Steuern einzuziehen und eine Fixsumme an die königliche Kasse abzuführen. Der Herrschaftswechsel geriet so unter den obwaltenden Umständen zu einem Triumph der Theokratie. Der König sanktionierte die kultischen Reinheitsvorschriften für das Heiligtum und die heilige Stadt, in der jedermann von ihrer Funktion als Kult- und Wallfahrtsstätte lebte, durch Verbote und Strafbestimmungen. Auch diese königliche Anordnung ist erhalten. Sie lautet:

> *Jedem Fremden ist es untersagt, die Umwallung des Heiligtums zu überschreiten, die (zu überschreiten) auch den Juden verboten ist mit Ausnahme derer, die dies nach vollzogener Reinigung tun dürfen gemäß dem väterlichen Gesetz [gemeint sind die Opferpriester]. Und niemand soll in die Stadt das Fleisch von Pferden, von Maultieren, wilden und zahmen Eseln, von Leoparden, von Füchsen und Hasen sowie überhaupt von allen den Juden verbotenen Tieren bringen. Auch die Felle dürfen nicht in die Stadt gebracht werden, noch darf eines dieser Tiere in der Stadt gehalten werden. Es ist lediglich gestattet, sich des traditionellen Schlachtviehs zu bedienen, von dem auch die gottgefälligen Opfer dargebracht werden. Wer gegen eines dieser Gebote verstößt, soll den Priestern dreitausend Drachmen zahlen.*
>
> *(Josephus, Jüdische Altertümer XII, 145–146)*

Es wird kein Zufall sein, daß unter der neuen Oberherrschaft die Hohenpriester im Guten wie im Schlechten als die Führer des jüdischen Tempelstaates in das Licht der Geschichte treten. Simon II. war politisch gesehen der Nutznießer des Übertritts der Juden auf die Seite Antiochos' III. Er war es, der den Wiederaufbau von Tempel und Stadt leitete, und als Repräsentant der gestärkten Theokratie empfing er die Huldigung von Jesus Ben Sirach:

> *Der größte unter seinen Brüdern, der Ruhm seines Volkes,*
> *ist der Priester Simon, Sohn des Johanan.*
> *Zu seiner Zeit wurde das Gotteshaus ausgebessert,*
> *in seinen Tagen der Tempel befestigt.*
> *Zu seiner Zeit wurde die Mauer gebaut,*
> *die Zinnen der Gotteswohnung beim Königspalast.*
> *In seinen Tagen wurde der Teich gegraben,*
> *ein Becken groß wie das Meer.*

Er hat sein Volk gegen Plünderung gesichert,
seine Stadt gegen Feinde befestigt.
Wie herrlich, wenn er herausschaute aus dem Zelt,
wenn er heraustrat zwischen dem Vorhang:
wie ein leuchtender Stern zwischen den Wolken,
wie der Vollmond in den Tagen des (Passah)festes.
                              (Sirach 50, 1–6)

Die Hohenpriester wurden von nun an dem Land zum Schicksal, und der Weg, der unter ihrer Führung im ersten Drittel des zweiten Jahrhunderts zurückgelegt wurde, führte von der glanzvollen Restauration zur Vernichtung der Theokratie.

Der Konflikt zwischen Judentum und Hellenismus: Von der Reform zur Revolution

Im Jahre 175 v. Chr. bestieg Antiochos IV. nach der Ermordung seines älteren Bruders und Vorgängers, Seleukos' IV., den Thron, und innerhalb von acht Jahren geriet Judäa in den Sog dramatischer Ereignisse, an dessen Tiefpunkt das vom König erlassene Verbot der jüdischen Religion stand. Wie konnte es zu dieser Katastrophe kommen, für die es kein Vorbild gab und die um so unverständlicher erscheint, als unter dem Vater Antiochos' IV. die theokratische Ordnung gefördert und gestärkt worden war? Drei voneinander unabhängige Faktoren haben den Weg in die Katastrophe begünstigt: auf jüdischer Seite der Machtkampf, der innerhalb der priesterlichen Aristokratie um das unter Antiochos III. nachhaltig gestärkte Hohepriesteramt ausgetragen wurde, und die Attraktivität, die von der Lebensform und politischen Verfassung der Griechen auf die hellenisierten Kreise der jüdischen Oberschicht ausging, sowie auf seiten des Königs eine verfehlte Außenpolitik, die eine ebenso excessive wie unbedachte Ausbeutung der Untertanen nach sich zog. Keiner dieser Faktoren mußte für sich genommen mit Notwendigkeit zum Verbot der jüdischen Religion führen, aber in einem Geflecht von Schuld und Verhängnis wirkten sie zusammen, daß den Verantwortlichen das Religionsverbot als das letzte Mittel erschien, den Konsequenzen einer verfehlten Politik zu entkommen.

Die allgemeine Bedingung, unter der sich der Weg in die Katastrophe vollzog, schuf die große Politik, an der das kleine Judäa nicht den geringsten aktiven Anteil hatte. Antiochos III. hatte die Schwäche des Ptolemäerreiches nach dem Tod Ptolemaios' IV. im Jahre 204 nicht nur, wie oben geschildert worden ist, dazu genutzt, Koilesyrien und Phönizien zu annektieren. Er hatte auch, zunächst in Verabredung mit dem makedonischen König, dann unter Ausnutzung des römisch-makedonischen Krieges (200 – 197 v. Chr.) unter Berufung auf alte Ansprüche seines Hauses damit begonnen, sich in den Besitz der griechischen Städte an der kleinasiatischen Ägäisküste und an den Meerengen zu setzen und selbst nach Europa überzugreifen. Dabei war er in Konflikt mit Rom geraten, das nach dem Sieg über Makedonien die Freiheit aller griechischen Städte in Europa und Kleinasien als Maxime der römischen Ostpolitik proklamiert hatte. Den aus diesem Konflikt entstandenen Krieg (192 – 190 v. Chr.) verlor der König, und der im Jahre 188 v. Chr. im phrygischen Apameia geschlossene Friede legte ihm neben dem Verzicht auf alle Gebiete Kleinasiens jenseits des Taurusgebirges und Rüstungsbeschränkungen Kriegsentschädigungen in einer Höhe auf, die die Finanzkraft seines Reiches überforderten. Bis zum Abschluß des endgültigen Friedens hatte Antiochos III. bereits, abgesehen von zwei Getreidelieferungen an die siegreichen Heere seiner Gegner, Zahlungen in Höhe von 3050 Talenten leisten müssen. Aufgrund des Friedensvertrags wurden für das Jahr 188/87 v. Chr. weitere rund 1200 Talente fällig, danach für die kommenden elf Jahre jeweils 1000 Talente. Antiochos III. war schon nach dem Friedensschluß finanziell am Ende. Er versuchte, sich den Stoff, aus dem Geld gemacht war, Edelmetall, dort zu holen, wo beides deponiert war, in den Tempeln des ihm verbliebenen Reiches. Als er im Jahre 187 v. Chr. den Tempelschatz des in der Elymaïs gelegenen Heiligtums des Zeus/Belos plündern wollte, wurde er von der aufgebrachten Bevölkerung erschlagen.

Sein Nachfolger Seleukos IV. (187 – 175 v. Chr.) war vorsichtiger. Das hatte zur Folge, daß er mit seinen Zahlungsverpflichtungen gegenüber den Römern in Rückstand geriet, und so versuchte schließlich auch er, sich außerordentliche Einnahmen zu verschaffen. Für Judäa scheint der Tribut, der zur Zeit Ptolemaios' IV. nach Angabe des Tobiadenromans zwanzig Talente betragen hatte, erheblich erhöht worden zu sein: In unseren Quellen ist von dreihundert Talenten die Rede. Gegen Ende seiner Regierungszeit zögerte der König nicht, die Chance außerordentlicher Einnahmen zu ergreifen, die ihm die Rivalität und die Konflikte innerhalb der priesterlichen Aristokratie Jerusalems boten.

Der für das Finanzwesen des Heiligtums zuständige Tempelvorsteher aus dem Priestergeschlecht Balgea war mit dem Hohenpriester Onias III. wegen der Marktaufsicht in Jerusalem in einen Konflikt geraten, und er ließ, um diesem zu schaden, beim König Anzeige erstatten, daß im Tempel große Geldmittel thesauriert seien, die unter seine Verfügungsgewalt gelangen könnten. Ob dieser nur die Überschüsse des Opferetats, der ja durch königliche Zuschüsse gespeist wurde, wieder einziehen lassen oder ob er den gesamten Tempelschatz einschließlich der privaten Einlagen – die Rede ist von vierhundert Talenten Silber und zweihundert Talenten Gold – beschlagnahmen lassen wollte, steht dahin. Angeblich beauftragte der König seinen Kanzler Heliodor mit der Einziehung der betreffenden Summen, insgesamt handelte es sich um den Gegenwert von 2900 Silbertalenten oder rund $17\frac{1}{2}$ Millionen Drachmen, aber weder die Überschüsse aus dem Opferetat noch der übrige Schatz sind eingezogen worden. Warum die Mission des Heliodor scheiterte, ist in das Dunkel frommer Legendenbildung gehüllt. Immerhin können dem Bericht des Zweiten Makkabäerbuches einige Nachrichten entnommen werden, die die Umrisse des Geschehens zumindest erahnen lassen. Der Hohepriester verweigerte die Auslieferung des Schatzes unter Hinweis darauf, daß das deponierte Geld und Edelmetall Privatpersonen gehöre. Als Heliodor dies nicht gelten ließ, sei die ganze Stadt, so wird gesagt, in Aufruhr geraten. Später hat der Tempelvorsteher Simon gegen den Hohenpriester den Vorwurf erhoben, Heliodor an der Erfüllung seines Auftrags gehindert und die «schlimmen Dinge» in Jerusalem, gemeint ist wohl der Aufruhr, verursacht zu haben.

Was immer in Jerusalem im einzelnen geschehen war: Der Versuch der außerordentlichen Geldbeschaffung war gescheitert, aber der innerjüdische Konflikt in Jerusalem schwelte weiter. Mit Rückendeckung des Strategen von Koilesyrien und Phönizien Apollonios, des Sohnes des Menestheus, terrorisierte und verleumdete der Tempelvorsteher Simon den Hohenpriester als einen Reichsfeind, und als dieser den Umtrieben seines Gegners nicht mehr gewachsen war, reiste er persönlich hilfesuchend an den Hof des Königs. Doch bevor dieser eine Entscheidung fällen konnte, wurde Seleukos IV. von Heliodor, seinem eigenen Kanzler, ermordet. Der Grund ist unbekannt, eine moderne Vermutung geht dahin, daß er durch sein Verhalten in Jerusalem kompromittiert war und Bestrafung fürchten mußte. Seleukos' in Athen lebender jüngerer Bruder Antiochos sicherte sich unter Umgehung des ältesten Sohnes des Ermordeten, der damals als Geisel in Rom lebte, mit Hilfe der Athener und vor allem des pergamenischen Herrschers Eumenes' II den seleukidischen Thron, und in

Antiochien nutzte daraufhin ein Bruder des Hohenpriesters die veränderte Konstellation, um sich das Hohepriesteramt zu verschaffen. Er wußte, daß der neue König Geld brauchte und um Geld verlegen war. Seine Stellung war anfangs keineswegs gesichert, und so war ihm daran gelegen, die Römer durch Zahlung der ihnen noch immer geschuldeten Kriegskontributionen zufriedenzustellen, sich durch königliche Freigebigkeit die Loyalität der einflußreichen hohen Funktionsträger des Reiches, der «Freunde des Königs», wie sie genannt wurden, zu sichern sowie Prestige und Einfluß in der griechischen Welt außerhalb seines Reiches zu gewinnen. Der Bruder des Hohenpriesters Onias, der den griechischen Namen Jason trug, bot also Geld. Er versprach, als Gegenleistung für das Hohepriesteramt den jährlichen Tribut um sechzig Talente zu erhöhen sowie «aus anderen Einkünften» achtzig Talente hinzuzulegen. Damit nicht genug: Für das Privileg einer Verfassungsänderung, die Gründung einer Polis des griechischen Typs mit Gymnasium und Ephebie, bot er eine einmalige Zahlung in Höhe von 150 Talenten.

Der König nahm das Angebot an, und beide mochten sich schmeicheln, ein gutes Geschäft gemacht zu haben. Antiochos IV. kam an Geld, und er konnte sich ausrechnen, loyale Parteigänger in der Person des neuen Hohenpriesters und in der künftigen Bürgerschaft der «Antiocheer in Jerusalem» zu haben; und Jason hatte nicht nur das Hohepriesteramt gewonnen, sondern konnte auch in Jerusalem auf die Unterstützung aller jener Angehörigen der Aristokratie zählen, die den Prozeß der Selbsthellenisierung durch die Einführung der politischen Institutionen der Polis zu vollenden trachteten. Unterhalb der politischen Ebene hatte die Hellenisierung auch in Jerusalem längst Einkehr gehalten. Sie betraf sowohl die materielle als auch die gesellige Kultur, die Mentalität ebenso wie das an der griechischen Philosophie geschulte Denken. Sie zeigte sich nicht nur in der Unverblümtheit des Strebens nach Geld und Macht, sondern auch in der Entlarvung dieser und anderer Werte der Gesellschaft als eitel, und diese Entlarvung bediente sich, wie das Buch Kohelet zeigt, der Instrumente des griechischen Denkens, der Berufung auf Erfahrung und der logischen Schlußfolgerung. Angesichts dessen kann es nicht verwundern, daß damals nicht nur in der Diaspora, sondern auch in der Aristokratie des jüdischen Tempelstaates griechische Eigennamen die hebräischen zu verdrängen begannen. Im übrigen war es kein isolierter, auf die Elite Jerusalems beschränkter Einfall, daß der Prozeß der Selbsthellenisierung durch die Übernahme der politisch-gesellschaftlichen Institutionen der griechischen Welt, Polis und Gymnasium, zur Vollendung gebracht werden sollte. Eine jüngst publizierte Inschrift aus dem phrygischen Tyriaiaon in Kleinasien gibt Kenntnis von einem Gesuch, das die ethnisch gemischte, ehemals seleukidische Militärkolonie unmittelbar nach dem Frieden von Apameia (188 v. Chr.) an den neuen Landesherrn, Eumenes II. von Pergamon, richtete. Darin erbat sie unter Hinweis auf die dem König bei der Besitzergreifung des Landes bewiesene Loyalität die Erhebung ihrer Siedlung in den Status einer Polis mit Gymnasium. Während Eumenes dieses Gesuch nicht nur genehmigte, sondern das Gymnasium von sich aus mit einer Ölstiftung bedachte, deren Ertrag der wehrfähigen Jungmannschaft der neuen Polis zugute kommen sollte, gewährte Antiochos IV. dem neuen Hohenpriester das Vorrecht, Jerusalem in eine Polis umzuwandeln und ein Gymnasium zu gründen, weder kostenlos noch unter Errichtung einer königlichen Gymnasialstiftung, sondern gegen Zahlung eines hohen Betrags.

Möglicherweise war Jason durch analoge Statuserhöhungen orientalischer Gemeinden in der Umgebung Judäas zu seinem entsprechenden Angebot angeregt worden. Der Polis der «Antiocheer in Jerusalem» waren der «Demos der Seleukeer in Gaza», die «Seleukeer in Abila» sowie die «Seleukeer in Gadara» vorausgegangen. Diese nannten sich dann nach dem Herrscherwechsel zu Ehren des neuen Königs «Antiocheer». Ebenfalls unter Antiochos IV. kamen die «Antiocheer in Ptolemais» (Akko), in Hippos/Susita und in Gerasa hinzu. Im Unterschied zu Jerusalem liegen die Hintergründe dieser Umbenennungen völlig im dunkeln. Aber es ist immerhin möglich, daß schon Seleukos IV. damit begonnen hatte, sich die Erhebung orientalischer Gemeinden in den Rang einer griechischen Polis bezahlen zu lassen, und sein Nachfolger dann diese neu erschlossene Geldquelle weiter ausbeutete.

Wie dem auch sei: Jason zahlte, und er bekam dafür den Hebel in die Hand, Jerusalem, wie es im Zweiten Makkabäerbuch heißt, «auf griechische Weise umzuformen» und alle diejenigen Angehörigen der Aristokratie, die ihn unterstützten, in die Bürgerliste der projektierten neuen Polis aufzunehmen. Sicher dachten die dem Priesterstand angehörenden Befürworter einer Umwandlung der politischen Verfassung nicht daran, die von Esra und Nehemia in Kraft gesetzte Abgabenordnung zugunsten von Tempel und Kultpersonal umzustoßen. Denn schließlich hatte ihnen diese Ordnung reiche Pfründe zugeschanzt. Aber sie waren, insofern dem Wanderphilosophen des Buches Kohelet vergleichbar, «keine Eiferer für das Gesetz», und sie hielten die einträgliche Fundierung mit heiligen Abgaben für wohlvereinbar mit den Institutionen des öffentlichen Lebens einer griechischen Stadt. Jason setzte bei seinem Plan auf die Unterstützung einer Oberschicht, die sich zu großen Teilen griechischen Lebensformen bereits geöffnet hatte. Um die Masse der Bauern und Handwerker, die, wie Jesus Ben Sirach schrieb, zur Volksversammlung nicht hinzugezogen werden und in der Gemeinde nicht hervorragen, kümmerte er sich wohl ebensowenig wie die Schriftgelehrten, die auf das ungebildete Volk herabsahen. Jasons Option für die politische Hellenisierung riß freilich auch Gräben zwischen Traditionalisten und Hellenisten (die Begriffe der Kürze halber) in der jüdischen Oberschicht auf, und schon bald sollten sich die Folgen zeigen, als im Namen der neugegründeten Bürgerschaft der «Antiocheer in Jerusalem» eine Festgesandtschaft zur Teilnahme an dem Wettkampf zu Ehren eines fremden Gottes, des Melkart/Herakles, nach Tyros abgeordnet wurde.

Wie die Anhänger der überlieferten theokratischen Verfassung über die Neuerungen der Hellenisten dachten, zeigt das Zweite Makkabäerbuch, dem das in der Zeit zwischen 161 und 152 v. Chr. verfaßte Geschichtswerk eines Diasporajuden namens Jason von Kyrene zugrunde liegt:

Er (Jason) hob die auf dem Gesetz (der Thora) beruhende Verfassung auf und führte dem Gesetz zuwiderlaufende neue Bräuche ein. Er machte sich ein Vergnügen daraus, gerade unterhalb der Zitadelle ein Gymnasium zu erbauen, und führte dorthin die Vornehmsten als Epheben unter dem (griechischen) Sonnenhut. Es entstand aber eine solche Blüte des Griechentums und ein solcher Zulauf zur Fremdtümelei durch die übermächtige Verruchtheit des gottlosen Jason, der alles andere als ein Hohenpriester (wie er sein sollte) war, daß die Priester zum Altardienst nicht mehr willig waren, sondern voll Verachtung für den Tempel und unbekümmert um die Opfer wetteiferten, an der gesetzwidrigen Ölverteilung teilzunehmen, sobald nur der Schall des Diskus [der den Beginn der sportlichen Übungen anzeigte] zu ihnen drang. Und die von den Vätern überkommenen Ehren achteten sie für nichts, sondern hielten die griechischen Auszeichnungen für die besten... Als nun in Tyros in Gegenwart des Königs der in vierjährigem Turnus stattfindende Wettkampf begangen wurde, da entsandte der befleckte Jason Festgesandte, Antiocheer von Jerusalem, die dreihundert Silberdrachmen für das Opfer an Herakles überbringen sollten.

(2 Makk. 4,11–19)

Zumindest nach dem Bericht des Zweiten Makkabäerbuches scheuten die Festgesandten trotz aller Griechenbegeisterung vor einem Verstoß gegen das Erste Gebot zurück. Sie gaben das Geld nicht für ein Stieropfer an Melkart/ Herakles, sondern als Spende für die königliche Flotte.

Der Meisterplan, mit dessen Hilfe sich Jason das Hohepriesteramt und die Unterstützung der an einer politischen Hellenisierung interessierten Kreise in Jerusalem sicherte, hatte also von Anfang an eine polarisierende Wirkung. Aber weder Gymnasium noch die Umgestaltung der politischen Verfassung führte in die Katastrophe, sondern der Machtkampf um den Besitz des Hohenpriesteramtes sowie die unerfüllbaren finanziellen Zusagen, die von den um die Gunst des Königs rivalisierenden Aspiranten gemacht wurden. Im Jahre 173/72 schickte Jason einen Bruder des Tempelvorstehers Simon mit Namen Menelaos in offizieller Mission zum König. Er sollte unter anderem die von Jason versprochenen Gelder überbringen, aber er benutzte die Gelegenheit, das Hohepriesteramt durch ein Geldangebot, mit dem er Jason weit überbot, an sich zu bringen. Obwohl er nicht Mitglied der hohepriesterlichen Familie war, in der sich das Amt nach alter Tradition vererbte, setzte der König Jason ab. Dieser flüchtete in das Transjordanland, wo es noch immer Sympathien für die Ptolemäer gab. Menelaos wurde Hoherpriester, aber schnell zeigte sich, daß er gar nicht in der Lage war, die finanziellen Verpflichtungen, die er gegenüber dem König eingegangen war, zu erfüllen. Deshalb wurde er zusammen mit dem Stadtkommandanten von Jerusalem an den Hof des Königs zitiert. Um überhaupt Zahlungen leisten zu können, nahm Menelaos heimlich Teile des Tempelschatzes an sich. Als der in Antiochien im Exil lebende abgesetzte Hohepriester Onias III. davon Kenntnis bekam, zeigte er Menelaos an und überführte ihn. Daraufhin bestach Menelaos einen hohen königlichen Funktionär und ließ Onias ermorden. Als der Tempelraub des Hohenpriesters in Jerusalem ruchbar geworden war, brachen dort Unruhen aus, in deren Verlauf der Stellvertreter des Menelaos, sein Bruder Lysimachos, ums Leben kam. Die Folge war, daß der Ältestenrat sich gegen den Hohenpriester stellte und ihn beim König verklagte. Doch Menelaos erreichte, angeblich durch Bestechung des Ptolemaios, Sohnes des Dorymenes, der damals das Amt des Strategen von Koilesyrien und Phönizien bekleidete, einen Freispruch und die Hinrichtung seiner Ankläger. Damit hatte Menelaos in Jerusalem allen Kredit verspielt. Er hatte durch Verschärfung des Steuerdrucks, durch Tempelraub und durch Anstiftung zum Mord und Justizmord die erdrückende Mehrheit des jüdischen Volkes einschließlich des Ältestenrates gegen sich aufgebracht.

Damals bildeten die Frommen im Lande, die sich um die Schriftgelehrten scharten, eine eigene Organisation, die Versammlung der Chasidim, und sagten sich von dem durch Mord und Religionsfrevel befleckten illegitimen Hohenpriester in der Erwartung eines göttlichen Eingreifens los.

Es sollte noch schlimmer kommen. Im November 170 v.Chr. brach der Fünfte Syrische Krieg aus. Antiochos IV. war seit längerem von den Kriegsvorbereitungen des ptolemäischen Hofes unterrichtet, und er entschloß sich im Schutz des Krieges, der zwischen Rom und König Perseus von Makedonien ausgebrochen war, seinerseits zu einem Präventivkrieg. Dazu brauchte er Geld, und als er im Sommer 169 v.Chr. von seinem ersten ägyptischen Feldzug zurückkehrte, besuchte er Jerusalem, legte unter aktiver Beihilfe des Hohenpriesters den gesamten Tempelschatz mit Beschlag und betrat zu allem Überfluß bei dieser Aktion das Innerste des Heiligtums: «Hiermit noch nicht zufrieden wagte der König es, den heiligsten Tempel der ganzen Erde zu betreten, und dabei diente ihm Menelaos als Führer, der zum Verräter an den Gesetzen und seinem Vaterland geworden war» (2 Makk. 5,15).

Die Reaktion des in seinen heiligsten Gefühlen verletzten Volkes ließ nicht lange auf sich warten. Im Sommer 168 v.Chr. kam das Gerücht auf, Antiochos IV. sei auf seinem zweiten Feldzug in Ägypten verstorben. Daraufhin unternahm der abgesetzte Hohepriester Jason mit geringen Streitkräften vom Transjordanland aus einen erfolgreichen Anschlag auf Jerusalem. Das Volk erhob sich, und Menelaos mußte Zuflucht bei der seleukidischen Besatzung in der Zitadelle suchen. Freilich war Jason zu kompromittiert, als daß er sich in der aufständischen Stadt hätte halten können. Er mußte fliehen. Als Antiochos IV. dann von den Römern gezwungen die Belagerung Alexandriens aufhob und aus Ägypten abzog, ließ er Jerusalem, das in einer kritischen Phase ihm in den Rücken gefallen war, nach Kriegsrecht bestrafen. Durch Apollonios, den Befehlshaber eines mysischen Söldnerkorps, ließ er die Stadt plündern und einen Teil der Bevölkerung in die Sklaverei verkaufen. Dann wurde in der sogenannten Davidsstadt eine befestigte Militärkolonie angelegt. Nichtjüdische Kleruchen zogen dort ein und bildeten unter dem Vorsteher (*epistates*) Philippos ein sich selbst verwaltendes Gemeinwesen in Jerusalem. Dies war das Sündervolk, wie es im Ersten Makkabäerbuch genannt wird, das in der heiligen Stadt einen Staat im Staate bildete. Ausgestattet wurden die Militärsiedler mit Land, das der König, wie es in solchen Fällen üblich war, konfiszieren ließ.

Rebellische Gebiete durch Ansiedlung landfremder Besatzungen zu befrieden gehörte seit Urzeiten zum Herrschaftsinstrumentarium orientalischer Großreiche, und auch Ptolemäer und Seleukiden haben sich dieses Mittels bedient. Erinnert sei nur an die oben erwähnte Ansiedlung von 2000 jüdischen Familien in Lydien und Phrygien. Wir wissen nicht, welcher ethnischen Herkunft die Militärsiedler in Jerusalem waren. Wir wissen nur, daß ihr Befehlshaber Philippos aus Mysien in Kleinasien stammte. So gebräuchlich aber die Ansiedlung fremdstämmiger Garnisonen zur Sicherung eines aufrührerischen Landes auch war: Unter den Bedingungen des Heiligen Landes der Juden bedeutete dies nichts anderes, als Öl ins Feuer zu gießen. Fremde Kolonisten pflegten ihre eigenen Götter mitzubringen, aber in Judäa durfte nach der Ordnung des Landes kein Gott außer Jahwe verehrt werden. Zur Wahrung der Heiligkeit Jerusalems hatte noch Antiochos III. angeordnet, daß alle Fremden das Religionsgesetz des Landes zu achten hatten und daß nur kultisch reine Tiere in der Stadt gehalten und, nach ritueller Schlachtung, verzehrt werden durften. Jerusalem und Judäa waren also durch die Ansiedlung der Fremden in religiösem Sinn unrein geworden. Das ausgeplünderte Heiligtum, in dessen Nähe die Fremden ihren eigenen Kult vollzogen, wurde, wie es im Ersten Makkabäerbuch heißt, «öde wie eine Wildnis» und wurde von den Juden gemieden. Solange die Religion der Väter und die Thora eine lebendige Macht im jüdischen Volk waren, konnte von einer gesicherten Herrschaft des Menelaos weniger denn je die Rede sein.

In dieser ausweglosen Situation verfiel Menelaos auf den Gedanken, die Religion der Väter, die Quelle aller Schwierigkeiten, in die sein skrupelloser politischer Kurs geführt hatte, verbieten und den Juden eine andere Religion aufzwingen zu lassen. Dazu brauchte er den König, aber es kann keinem Zweifel unterliegen, daß der Hohepriester der geistige Urheber des Glaubenszwangs war, den Antiochos IV. gegen Ende des Jahres 168 v. Chr. über das Land verhängte. In einer fünf Jahre später stattfindenden Sitzung des seleukidischen Kronrates sprach der Kanzler Lysias es aus, daß Menelaos die Quelle der Probleme sei, die aus dem Religionsedikt Antiochos' IV. hervorgegangen waren; denn er sei es gewesen, der den König überredet hatte, den Juden eine neue Religion aufzuzwingen.

Diese Einsicht, daß Menelaos der geistige Urheber der religiösen Revolution war, wird einem mit Recht berühmten Buch von Elias Bickermann «Der Gott der Makkabäer» verdankt. Damit war die ältere Auffassung, daß sie Teil eines Hellenisierungskonzepts gewesen sei, mit dem Antiochos IV. sein Reich stabilisieren wollte, endgültig widerlegt. Aber um so problematischer erscheint die Deutung, die er den Motiven des Menelaos angedeihen läßt. Er glaubt, der skrupellose Machtpolitiker sei ein religiöser Reformator gewesen, der die jüdische Religion nach dem griechischen Ideal einer Urreligion umformen wollte. Er schreibt: «Wie die unverdorbenen Naturmenschen der griechischen Theorie verehren also ... Menelaos und seine Gesinnungsgenossen den Himmelsgott der Vorfahren ohne Tempel und Bildsäulen, unter freiem Himmel auf dem Altar, der auf dem Zion stand, frei vom Joch des Gesetzes, in gegenseitiger Toleranz mit den Heiden. Was kann menschlicher, natürlicher sein, als daß sie diese Toleranz den verblendeten Glaubensgenossen aufzwingen wollten. Das war die Verfolgung des (Antiochos) Epiphanes.»

Bickermann sieht Menelaos als antiken Vorläufer der jüdischen Reformbewegung des 19. Jahrhunderts, und er hat diesen Hintergrund seiner Deutung auch nicht verschwiegen: «Die (jüdischen) Reformatoren unter Epiphanes erinnern an die jüdische Reformbewegung in den 40er Jahren des 19. Jahrhunderts, als Männer wie G. Riesser, A. Geiger und I. Eichhorn die Sabbatreform, die Aufhebung der Speisegesetze vorschlugen und die Beschneidung für unverbindlich erklärten. Auch sie standen im Banne einer nichtjüdischen Umwelt und waren beeinflußt durch Theorien der (protestantischen) Wissenschaft über die Entstehung des Pentateuch.» Aber die Analogie ist irreführend. Eine griechische Bibelwissenschaft gab es nicht, und von religiösen Reformideen ist in den Quellen, die sich auf die oben geschilderten Ereignisse beziehen, nirgends die Rede. Um so deutlicher sprechen die Fakten einer verfehlten Machtpolitik. Worum es Menelaos ging, war, einen verzweifelten Befreiungsschlag zu führen, der ihm erlauben sollte, einen neuen Anfang zu machen. Durch die Beseitigung der jüdischen Religion wollte er die Quelle des Widerstandes, den er im Lande provoziert hatte, verschütten.

Tatsächlich ist diesem diabolischen Plan eine ingeniöse Konsequenz nicht abzusprechen. Er war auf das Ziel ausgerichtet, das jüdische Volk von den Wurzeln seiner religiösen Identität anzuschneiden. Aus diesem Grund wurde die Beschneidung verboten, und die Juden wurden gezwungen, Schweinefleisch zu verzehren, und deshalb wurde auf dem Zion der «Greuel der Verwüstung», wie es im Ersten Makkabäerbuch heißt, ein Altarfetisch des verfemten Baal Schamin aufgerichtet und dem Gott vermutlich eine weibliche Gottheit, Allat/Athene, zugeordnet, die Tempelprostitution eingeführt, und überall im Lande mußte der arabische Dusares/Dionysos an Altären und in heiligen Hainen verehrt werden. Den Juden wurden also Götter und Kulte aufgezwungen, die dem griechischen König von Haus aus ebenso fremd waren wie ihnen. Gleichwohl wurde der Jerusalemer Tempel nach dem Verbot des jüdischen Kultes in der bürokratischen Sprache der seleukidischen Verwaltung als Heiligtum des Zeus Olympios geführt. Schließlich war Baal Schamin genau wie der Olympische Zeus ein Gott des Himmels.

Die religiöse Revolution, die Menelaos angestiftet hatte, sollte den Widerstand der Juden gegen die Herrschaft des mit seiner Politik gescheiterten Hohenpriesters ausrotten. Menelaos befreite sich auf die beschriebene Weise von der alten herrschenden Klasse, den Priestern und Schriftgelehrten nebst dem übrigen erblichen Kultpersonal. Die Thora war außer Kraft gesetzt, und das Religionsedikt entzog den Priestern und Leviten mit einem Schlag die Lebensgrundlage. Sie bezogen nicht länger ihre vom Religionsgesetz Esras garantierten Bezüge, und damit entfiel auch die Doppelbesteuerung, die der Ausbeutung des Landes zugunsten des Königs und seines Parteigängers in Jerusalem Schranken gesetzt hatte. Antiochos IV. hatte sein Interesse an hohen Einnahmen und an der Herrschaftssicherung in Judäa mit dem Schicksal eines politischen Bankrotteurs verknüpft, und er ließ sich zu dem unbedachten Schritt verführen, dessen Konsequenzen er nicht im entferntesten überblickte. Als er einen seiner Funktionäre, den Athener Geron, in Jerusalem das Religionsedikt in Kraft setzen ließ, verfehlte er den Zweck, den er verfolgte: Anstelle der Befriedung eines unruhigen Landes provozierte er einen bewaffneten Aufstand, dessen er nicht Herr werden konnte, und anstelle reich fließender Einnahmen kam der Eingang der Steuern und Abgaben zum Erliegen. Im Ersten Makkabäerbuch heißt es: «Auch kamen nur noch wenig Steuern aus dem Lande ein, wegen des Streites und des Unglücks, das er über das Land gebracht hatte, als er die uralten Bräuche aufhob» (1 Makk. 3,29).

III

Die Hasmonäer

Judas Makkabaios: Der Kampf um jüdische Selbstbehauptung

Das Religionsedikt verlangte unter Androhung strenger Bestrafung von jedem einzelnen Juden den Abfall von dem Glauben der Väter mittels Vollzug eines heidnischen Opfers. Königliche Kommissionen bereisten das Land und organisierten die Opferzeremonien. Als erste wurden die Notablen, mit Vorliebe die Angehörigen der Priestergeschlechter, aufgefordert, mit schlechtem Beispiel voranzugehen. Auf diese Weise wurde Loyalität erzwungen – und Widerstand provoziert. Die Verweigerer zogen sich in die Wüsten und Einöden zurück. Sie wurden verfolgt und fanden doch Zulauf. So begann im Jahre 167/166 ein Partisanenkrieg, der eine Spirale von Gewalt und Gegengewalt auslöste und auf die Peripherie des jüdischen Siedlungsgebiets übergriff. Zwar war das Religionsedikt ursprünglich allein auf den jüdischen Tempelstaat zugeschnitten worden. Aber Juden lebten in großer Zahl auch in den Nachbargebieten, und diese boten den bedrängten Glaubensgenossen Zuflucht und Unterstützung. Die von dem Hohenpriester Menelaos dominierte Jerusalemer Gemeinde der Loyalisten faßte deshalb auf Betreiben des mit der Eindämmung der Unruhen befaßten Strategen Ptolemaios, des Sohnes des Dorymenes, einen Beschluß, in dem die Judäa benachbarten Städte aufgefordert wurden, die auf ihrem Territorium lebenden Juden zur Teilnahme an heidnischen Opfermahlzeiten zu zwingen und diejenigen zu töten, die nicht zu der, wie es offiziell hieß, «hellenischen Lebensweise» überträten.

Als die Widersetzlichkeit der Altgläubigen sich ausweitete, machte der Eifer untergeordneter königlicher Funktionäre auch nicht vor den Samaritanern und ihrem Heiligtum auf dem Garizim halt, so daß diese es für geraten hielten, eine Eingabe an den König zu richten. Darin betonten sie, daß sie keine Juden, sondern Sidonier, das heißt Kanaanäer, von Sichem seien, und sie suchten, um Sicherheit vor Verfolgung zu erlangen, um die Erlaubnis nach, ihr Heiligtum offiziell als das des Zeus Hellenios (oder Xenios: die Überlieferung schwankt) benennen zu dürfen. Der König stimmte zu und erklärte, daß die Beschuldigungen, die sich gegen die Juden richteten – gemeint war offenbar deren Widersetzlichkeit und Rebellion –, die Petenten nicht beträfen.

Was die Juden anbelangt, so sollten sie mit Gewalt zum Gehorsam gebracht werden, aber mit der durch die Gewaltanwendung erzeugten Gegengewalt wurden die lokalen seleukidischen Befehlshaber nicht fertig. Die spätere hasmonäische Überlieferung knüpft den Beginn des Widerstandes an die Weigerung des aus der priesterlichen Familie der Hasmonäer stammenden Mattathias und seiner Söhne, sich dem Opfergebot zu fügen, und der Tötung des königlichen Beauftragten, der sie in Modeïn dazu zwingen wollte. Sie flohen, gingen in den Untergrund und organisierten den Widerstand. Den Aufständischen schloß sich die Vereinigung der Frommen an, die sich schon früher als Protestbewegung gegen den Hohenpriester Menelaos gebildet hatte, und nach dem Tod des Mattathias (166 v. Chr.?) wuchs sich der Guerillakampf unter Führung seines Sohnes Judas, genannt Makkabaios, das heißt der Hammer, zum offenen Krieg aus. Als König Antiochos IV. im Frühjahr 165 v. Chr. in die Oberen Satrapien aufbrach, um sich dort Geld zu beschaffen, beauftragte der von ihm in Antiochien zurückgelassene Reichsverweser Lysias den Strategen von Koilesyrien und Phönizien Ptolemaios, den Sohn des Dorymenes, dem Aufstand zusammen mit dem Militärbefehlshabern von Idumäa und Samaria, Gorgias und Nikanor, gewaltsam ein Ende zu bereiten. Aber Gorgias wurde in offener Feldschlacht in der Nähe von Emmaus besiegt, und als Lysias selbst die Scharte auswetzen wollte, erlitt er bei Beth-Sur im Süden von Jerusalem ebenfalls eine Niederlage gegen das Heer des Judas Makkabaios.

Als Lysias zu der Einsicht gelangt war, daß er der für ihren Glauben kämpfenden Juden mit militärischen Mitteln schwerlich Herr werden konnte, knüpfte er sofort Verhandlungen mit den Aufständischen an und vereinbarte einen Waffenstillstand. Er erklärte sich bereit, ihre Forderung nach einem Widerruf des Religionsedikts und der Wiederherstellung der auf der Thora beruhenden Ordnung zu unterstützen und sich in diesem Sinne bei Antiochos IV. zu verwenden. Eine derartige Beilegung des Religionskrieges aber bedeutete für den abtrünnigen Hohenpriester Menelaos und seine Anhänger in Jerusalem eine tödliche Bedrohung. Sie liefen Gefahr, der von Lysias angestrebten Verständigung mit den Aufständischen und der Vereinigung der Frommen geopfert zu werden. Um das zu verhindern, begab sich Menelaos im Herbst 165 v. Chr. an den Hof des Königs in den Oberen Satrapien, und es gelang ihm tatsächlich, den Friedensplan des Lysias insoweit zu konterkarieren, als Antiochos IV. zwar die Aufhebung des Religionsedikts zugestand, aber dieses Zugeständnis an die Bedingung knüpfte, daß die Rückkehr zur alten Ordnung unter dem kompromittierten Hohenpriester Menelaos stattfinden und nicht zu Lasten derjenigen gehen solle, die zuvor die Verfolgung der Religion der Väter und die Vernichtung der auf der Thora beruhenden Verfassung veranlaßt hatten. Den Aufständischen bot der König eine auf das Ende des Winterhalbjahres befristete Amnestie an, sofern sie bis dahin die Waffen niederlegten und damit die vom König stipulierten Bedingungen einer Restauration anerkannten. Den Wortlaut des Briefes, den der König in diesem Sinne an den Menelaos hörigen Ältestenrat von Jerusalem richtete, teilt das Zweite Makkabäerbuch mit. Er lautet:

> *König Antiochos grüßt den Ältestenrat der Juden und die übrigen Juden. Wenn ihr bei guter Gesundheit seid, so entspricht dies unserem Wunsch; wir selbst sind ebenfalls gesund. Menelaos hat uns eröffnet, daß ihr zurückkehren und euch euren Angelegenheiten widmen wollt. Diejenigen also, die bis zum 30. des Monats Xandikos (Februar/März 164 v. Chr.) zurückkehren, werden die Sicherheit der Straflosigkeit haben. Die Juden sollen (künftig) ihrer eigenen Lebensform und ihren Gesetzen folgen, und keiner von ihnen wird auf welche Weise auch immer wegen begangener Verfehlungen belästigt werden. Ich habe aber auch Menelaos (zurück)geschickt, der euch Zuspruch geben soll. Lebt wohl.*
>
> *(2 Makk. 11,27–33)*

Im Einvernehmen mit Menelaos hat also der König, ohne viel Aufhebens davon zu machen, das Religionsedikt aufgehoben, aber er hat zugleich an der Herrschaft des Menelaos und dessen Parteigängern festgehalten. Damit aber verbaute er den Weg zu der von Lysias angestrebten Friedensregelung. Denn mit einem Hohenpriester Menelaos, dem «Verräter an den Gesetzen und an seinem Vaterland», wie er im Zweiten Makkabäerbuch genannt wird, konnten sich die Frommen nie und nimmer einverstanden erklären.

Somit ergab sich im Winterhalbjahr 165/164 v. Chr. eine eigentümliche, ungeklärte Situation. Das Religionsedikt war prinzipiell gefallen, aber die Restauration in Jerusalem konnte nicht stattfinden. Der König hielt an dem

Friedenshindernis Menelaos fest, der Kanzler Lysias war bereit, ihn zu opfern. Er verhandelte weiter mit den Aufständischen, und eine römische Gesandtschaft, die auf dem Wege nach Antiochien war, nahm ihrerseits Kontakt zu den Aufständischen auf und erbot sich, deren Standpunkt in den Verhandlungen mit Lysias zu unterstützen. Dieser ersetzte Ptolemaios, den Sohn des Dorymenes, der als Stratege von Koilesyrien und Phönizien entscheidende Mitverantwortung für die gescheiterte Politik in Judäa trug und eine der Hauptstützen des Menelaos gewesen war, durch einen anderen Ptolemaios, genannt Makron. Er war der Exponent des von Lysias verfolgten Friedenskurses, und ihm stellt der Verfasser des Zweiten Makkabäerbuches das lobende Zeugnis aus, er habe die Politik verfolgt, gegenüber den Juden das Recht zu wahren wegen des an ihnen verübten Unrechts und er sei bemüht gewesen, mit ihnen in Frieden auszukommen. Für Judas Makkabaios und die von ihm geführten Aufständischen bedeutete diese offene Situation ebenfalls die Gefahr, einer Friedensregelung zum Opfer zu fallen. Seine Gefolgschaft war keineswegs eine monolithische Einheit. Die Vereinigung der Frommen verfolgte keine politischen Ziele, sie wollten die Wiederherstellung der theokratischen Ordnung unter einem Hohenpriester, der unbelastet war und vom Standpunkt des Religionsgesetzes annehmbar erschien. Diese Rolle konnte weder Judas noch einer seiner Brüder spielen. Sollte aber eine Lösung gefunden werden, die den Frommen einen Menelaos nicht länger zumutete, hätten Judas und seine Brüder wohl den Preis für die Rückkehr zum alten Zustand zahlen müssen. Wie in allen Krisen der jüdischen Geschichte wurde auch dieses Mal das Ende aller Zeiten erwartet, das unmittelbare Eingreifen Gottes in die Geschichte, das sein Volk von den Schrecken einer aus den Fugen geratenen Gegenwart erlöst und die Herrlichkeit des Gottesreiches auf Erden verwirklicht. In der Prophetie des zwölften Kapitels im Buch Daniel – sie muß nach Ausbruch des Makkabäeraufstandes, aber vor der Wiedereinweihung des Tempels, also um 166/165 v.Chr., entstanden sein – spricht die Stimme dieser apokalyptischen Erwartung. Wer aber von Gottes Hand das Ende aller Geschichte erhoffte, für den waren menschliche Bemühungen eher unwesentlich – oder wie es das Buch Daniel mit Bezug auf den Makkabäeraufstand ausdrückt, allenfalls eine kleine Hilfe:

> *Und während sie (die Verständigen im Volke, die am alten Glauben festhalten) bedrängt werden, wird ihnen geholfen werden durch eine kleine Hilfe, und es schließen sich ihnen viele an auf schlüpfrigen Wegen. Und von den*

Verständigen werden (manche) ins Straucheln kommen zur Läuterung unter
ihnen und Sichtung und Reinigung bis zur Endzeit. (Aber bis dahin) ist
noch Zeit.

(Daniel 12,34–35)

Gottergeben bis zum Ende aller Tage zu warten widerstrebte Judas Makkabaios, seinen Brüdern und seinen kampfgewohnten Mitstreitern. Sie handelten,
und dazu gab ihnen die geschilderte ungeklärte Situation auch Gelegenheit.
Das Religionsedikt war widerrufen, und es ging fortan nur noch um die Modalitäten der Restauration. Judas Makkabaios nutzte den von Lysias gewährten
Waffenstillstand zu einem Befreiungsschlag: Er eroberte Jerusalem zurück –
nur in der Davidsstadt hielt sich die seleukidische Militärsiedlung –, ließ den
heidnischen Altarstein, den «Greuel der Verwüstung», im Heiligtum beseitigen und am 25. Kislew, im Dezember 165 v. Chr., den Tempel festlich wieder-
einweihen. Dies ist der historische Anlaß des noch heute von den Juden
begangenen Chanukkafestes. Es ist leicht zu verstehen, daß Judas damit vollendete Tatsachen schaffen wollte und sich die Gefolgschaft aller derjenigen
sicherte, die in der Wiederherstellung des Jahwekultes das eigentliche Kriegs-
ziel sahen. Durch die von dem Kanzler Lysias und dem Strategen Ptolemaios
Makron offenbar hingenommene Einnahme Jerusalems und die Wiedereinweihung des Tempels hatte er die Absicht des Königs durchkreuzt, die Restauration durch seinen Parteigänger Menelaos vollziehen zu lassen. Aber Judas
konnte nicht ausschließen, daß Lysias sich letztlich durchsetzen und einen
Hohenpriester einsetzen würde, der den Vorstellungen der Frommen im Lande entsprach. Dann aber war abzusehen, daß diese das Bündnis mit Judas
Makkabaios und seiner kriegerischen Gefolgschaft aufgeben und das Angebot
der Amnestie, das Antiochos IV. bereits ausgesprochen hatte, annehmen würden. Unter diesen Umständen tat Judas Makkabaios den entscheidenden
Schritt, der den bewaffneten Kampf an einem neuen Ziel ausrichtete, das über
die bloße Restauration hinausging. Er trug den Krieg zur Rettung bedrängter
Juden in die Peripherie Judäas.

Judas ließ den Tempelberg befestigen und belegte ihn mit einer Besatzung,
und er sicherte den Süden Judäas, indem er an der Grenze zu den benachbarten Idumäern auch Beth-Sur zu einer Festung der Aufständischen ausbauen
ließ. Dann weitete er unter der Losung der Rettung bedrohter Glaubensbrü-
der und der Rache für das an den Juden verübte Unrecht den Schauplatz des
Krieges zuerst auf die Grenzgebiete, dann auf das weiter entfernte Galiläa und

das Ostjordanland aus. Im Verlauf dieser Feldzüge des Jahres 164 v. Chr. siedelte er Juden aus Galiläa und der Galaaditis nach Judäa um. Im Transjordanland schlossen sich ihm auch jüdische Kleruchen an, die dort seit der Zeit der ptolemäischen Herrschaft lebten. Unter ihnen hatte sich auch der aus dem Dynastengeschlecht der Tobiaden stammende Hyrkanos, ein Sohn des Generalsteuerpächters Joseph, behaupten können, bis Antiochos IV. ihn als ptolemäischen Parteigänger bedrohte, so daß er sich selbst das Leben nahm. Die traditionelle Loyalität dieser Militärsiedler gegenüber den Ptolemäern und die Erfahrung der Verfolgung der jüdischen Religion mochten viele von ihnen dazu bestimmen, den Kampf gegen die Seleukiden auf seiten der Makkabäer fortzusetzen. Aus ihrer Mitte rekrutierte sich die kriegserfahrene Reiterei der Tubiener. Einer dieser berittenen Kleruchen ist im Zweiten Makkabäerbuch durch namentliche Erwähnung ausgezeichnet.

Die Umsiedlung von Juden von der Peripherie in das Zentrum des jüdischen Siedlungsgebietes muß eine Besitzumwälzung auf dem Lande nach sich gezogen haben. Im Jahre 168 v. Chr. hatte Antiochos IV. im Zuge der Strafaktion und der Sicherung Judäas Land enteignet und an heidnische Militärsiedler sowie an seine jüdischen Parteigänger verteilt. Im Buch Daniel hat diese Seite der Revolution des Jahres 168/67 deutliche Spuren hinterlassen: «Und er setzt ein für die starken Festungen das Volk eines fremden Gottes. Wer ihn anerkennt, dem macht er die Ehre. Und er macht sie zu Herren über die Menge und verteilt Boden als Preis» (Daniel 11,39). Bestätigung findet diese Nachricht im Ersten Makkabäerbuch insoweit, als dort davon die Rede ist, daß Antiochos IV. bei seinem Aufbruch in die Oberen Satrapien seinen im Westen eingesetzten Stellvertreter Lysias damit beauftragte, in Judäa die Ansiedlung Fremder fortzusetzen: «Er solle Menschen aus fremden Völkern in ihrem (dem jüdischen) Territorium ansiedeln und das Land an sie verteilen» (1 Makk. 3,36). Im Jahre 164/163 v. Chr. kam dann der erneute Umsturz der Besitzverhältnisse: Die vom König Enteigneten und die Umsiedler erhielten das Land, das Antiochos IV. vier Jahre vorher hatte umverteilen lassen. Das Erste Makkabäerbuch spielt in der Wiedergabe des Hilferufs, den die jüdischen Parteigänger des Menelaos im Jahre 163 v. Chr. an König Antiochos V., den Nachfolger Antiochos' IV., richteten, auf diesen erneuten Umsturz an: «Wir haben deinem Vater bereitwillig gedient; wir haben so gelebt, wie er sagte, und seine Anordnungen befolgt. Deswegen sind uns unsere eigenen Landsleute fremd geworden; ja, sie haben jeden von uns, den sie fanden, umgebracht und haben unseren Besitz geraubt» (1 Makk. 6,23–24). Indem Judas

Makkabaios das fragliche Land an die Umsiedler und seine Anhänger verteilte, schuf er sich eine Klientel, die jenseits der religiösen Frage ein materielles Interesse daran haben mußte, daß die neugeschaffenen Besitzverhältnisse nicht wieder in einem Friedensschluß mit dem König rückgängig gemacht würden.

Hinzu kommt ein weiterer Gesichtspunkt: Zur Revolution des Jahres 168 v. Chr. hatte nicht zuletzt auch die unbedachte Steigerung der fiskalischen Ausbeutung beigetragen. Der Aufstand der Makkabäer hatte dieser konfiskatorischen Besteuerung des Landes ein Ende bereitet. Angesichts des nach wie vor bestehenden Geldbedarfs war das Interesse der seleukidischen Seite an einem Friedensschluß erklärtermaßen von dem Motiv bestimmt, daß die Menschen in Judäa wieder ihrer Arbeit nachgingen und die geforderten Steuern und Abgaben zahlten. Gerade deshalb konnte den Nutznießern der von den Makkabäern vorgenommen Landverteilung, die mit den üblichen Anfangsschwierigkeiten von Neusiedlern zu kämpfen hatten, ein Friedensschluß nicht willkommen sein, der auf eine Wiederaufnahme der ausbeuterischen Praktiken der seleukidischen Oberherrschaft hinauslief. Der Religionskrieg, der von Anfang an auch Elemente einer sozialen Umwälzung getragen hatte, wurde so unmerklich zu einem Kampf um die Unabhängigkeit und um die Selbstbehauptung einer Kriegspartei, die sich in Judäa eingerichtet hatte und Gefahr lief, einer bloßen Restauration des *Status quo ante* geopfert zu werden.

Aus dieser Konstellation wird der politische Kurs verständlich, den Judas Makkabaios nach dem Tod Antiochos' IV. (im November 164 v. Chr.) verfolgte. Der Kanzler Lysias, der zugleich als Vormund des unmündigen neuen Königs Antiochos V. fungierte, hatte endlich freie Hand, seinen Friedensplan ins Werk zu setzen. Er veranlaßte sein Mündel zu der schriftlichen Erklärung, daß den Juden das Heiligtum restituiert und die alte, auf der Thora beruhende Ordnung wiederhergestellt werden sollte. Darüber hinaus ermächtigte der König seinen Kanzler, in den anstehenden Verhandlungen den Juden alle gewünschten Garantien zu geben. Der Königsbrief, der Eingang in das Zweite Makkabäerbuch gefunden hat, lautet:

König Antiochos (V.) grüßt seinen Bruder Lysias. Nachdem unser Vater sich zu den Göttern begeben hat, haben wir, in dem Wunsch, daß die Menschen im Königreich sich ohne Beunruhigung ihren eigenen Angelegenheiten widmen können, sowie auf die Kunde hin, daß die Juden der von unserem Vater verfügten Umstellung auf die griechische Lebensweise nicht zustimmen, son-

dern ihre eigenen Lebensformen vorziehen und verlangen, daß ihnen das Herkömmliche zugestanden werde, endlich von dem Vorsatz bestimmt, daß auch dieses Volk ohne Beunruhigung sein soll, verfügt, daß ihnen das Heiligtum wiederhergestellt werde und daß sie ihr Leben gemäß den zur Zeit ihrer Vorväter bestehenden Sitten gestalten. Du wirst mithin gut daran tun, wenn du zu ihnen schickst und ihnen Garantien gibst, damit sie in Kenntnis unserer Einstellung wohlgemut sind und sich gern zur Handhabung ihrer eigenen Angelegenheiten wenden.

(2 Makk. 11,22–26)

Lysias nahm sofort Kontakt mit den Aufständischen auf und ließ ihnen eine Abschrift des königlichen Schreibens überbringen. Judas Makkabaios mußte nun befürchten, daß die Organisation der Chasidim, der Frommen, und alle, denen es in erster Linie um das Heiligtum und um die Religion ging, das Angebot annehmen und ihren Frieden mit dem König machen würden. Daß dieser wie sein Vater noch immer auf der Herrschaft des Menelaos bestehen würde, war ja nicht mehr zu erwarten. In dieser Situation trat Judas Makkabaios noch einmal die Flucht nach vorn an. Er nahm die tatsächlichen oder erfundenen Übergriffe der seleukidischen Besatzung in Jerusalem gegen den Tempel zum Anlaß, gegen sie vorzugehen. Er schloß die Davidsstadt ein und begann mit der Belagerung. Vermutlich gelang es ihm auf diese Weise noch einmal, das gefährdete Bündnis mit den Frommen, denen an Politik wenig oder gar nichts lag, wieder zusammenzuschweißen. Denn die Anwesenheit «des Sündervolks» in der Heiligen Stadt war den Frommen ein Greuel, den sie zu beseitigen wünschten.

Spätestens zu diesem Zeitpunkt muß der seleukidischen Seite klar geworden sein, daß das Angebot einer Restauration sowie eine mit bloßem Zuwarten verbundene Verhandlungsbereitschaft nicht zum Ziel führen würde. Vermutlich ist damals der Exponent des Friedenskurses Ptolemaios Makron im Kronrat als Verräter angeklagt und durch einen anderen in der Funktion des Strategen von Koilesyrien und Phönizien ersetzt worden. Es wurde beschlossen, den Aufstand unter Aufbietung aller verfügbaren Kräfte niederzuschlagen. Im Sommer 163 v. Chr. erlitt Judas Makkabaios in der Schlacht bei Beth-Sacharja eine vernichtenden Niederlage. Auch die Festung Beth-Sur wurde von den seleukidischen Truppen eingenommen. In Jerusalem wurde der letzte Stützpunkt der Aufständischen, der befestigte Tempelberg, eingeschlossen. Sein Fall schien nur noch eine Frage der Zeit zu sein. Da erhielt Lysias die

Nachricht, daß Philippos, einer der engsten Vertrauten des verstorbenen Königs, an der Spitze der Truppen, die Antiochos IV. in die Oberen Satrapien mitgenommen hatte, nach Antiochien zurückgekehrt sei und mit Berufung auf die letztwillige Verfügung des verstorbenen Königs Vormundschaft und Kanzleramt für sich beanspruchte. Um der Herausforderung des Rivalen zu begegnen, verzichtete Lysias auf die Eroberung des Tempelbergs und schloß mit den religiösen Führern der Juden, dem Bund der Frommen, Frieden, nachdem man sich auf einen gewissen Alkimos (hebräisch: Jojachim) als Hohenpriester geeinigt hatte. Menelaos wurde als Hauptverantwortlicher für das Religionsedikt Antiochos' IV. und seine Folgen hingerichtet. Die seleukidische Militärsiedlung in der Davidsstadt blieb selbstverständlich erhalten, und die Befestigung des Tempelbergs wurde geschleift. Die alte Ordnung, die Theokratie Esras und Nehemias, und die seleukidische Oberherrschaft waren wiederhergestellt. Den Preis zahlten Judas Makkabaios, seine Brüder und ihre engere Gefolgschaft, soweit diese die Niederlage überlebt hatte. Sie alle mußten wieder in den Untergrund gehen.

Was nun folgte, war wiederum ein Partisanenkampf, der ebenso wie in der Zeit vor dem Friedensschluß schließlich in einen offenen Krieg mündete. Dabei ging es nicht mehr um die Religion, sondern darum, welche der beiden sich bekämpfenden Parteien sich durchsetzen und die alleinige Macht gewinnen würde. Der Hohepriester Alkimos kämpfte mit Rückendeckung durch die seleukidische Reichsgewalt um den Erhalt seiner Herrschaft, und die Makkabäer versuchten, ihm die Kontrolle des flachen Landes streitig zu machen, indem sie alle Loyalisten, deren sie habhaft werden konnten, liquidierten. Das Erste Makkabäerbuch, das die Version der am Ende siegreichen Partei erzählt, beschreibt den Terror, den beide Seiten ausübten, wie folgt: «Alkimos aber kämpfte um das Hohenpriesteramt. Alle Unruhestifter im Volk sammelten sich um ihn; sie rissen die Macht über Judäa an sich und stürzten Israel tief ins Unglück. Judas sah all das Unheil, das Alkimos und seine Anhänger bei den Israeliten anrichteten; sie waren schlimmer als die Fremden. Da brach er auf, zog durch das ganze Land Judäa und übte an den Überläufern Vergeltung, so daß sie sich nicht mehr frei im Lande bewegen konnten» (1 Makk. 7,21–24). Selbstverständlich sah die Gegenseite, die legale Obrigkeit, die Dinge genau umgekehrt. Sie suchte ihre Zuflucht beim König, Demetrios I., der inzwischen die Herrschaft an sich gerissen hatte. In der Version der jüdischen Loyalisten war nicht Alkimos, sondern Judas mit seinen Anhängern der Unruhestifter, und dementsprechend formulierten sie ihre Klage: «Judas und seine

Brüder haben alle deine Freunde umgebracht und uns aus unserer Heimat vertrieben» (1 Makk. 7,6). Demetrios I. blieb nichts anderes übrig, als mit steigendem Kräfteeinsatz zu versuchen, dem sich erneut ausbreitenden Aufstand in Judäa niederzuschlagen. Der erste Anlauf, den er mit einer vergleichsweise geringen Streitmacht unternahm, schlug fehl. Sein Stratege Nikanor verlor gegen Judas in dem Gefecht bei Beth-Horon im März 161 v. Chr. Schlacht und Leben. Der Tag des Sieges, der 13. Adar, wurden von den Aufständischen festlich begangen und fand als Nikanortag Eingang in den jüdischen Festkalender.

Die Aussichten auf einen definitiven Sieg standen für Judas nicht schlecht, denn Demetrios I. sah sich zu Beginn seiner Regierungszeit nicht nur in Judäa, das von seinem Standpunkt aus gesehen an und für sich ein eher geringfügiges Problem war, sondern überall von einer Fülle ernster Bedrohungen umstellt. Ihre Wurzel war die von hysterischem Mißtrauen bestimmte Ostpolitik der entstehenden Weltmacht Rom. Diese Politik war auf eine Schwächung der hellenistischen Mächte ausgerichtet, und darin lag die Chance der jüdischen Aufständischen. Im Jahre 168 v. Chr. war die makedonische Monarchie der gereizten Weltmacht Rom zum Opfer gefallen, und die im Dritten Makedonischen Krieg mit Rom verbündeten Mächte, Rhodos und das Attalidenreich, hatten aus nichtigem Anlaß Roms Ungnade zu spüren bekommen. Antiochos IV. war durch das in rüden Formen vorgetragene Ultimatum, auf der Stelle die Belagerung Alexandriens aufzuheben und aus Ägypten abzuziehen, tief gedemütigt worden. Als nach seinem Tod der in Rom als Geisel festgehaltene Prinz Demetrios, ein Sohn Seleukos' IV., im Senat darum bat, die Thronfolge antreten zu dürfen, wurde er abgewiesen. Wie der Historiker Polybios, der damals in Rom interniert und mit dem Prinzen Demetrios befreundet war, zu berichten weiß, war der Grund der Ablehnung, daß der Senat lieber ein unmündiges Kind, Antiochos V., als einen erwachsenen König in der Blüte seiner Jahre auf dem Thron der Seleukiden sah. Wir besitzen Kenntnis von mehreren Senatsgesandtschaften, die nach der Vernichtung der makedonischen Monarchie im Jahre 168 v. Chr. den Osten der Mittelmeerwelt bereisten, um eine vom Geist des Mißtrauens genährte Kontrolle über das hellenistische Staatensystem auszuüben und allen Veränderungen einen Riegel vorzuschieben. Im Herbst des Jahres 166 v. Chr. traf unter Führung des Vaters der beiden Gracchen eine Senatsgesandtschaft in Antiochien ein, die in aller Ausführlichkeit den Vorwürfen nachging, die kleinasiatische Städte in Rom gegen Eumenes II. von Pergamon und Antiochos IV. erhoben hatten. Freilich konnte die Gesandtschaft bei ihrer Rückkehr im Sommer 164 v. Chr. diese

Vorwürfe nicht bestätigen. Aber das hinderte den Senat nicht daran, eine neue Gesandtschaft mit umfangreichen Instruktionen in den Osten zu schicken – unter anderem war ihnen erneut aufgetragen, die Politik der in einer Art *entente cordiale* verbundenen Könige Eumenes und Antiochos zu überwachen. Der Tod des Seleukiden überhob die Gesandten insoweit von einem Teil ihrer Aufgabe. Eine neue Gesandtschaft ging nach Antiochien ab, die den Auftrag hatte, die vermutete Schwäche des von einem Kind regierten Reiches dazu zu benutzen, die bekanntgewordenen Verstöße gegen die dem Seleukidenreich in Frieden von Apameia auferlegten Rüstungsbeschränkungen zu ahnden und das Reich in jeder Weise zu schwächen. Der Führer dieser Gesandtschaft, Gnaeus Octavius, wurde, als er den Kriegselefanten die Sehnen durchtrennen lassen wollte, von der aufgebrachten Bevölkerung der seleukidischen Hauptstadt ermordet. Es lag ganz auf der Linie dieser perfiden römischen Politik, daß eine dieser Gesandtschaften, die noch zu Lebzeiten Antiochos' IV. im Winterhalbjahr 165/164 v. Chr. auf dem Wege nach Antiochien war, sich erbot, die aufständischen Juden bei ihren Verhandlungen mit dem Kanzler Lysias zu unterstützen. Der Brief der betreffenden Gesandten – vermutlich handelt es sich um Mitglieder der von Tiberius Sempronius Gracchus geführten Orientgesandtschaft – ist ebenfalls im Zweiten Makkabäerbuch erhalten. Er lautet:

> *Quintus Memmius, Titus Manius, die Gesandten der Römer, grüßen das Volk der Juden. Hinsichtlich der Punkte, die Lysias, des Königs ‹Verwandter›, euch zugestanden hat, sind auch wir einverstanden. Was er aber dem König vorzulegen entschieden hat, so beratet hierüber und sendet sofort jemanden (zu uns), damit wir (in Antiochien) auseinandersetzen können, was euch nützt. Daher beeilt euch und sendet einige, daß auch wir erfahren, welches euer Standpunkt ist. Bleibt gesund, im Jahr 148, am 15. Xandikos.*
> *(2 Makk. 11,34–38: das Datum entspricht Ende Februar/ Anfang März 164 v. Chr.).*

Das war eine unverfrorene Einmischung in eine der inneren Angelegenheiten des Seleukidenreiches: sozusagen eine informelle Anerkennung der Aufständischen und das Angebot einer Parteinahme zu ihren Gunsten. Wenigstens wußten Judas Makkabaios und seine Getreuen, woher der Wind aus dem Westen wehte, und er verstand es auch, nach seinem Sieg über Nikanor die Segel so zu setzen, daß er sich ausrechnen konnte, Gewinn aus dem römischen Mißtrauen gegen das Seleukidenreich zu ziehen. Der neue König, Demetrios I., hatte Rom ohne Wissen und Billigung des Senats verlassen, und so wurde ihm, als er sich in den Besitz des Thrones gesetzt hatte, die Anerkennung von römischer Seite verweigert. Der Generalstatthalter der Oberen Satrapien, der aus Milet stammende Timarchos, einer der einflußreichsten Männer am Hofe Antiochos' IV., proklamierte sich mit der Rückendeckung Roms zum König. Was hier in großen Verhältnissen geschah, versuchte Judas Makkabaios im Kleinen nachzuahmen. Er schickte im Sommer 161 v. Chr. eine Gesandtschaft nach Rom, die um ein Bündnis nachsuchte und es tatsächlich erhielt. Den Text teilt das Erste Makkabäerbuch mit, in einer Form, der die Spuren der Rückübersetzung des hebräischen Textes ins Griechische trägt, dementsprechend durch Übersetzungsfehler entstellt ist und auch Mißverständnisse aufweist, aber im großen und ganzen dem wohlbekannten Formular entspricht, das vertragschließende Parteien verwendeten, um sich im Falle eines Angriffs auf den Vertragspartner zur Waffenhilfe zu verpflichten. Die beiden Gesandten, die Judas nach Rom schickte, waren Eupolemos, der Sohn des Johanan, und Jason, der Sohn des Eleazar. Eupolemos ist auch als Verfasser einer Geschichte der Juden in griechischer Sprache hervorgetreten. Diese reichte von Adam und Eva bis zum Jahre 158/157 v. Chr., umfaßte also auch die Zeitgeschichte, die der Verfasser an der Seite der jüdischen Aufständischen miterlebt und mitgestaltet hatte. Von seinem Vater ist bekannt, daß er im Jahre 198 v. Chr. als jüdischer Gesandter die Bedingungen ausgehandelt hatte, unter denen die Juden unter Antiochos III. in den seleukidischen Reichsverband eingetreten waren. Beide Gesandte waren Angehörige vornehmer Familien, sie sprachen griechisch, die Verkehrssprache der hellenistischen Welt, und es versteht sich von selbst, daß sie sich in den Verhältnissen der großen Politik auskannten. Die Grenze zwischen Judentum und Hellenismus verlief also nicht zwischen den Lagern der beiden Bürgerkriegsparteien, den Makkabäern und den Anhängern des amtierenden Hohenpriesters Alkimos. Zwischen ihnen war unstrittig, daß auf dem Zion allein der Gott der Väter verehrt werden durfte und die auf der Thora beruhende Lebensform Polisverfassung und Gymnasium ausschloß. Jenseits dieser Grenzlinie lebten die Juden aller Parteirichtungen aber nicht nur im kulturellen Einflußbereich des Hellenismus, sondern auch im Gravitationsfeld einer Staatengesellschaft, deren Mitte die Weltmacht Rom geworden war. Während der Hohepriester Alkimos und die jüdischen Loyalisten auf die Unterstützung des seleukidischen Königs setzten, brachte Judas Makkabaios in kluger Berechnung der römischen Position gegenüber Demetrios I. die neue Weltmacht ins Spiel. Nach dem Bericht des

Ersten Makkabäerbuchs erwirkten seine Gesandten nicht nur den Bündnisvertrag, der, nebenbei bemerkt, die völkerrechtliche Anerkennung einer gegen den seleukidischen Oberherrn rebellierende jüdischen Bürgerkriegspartei bedeutete, sondern dazu noch ein besonderes Schreiben an den König, das ihm die Intervention Roms androhte, wenn er die neuen Bundesgenossen Roms – die in seinen Augen ja Rebellen waren – künftig angreifen würde.

In dieser bedrohlichen Situation entschloß sich der König dazu, die Flucht nach vorn anzutreten und die Probe auf die römische Kriegsbereitschaft zu machen. Er mobilisierte die ganze dem Seleukidenreich verbliebene Militärmacht und beseitigte in zwei gleichzeitigen Offensiven die Krisenherde, die seine Königsherrschaft in Frage stellten und ihn je länger desto mehr mit einer römischen Intervention bedrohten. Er zog mit dem Gros des Heeres gegen Timarchos und entsandte den Strategen Bakchides nach Judäa. Seine Rechnung ging auf. Er bereitete dem Usurpator Timarchos den Untergang, und Judas Makkabaios fiel in dem Gefecht bei Elasa, nachdem sich sein Heer angesichts der Übermacht des Feindes bereits weitgehend aufgelöst hatte (März 160 v. Chr.). Rom griff nicht ein, und wenngleich der Senat Demetrios I. weiterhin die offizielle Anerkennung vorenthielt, war das Spiel des Königs aufgegangen. Rom hatte eine Drohkulisse aufgebaut, aber es ließ sich trotz der Lippendienste, die der römischen Bündnistreue gespendet wurden, nicht zugunsten des unbedeutenden jüdischen Bündnispartners in einen orientalischen Krieg verwickeln, dem keine vitalen römischen Interessen zugrunde lagen.

Judas Makkabaios hatte sich also letztlich doch verrechnet. Das Bündnis mit Rom, sein größter diplomatischer Erfolg, zahlte sich nicht aus, und die Aufständischen waren dem Aufgebot der professionellen seleukidischen Armee in offener Feldschlacht nach wie vor nicht gewachsen. Dennoch war das Wirken dieses bedeutenden militärischen und politischen Führers der aufständischen Juden nicht vergebens. Es ging im wesentlichen auf seine Rechung, daß die seleukidische Seite in der Religionsfrage verhältnismäßig schnell eingelenkt hatte, und es sollte sich zeigen, daß er mit der Schaffung einer Bürgerkriegspartei, die das Ende ihres Gründers überlebte, die Grundlage für die künftige Unabhängigkeit und einen expandierenden Staat der Juden gelegt hatte. Was ihm versagt blieb, sollte seinen Erben, seinen Brüdern, in einer erneut veränderten Konstellation der großen Politik gelingen.

Stammtafel der Hasmonäer

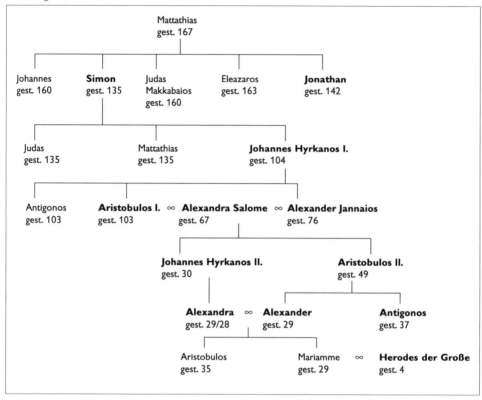

Der Kampf um Unabhängigkeit und ein größeres Israel

In den knapp achtzig Jahren, die auf Judas' Tod folgten, stiegen seine Brüder und deren Nachkommen von Partisanenführern im Untergrund zu Hohenpriestern und Königen auf, und das kleine Judäa wuchs unter ihrer Führung in Dimensionen, die an das Reich König Davids erinnerten. Möglich wurde das durch den fortschreitenden Niedergang des Seleukidenreiches, das seine Kräfte in dynastischen Kämpfen verzehrte und im Jahre 129 v. Chr. das Zweistromland mit den Oberen Satrapien endgültig an die iranischen Parther verlor. Realisiert aber wurden die Chancen, die auf diese Weise der jüdischen Seite zuwuchsen, durch die ebenso kluge wie skrupellose Ausnutzung der wechselnden Konstellationen, in denen sich die Auflösung des Seleukidenreiches vollzog. Rückschläge und Gefährdungen blieben nicht aus, aber sie wurden mit einer Mischung von Glück und Einsatz eigener Kraft überwunden.

Mit innerer Notwendigkeit glich sich dadurch die Herrschaft der Hasmonäer dem Erscheinungsbild des späthellenistischen Königtums an, und zum Schluß ereilte auch sie die Nemesis von dynastischen Konflikten und Bürgerkriegen, die den Untergang der letzten hellenistischen Großreiche, des seleukidischen und des ptolemäischen, beschleunigten.

Nach Judas Makkabaios' Niederlage und Tod hielt der Sieger, der Stratege Bakchides, ein strenges Strafgericht in Judäa. Judas' Brüder flohen mit den überlebenden Anhängern in die Wüste. Unter Führung des Jonathan, eines Bruders des Judas, begannen sie einen sich allmählich ausweitenden, gnadenlosen Partisanenkrieg zu führen, in dessen Verlauf es schließlich zu einem merkwürdigen Übereinkommen mit der seleukidischen Seite kam. Während diese weiterhin Jerusalem und die von Bakchides befestigten und mit Besatzungen belegten Orte unter Kontrolle hielt, wurde das flache Land Jonathan und seinen Mitkämpfern überlassen. Das Erste Makkabäerbuch faßt das Ergebnis dieser Übereinkunft so zusammen: «Jonathan ließ sich in Michmas nieder und begann, als Richter über sein Volk zu richten. Die Verräter aber in Israel rottete er aus» (1 Makk. 9,73). In Jerusalem aber herrschte Alkimos als Hoherpriester von Demetrios' Gnaden. Er war auch bei denen, die unter Antiochos V. ihren Frieden mit der seleukidischen Oberherrschaft gemacht hatten, keineswegs unumstritten, und er starb bereits im Jahre 159 v. Chr. Wer sein Nachfolger wurde, ist unbekannt. Es ist vermutet worden, daß es der in den Qumrantexten genannte «Lehrer der Gerechtigkeit» war, von dem angenommen wird, daß er mit seinen Anhängern Jerusalem verließ und zum Begründer der Sekte der Essener wurde, als Jonathan im Jahre 152 v. Chr. von König Alexander Balas zum Hohenpriester ernannt wurde. Aber das ist eine Hypothese, die weder bewiesen noch widerlegt werden kann. Die Zeit des Guerillakrieges und des Terrors zwischen 160 und 152 v. Chr. gehört in jeder Hinsicht zu den dunkelsten Kapiteln der jüdischen Geschichte im Altertum.

Jonathans Stunde kam, als Alexander Balas, ein Abenteurer aus Smyrna, der sich, zu Recht oder zu Unrecht, als illegitimer Sohn Antiochos' IV. ausgab, mit attalidischer und ptolemäischer Unterstützung sowie mit römischer Billigung im Jahre 152 v. Chr. in Ptolemais/Akko landete und Anspruch auf den seleukidischen Thron erhob. Auf höchste alarmiert versuchte Demetrios I., Jonathan durch das Angebot weitgehender Zugeständnisse auf seine Seite zu ziehen, aber Alexander Balas überbot ihn und ernannte den Partisanenführer zum Hohenpriester. Im September des Jahres 152 v. Chr. legte Jonathan am Laubhüttenfest das hohepriesterliche Gewand an, nachdem er sich zuvor aufgrund eines Zugeständnisses, das ihm Demetrios gemacht hatte, in den Besitz von Jerusalem und der in der seleukidischen Festung in der Davidsstadt festgehaltenen jüdischen Geiseln gesetzt hatte. Demetrios I. verlor nach zweijährigen Kämpfen Herrschaft und Leben, und Jonathan empfing anläßlich der Hochzeit des neuen Königs mit Kleopatra, der Tochter Ptolemaios' VI., weitere Vergünstigungen, die er sich durch militärische Hilfeleistung verdient hatte. Den Anklagen der jüdischen Loyalisten schenkte der König kein Gehör, im Gegenteil: er ernannte Jonathan zum obersten Militärbefehlshaber und zum Chef der königlichen Administration in Judäa.

Die Herrschaft des Alexander Balas geriet freilich bald ins Wanken. Im Jahre 148/47 v. Chr. kehrte der gleichnamige Sohn Demetrios' I. mit griechischen Söldnertruppen aus Kreta, wo er im Exil gelebt hatte, zurück und eröffnete den Kampf um den väterlichen Thron. Jonathan blieb zunächst auf Alexanders Seite und besiegte den von Demetrios II. ernannten Strategen von Koilesyrien und Phönizien in der Küstenebene, wo er Asdod in Trümmern legte, und empfing als Lohn die in der Küstenebene östlich von Iamneia und Asdod gelegene Stadt Ekron. Dann ermutigte der Krieg der beiden seleukidischen Könige den Herrscher Ägyptens, König Ptolemaios VI., zu dem Versuch einer Rückgewinnung der alten, seinerzeit an Antiochos III. verlorenen ptolemäischen Provinz Syrien und Phönizien Er ließ sich in Antiochien zum König von Asien proklamieren, starb jedoch, wenige Tage nachdem er Alexander Balas vor den Toren der Stadt vernichtend geschlagen hatte, an den im Kampf empfangenen Wunden. In dem entstandenen Machtvakuum glaubte Jonathan die Zeit gekommen, um der seleukidischen Militärsiedlung in Jerusalem ein Ende zu bereiten. Die Belagerung zog sich jedoch hin, und Demetrios II., der sich nun im unbestrittenen Besitz der Königsherrschaft glaubte, forderte die Aufhebung der Belagerung und zitierte Jonathan an seinen Hof nach Ptolemais/Akko. Dort gelang es dem Hohenpriester jedoch, indem er reiche Geschenke verteilte, in seiner Stellung bestätigt zu werden und alle gegen ihn erhobenen Vorwürfe abzuwehren. Darüber hinaus erreichte er, daß der König ihm die drei samaritanischen Bezirke, die von Juden bewohnt waren, Aphairema, Lydda und Ramathaim, gegen Zahlung einer Pauschale in Höhe von 300 Talenten überließ und den Juden im übrigen Steuerfreiheit gewährte. Dafür mußte Jonathan die Belagerung der seleukidischen Festung in Jerusalem aufgeben und als Vasall Militärhilfe leisten, als sich die entlassenen Soldaten des Alexander Balas gegen Demetrios in Antiochien empörten. Die Unzufriedenheit, die in der alten seleukidischen Armee herrschte, schuf die Vorausset-

zung, daß einer der Strategen des Alexander Balas, Diodotos mit dem Beina-
men Tryphon, sich im Jahre 145 v. Chr. gegen Demetrios erhob und ihm im
Namen Antiochos' VI., des überlebenden Sohnes des Alexander Balas, den
Thron streitig machte.

Jonathan schloß sich dem neuen Prätendenten sofort an, angeblich weil
Demetrios sein Versprechen, ihm die seleukidische Militärkolonie in Jerusalem
zu opfern, nicht eingehalten hatte, tatsächlich aber wohl eher, weil er die Sache
des Demetrios nach Lage der Dinge verloren gab und seinen Vorteil bei dem
neuen König besser aufgehoben sah. Jonathan wurde von Antiochos VI. nicht
nur in seiner Stellung bestätigt, sondern sein Bruder Simon wurde zusätzlich
zum Strategen der Küstenebene vom Berg Karmel bis zur ägyptischen Grenze
ernannt. Beide Brüder beteiligten sich an dem Krieg gegen die Truppen des
Demetrios, vor allem aber sorgten sie im Schutz der kriegerischen Operationen
für eine Arrondierung und Absicherung ihres Kernlandes Judäa. Simon eroberte die von einer Besatzung des Demetrios gehaltene Festung Beth-Sur im
Süden Jerusalems und belegte sie mit einer jüdischen Besatzung, ebenso
besetzte er auch den Hafenplatz Ioppe und gewann so den Zugang zum Meer.
Zur gleichen Zeit wurde ein Festungsbauprogramm in Angriff genommen, das
Judäa vor seleukidischen Einfällen, von welchem König sie auch ausgehen
mochten, sichern sollte. Verständlicherweise wurde an dem Hauptziel festgehalten, die seleukidischen Militärsiedler aus Jerusalem zu vertreiben, und zwar
nicht nur zur Gewinnung der vollständigen Kontrolle über Stadt und Land,
sondern auch weil zur Wiederherstellung der kultischen Reinheit der Heiligen
Stadt die Vertreibung der Verehrer fremder Götter notwendig war. Jonathan
umgab deshalb im Zuge seines Festungsbauprogramms auch die Davidsstadt
mit einer Mauer, um die Besatzung dort zur Kapitulation zu zwingen.

Diese Aktivitäten weckten das Mißtrauen des Diodotos Tryphon. Unter
einem Vorwand lockte er seinen Verbündeten nach Ptolemais/Akko und ließ
ihn dort gefangennehmen. Nachdem er im Januar oder Februar 143 v. Chr. den
wegen starker Schneefälle gescheiterten Versuch unternommen hatte, in das
judäische Bergland einzudringen, ließ er Jonathan im Ostjordanland umbringen. In dieser Lage, in der alles Erreichte wieder auf dem Spiel stand, wurde
Simon, der sich als Feldherr bereits mehrfach bewährt hatte, der Nachfolger
des getöteten Hohenpriesters. Ihm gelang es, die Gefahr abzuwenden und
Judäa in die Unabhängigkeit zu führen. Im Sommerhalbjahr 143 v. Chr. ließ er
das Festungsbauprogramm zu Ende führen und große Lebensmittelvorräte
anlegen; aus Ioppe vertrieb der die heidnische Bevölkerung und siedelte dort

Juden an; erst dann sandte er eine Gesandtschaft mit einem diplomatischen Geschenk, einem goldenen Schild, nach Rom, um sich mit Berufung auf das Bündnis des Jahres 161 v.Chr. die Rückendeckung des Senats zu verschaffen, und vollzog dann den Übergang in das Lager Demetrios' II., der den Feind seines Feindes mit Freuden als Vasall annahm und ihm den Übertritt mit der Befreiung von allen Abgaben und Steuern honorierte.

Daraufhin wurde ähnlich wie bei vergleichbaren Privilegierungen reichsangehöriger Städte eine jüdische Freiheitsära eingeführt. Während nach dem Übergang zu Demetrios II. im Spätsommer noch nach der offiziellen seleukidischen Jahreszählung datiert wurde, begann man in Judäa mit dem Beginn des neuen Herbstjahres mit einer neuen Jahreszählung. Im Ersten Makkabäerbuch heißt es zu diesem Epochendatum: «Im Jahre 170 (der seleukidischen Ära, das ist das Jahr 143/42 v.Chr.) wurde das Joch der fremden Völker von Israel genommen. Das Volk begann, Urkunden und Verträge mit der Formel einzuleiten: Im Jahre 1 der Regierung Simons, des Hohenpriesters, Feldherrn und Führers der Juden» (1 Makk. 13,41). Simon eroberte, um die Landverbindung mit dem Hafen von Ioppe zu verbreitern, die Stadt Gazara am nordwestlichen Ausgang des judäischen Berglandes, vertrieb die heidnische Bevölkerung und nahm nach langer Belagerung die seleukidische Festung in Jerusalem ein, mit deren Einschließung bereits Jonathan begonnen hatte. Im Mai 141 v.Chr. – der Tag, der 23. Ijjar, wurde in den jüdischen Festkalender aufgenommen – fand der feierliche Einzug der Sieger in die Davidsstadt statt: «Israel war», so heißt es im Ersten Makkabäerbuch, «von einem gefährlichen Feind befreit» (1 Makk. 13,51).

Nach zwanzigjährigem Kampf war das «Sündervolk» endlich aus Jerusalem vertrieben, und aus diesem Triumph erwuchs seinem Urheber ein gewaltiges Prestige. In demselben Jahr, in dem Demetrios II. zu seinem Feldzug gegen die Parther aufbrach (140 v.Chr.), wurde am 18. Tag des Monats Elul (August/September) Simon für seine Verdienste von der großen Versammlung des Volkes geehrt und ihm die erbliche Hohenpriesterwürde und die Führung des Volkes übertragen – freilich unter dem Vorbehalt, daß dieses geistige und weltliche Führungsamt an dem Tag, an dem ein wahrer Prophet auftrete, sein Ende finden solle:

Es ist ihm zu seiner Zeit gelungen, die Fremden aus dem Land zu vertreiben, vor allem die, die in der Davidsstadt in Jerusalem wohnten, aus der sie Ausfälle machten, die Umgebung des Tempels entweihten und seiner Heiligkeit

*großen Schaden zufügten. Er siedelte in der Davidsstadt Juden an und ließ
sie befestigen, um Land und Stadt zu sichern. Auch ließ er die Mauern von
Jerusalem höher bauen. Demgemäß bestätigte ihn König Demetrios im
Hohenpriesteramt. Er ernannte ihn zu seinem Freund [das ist ein hoher Hof-
titel] und zeichnete ihn durch hohe Ehren aus. Denn er hatte gehört, daß
Rom die Juden Freunde, Verbündete und Brüder genannt und den Gesandten Simons einen glänzenden Empfang bereit hatte. Darum haben die Juden
und ihre Priester beschlossen, Simon solle für immer ihr Anführer und Hohepriester sein, bis ein wahrer Prophet auftrete.*

(1 Makk. 14,36–41)

Ein Jahr später geriet Demetrios II. in parthische Gefangenschaft, und sein jüngerer Bruder Antiochos (VII.) kehrte im Jahre 138 v. Chr. aus dem an der kleinasiatischen Südküste gelegenen Side, wo er gelebt hatte, nach Syrien zurück
und machte Diodotos Tryphon, der sich des Kinderkönigs Antiochos VI. durch
Mord entledigt hatte, den Thron streitig. Der neue Thronprätendent bestätigte
zunächst Simon in seiner Stellung, aber sobald es ihm gelungen war, den Usurpator in der befestigten Hafenstadt Dora einzuschließen, forderte er von Simon
die von diesem eroberten Plätze, Ioppe, Gazara und die Davidsstadt, zurück,
weiterhin verlangte er eine Nachzahlung der Steuern für alle Gebiete außerhalb
Judäas beziehungsweise eine Ablösungspauschale und Reparationen für die
Schäden, die die Juden auf ihren Kriegszügen angerichtet hatten. Eine Einigung
über diese Forderungen kam nicht zustande. Während Antiochos VII. den aus
Dor entkommenen Diodotos Tryphon verfolgte, führte sein Stratege Kende-
baios von der Küstenebene aus Krieg gegen die Juden. Doch diese errangen
unter Johannnes Hyrkanos, einem Sohn Simons, einen Sieg, in dessen Verfolgung die Juden Asdod zerstörten. Kurze Zeit später, zu Beginn des Jahres 135 v.
Chr., wurde Simon mit seinen Söhnen Judas und Mattathias von seinem
Schwiegersohn Ptolemaios in einer kleinen Festung in der Ebene von Jericho
ermordet. Ptolemaios wollte sich in den Besitz der Herrschaft setzen und war
um dieses Ziels willen bereit, sich den Forderungen Antiochos' VII. zu unterwerfen. Aber Hyrkanos entging in Gazara dem Mordanschlag seines Schwagers
und konnte das Erbe seines Vaters antreten.

Während der Mörder entkommen konnte, geriet der neue Hohepriester in
große Bedrängnis, nachdem Antiochos VII. seinen Rivalen besiegt und dieser
sich in Apameia das Leben genommen hatte. Antiochos fiel in Judäa ein,
besetzte Ioppe und Gazara und begann mit der Belagerung Jerusalems. Diese

dauerte länger als ein Jahr, und während dieser Zeit unternahm Hyrkanos den Versuch, eine römische Intervention herbeizuführen. Er schickte eine Gesandtschaft nach Rom, und der Senatsbeschluß, den er im Jahre 134 v. Chr. erwirkte, ist erhalten. Er autorisiert den vorsitzenden Magistrat, den Praetor Lucius Valerius, den jüdischen Gesandten eine Zirkularnote an alle Könige und freien Städte des Inhalts mitzugeben, daß das Land und die Hafenplätze der Juden Sicherheit genießen und von keiner Seite Übergriffe geschehen sollten. Mit dieser Demarche war für Rom, das damals mit eigenen Problemen mehr als genug zu tun hatte, die Sache abgetan. Antiochos ließ sich denn auch nicht beirren, sondern erzwang die Kapitulation Jerusalems im Jahre 133 v. Chr. Er verzichtete freilich darauf, den Juden solche Bedingungen zu stellen, die ihm einen Konflikt mit Rom einbringen konnten: Er ließ sie in Besitz von Ioppe und den übrigen Plätzen außerhalb Judäas und verlangte lediglich Steuern und Abgaben für die betreffenden Gebiete. Er ließ sich auch die ursprünglich geforderte Rückführung einer seleukidischen Besatzung nach Jerusalem durch Zahlung von 500 Talenten, die Stellung von Geiseln und die Schleifung der Befestigung der Stadt abkaufen. Damit war die seleukidische Oberherrschaft wiederhergestellt, und Hyrkanos mußte als Vasall Antiochos' VII. den Partherfeldzug in den Jahren 130 und 129 v. Chr. mitmachen. Der Feldzug verlief für die seleukidische Seite unglücklich, der König fiel, das Zweistromland ging endgültig an die Parther verloren, und die dynastischen Kämpfe innerhalb des Königshauses nahmen ihren zerstörerischen Fortgang. Hyrkanos aber gewann unter diesen Umständen seine Handlungsfreiheit zurück.

Von dem aus der parthischen Gefangenschaft entlassenen und wieder eingesetzten König Demetrios II., dem von Ägypten gestützten Gegenkönig Alexander Zabinas sowie anschließend von Antiochos VIII. Grypos, dem Sohn Demetrios' II., wurde Hyrkanos in seinem Expansionsdrang nicht ernstlich behindert. Ihm kam die jüdische Irredenta in Palästina zugute, und so richteten sich seine kriegerischen Unternehmungen vornehmlich auf Territorien, in denen Juden wohnten. Das Problem war nur, daß es sich nicht um geschlossenes jüdisches Siedlungsgebiet handelte, und so ging es nicht ohne Gewalt gegen die nichtjüdische Bevölkerung ab. Hyrkanos eroberte im Ostjordanland die Stadt Medaba, wandte sich gegen die schismatischen Samaritaner und eroberte Sichem. Das Heiligtum auf dem Garizim wurde zerstört. Dann fiel er in Idumäa ein und eroberte die Städte Adora und Marisa. Den Unterworfenen gestattete er zu bleiben, wenn sie sich beschneiden ließen und Juden wurden, anderenfalls wurden sie vertrieben.

Gegen Ende seiner Regierungszeit geriet Hyrkanos noch einmal in Gefahr, alles zu verlieren, was er und sein Vater gewonnen hatten. Nach dem Jahre 113 v. Chr. etablierte sich der Sohn Antiochos' VII., Antiochos IX. Kyzikenos (er war in Kyzikos am Marmarameer aufgewachsen), als Gegenkönig seines Vetters und Halbbruders Antiochos VIII. Grypos in Koilesyrien, und er trat Hyrkanos entgegen, als dieser die Stadt Samaria, die große Militärkolonie und Stütze der seleukidischen Herrschaft in Palästina, durch Belagerung zur Kapitulation zwingen wollte. Zeitweise brachte Antiochos IX. mit Unterstützung Ptolemaios' IX. mit dem Beinamen Lathyros (Kichererbse) die Juden in schwere Bedrängnis, indem er große Teile des jüdischen Territoriums besetzte. Diese Ereignisse, die ungefähr in die Zeit zwischen 110 und 107 v. Chr. fallen, veranlaßten Hyrkanos zweimal, sich hilfesuchend an Rom zu wenden. Das erste Mal geschah dies ohne Erfolg. Hyrkanos bezog sich in seinem Gesuch auf den Senatsbeschluß, der in der Zeit der Belagerung Jerusalems durch Antiochos VII. zu seinen Gunsten ergangen war, und bat angesichts der neuen Invasion darum, daß der Senat König Antiochos auffordern möge, Ioppe mit den Ankerplätzen, Gazara, Pegai und die übrigen Städte und Plätze, die er im Krieg dem früheren, zur Zeit seines Vaters ergangenen Senatsbeschlusses zuwider besetzt habe, den Juden zurückzuerstatten. Weiterhin möge der Senat dem König den Durchzug durch jüdische Gebiet untersagen und ihm befehlen, die Anordnungen, die er dem Senatsbeschluß zuwider getroffen hatte, wiederaufzuheben. Schließlich wurde der Senat gebeten, Gesandte mit dem Auftrag zu schicken, für die Rückgabe der besetzten Gebiete zu sorgen und den Schaden abzuschätzen, den die Juden durch die Invasion des Königs erlitten hatten. Doch der Senat, der in den Wirren des Jugurthinischen Krieges und der Einfälle der Kimbern und Teutonen andere Sorgen hatte, ließ sich nicht in den Konflikt verwickeln. Er entließ die Gesandten ehrenvoll und gab ihnen die Antwort mit, daß man über die Sache beraten werde, wenn die eigenen Angelegenheiten dies zuließen, und daß man dann dafür sorgen werde, daß ähnliches Unrecht nicht wieder geschehe.

Hyrkanos ließ sich indessen nicht entmutigen. Als nach dem Jahr 107 v. Chr. die ptolemäische Unterstützung für Antiochos IX. mit der Vertreibung Ptolemaios' IX. Lathyros aus Alexandrien ein Ende gefunden hatte, schickte er erneut Gesandte nach Rom, und dieses Mal erhielten sie den Beschluß, den er wünschte. Auf der Rückreise machten die Gesandten in Pergamon Station, berichteten dort von dem Ergebnis ihrer römischen Mission und empfingen einen ehrenvollen Beschluß der Volksversammlung, der erhalten ist. Der den Senatsbeschluß betreffende Passus des Ehrendekrets lautet:

> *Daraufhin faßte der Senat einen Beschluß bezüglich der Angelegenheiten,*
> *die sie (die Gesandten) vortrugen, daß König Antiochos, der Sohn des Anti-*
> *ochos, den Juden, den Bundesgenossen der Römer, kein Unrecht tun solle,*
> *daß er die festen Plätze, die Häfen und das Land, und wenn er ihnen sonst*
> *etwas weggenommen habe sollte, zurückerstatte, und daß es ihnen erlaubt*
> *sei, Güter aus ihren Häfen auszuführen und kein König und kein Volk zoll-*
> *frei Waren aus dem Land der Juden und ihren Häfen ausführen dürfe außer*
> *Ptolemaios (X. Alexander), König der Alexandriner, weil er unser Freund und*
> *Bundesgenosse ist, und daß die Besatzung (des Antiochos) gemäß ihrer Bit-*
> *te aus Ioppe auszuweisen ist.*
> *(Josephus, Jüdische Altertümer XIV, 249–250)*

Dies war die entscheidende politische Demarche zugunsten der Juden. Antiochos IX. konnte nicht verhindern, daß die Söhne des Hyrkanos, Antigonos
und Aristobulos, die Belagerung von Samaria zu Ende führen konnten und die
Stadt, die Zwingburg aller fremden Herren Palästinas seit der Zeit der Assyrer,
von Grund auf zerstörten. Schließlich fiel auch Skythopolis durch Verrat
Hyrkanos in die Hände.

Als Hyrkanos im 31. Jahr seiner Regierung starb, trat Aristobulos I. die
Herrschaft an und nahm, wenigstens nach dem Bericht des Josephus, zusätzlich zum Hohenpriesteramt den Königstitel an. In seiner kurzen, nur ein Jahr
dauernden Herrschaft setzte er die Expansion des jüdischen Staates fort. Er
gewann Galiläa und schob die Grenzen nach Norden bis in das Territorium
der Ituräer im südlichen Libanon vor. Auch er stellte die nichtjüdische Bevölkerung vor die Wahl, durch den Akt der Beschneidung Juden zu werden oder
das Land zu verlassen. Der griechische Historiker Timagenes sagt von ihm:
«Dieser Mann war tüchtig und brachte den Juden großen Nutzen: Er gewann
ihnen Land hinzu und naturalisierte einen Teil des Volkes der Ituräer, indem
er sie (mit dem jüdischen Volk) durch das Band der Beschneidung verknüpfte» (Timagenes bei Josephus, Jüdische Altertümer XIII, 319).

Der älteste der überlebenden Brüder, Alexander Jannaios (der Beiname ist
die Abkürzung für seinen hebräischen Namen Jonathan), trat die Nachfolge
an. Er trug nach Ausweis der Beischrift seiner Münzen neben dem hohenpriesterlichen auch den Königstitel, und er war ein König ganz nach Art der
hellenistischen Herrscher. Er verband die Prunk- und Genußsucht der damaligen Könige mit der Ruhmesbegierde des siegreichen Kriegers und der Skrupellosigkeit eines Tyrannen. Obwohl er auf seinen vielen Feldzügen mehrere

Bronzemünze des Alexander Jannaios (undatiert)

Vs.: Anker im Kreis mit griechischer Um-schrift «(Münze) des Königs Alexander»

Rs.: Achtstrahliger Stern in einem Diadem mit althebräischer Umschrift zwischen den Strahlen des Sterns «I1.ML.K.Y.HW.N.T.N.» = König Yehonatan (Meshorer I, 118 Nr. Aa1 mit Pl. 4)

Der Anker war das Wappen des Seleukiden. Dieses Bildmotiv ist von den bronzenen Klein-münzen übernommen worden, die während der kurzen Zeit der wiederhergestellten seleu-kidischen Oberherrschaft (133/32 – 130/29 v. Chr.) in Jerusalem geprägt wurden. Der Stern ist in Verbindung mit dem Diadem und der Inschrift das Symbol der Königsherrschaft.

schwere Niederlagen erlitt und zu Beginn seiner Regierungszeit sogar in Gefahr geriet, wieder unter fremde Herrschaft zu fallen, dieses Mal nicht unter seleukidische, sondern unter ptolemäische, konnte er letztlich doch das Macht-vakuum, das der Niedergang der alten Großmächte des Vorderen Orients her-beiführte, zu einer gewaltsamen Vergrößerung seines Reiches nutzen. Diese Expansion ging Hand in Hand mit Zerstörung von Festungen und Städten, Zwangsjudaisierungen und Vertreibung von Nichtjuden, die sich der Beschnei-dung widersetzten. In der ersten, bis zum Jahr 96 v. Chr. dauernden Phase sei-ner Herrschaft eroberte er die bedeutende Stadt Gadara südöstlich des Sees Genezareth und die Festung Amathus am oberen Jordan sowie mit Ausnahme von Askalon, das seine Unabhängikeit bewahren konnte, die Städte der süd-lichen Küstenebene, Raphia, Anthedon und zum Schluß das befestigte Gaza, das er nach einjähriger Belagerung einnahm und dann plündern und nieder-brennen ließ.

Bronzemünze des Alexander Jannaios aus dem Jahre 78 v. Chr.

Vs.: Anker im Kreis, rechts und links vom Anker «L – Ke» = Jahr 25 (der Königsherrschaft = 78 v. Chr.), die griechische Umschrift lautet «(Münze) des Königs Alexander»

Rs.: Achtstrahliger Stern im Perlkreis mit aramäischer Umschrift «MLK' 'LKSNDR WS ŠNT KH» = König Alexander, Jahr 25 (Meshorer I, 121 Nr. Cd1)
Die Verwendung des Aramäischen erklärt sich vermutlich mit der Rücksichtnahme auf die große Zahl der neuen Untertanen des vergrößerten Hasmonäerreiches, die weder Griechisch noch Hebräisch verstanden.

Danach zog er ins Ostjordanland und machte die dort wohnenden Moabiter und Galaaditer tributpflichtig, doch erlitt er um das Jahr 90 v. Chr. eine empfindliche Niederlage gegen einen arabischen König namens Obodas. Überhaupt zeigte es sich, daß der Ausdehnung des Hasmonäerreiches im Osten durch die Staatsbildung arabischer Stämme Grenzen gesetzt waren. Damals entstand das arabische Königreich der Nabatäer, das schnell zu einer regionalen Großmacht heranwuchs und zu einem gefährlichen Gegner sowohl des Hasmonäer- wie des in Auflösung begriffenen Seleukidenreiches wurde. Antiochos XII. unternahm im Jahre 84 v. Chr. einen vergeblichen Eindämmungsversuch. Er erzwang den Durchmarsch durch jüdisches Territorium, um den Nabatäerkönig Aretas III. anzugreifen, und wurde geschlagen. Im Gegenzug erweiterten die Nabatäer ihre Herrschaft bis nach Damaskus und drangen tief in das jüdische Kernland des Hasmonäerreiches ein. Bei Adida erlitt auch Alexander Jannaios eine schwere Niederlage und mußte den Abzug des Siegers durch Zugeständnisse erkaufen. Welcher Art sie waren, ist nicht überliefert. Vermutlich bestanden sie neben Geldzahlungen in einer Abgrenzung der beiderseitigen Interessen im Ostjordanland, die günstig für die Nabatäer ausfiel. Jedenfalls begrenzte Alexander Jannaios seitdem seine militärischen Aktionen auf den westlichen Streifen des Ostjordanlandes. Er eroberte in den auf das Abkommen mit Aretas folgenden drei

Jahren die dort gelegenen hellenistischen Städte, die einst von den Ptolemäern als Stützen ihrer Herrschaft gegründet worden waren, Philoteria im Süden des Sees Genezareth, Pella, Hippos und Gerasa sowie weiter im Norden Gaulana, Seleukeia und die Festung Gamala. Als er versuchte, seine Herrschaft im Umfeld von Gerasa weiter auszudehnen, starb der König während der Belagerung der Festung Ragaba im Jahre 76 v. Chr.

Unter Alexander Jannaios erreichte das Hasmonäerreich seine größte Ausdehnung. Es erstreckte sich an der Mittelmeerküste vom Berg Karmel bis nach Raphia an der ägyptischen Grenze, im Osten vom Meromsee am oberen Jordan über Gerasa bis zum Land der Moabiter am Toten Meer und schloß im Süden Idumäa bis an den Rand der Wüstengebiete des Negevs ein. Die äußere Machterweiterung hatte freilich eine düstere Kehrseite. Das gewalttätige hellenistische Königtum stieß auf die Fundamentalopposition der Frommen, und unter Alexander Jannaios entluden sich die Gegensätze in einem blutigen Bürgerkrieg. Aber damit nicht genug: Die Eroberungen der Hasmonäer hatten nicht nur die jüdische Irredenta in der Peripherie Judäas heim in das neue größere Israel geholt, sie hatten auch über die nichtjüdische Bevölkerung dieser Gebiete Zerstörungen, Zwangsmaßnahmen und Vertreibungen gebracht. Dies alles belastete das Reich der Hasmonäer mit der Hypothek eines sich in seiner hellenistischen Umwelt ausbreitenden Antijudaismus. Der Preis für die innere Entzweiung und für den Haß der Nachbarn wurde unter einer neuen weltpolitischen Konstellation fällig, als der gesamte Vordere Orient im Römischen Imperium aufging.

Dynastische Konflikte und Bürgerkriege

Unter geschickter Ausnutzung der dynastischen Konflikte im Seleukidenreich war es den Hasmonäern gelungen, ihre eigene Herrschaft in einem größeren Israel zu etablieren. Die Mittel, die sie dabei anwandten, und die Ziele, die sie verfolgten, waren die in der späthellenistischen Staatenwelt üblichen: Es ging um Selbstbehauptung mittels Machtsteigerung, und dies bei völliger Unbedenklichkeit in der Wahl der Mittel. Die angewandten Methoden waren List, Gewalt und Bestechung. Wie alle hellenistischen Herrscher brauchten die Hasmonäer Geld und Edelmetall, den Stoff, der sich zu Geld machen ließ. Wie sie sich dies alles beschafften, kann nur aus Indizien erschlossen werden. Soviel ist sicher, daß ihre Kriege auch Beutezüge waren, und der Zugriff auf das mobile Gut der Feinde einschließlich der Menschen, die versklavt und veräußert wurden, war ja zugleich Begleiterscheinung und partieller Zweck aller in der Antike geführten Kriege. Hinzu kamen im Zuge der Expansion der Landerwerb und damit die Möglichkeit, durch Besteuerung des Landes die Einnahmen zu steigern. Es versteht sich von selbst, daß insbesondere die alten königlichen Domänen wie die ertragreichen Palmenhaine von Jericho an die neuen Herrscher des Landes fielen, und ebenso ist damit zu rechnen, daß in den unterworfenen Städten und Dörfern diejenigen Steuern und Abgaben weiter gefordert wurden, die vorher den ptolemäischen und dann den seleukidischen Oberherren zugeflossen waren. Auch die administrative Struktur des Hasmonäerreiches ist allem Anschein nach von der Fremdherrschaft übernommen worden. Dies begann mit der Ernennung des Hohenpriesters Jonathan zum königlichen Militärbefehlshaber und Zivilgouverneur durch Alexander Balas, und entsprechend ist dann in dem vergrößerten, unabhängig gewordenen Reich der Hasmonäer verfahren worden. So bekleidete beispielsweise der Großvater des späteren Königs Herodes des Großen, ein judaisierter Idumäer aus einflußreicher Familie, das Amt eines Strategen in seinem Heimatbezirk.

Wie in den hellenistischen Königreichen wurde viel Geld benötigt zur Bestreitung der laufenden Ausgaben in Kriegs- und Friedenszeiten, für den luxuriösen Lebensstil, die repräsentative Außenseite des Königtums, und für Bestechung im großen Stil. Geld und Edelmetall wurden für besondere Notfälle wie Kriege und die Notwendigkeit diplomatischer Geschenke auch thesauriert. In der hellenistischen Staatengesellschaft, in deren Geldwirtschaft und diplomatische Gepflogenheiten seit dem zweiten Jahrhundert v. Chr. auch die neue Weltmacht Rom einbezogen war, fanden Könige und Republiken nichts dabei, ihre Gunst nach der Höhe der angebotenen Bestechungsgelder zu bemessen. Als Jonathan in seiner neuen hohepriesterlichen Würde in Ptolemais/Akko anläßlich der dort gefeierten glanzvollen Hochzeit des Alexander Balas mit Kleopatra, der Tochter Ptolemaios' VI., beiden Königen seine Aufwartung machte, wußte er, was er zu tun hatte, um sich bei Hofe in Gunst zu setzen. Im Ersten Makkabäerbuch heißt es dazu: «Er brachte ihnen (den beiden Königen) und ihren Freunden Silber, Gold und viele Geschenke mit. So gewann er sie für sich» (1 Makk. 10,60). Als er später den Unwillen seines neuen Oberherrn, Demetrios' II., abzuwenden hatte und an dessen Hof nach Ptolemais/Akko zitiert wurde, hatte er wieder mit der gleichen Methode Erfolg: «Mit Silber, Gold, Gewändern und vielen anderen Geschenken fuhr er zum

König nach Ptolemais. Es gelang ihm, den König umzustimmen» (1. Makk. 11,24). Selbstverständlich nahm auch Rom, die neue Weltmacht, an diesem Handel als nehmender Partner einen intensiven Anteil. Von dem Hohenpriester Simon heißt es, daß er seiner Gesandtschaft nach Rom als offizielles diplomatisches Geschenk einen goldenen Schild im Gewicht von 1000 Minen mitgab – das sind in Silbergeld umgerechnet 1,2 Millionen Drachmen oder 200 Talente. Sein Sohn und Nachfolger Johannes Hyrkanos verfügte bereits über erhebliche Rücklagen, die im sogenannten Davidsgrab in Jerusalem thesauriert waren. So konnte er ohne Schwierigkeiten sofort 300 von den insgesamt 500 Talenten aufbringen, die Antiochos VII. für seinen Verzicht auf die Stationierung einer königlichen Garnison in der Heiligen Stadt verlangte. Nachdem dieser auf seinem Feldzug gegen die Parther den Tod gefunden hatte, war die seleukidische Oberherrschaft faktisch erloschen, und Johannes Hyrkanos ging in den folgenden zwanzig Jahren, in der sein Reich Frieden genoß, an einen systematischen Ausbau seiner Herrschaft, die eine erhebliche Steigerung der Einnahmen bewirkte und es ihm erlaubte, große Schätze anzusammeln. Josephus spricht davon, daß er 3000 Talente aus dem Depot des Davidsgrabs entnahm und sie zur Anwerbung fremder Söldner verwandte. Josephus hebt ausdrücklich hervor, daß er der erste war, der sich fremder Söldner bediente.

Dazu hatte er freilich allen Grund. In der ersten Generation der hasmonäischen Staatsbildung, in der Zeit von Judas Makkabaios bis Simon, bestand das militärische Potential der Hasmonäer zuerst aus jüdischen Partisanenkämpfern, dann aus dem Milizaufgebot des Volkes, aus dem sich nach und nach ein harter Kern erfahrener Kämpfer bildete. Sicherlich war dieses Aufgebot anfangs den professionellen Armeen der Seleukiden unterlegen, und noch in der Agonie des in dynastischen Konflikten untergehenden Seleukidenreiches konnten seleukidische Heere den jüdischen Aufgeboten empfindliche Niederlagen beibringen. So diente die Anwerbung fremder Söldner, von Johannes Hyrkanos eingeführt und von Alexander Jannaios fortgesetzt, zunächst einmal der Steigerung militärischer Professionalität, in zunehmenden Maße jedoch auch der Herrschaftssicherung gegenüber dem eigenen Volk. Denn die neuen Herrscher konnten sich, wie unten zu zeigen ist, ihrer eigenen Untertanen nicht mehr unbedingt sicher sein. Fremde Söldnertruppen zu verwenden war in allen hellenistischen Reichen üblich und schon deshalb notwendig, weil die Könige, gestützt auf eine dünne Schicht von Griechen und Makedonen, eine Fremdherrschaft über die Masse ihrer orientalischen Untertanen ausübten. Wie gefährlich es war, die einheimische Bevölkerung zu bewaffnen und zum Kampf zu schulen, hatten die Aufstände der ägyptischen Bauern gelehrt, die Ptolemaios IV. den Sieg über Antiochos III. in der Schlacht bei Raphia zu erringen ermöglicht hatten, und in Zeiten dynastischer Konflikte, in denen alle Loyalitäten fragwürdig wurden, erschien es ohnehin sicherer, sich auf fremde Söldner zu stützen, weil deren Zuverlässigkeit einzig und allein von guter und regelmäßiger Bezahlung abhängig war. In dem Maße, wie sich die Herrschaft der Hasmonäer dem Typus des hellenistischen Königtums anglich und sie mit dem Problem dynastischer Konflikte und innerer Opposition konfrontiert waren, wurde auch für sie die Verwendung fremder Söldner zur Überlebensnotwendigkeit.

Zum besseren Verständnis der inneren Gefährdungen, denen die Herrschaft der Hasmonäer unterlag, ist zunächst daran zu erinnern, daß das Zusammenspiel zwischen den verschiedenen jüdischen Aspiranten, die Anspruch auf das Hohepriesteramt erhoben, und den das Amt vergebenden seleukidischen Oberherren die herkömmliche Erbfolge im Haus der Oniaden gründlich zerstört hatte. Menelaos, Alkimos, Jonathan und seine Nachfolger waren keine Oniaden und trugen insofern allesamt den Makel einer illegitimen Herkunft. Unmittelbar nachdem Antiochos V. Alkimos zum Hohenpriester erhoben hatte, ging Onias, der überlebende Sohn des gleichnamigen Hohenpriesters, den sein Bruder Jason um Amt und Würden gebracht hatte, nach Ägypten ins Exil und gründete mit Erlaubnis Ptolemaios' VI., der die Hoffnung auf Rückgewinnung der an die Seleukiden verlorenen Provinz noch immer nicht aufgegeben hatte, in dem am Ostrand des Nildeltas gelegenen Leontopolis einen jüdischen Tempel, der bis in die Zeit des Kaisers Vespasian Bestand hatte. Damit erhob Onias (IV.) den Anspruch, daß die Legitimität des Hohenpriesters den Opferkult Jahwes außerhalb Jerusalems zu einem gesetzeskonformen macht und daß der Jerusalemer Kult durch die Illegitimität der dort amtierenden Hohenpriester Gott nicht mehr genehm war. Als dann Alexander Balas Jonathan zum Hohenpriester ernannt hatte, gründete, wie mit gutem Grund vermutet worden ist, der bisherige Amtsinhaber, dessen Namen wir nicht kennen und der in Qumrantexten als «Lehrer der Gerechtigkeit» bezeichnet wird, die Gemeinschaft der Essener, die Jonathan mit dem Verdikt des «bösen Priesters» belegte und die Gültigkeit des in Jerusalem unter seiner Leitung praktizierten Kultes bestritt. So gab es also von vornherein erhebliche Vorbehalte gegen die sich etablierende neue hohenpriesterliche Dynastie, und selbst Simon, der nach Erringung der Unabhängigkeit und der Befreiung der Heiligen Stadt von seleukidischer Besatzung zu höchstem Ansehen aufgestiegen war, erhielt von der Versammlung des souverän gewordenen jüdischen Volkes das geistige und weltliche Führungsamt unter dem Vorbehalt, «bis ein wahrer Prophet auftrete».

Die Herrschaft Simons wurde freilich nicht durch das Auftreten eines wahren Propheten beendet, sondern durch die kriminelle Energie seines Schwiegersohnes Ptolemaios, des Strategen in der Ebene von Jericho. Er ließ seinen Schwiegervater ermorden, um sich mit Unterstützung Antiochos' VII. der Herrschaft zu bemächtigen. Daraus wurde nichts, Simons einzig überlebender Sohn Johannes Hyrkanos konnte das Erbe seines Vaters antreten, aber die Mordtat war ein Menetekel. Der Besitz der Macht zerstörte die Eintracht der Familie, und bezeichnenderweise trat diese Form der Nemesis der Macht ein, als nach der äußeren Konsolidierung des Hasmonäerreiches die Nachfolgefrage die potentiellen Erben der Herrschaft gegeneinander aufbrachte. Eine gesetzliche Erbfolge, etwa in Gestalt der Primogenitur, gab es bei den Hasmonäern so wenig wie in den hellenistischen Königsdynastien, und ebensowenig war die Königswürde ausschließlich im Mannesstamm erblich. Eine derartig offene Situation bestand für das Hohepriesteramt freilich nicht, aber als die Hasmonäer die Königswürde annahmen (nach literarischer Überlieferung war Aristobulos I. der erste, der dies tat, nach der dokumentarischen der Münzlegenden Alexander Jannaios), verfestigte sich in steigendem Maße die Vorstellung von der Eigenständigkeit der weltlichen Herrschaftsfunktionen. Damit erschien es denn auch möglich, das religiöse und das weltliche Führungsamt voneinander zu trennen und von verschiedenen Familienmitgliedern ausüben zu lassen. Die Personalunion von geistlichem und politischem Führungsamt erregte ohnehin, je stärker sich letzteres zuerst in der Sache, dann auch im Titel als hellenistisches Königtum präsentierte, desto heftiger den Unwillen der Frommen im Lande. Aus dem Kreis der Schriftgelehrten, die sich damals zur Partei der Pharisäer formierten, wurde die Forderung nach einer Trennung der beiden Ämter erhoben. Schon Johannes Hyrkanos wurde mit der Forderung konfrontiert, der hohenpriesterlichen Würde zu entsagen. Ein gewisser Eleasar sagte ihm bei einem Treffen mit führenden Pharisäern ins Gesicht: «Da du die Wahrheit zu erfahren wünschst, so wisse: Wenn du gerecht sein willst, so lege die hohepriesterliche Würde nieder und begnüge dich mit der (weltlichen) Herrschaft über das Volk» (Josephus, Jüdische Altertümer XIII, 291).

Darauf ließ sich Johannes Hyrkanos natürlich nicht ein, und er nahm den Konflikt mit den Pharisäern in Kauf. Aber er plante für seine Nachfolge eine Trennung der beiden Funktionen: Seine Frau sollte die weltliche Herrschaft und sein ältester Sohn Aristobulos das Hohepriesteramt übernehmen. Damit beschwor er eine Familientragödie im eigenen Hause herauf. Denn Aristobulos ließ nach dem Tod des Vaters seine Mutter einkerkern und im Gefängnis verhungern, auch drei seiner vier Brüder wurden ins Gefängnis geworfen, nur seinem Lieblingsbruder Antigonos vertraute er und übertrug ihm das Amt eines Strategen. Doch gerade diesen Bruder brachte eine Intrige zu Fall, so daß er getötet wurde. Was Johannes Hyrkanos vergeblich geplant hatte, setzte dann sein Sohn Alexander Jannaios, der älteste der von Aristobulos eingekerkerten Brüder und sein Nachfolger, tatsächlich durch. Er bestimmte seine Frau Alexandra Salome zu seiner Nachfolgerin in der Königsherrschaft und seinen ältesten Sohn Hyrkanos zum Hohenpriester. Dieser sollte nach dem Tod der Mutter auch die Nachfolge in der Königsherrschaft antreten. Aber sein jüngerer Bruder Aristobulos, im Unterschied zu Hyrkanos ehrgeizig und tatkräftig, war mit dieser Regelung nicht einverstanden und erhob sich in den letzten Jahren der Herrschaft seiner Mutter – diese dauerte von 76 bis 67 v. Chr. – an der Spitze der Jerusalemer Aristokratie und zwang nach Alexandras Tod seinen Bruder, ihm die Königsherrschaft zu überlassen und sich mit der hohenpriesterlichen Würde zu begnügen. Aber damit war der Familienzwist nicht beigelegt, er steigerte sich vielmehr zu einem dynastischen Krieg, der die Voraussetzung für das Ende des Hasmonäerreiches bilden sollte, als Pompeius im Jahre 63 v. Chr. an der Spitze einer römischen Armee die Konkursmasse des Seleukidenreiches liquidierte und aus seinen Überbleibseln die Provinzen Syrien und Kilikien konstituierte.

Dynastische Konflikte und Kriege waren in späthellenistischer Zeit die treibende Kraft des Niedergangs und der Desintegration aller Königreiche. Insofern ordnet sich die Geschichte der Hasmonäer in das allgemeine Bild der Zeit ein. Aber darin zeigt sie eigentümliche Züge, daß sich mit dem Familienkonflikt ein das ganze jüdische Volk spaltender Konflikt verband, der von den Religionsparteien der Pharisäer und der Sadduzäer – hinzu kommen noch die bereits erwähnten Essener – getragen wurde. Von diesen Religionsparteien muß hier so weit die Rede sein, wie es zum Verständnis des unter Alexander Jannaios ausbrechenden innerjüdischen Krieges notwendig ist.

Die Pharisäer waren, vereinfacht ausgedrückt, die Partei der Schriftgelehrten, die Sadduzäer die der priesterlichen (und weltlichen) Aristokratie. Die Macht der Schriftgelehrten beruhte auf ihrer Kompetenz der Schriftauslegung, die der priesterlichen Aristokratie auf ihrer kultischen Funktion und auf der engen Verbindung von geistlichem Amt und politischer Führung. Während die priesterliche Aristokratie und die Häupter der großen Familien Jerusalems mit dem Ältestenrat über das Organ der institutionalisierten Machtausübung verfügten, bildeten die Schriftgelehrten eine Korporation, deren Macht auf ihrem informellen Einfluß auf das Leben des Volkes beruhte. Sie waren die gelehrten Sachwalter der Thora, und sie hatten sich die Aufgabe gesetzt, die Herrschaft des Gesetzes zur Realität des jüdischen Lebens zu machen. Der große Orientalist und Alttestamentler Julius Wellhausen hat den Sachverhalt so ausgedrückt: «Wenn die Thora die Seele der zweiten Theokratie war [mit zweiter Theokratie meint er die in der Zeit des Zweiten Tempels herrschende Verfassung], so waren sie (die Schriftgelehrten) die Nerven dieser Seele.» Die Schriftgelehrten hatten sich das Studium der Thora zur Lebensaufgabe um des praktischen Zwecks willen zu eigen gemacht, ihre Vorschriften in allen Konstellationen des Lebens zur Geltung zu bringen, und sie arbeiteten daran, immer weitere Bereiche des Alltagslebens in den Kreis der Heiligung zu ziehen und die Befolgung der in den 613 Geboten des Pentateuchs niedergelegten Willen Gottes durchzusetzen. Ihr Grundgedanke war: Allein Jahwe ist Israels König, und sein Gesetz ist die Norm des Lebens. Alles übrige gaben sie Gott anheim. Auch sie lebten in der Erwartung des Reiches Gottes, aber sie maßten sich nicht an, Gott bei der Verwirklichung des Gottesreiches zu Hilfe zu kommen, und dies ist der Grund, warum in ihren Kreisen der Makkabäeraufstand in der Zeit des Religionsverbots allenfalls als eine kleine Hilfe galt. Aus dieser Einstellung erklärt es sich, daß die Schriftgelehrten, um die sich in der Zeit Antiochos' IV. die Vereinigung der Frommen gebildet hatte, sich mit ihren Anhängern der Aufstandsbewegung des Judas Makkabaios anschlossen, solange für die Wiederherstellung des Heiligtums und der auf der Thora beruhenden Lebensordnung gekämpft wurde. Ebenso verständlich ist es, daß sie in dem Augenblick, in dem dieses Ziel erreicht war, im Unterschied zu den Makkabäern ihren Frieden mit der Fremdherrschaft machten. Sie erkannten den von Antiochos V. eingesetzten Hohenpriester Alkimos an, aber sie versagten ihm die Gefolgschaft, als er den religiösen Frevel begehen wollte, im Heiligtum die Mauer des inneren Vorhofs niederzureißen. In dem Maße, in dem dann die hasmonäischen Hohenpriester das Schwert des Eroberers führten und die Zwecke einer weltlichen Herrschaft das gesamte Leben zu beherrschen begannen, wandten sich die Schriftgelehrten ebenso, wie es vorher schon die Gemeinschaft der Essener anläßlich der Ernennung Jonathans zum Hohenpriester getan hatte, von dem in ihren Augen blutbefleckten, unrein gewordenen Hohenpriestern ab und bildeten die Vereinigung der Pharisäer, das heißt der Abgesonderten, die mit dem sündhaften Treiben der offiziellen Führer des Volkes nichts zu tun haben wollten.

Im Unterschied zu den Pharisäern, die geistige Autoritäten waren und Macht durch ihren Einfluß auf die Masse des Volkes hatten, waren die Sadduzäer die Vertreter der regierenden Klasse, der Hohenpriester und Ältesten, wie sie in der Apostelgeschichte, oder auch die Mächtigen und Angesehenen, wie sie bei Josephus heißen. Ihr Name leitet sich von Zadok, dem Hohenpriester König Salomos, her, und tatsächlich war ihr Revier der Tempel und die an ihn geknüpfte politische Ordnung, das Hohepriesteramt und der Ältestenrat. Dieser wurde später in römischer Zeit aufgrund seiner höchstrichterlichen Funktionen mit einem aus dem Griechischen stammenden Lehnwort «Sanhedrin» (abgeleitet von Synhedrion, das heißt (Richter)versammlung) bezeichnet. Mit Recht ist gesagt worden, daß die Sadduzäer mehr Politiker als Priester waren, und man könnte hinzufügen, daß sie eine abgehobene, der Arroganz der Macht verfallene Kaste waren. Genau das bringt Josephus in seiner Beschreibung der jüdischen Religionsparteien zum Ausdruck, wenn er sagt:

> *Die Pharisäer gelten für besonders genaue Interpreten der Bestimmungen des Gesetzes, sie schreiben alles in erster Linie Gott und der Bestimmung durch ihn zu, meinen aber, daß Recht- und Unrechttun zum größten Teil in der Hand des Menschen liege, an beiden jedoch die Bestimmung (durch Gott) mitwirke... Die Sadduzäer aber leugnen die Bestimmung (durch Gott) und halten dafür, daß Gott Böses weder tut noch ihm (untätig) zusieht, und sie sagen, daß das Gute und das Schlechte ganz in die freie Wahl des Menschen gestellt sind und es ganz in seinem freien Willen steht, nach welcher Seite er sich wendet... Und während die Pharisäer sich eng aneinander anschließen und in Eintracht mit dem Volk leben, verhalten sich die Sadduzäer eher schroff gegeneinander und begegnen ihren Landsleuten, als seien sie Fremde.*
>
> *(Josephus, Jüdischer Krieg II,162–166)*

Diese Aussagen sind nicht als Schuldogmen im Sinne der griechischen Philosophie zu verstehen, wenngleich Josephus bei deren Terminologie Anleihen macht, um jüdische Verhältnisse einem griechischen Lesepublikum verständlich zu machen, sondern es handelt sich um Lebenseinstellungen, die mit der unterschiedlichen Rolle und gesellschaftlichen Stellung der beiden «Religionsparteien» zusammenhängen. Die priesterliche Aristokratie beaufsichtigte und vollzog den Kult, der ihnen wie eine Pfründe ein finanziell sorgenfreies

Leben sicherte, und sie war im übrigen freigestellt für die Beratung der weltlichen Angelegenheiten des jüdischen Priesterstaates. Es will bedacht sein, daß sich aus ihrem Kreis die Männer rekrutiert hatten, die unter Antiochos IV. den Umsturz der überlieferten Theokratie und die Einführung griechischer Institutionen, Polis und Gymnasium, begrüßt und aktiv mitgetragen hatten. Vermutlich gab es unter ihnen auch Opportunisten, die Menelaos auf seinem Weg in die Katastrophe folgten und die Abschaffung der auf der Thora beruhenden Lebensordnung des Volkes im Interesse des eigenen Machterhalts hinnahmen. Aber für die Schriftgelehrten, die Partei der Pharisäer, war mit der Thora alles verloren, und so erklärt es sich, daß sich ihre Vorgängerorganisation, die Gemeinschaft der Frommen, dem Aufstand der Makkabäer anschloß und dessen Massenbasis verstärkte, solange um die Wiederherstellung der väterlichen Religion gekämpft wurde. Aber da die Frommen an Politik nicht interessiert waren, gingen sie zu Judas Makkabaios und seinen Brüdern auf Distanz, als der bewaffnete Kampf um politische Ziele, um Unabhängigkeit und äußere Expansion, geführt wurde. Die innere Umwandlung der von Esra und Nehemia begründeten theokratischen Verfassung zu einem weltlichen Königtum des hellenistischen Typus war den Schriftgelehrten ein Greuel. Umgekehrt näherten sich die Hasmonäer, die ursprünglich den hellenistischen Neigungen der Priesteraristokratie ganz fern gestanden und den bewaffneten Kampf um die Wiederherstellung der alten Ordnung begonnen hatten, mit innerer Notwendigkeit dem Priesteradel als dem natürlichen Verbündeten in der Ausübung der kultischen Funktionen und der weltlichen Macht.

Als aus dem Kreis der Pharisäer die Forderung erhoben wurde, Johannes Hyrkanos solle vom Amt des Hohenpriesters zurücktreten, waren die Fronten endgültig geklärt. Die Hasmonäer und die priesterliche Machtelite standen gegen die beim Volk einflußreichen Pharisäer. Unter Alexander Jannaios kam es dann zur gewaltsamen Entladung dieses Gegensatzes. Anlaß war eine öffentliche Demonstration während des Laubhüttenfestes. Als der Hohepriester, wie kein anderer unter seinen Vorgängern die Verkörperung kriegerischer Wildheit, im Begriff war, die heiligen Opferhandlungen zu vollziehen, bewarf ihn die Menge mit den Zitronen, die Teil des mitgeführten Feststraußes waren, und schrie, daß es ihm nicht zukomme, als Hoherpriester zu fungieren und die vom Gesetz vorgeschriebenen Opfer darzubringen. Daraufhin ließ er sich dazu hinreißen, ein Blutbad unter der versammelten Menschenmenge anzurichten, und als Werkzeug diente ihm seine aus Kleinasien rekrutierte Söldnertruppe. Der Riß zwischen König und Volk war seitdem nicht mehr zu kitten. Als Alexander Jannaios nach seiner oben erwähnten Niederlage gegen den Araberkönig Obedas nach Jerusalem zurückkehrte, wurde er mit Massenprotesten empfangen und erhielt auf die Frage, was er denn tun solle, die provozierende Antwort: «Sterben!». Dann folgte ein sechsjähriger Bürgerkrieg, in dem sich seine Feinde nicht scheuten, einen der damals miteinander rivalisierenden seleukidischen Herrscher, Demetrios III., zu Hilfe zu rufen. Mit seiner Hilfe errangen die Aufständischen auch einen großen Sieg. Aber er erwies sich letztlich als Pyrrhossieg. Denn die Gefahr, wieder unter fremde Herrschaft zu fallen, führte innerhalb des Volkes zu einer partiellen Solidarisierung mit dem Besiegten, der auf diese Weise allmählich wieder die Oberhand gewann. Als der Rest der Aufständischen schließlich in der letzten von ihnen gehaltenen Festung kapitulierte, nahm er an ihnen mit barbarischer Grausamkeit Rache. Er ließ sie während eines Festmahles kreuzigen und, während sie noch am Leben waren, wurden vor ihren Augen ihre Angehörigen abgeschlachtet. So wenigstens erzählt es Josephus. Eine große Zahl Überlebender – angeblich 8000 Personen – floh ins Ausland und blieb im Exil, solange Alexander Jannaios lebte.

Der König wußte nur zu gut, daß seine Herrschaft hochgefährdet und eine Kursänderung überfällig war. Er wußte aber auch, daß seine Person einer Aussöhnung mit den Pharisäern im Wege stand, und so riet er auf dem Totenbett seiner zur Nachfolge in der Königswürde bestimmten Frau Alexandra Salome, diesen Frieden zu schließen und die Pharisäer an der Regierung zu beteiligen. So geschah es denn auch. Unter ihrer Herrschaft wurden führende Mitglieder der pharisäischen Gemeinschaft in den Ältestenrat aufgenommen, und damit begann eine Entwicklung, die dazu führte, daß in römischer Zeit dieses aus 71 Mitgliedern bestehende Gremium sich aus Angehörigen der priesterlichen Aristokratie als dem Hauptbestandteil und zusätzlich aus pharisäischen Schriftgelehrten zusammensetzte. Für Alexandra Salome hatte das Bündnis mit den Pharisäern freilich zur Folge, daß sie einen schwierigen Mittelweg zwischen den ehemaligen Bürgerkriegsparteien steuern und insbesondere versuchen mußte, den priesterlichen Kriegeradel vor den Rachegelüsten der Pharisäer zu schützen, ohne es mit ihnen zu verderben. Diese brachten es immerhin fertig, daß mehrere ihrer alten Feinde, denen sie vorwarfen, für den Tod von 800 Angehörigen ihrer Gemeinschaft unter Alexander Jannaios verantwortlich gewesen zu sein, hingerichtet wurden – bis der jüngere Sohn der Königin, Aristobulos, sich der Sache der gefährdeten Sadduzäer annahm. Er faßte den Plan, mit ihrer Hilfe zu verhindern, daß sein älterer Bruder, der Hohepriester Hyrkanos, die Nachfolge der Mutter antrat, und die Königsherrschaft für sich zu gewinnen. Mit Ausnahme der Festungen Hyrkania, Alexandreion und Machairos, wo die Königin ihre Schätze deponiert hatte, war Angehörigen der Priesteraristokratie das Kommando der festen Plätze im Lande übertragen worden, und diese lieferten sie Aristobulos aus. So begann noch zu Lebzeiten der Mutter ein neuer dynastischer Krieg. Nach Lage der Dinge war er mit dem weiterschwelenden Konflikt der Religionsparteien verflochten, und nachdem Alexandra Salome die Augen geschlossen hatte, weitete sich dieser Bürgerkrieg in eine neue Dimension aus, indem fremde Mächte in den Streit der Brüder hineingezogen wurden, zuerst Aretas, der König der arabischen Nabatäer, und dann die Römer unter Pompeius. Dieser war es, der dann den Frieden zu seinen Bedingungen erzwang.

Judenfeindschaft und Assimilation in späthellenistischer Zeit

Es ist wiederholt gesagt worden, daß sich vor dem Makkabäeraufstand in der griechischen Literatur weder antijüdische Passagen noch irgendeine Notiz über antijüdische Aktivitäten finden und daß die zahlreichen späteren Zeugnisse und Akte des Judenhasses eine Reaktion auf die für Juden und Nichtjuden Palästinas leidvolle Geschichte seit dem von Antiochos IV. erlassenen Verbot der jüdischen Religion und seinen Folgen darstellen. Obwohl dieses verhängnisvolles Verbot keineswegs die unausweichliche Folge des in der jüdischen Oberschicht virulenten Strebens nach Selbsthellenisierung war, so hat doch seine mißverständliche Etikettierung als einer «Umstellung auf das Hellenische» zu der Entstehung einer Frontstellung zwischen Judentum und Hellenismus entscheidend beigetragen. Unter Führung des Judas Makkabaios setzten sich die Juden gegen den von ihrem Hohenpriester Menelaos initiierten Versuch zur Wehr, die in der Religion gründende Identität ihres Volkes zu vernichten, und im Zuge der hasmonäischen Expansion fehlte es dann nicht an Gewaltakten auch gegen Nichtjuden, die von diesen als Folge des jüdischen Hasses gegen alles Hellenische gedeutet wurden. Griechisch-orientalische Gemeinden wurden, wie oben beschrieben worden ist, von den Hasmonäern vernichtet, ihre Bevölkerung vertrieben oder zwangsweise judaisiert.

Wie es immer zu gehen pflegt, legte jede Seite den Finger nur auf das, was ihr angetan wurde. Von den Übergriffen, denen Juden, auch die in der Peripherie des Heiligen Landes lebenden, ausgesetzt waren, von den Massenver-

sklavungen, von denen Juden in den Kriegen mit den Nachbarvölkern und
den Seleukiden betroffen waren, oder von der Dankbarkeit, mit der beispielsweise Judas Makkabaios die hellenistische Stadt Skythopolis verschonte, weil
sie sich nicht an der Verfolgung ihrer jüdischen Metöken beteiligt hatte, war
in den Anklagen, die gegen die Juden erhoben wurden, niemals die Rede.
Nachbarschaftskonflikte hatte es auch vor der Zeit der Hasmonäer schon
gegeben, aber es fehlte ihnen die fatale ideologische Zuspitzung auf die angebliche Todfeindschaft von Judentum und Hellenismus. So wie die Dinge lagen,
erfuhr nun das Bild des jüdischen Volkes in der hellenistischen Literatur Aus-
malungen, die den schlimmsten Wahnideen des modernen Antisemitismus
nicht nachstehen. Einer ihrer Ansatzpunkte war das Phänomen der jüdischen
Absonderung. Wohlwollende Betrachter wie Hekataios von Abdera führten
sie auf die Bedingungen zurück, unter denen Moses seinem Volk die Gesetze
gab. Weil er selbst als Fremdling vertrieben worden war, so argumentierte
Hekataios, verpflichtete er die Juden auf eine menschenscheue und menschenfeindliche Lebensweise. Mit dieser Herleitung einer kritikwürdigen Einstellung aus dem Ursprung einer psychologisch erklärbaren Fremdenscheu
war das Verhalten der Juden immerhin entschuldbar, und selbst ein so enra-
gierter Judenfeind wie Tacitus bezeugte dem Traditionsargument, der Erklärung eines Brauchs aus seiner Stiftung in längst vergangener Zeit, den Respekt,
der ihm in der Antike üblicherweise gezollt wurde: «Wie immer diese Riten
eingeführt worden sind: Sie finden ihre Rechtfertigung in ihrem Alter» (Tacitus, Historien V,5,1). Aber unter dem Eindruck der Kämpfe und Konflikte der
Hasmonäerzeit nahm dies alles düsterere Farben an.

In dem wohl auf das Geschichtswerk des Poseidonios zurückgehenden
Bericht Diodors über die Beratungen, die im Kronrat Antiochos' VII. Sidetes
über die Behandlung Jerusalems und der Juden anläßlich der bevorstehenden
Kapitulation der Stadt abgehalten wurden, schlagen die Freunde des Königs
die Zerstörung Jerusalems und die Vernichtung des jüdischen Volkes vor, und
sie bringen zur Begründung ein langes Sündenregister der Juden vor: Ihrer
Absonderung unterstellen sie das Motiv der Feindseligkeit gegen alle Menschen; unter Benutzung der ägyptischen Version vom Auszug der Israeliten
aus Ägypten führen sie diesen auf die Gottlosigkeit der Juden zurück: Sie seien
mit einem Fluch belegt und von der Lepra gezeichnet gewesen, und deshalb
seien sie vertrieben worden; in Jerusalem, wo sie sich niedergelassen hätten,
sei der Haß gegen die nichtjüdische Menschheit zur Grundlage ihrer gesetzlichen Ordnung gemacht worden. Und was die jüdische Religion anbelangt,

so wird behauptet, daß Antiochos IV., als er das Allerheiligste des Tempels betrat, dort die bärtige Marmorstatue des Moses auf einem Esel reitend und in der Hand das menschenfeindliche Gesetz der Juden haltend gesehen und sich entschlossen habe, ein für allemal Schluß mit dieser Religion zu machen, deren Quintessenz der Menschenhaß sei. Der König freilich folgte dem Rat seiner Freunde nicht. Weder rottete er die Juden aus, noch verbot er die jüdische Religion.

Aber das tat dem Judenhaß keinen Eintrag. Vielmehr fand er Eingang in das späthellenistische Konstrukt einer Entwicklung der jüdischen Geschichte. Demnach nahm sie ihren Ausgang von der reinen Gottesverehrung der Frühzeit, die sich von den Fehlern des ägyptischen Tierkultes und des griechischen Anthropomorphismus freihielt, führte aber dann über menschenfeindliche Bräuche, die vom Geist des Aberglaubens inspiriert waren – gemeint sind die jüdischen Speisegesetze, die Beschneidung, von der fälschlicherweise angenommen wird, auch die Mädchen seien ihr unterworfen worden, und ähnliches mehr – zur Tyrannei des hasmonäischen «Räuberstaates», der teils das eigene und teils das Land der Nachbarn ausplünderte und schließlich im Bündnis mit seleukidischen Herrschern sich große Teile von Koilesyrien und Phönizien aneignete und doch großes Aufhebens von der Heiligkeit des Tempels machte, obwohl dieser in Wahrheit die Zwingburg der Tyrannis war. So konnte man es in augusteischer Zeit bei dem Historiker und Geographen Strabon nachlesen, der dies einem Bericht über das Ende des, wie es diffamierend heißt, räuberischen Hasmonäerstaates im Jahre 63 v. Chr. entnahm.

Dies alles begünstigte die unsinnige und verleumderische Vorstellung, daß die Wurzel der hasmonäischen Expansion mitsamt ihren gewalttätigen Begleiterscheinungen die mit einem endemischen Menschen- und Griechenhaß verschwisterte jüdische Religion sei. Daß gerade von den Frommen im jüdischen Volk die Hasmonäer auf die heftigste Kritik und den heftigsten Widerstand trafen, zählte so wenig wie die tatsächlichen Umstände, die seinerzeit Antiochos IV. dazu gebracht hatten, gegen die jüdische Religion vorzugehen. Allen Ernstes wurde das Greuelmärchen vom jährlich wiederholten Ritualmord an einem Griechen im Jerusalemer Tempel kolportiert. Antiochos IV. habe, so hieß es, als er das Innerste des Tempels betrat, einen dort gefangengehaltenen Griechen angetroffen; dieser sei entsprechend einem geheimen jüdischen Gesetz für die jedes Jahr fällige grausige Opfermahlzeit gemästet worden, bei der die Juden den feierlichen Eid schworen, den Griechen auf immer Feind zu sein. Dieses Greuelmärchen, das in der Antike übrigens nicht nur den Juden angehängt wurde, geht wahrscheinlich auf die antijüdische Hetzliteratur der späten Hasmonäerzeit zurück. Gesichert ist dies für die in herabsetzender Absicht erfundene Legende, daß die Juden im Allerheiligsten ihres Tempels den goldenen Kopf eines Esels verehrten. Sie stammt von dem im frühen ersten Jahrhundert v. Chr. in Rhodos wirkenden berühmten Rhetor Apollonios Molon, der behauptete, dies sei entdeckt worden, als Antiochos IV. den Tempelschatz an sich nahm. Unter diesen Umständen ist es nicht verwunderlich, daß sich in der veröffentlichten Meinung der griechisch-römischen Welt ein Vexierbild des Konflikts zwischen dem seleukidischen König und den Juden durchsetzte. Antiochos IV. war im Interesse von Herrschaftssicherung und Einnahmenssteigerung dem Katastrophenkurs eines politischen Bankrotteurs, des von ihm ernannten jüdischen Hohenpriesters Menelaos, gefolgt, aber nun wurde er zu einem Kulturbringer stilisiert, der dem verstockten, feindseligen Volk der Juden vergeblich den Fremdenhaß auszutreiben und es in die Gemeinschaft der an der griechischen Kultur teilnehmenden Völker einzureihen versucht hatte.

Einen Gegensatz von Judentum und Hellenismus konstatierte das auf den jüdischen Historiker Jason von Kyrene zurückgehende Zweite Makkabäerbuch, und damit war der Gegensatz zwischen der überlieferten theokratischen Verfassung und der von dem Hohenpriester Jason projektierten Polis mit den griechischen Institutionen von Gymnasium und Ephebie gemeint. Dies war in der Tat eine sachlich begründete Feststellung. Aber unter dem Eindruck der Reaktion, die auf die verfehlte Politik Antiochos' IV. gefolgt war, wurde dieser Gegensatz anders interpretiert: als Unterschied zwischen Barbarei und Kultur. Demnach hätte sich der griechische König, wie noch Tacitus behauptet, darum bemüht, den Juden ihren barbarischen Aberglauben auszutreiben und die griechische Lebensweise zu geben, um, wie der römische Historiker sich ausdrückt, das «widerwärtige Volk» zum Besseren hin zu verändern (Tacitus, Historien V,8,20).

Freilich wäre es ebenso verkehrt, die Wurzeln der Judenfeindschaft in der Antike ausschließlich auf die Kriege und Eroberungen der Hasmonäer zurückzuführen. Die Dinge liegen komplizierter, und die Probleme sind vielschichtiger. Zunächst ist daran zu erinnern, daß die Juden in der Diaspora unter anderen Bedingungen als in Judäa und in dem expandierenden Reich der Hasmonäer lebten, daß Konflikte zwischen jüdischer Minderheit und nichtjüdischer Mehrheit weder zeitlich noch sachlich eine Folge der Ereignisse waren, die sich in Palästina in den hundert Jahren zwischen Judas Makkabaios und

Alexander Jannaios zugetragen haben. Nach einem berühmten Wort Theodor Mommsens sollen der Ursprung und die Entstehungsbedingungen der Judenfeindschaft in der Diaspora der hellenistischen Zeit gelegen haben: «Der Judenhaß und die Judenhetzen sind so alt wie die Diaspora selbst; diese privilegierten und autonomen orientalischen Gemeinden innerhalb der hellenischen mußten sie so notwendig entwickeln wie die der Sumpf die böse Luft» (Römische Geschichte V,519).

Konflikte in der Diaspora sind indessen älter als das Zeitalter des Hellenismus, und ihr Ursprung ist auch nicht die Sonderstellung jüdischer Politeumata innerhalb der griechischen Städte des Ostens. Wie wir dank der oben erwähnten Funde von Elephantine wissen (von denen Mommsen noch keine Kenntnis hatte), gab es bereits im Perserreich Akte der Judenfeindschaft, die mit der Privilegierung jüdischer Gemeinschaften innerhalb griechischer Stadtgemeinden naturgemäß überhaupt nichts zu tun haben. Als im Jahre 411 v. Chr. die ägyptischen Priester und Verehrer des widderköpfigen Khnum den benachbarten jüdischen Tempel von Elephantine zerstörten, war das Motiv die Empörung, daß die jüdischen Militärsiedler Lämmer und Widder opferten, die Tiere also, die den Verehrern des Widdergottes heilig waren. Der verständlichen Empörung war freilich aller Wahrscheinlichkeit nach noch ein weiteres Motiv beigemischt: die Abneigung gegen die jüdischen Militärsiedler als ein loyales Instrument der in Ägypten verhaßten persischen Fremdherrschaft. Aber damit aus diesem Motivgemisch im Jahre 411 ein konkreter Übergriff gegen das jüdischen Heiligtum werden konnte, bedurfte es zusätzlich der Möglichkeit, den Juden den Schutz des fremden Landesherren zu entziehen. Dies gelang durch Bestechung des lokalen persischen Statthalters. Zwar erwirkten die betroffenen Juden dessen Bestrafung und die Erlaubnis zur Wiedererrichtung ihres Tempels (aber nicht zur Wiederaufnahme blutiger Opfer), doch zeigt der ganze Vorfall mit exemplarischer Deutlichkeit, wo die Schwäche der jüdischen Stellung in der Diaspora lag. Die Juden als Minderheit waren auf Gedeih und Verderb auf das vertikale Bündnis mit der jeweils höchsten Autorität des Landes angewiesen, in dem sie lebten, und die Struktur der antiken Großreiche, gleichgültig ob das persische, die hellenistischen oder das römische, ließen Störungen dieses Bündnisses auf der mittleren oder unteren Ebene der Verwaltungshierarchie durchaus zu. Für alle diese Reiche, in denen jüdische Minderheiten als Stützen der Fremdherrschaft lebten, gilt der ursprünglich auf das russische Reich gemünzte Satz: Rußland ist groß, und der Zar ist weit.

Gerade weil Juden aus religiösen Gründen in der Fremde abgesondert für sich leben und nicht in der einheimischen Bevölkerung aufgehen wollten, waren sie gegenüber fremden Oberherren loyal und somit die geborenen Stützen ihrer Herrschaft. Das oben zitierte Schreiben Antiochos' III., mit dem er die Ansiedlung von 2000 aus Babylonien stammenden jüdischen Familien in den aufständischen Gebieten des westlichen Kleinasiens verfügte, verrät mehr über die Stellung der Juden in der Diaspora als ein zufällig überliefertes Einzelvorkommnis: Der König betrachtete die Juden, wie er sagte, aufgrund ihrer Frömmigkeit als verläßliche Sachwalter seiner Interessen, und er ordnete an, sie gegen Belästigungen von seiten der einheimischen Bevölkerung zu schützen. Ihre abgesonderte Lebensform, ihre Weigerung, die Götter des Landes zu verehren, in dem sie lebten, und ihre Funktion als Stützen der Fremdherrschaft setzten sie der Gefahr aus, das Opfer des Ressentiments ihrer Umgebung zu werden. Das Bündnis mit den Landesherren war einerseits die Garantie ihrer Sicherheit und die Bedingung ihrer Gefährdung, wenn Umstände eintraten, unter denen sich das Bündnis als brüchig erwies. Das Beispiel der Tempelzerstörung in Elephantine zeigt dies in aller Deutlichkeit.

Wir kennen keinen der Tempelzerstörung von Elephantine vergleichbaren konkreten Vorfall aus hellenistischer Zeit (dies könnte freilich auf den Zufällen der Überlieferung beruhen). Wohl aber gibt es Erzählungen, die, was die geschilderten Ereignisse anbelangt, gewiß literarische Fiktionen sind, aber doch die Erfahrung von Judenfeindschaft und Verfolgung ebenso voraussetzen wie die Gefahr der Abhängigkeit von vertikalen Bündnissen. Gemeint sind das Buch Esther und das sogenannte Dritte Makkabäerbuch. Das Buch Esther, ein wohl um die Mitte des zweiten Jahrhunderts v. Chr. entstandener «historischer Roman», erzählt, wie die Heldin, die Jüdin Esther, zur Ehefrau des persischen Großkönigs Ahasveros/Xerxes aufsteigt und zusammen mit ihrem Pflegevater Mordechai die Juden vor dem Anschlag des Vesiers Haman rettet und so das in den jüdischen Festkalender aufgenommene Purimfest, den 13. Adar (Februar/März) als den Tag der wunderbaren Errettung aus Todesgefahr begründet. Es handelt sich also um eine aitiologische Erzählung, die Herleitung eines in der östlichen Diaspora, vielleicht sogar in der alten elamitischen Metropole Susa entstandenen Freudenfestes. Die Todesgefahr, aus der die Juden gerettet wurden, war der Erzählung zufolge eingetreten, als Haman den König bewegen konnte, den Juden seinen Schutz zu entziehen und den 13. Adar zu dem Tag zu bestimmen, an dem jedermann sie straflos töten durfte. Dies war die gleiche Methode, die im Frühjahr 88 v. Chr. König Mithradates

VI. von Pontos anwandte, um die Städte Kleinasiens auf Gedeih und Verderb in seinem Krieg gegen Rom an sich zu binden. Von Milet aus erklärte er alle Römer für vogelfrei, und der Haß, den die römischen Steuerpächter und Geschäftsleute in der Provinz Asia auf sich gezogen hatten, bewirkte, daß von der Erlaubnis zur straffreien Tötung ausgiebig Gebrauch gemacht wurde. Angeblich wurden 80 000 Römer damals umgebracht. Was nun die Erzählung des Buches Esther anbelangt, so sind es nicht die Ausbeutungspraktiken jüdischer Händler und Geldverleiher, die es generell so nicht gab, sondern der Hinweis auf die jüdische Besonderheit, ihre Absonderung von den Völkern, mit dem Haman den König dazu bringt, den Juden den Rechtsschutz zu entziehen: «Und Haman sprach zum König Ahasveros: Es ist ein Volk und teilt sich unter allen Völkern deines Königreichs, und ihr Gesetz ist anders als das aller Völker, und sie tun nicht nach des Königs Gesetzen. Es ziemt dem König nicht, sie also zu lassen. Gefällt es dem König, so lasse er schreiben, daß man sie umbringe» (Esther 3,8–9). Was immer der konkrete Anlaß der Erzählung war: Sie setzt voraus, daß es Judenfeindschaft auch in den Ländern der östlichen Diaspora gab und daß der Verlust des Schutzes, den das vertikale Bündnis gewährte, jüdisches Leben und jüdisches Eigentum mit Vernichtung bedrohen konnte.

In die gleiche Richtung weist das Dritte Makkabäerbuch, das entgegen der Erwartung, die der Titel erweckt, nicht vom Makkabäeraufstand oder der Geschichte der Hasmonäer handelt, sondern von der wunderbaren Errettung der ägyptischen Juden vor der Vernichtung durch Ptolemaios IV. nach seiner Rückkehr aus Jerusalem im Jahre 217 v. Chr. Auch diese Geschichte ist durchaus legendär, und der dort erzählte Plan, die Juden von 500 berauschten Elefanten in Alexandrien zertrampeln zu lassen, wird samt der wunderbaren Errettung im übrigen in der von Josephus erzählten Version nicht Ptolemaios IV., sondern Ptolemaios VIII. Energetes II. (146–117 v. Chr.) zugeschrieben. Beiden Versionen ist der aitiologische Charakter der Erzählung gemeinsam: Die wunderbare Errettung aus tödlicher Gefahr ist der Ursprung eines vom 14. bis zum 18. Ephebi (3.–9. Juli) gefeierten Gedenk- und Freudenfestes, das von den Juden in der ägyptischen Diaspora gefeiert wurde. Insofern ist das Dritte Makkabäerbuch das ägyptische Gegenstück zu dem in der östlichen Diaspora entstandenen Buch Esther. So wenig auch die im Dritten Makkabäerbuch erzählten Ereignisse Anspruch auf Historizität erheben können, so ist doch der historische Kontext, in dem eine Verfolgung von Juden unter Ptolemaios VIII. stattfand, noch in Umrissen erkennbar. Darauf wird unten noch näher einzugehen sein. Abgesehen davon enthalten beide Erzählungen eine Spiegelung der Gefährdungen, denen Juden in der Diaspora ausgesetzt waren, und in diesem Sinne haben sie als historische Zeugnisse auch jenseits der Faktizität des Berichteten erhebliches Gewicht.

Besser als über die Verhältnisse in der östlichen Diaspora sind wir über die Juden im ptolemäischen Ägypten unterrichtet. Dorthin waren in der Folge des Religionsverbots Antiochos' IV. und der sich anschließenden Kämpfe zahlreiche Juden ausgewandert und hatten Aufnahme und Schutz in Ägypten gefunden. Ptolemaios VI. hatte sie vornehmlich im östlichen Nildelta angesiedelt und dem gleichnamigen Sohn des Hohenpriesters Onias III. gestattet, in Leontopolis einen jüdischen Tempel zu gründen. Das war Teil seiner gegen die Seleukiden gerichteten Politik. Ptolemaios VI. gab zeit seines Lebens den Plan einer Rückeroberung der verlorenen Provinz Koilesyrien und Phönizien nicht auf (und unmittelbar vor seinem Tod schien es ihm, wie oben geschildert worden ist, sogar zu gelingen, die seleukidische mit der ptolemäischen Krone zu vereinen). Dementsprechend dienten die von ihm aufgenommenen Juden vor allem der Stärkung seines Militärpotentials. Onias, der Gründer des Tempels von Leontopolis, begegnet zusammen mit einem gewissen Dositheos (nicht zu verwechseln mit dem gleichnamigen Sohn des Drimylos, der schon unter Ptolemaios IV. zu höchsten Ehren aufgestiegen war) als Stratege im Dienst Ptolemaios' VI. Beim Tod des Königs im Jahre 145 v. Chr. stellte sich dieser Onias im innerdynastischen Streit um die Nachfolge auf die Seite der Witwe Kleopatra II., aber er konnte nicht verhindern, daß der Bruder des verstorbenen Königs, Ptolemaios VIII. Euergetes II., dessen Herrschaft bis dahin auf die Kyrenaika beschränkt war, sich in Alexandrien durchsetzte. Dieser nahm Rache an seinen Feinden, und zu ihnen zählten auch die von seinem Bruder, mit dem er verfeindet war, begünstigten Juden. Dies ist aller Wahrscheinlichkeit nach der historische Kern der oben erwähnten Legende von der tödlichen Gefährdung und wunderbaren Errettung der ägyptischen Juden. Ptolemaios VIII. einigte sich jedoch mit seiner Schwester, der Witwe seines Bruders. Er heiratete sie und übte zusammen mit Kleopatra II. eine Samtherrschaft aus. Damit war die Gefahr, in der die Juden geschwebt hatten, endgültig vorüber, und offenbar spielten Juden auch später eine wichtige Rolle in allen Rängen des ptolemäischen Heeres. Als Kleopatra III. im Jahre 103 v. Chr. von Alexander Jannaios zu Hilfe gegen ihren Sohn, den auf Zypern herrschenden Ptolemaios IX. Philometor, gerufen wurde, befehligten das ptolemäische Heer zwei jüdische Strategen, Helkias und Hananias. Es war dieser Hananias, der der

Königin den Plan ausredete, das Hasmonäerreich einfach zu annektieren, indem er geltend machte, daß ein solcher Schritt alle Juden Ägyptens gegen die Königin aufbringen würde und somit ihre Herrschaft in Gefahr geraten könne.

Die Solidarität der ägyptischen Juden mit ihren Stammesgenossen im Mutterland war also ungebrochen, und auch untereinander übten die Juden Solidarität, wenn eigene Leute der Hilfe bedurften. Noch Kaiser Iulian sah in diesem Zug neben der Treue zum Gott der Väter und zum Religionsgesetz das Hauptmerkmal des Judentums. Für Alexandrien ist überliefert, daß in der großen Synagoge die Mitglieder der einzelnen Handwerkergilden nebeneinander saßen und ein Bedürftiger bei der Vereinigung seiner Profession Hilfe und Unterstützung finden konnte: «Die Leute sitzen nicht in einem ungeschiedenen Durcheinander, sondern die Goldschmiede sitzen beisammen ebenso wie die Silberschmiede, die Eisenschmiede und die Kupferschmiede, und wenn ein Bedürftiger ankommt, so erkennt er (sofort) seine Berufsgenossen und wendet sich an sie um Hilfe, und so findet er Unterstützung sowohl für sich als auch für seinen Hausstand» (Frey, Corpus Papyrorum Judaicarum pp. 12 f., 147 f.).

In Alexandrien gab es freilich nicht nur jüdische Handwerker, Krämer und Hafenarbeiter, sondern auch eine wohlhabende Oberschicht aus Schiffseignern, Großhändlern und Steuerpächtern. Aus dieser wohlhabenden Oberschicht rekrutierte sich eine Bildungselite, die das griechische Bildungsideal mit der Treue zur jüdischen Religion zu verbinden suchte. Sie war der Nährboden einer spezifisch jüdisch-hellenistischen intellektuellen Kultur in der Hauptstadt des ptolemäischen Ägypten. Dem Bildungsideal dieser Schicht hat in der frühen Kaiserzeit der jüdische Religionsphilosoph Philon von Alexandrien in seiner Schrift über die Zehn Gebote ein schönes Denkmal gesetzt. In der Erläuterung zum fünften Gebot: «Du sollst Vater und Mutter ehren» werden die Kinder in die Pflicht der Dankbarkeit gegenüber den Eltern genommen, da diese in einem doppelten Sinn ihre Wohltäter sind. Es heißt in diesem Zusammenhang:

Wer aber wäre ein Wohltäter, wenn nicht die Eltern im Verhältnis zu ihren Kindern? Sie haben sie aus der Nichtexistenz heraus geschaffen, und dann wiederum haben sie ihnen Nahrung und später körperliche und geistige Erziehung gewährt, damit sie nicht nur das Leben, sondern auch das gute Leben ihr eigen nennen. Dem Körper haben sie durch Sport- und Ringunterricht zu Stärke und guter Verfassung verholfen, zu Gewandtheit in Hal-

> *tung und Bewegung unter Wahrung eines harmonischen Gleichmaßes und*
> *des Anstands, die Seele aber gefördert durch Unterricht im Lesen und Schrei-*
> *ben, Arithmetik und Geometrie sowie Musik und durch die gesamte Philo-*
> *sophie, die den in einem sterblichen Körper wohnenden Geist emporhebt und*
> *bis zum Himmel geleitet und ihm dort die glücklichen, seligen Wesen zeigt,*
> *indem sie ihm die Bewunderung und die Sehnsucht nach der unwandelba-*
> *ren, harmonischen Ordnung weckt, die diese Wesen, ihrem Lenker und Ord-*
> *ner gehorsam, niemals verlassen.*
>
> *(Philon, Über die zehn Gebote II,229–230)*

Dieses genuin griechische Bildungsideal kulminiert in der Wendung der Seele zum Himmel und zur ewigen Schöpfungsordnung und damit zu Gott als
ihrem Schöpfer. Die Brücke zu diesem Höhepunkt aller Bildung ist die plato-
nische Philosophie in der Interpretation des jüdisch-hellenistischen Philosophen, und damit ist der springende Punkt bezeichnet, auf den die jüdischen
Intellektuellen der ägyptischen Diaspora bei ihren literarischen Schöpfungen
besondern Nachdruck legten. Sie wollten den Glauben der Väter mit der geistigen und ästhetischen Kultur der Griechen verknüpfen, und sie schufen
damit eine besondere Spielart jener Selbsthellenisierung, an der in unter-
schiedlicher Weise alle Völker des Orients und des Mittelmeerraumes damals
Anteil hatten. Wenn es die Signatur des hellenistischen Zeitalters ist, daß die
Nichtgriechen entweder sich die Inhalte der griechischen Geisteskultur aneig-
neten oder ihre Identität eben dadurch zu wahren suchten, daß sie das Spezifische der eigenen Tradition in den Formen der hellenistischen Literatur zum
Ausdruck brachten, dann gehören die jüdischen Intellektuellen Ägyptens ein-
deutig zur letzten Gruppe, und der Grund war, daß ihre Religion den festen
Kern ihres Selbstverständnisses ausmachte. Es gab, wie oben schon erwähnt
wurde, jüdische Autoren, die die Geschichte ihres Volkes in der Absicht, diesem den von den Griechen hochgeschätzten Ehrenplatz der «ersten Erfinder»
in der Kulturentwicklung der Menschheit zu sichern, nach dem von den Griechen erfundenen Schema schilderten, daß Griechenland bei den Völkern des
Orients in die Lehre gegangen sei. Artapanos, der im zweiten Jahrhundert v.
Chr. einen Mosesroman verfaßte, stellte Abraham und Moses als Verkörpe-
rungen dieses orientalischen Erstheits- und Vorrangsanspruch dar. Er erzählte,
daß Abraham, als er nach Ägypten eingewandert war, den Pharao Pharethotes
in Astrologie unterrichtete, daß Moses der Lehrer aller Fertigkeiten und nütz-
lichen Erfindungen vom Ackerbau über die politische Verfassung bis zur reli-

giösen Ordnung des Landes gewesen sei. Darin ging der Autor freilich so weit, daß sich das Spezifische der jüdischen Religion verflüchtigte. Aber auch andere Autoren, die nicht so weit gingen, nahmen keinen Anstand daran, Moses zum Lehrer der Phönizier und Griechen zu machen und damit zum Urheber der intellektuellen Kultur.

Es fehlte auch nicht an genealogischen Konstruktionen der Verwandtschaft zwischen Juden und Griechen. Kleodemos Malchos nahm die in Genesis 25 genannten Söhne Abrahams zum Ausgangspunkt einer Verknüpfung der jüdischen Urgeschichte mit Herakles, einem der Helden der griechischen Mythologie. Und für den diplomatischen Verkehr mit der griechischen Welt bedienten sich sogar die Hasmonäer des Konstrukts der Verwandtschaft. In diesem Fall betraf die Verwandtschaft Juden und Spartaner, und der Gesichtspunkt, unter dem Verwandtschaft festgestellt wurde, war die unterstellte Ähnlichkeit beider Völker. Sie zeichneten sich aus durch eine auf ihrem «Gesetz» beruhende Absonderung und durch ihre kriegerische Tüchtigkeit, und beide hatten große Gesetzgeber, Moses und Lykurg, die ihre jeweils spezifische Lebensform begründet hatten. Die genealogische Brücke einer so konstruierten Verwandtschaft bauten dann jüdisch-hellenistische Autoren wie der soeben erwähnte Kleodemos Malchos. Er ging davon aus, daß Abraham von Ketura, einer seiner Frauen, drei Söhne hatte, und während die Bibel von diesen verschiedene arabische Stämme ableitet, fabulierte Kleodemos, daß die drei Söhne Abrahams mit Herakles nach Libyen gegen Antaios gezogen seien und Herakles dann die Tochter einer dieser Söhne geheiratet und einen Sohn namens Diodoros gezeugt habe. Damit ist klar, auf welche Weise genealogische Beweise für Verwandtschaft entstanden sind: Abraham war der Stammvater eines Zweigs der Herakliden, und Herakliden waren auch, wie Tyrtaios sich ausdrückte, die gottgeliebten Könige Spartas.

Die hellenistische Welt besaß einen geradezu unerschöpflichen Vorrat derartiger Konstrukte, die den genealogischen Zusammenhang der Völker und Städte zum Inhalt hatten und im diplomatischen Verkehr auch einen praktischen Zweck erfüllten. Die Verwandtschaft von Juden und Spartanern sowie die zwischen Römern und Trojanern sind nur zwei Beispiele aus dem Ozean konstruierter Verwandtschaftsbeziehungen. Dies alles bedeutet jedoch nicht, daß die hellenisierten jüdischen Intellektuellen das Spezifische des jüdischen Monotheismus oder die Thora als Grundlage jüdischer Identität preisgegeben hätten, wohl aber gingen sie davon aus, daß die positive Religion des Judentums dem Gottesbegriff der platonischen Philosophie, den sie mit dem jüdischen gleichsetzten, vorausgegangen sei, und sie bedienten sich bei der Interpretation der Heiligen Schrift einer Methode griechischer Herkunft, der sogenannten allegorischen Schriftauslegung, mit deren Hilfe der verborgene Sinn schwieriger oder anstößig erscheinender Textstellen aufgedeckt wurde. Der jüdische Verfasser des Ptolemaios VI. gewidmeten Aristeasbriefes, einer Apologie des Judentums, läßt den fiktiven heidnischen Briefschreiber dem König Ptolemaios II. Philadelphos die universale Dimension der jüdischen Gottesauffassung in Anlehnung an das philosophische Konzept eines höchsten Gottes so erläutern:

> Denn, wie ich genau erforscht habe, garantiert derselbe Gott, der ihnen (den Juden) das Gesetz gab, das gute Gelingen deiner Regierung. Denn als Beherrscher und Schöpfer aller Dinge verehren sie denselben Gott, den alle Menschen verehren, den wir (Griechen) aber, o König, (nur) in anderer Weise Zeus und Dis nennen. Damit aber haben die Alten treffend ausgedrückt, daß der, durch den alles belebt und erschaffen wird, auch alles leitet und beherrscht.   (Pseudo-Aristeas 15–16)

Judentum ist also in dieser Sichtweise, wie mit Recht gesagt worden ist, eine Verbindung von universaler Philosophie mit der Idee des Monotheismus, aber, so muß hinzugefügt werden, unter Beibehaltung der als göttliche Offenbarung geltenden Thora.

Selbstverständlich setzte ein Jude, wenn er nicht in der Maske eines Griechen sprach, den Gott der Väter nie und nimmer mit Zeus und Dis gleich. Der jüdische Philosoph Aristobulos, der bedeutendste Vorläufer des in der frühen römischen Kaiserzeit lebenden Philon von Alexandrien, ersetzte die heidnischen Gottesnamen, die er in dem von ihm zitierten jüdischen Orpheustestament und in Versen des hellenistischen Dichters Arat von Soloi fand, durch das Wort «Gott» und fügte folgende Erläuterung hinzu:

> Wie es sich gehört, haben wir interpretiert, indem wir das in den Gedichten vorkommende ‹Dis› und ‹Zeus› entfernten; denn ihr Sinn bezieht sich auf Gott, und deshalb wurde es von uns (auch) so ausgedrückt. Nicht zu Unrecht führen wir dies zu den zuvor gestellten Fragen an. Denn alle Philosophen sind sich darin einig, daß man von Gott heilige Begriffe haben müsse, und darauf legt am meisten unsere Richtung Wert (Aristobulos bei Eusebius, Praeparatio evangelica XIII, 12,7 – 8).

Aristbulos führte den Schöpfungsmythos in Platons Dialog «Timaios» und den Zahlensymbolik der Pythagoreer auf Moses' Lehren zurück. Der Sabbat, der siebte Tag, den Gott zum Tag der Ruhe erklärt hatte, war in dieser philosophischen Sicht Ausdruck einer kosmischen Weisheit, deren Welterklärung auf die heilige Zahl Sieben gegründet war.

Jüdische Intellektuelle der Diaspora bedienten sich der hellenistischen Philosophie und der Formen der hellenistischen Geschichtsschreibung, um die eigene religiöse Lebensform und die eigene Geschichte darzustellen. Ohne das Geschichtswerk des Jason von Kyrene, das dem Zweiten Makkabäerbuch zugrunde liegt, wären uns die Hintergründe der hellenistischen Reform in Jerusalem und des von Antiochos IV. verhängten Religionsverbots gänzlich verborgen geblieben. Auch die Formen des griechischen Dramas wurden rezipiert. Ezechiel, ein hellenistischer Jude aus Ägypten, schuf aus dem Stoff der Bibel unter Verwendung nichtbiblischer Ergänzungen das nationale Drama «Auszug aus Ägypten», und er hat dies, an Euripides geschult, in iambischen Trimetern und mit Beschränkung auf drei Schauspieler und unter Einteilung des Stoffes in fünf Akte nach einer hellenistischen Theorie getan, die uns in Horazens Werk «Über Dichtkunst» überliefert ist. Auch hier zeigten sich Juden der Diaspora auf der Höhe der Zeit. Als die genannten jüdischen Autoren in griechischen Formen und griechischer Sprache ihre Geschichte und ihre Institutionen literarisch darstellten, wurde auch in Rom mit der Schilderung der Ursprünge der Stadt und der Erzählung der Geschichte in den Formen der griechischen Literatur und, wenigstens zu Beginn, in griechischer Sprache begonnen. Doch schnell setzte sich dann das Lateinische als Literatursprache durch. Die Dichter, die das nationale Epos des römischen Volkes schufen und Dramen verfaßten, deren Stoffe sowohl aus dem trojanischen Sagenkreis der Griechen als auch aus der römischen Geschichte genommen waren, stammten nicht aus Rom, sondern aus Gebieten, in denen der griechische Kultureinfluß wirksam geworden war. Latein war nicht ihre Muttersprache, aber sie wurden im Lateinischen heimisch und mit der römischen Tradition vertraut. In dieser Hinsicht unterschied sich Rom von der jüdischen Diaspora Ägyptens: Hier wie dort ging es darum, das Eigene mit den Mitteln und in den geistigen Formen der hellenistischen Weltliteratur zum Ausdruck zu bringen. Aber während Rom die fremden Talente anzog und das Lateinische zu einer eigenständigen Literatursprache wurde, bediente sich die jüdische Minderheit der damaligen Weltsprache und blieb mit ihrem Anliegen doch isoliert.

Die Formen der Modernität, mit denen Juden der Diaspora das Eigene gestalteten und ein Band zwischen Judentum und Hellenismus zu knüpfen suchten, hob den Gegensatz zwischen den Religionen und Lebensformen nicht auf. Auf griechischer und, wie man hinzufügen muß, in späterer Zeit auch auf römischer Seite blieb es in der Regel bei dem Verdikt, daß die Juden ein sich von anderen Menschen absonderndes Volk seien und daß die Vorstellung, Jahwe, ihr Gott, sei zugleich der universale Gott schlechthin, neben dem es keine anderen Götter gebe, eine ebenso lächerliche wie beleidigende Anmaßung sei. Auch wenn in Ägypten (und wohl auch in anderen Teilen der Diaspora) die schlimmen Erfahrungen fehlten, die in Palästina die Beziehungen zwischen Juden und Nichtjuden belasteten: Auch in der Diaspora war es nicht ausgeschlossen, daß das Gefühl der Fremdheit, mit der die heidnische Mehrheit den Juden begegnete, sich zu Fremdenhaß steigerte. Die Anlässe dazu sollten, wie zu zeigen sein wird, in der Zeit der römischen Herrschaft vermehrt eintreten.

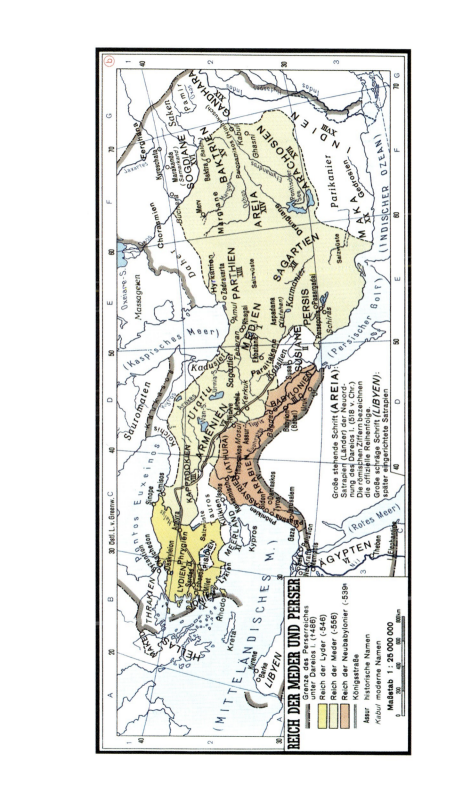

REICH DER MEDER UND PERSER

Grenze des Perserreiches
unter Dareios I. (†486)

Reich der Lyder (-546)

Reich der Meder (-556)

Reich der Neubabylonier (-539)

Königsstraße

Assur   historische Namen

Kabul   moderne Namen

Maßstab 1 : 25 000 000

200   400   600   800 km

Große stehende Schrift (AREIA):
Satrapien (Länder) der Neuordnung des Dareios I. (518 v. Chr.)
Die römischen Ziffern bezeichnen
die offizielle Reihenfolge.

Große schräge Schrift (LIBYEN):
später eingerichtete Satrapien

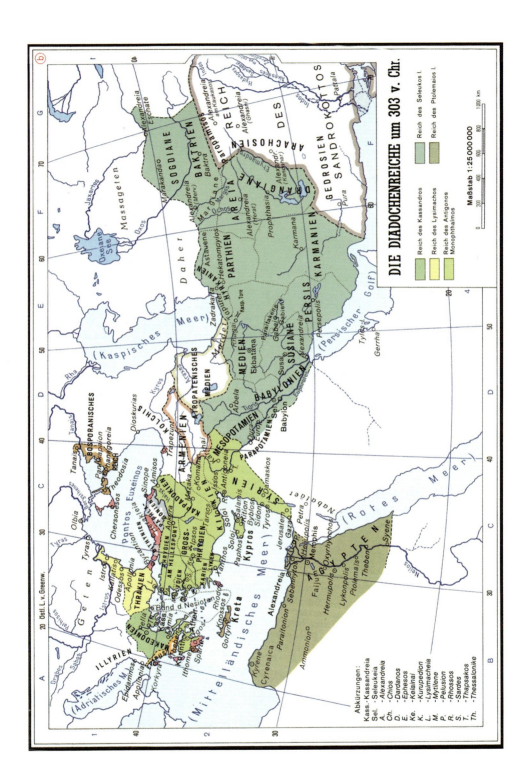

DIE DIADOCHENREICHE um 303 v. Chr.

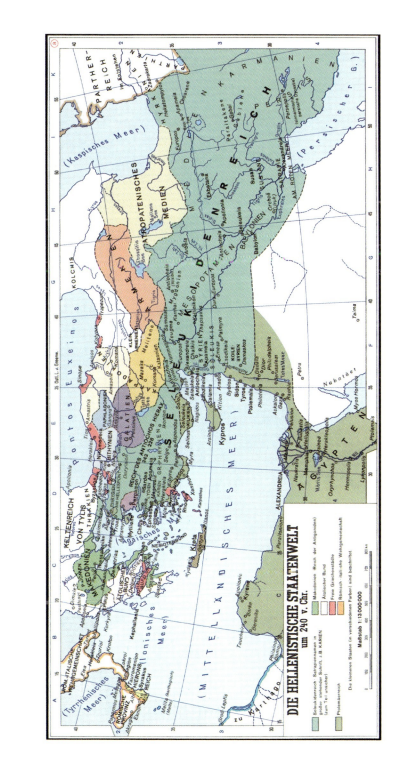

DIE HELLENISTISCHE STAATENWELT
um 240 v. Chr.

Maßstab 1:13 000 000

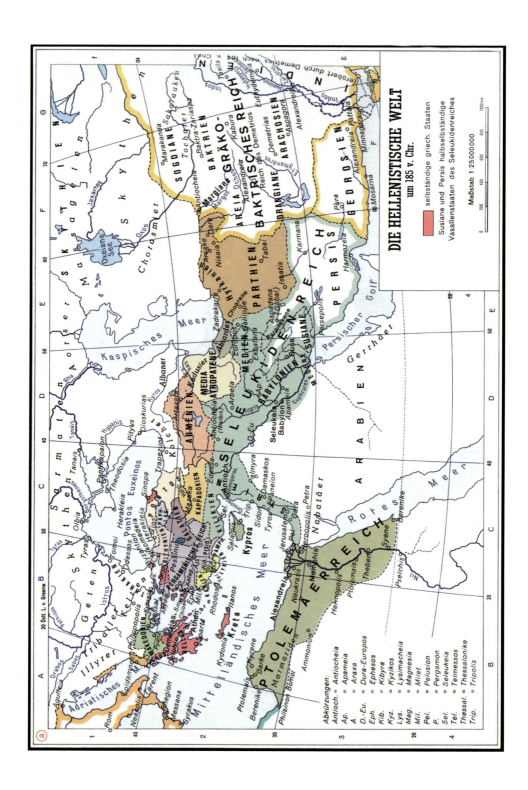

DIE HELLENISTISCHE WELT
um 185 v. Chr.

selbständige griech. Staaten

Susiane und Persis halbselbständige

Vasallenstaaten des Seleukidenreiches

Maßstab 1:25000000

0   200   400   600   800   1000 km

Abkürzungen:
Antioch. = Antiocheia
Ap.   = Apameia
A.   = Araxa
D.-Eu. = Dura-Europos
Eph.   = Ephesos
Kib.   = Kibyra
Kyz.   = Kyzikos
Lys.   = Lysimacheia
Mag.   = Magnesia
Mil.   = Milet
Pel.   = Pelusion
P.   = Pergamon
Sel.   = Seleukeia
Tel.   = Telmessos
Thessal. = Thessalonike
Trip. = Tripolis

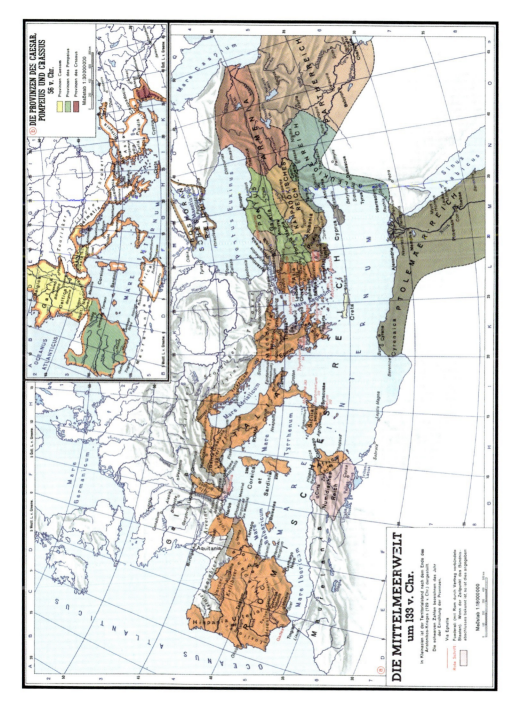

DIE MITTELMEERWELT
um 133 v. Chr.

In Klammern ist der Territorialstand nach dem Ende des Antiochos-Krieges (189 v. Chr.) dargestellt.
Die schwarzen Zahlen bezeichnen das Jahr der Errichtung der Provinzen.

— Via Egnatia

— Foederati (mit Rom durch Vertrag verbündete Staaten). Wenn der Zeitpunkt des Bündnisabschlusses bekannt ist, so ist dies angegeben

Maßstab 1:18000000

DIE PROVINZEN DES CAESAR, POMPEIUS UND CRASSUS
56 v. Chr.

Provinzen Caesars
Provinzen des Pompeius
Provinzen des Crassus

Maßstab 1:30000000

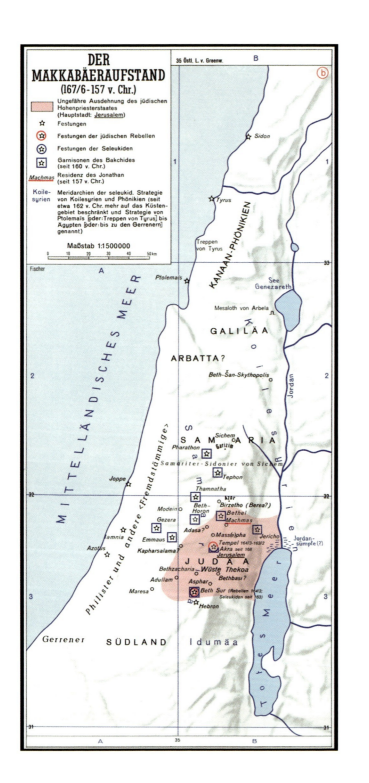

DER MAKKABÄERAUFSTAND
(167/6 - 157 v. Chr.)

Ungefähre Ausdehnung des jüdischen Hohenpriesterstaates (Hauptstadt: <u>Jerusalem</u>)

☆ Festungen

⊛ Festungen der jüdischen Rebellen

⊛ Festungen der Seleukiden

☒ Garnisonen des Bakchides (seit 160 v. Chr.)

<u>Machmas</u> Residenz des Jonathan (seit 157 v. Chr.)

Koile-syrien Meridarchien der seleukid. Strategie von Koilesyrien und Phönikien (seit etwa 162 v. Chr. mehr auf das Küstengebiet beschränkt und Strategie von Ptolemaïs [oder: Treppen von Tyrus] bis Ägypten [oder: bis zu den Gerrenern] genannt)

Maßstab 1:1500000

0 10 20 30 40 50 km

Fischer

35 Östl. L. v. Greenw.   B

ⓑ

☆ Sidon

KANAAN-PHÖNIKIEN

☆ Tyrus

Treppen von Tyrus

See Genezareth

Ptolemaïs ☆

Mesaloth von Arbela л.

GALILÄA

ARBATTA?

Beth-Šan-Skythopolis

S A M A R I A
Sichem
Pharathon Garizim
☒
Samariter - Sidonier von Sichem

☒ Tephon

Joppe

Thamnatha
☒
Beth-Horon ☒ Birzetho (Berea?)
Modeïn ☒ ☒ Bethel
Gezera ☒ Machmas
☒ Adasa? ☒
Jamnia Emmaus ☒ Mass(e)pha
Azotus Kapharsalama? Tempel 164/3-163/2 ○ Jericho
⊛ Akra seit 168 Jordan-sümpfe (?)
<u>Jerusalem</u>

J U D Ä A
Bethzacharia Wüste Thekoa
Adullam Asphar Bethbasi?
Maresa ☒ Beth Sur (Rebellen 164/3;
☆ Hebron Seleukiden seit 163)

Gerrener SÜDLAND I d u m ä a

M I T T E L L Ä N D I S C H E S   M E E R

Philister und andere ⟨Fremdstämmige⟩

Koile syrien

Jordan

Totes Meer

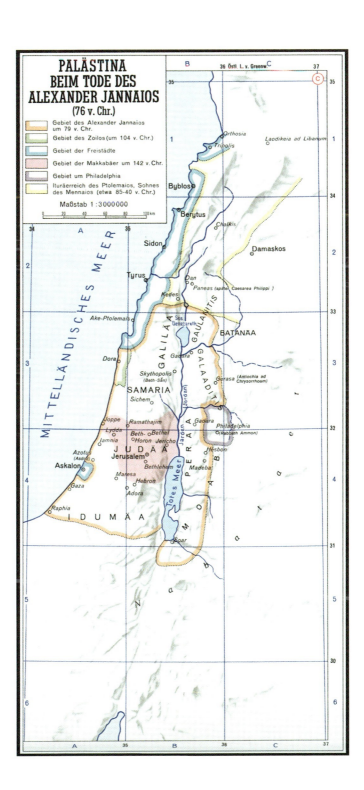

PALÄSTINA
BEIM TODE DES
ALEXANDER JANNAIOS
(76 v. Chr.)

Gebiet des Alexander Jannaios
um 79 v. Chr.
Gebiet des Zoilos (um 104 v. Chr.)
Gebiet der Freistädte
Gebiet der Makkabäer um 142 v. Chr.
Gebiet um Philadelphia
Ituräerreich des Ptolemaios, Sohnes
des Mennaios (etwa 85-40 v. Chr.)

Maßstab 1 : 3 000 000

0   20   40   60   80   100 km

36 Östl. L. v. Greenw.

Orthosia
Tripolis
Laodikeia ad Libanum

Byblos

Chalkis
Berytus

Sidon
Damaskos

Tyrus
Dan
Paneas (später Caesarea Philippi)
Kedes

Ake-Ptolemais
See
Genezareth
BATANAEA

GALILAÄA
Gadara
GAULANITIS

Dora
GALAADITIS
Skythopolis
(Beth-Sân)
Gerasa (Antiochia ad
Chrysorrhoam)

SAMARIA
Sichem

Joppe
Ramathajim
Gadara
Philadelphia
Lydda
Or (Rabbath Ammon)
Beth- Bethel
Jamnia
Horon Jericho
Azotus
Hesbon
(Asdod)
JUDÄA
Jerusalem
Bethlehem
Madeba
Askalon
Maresa
Hebron
Gaza
Adora
Raphia

I D U M Ä A

Soar

MITTELLÄNDISCHES MEER

Totes Meer

Jordan

PERAÄA

MOAB

N

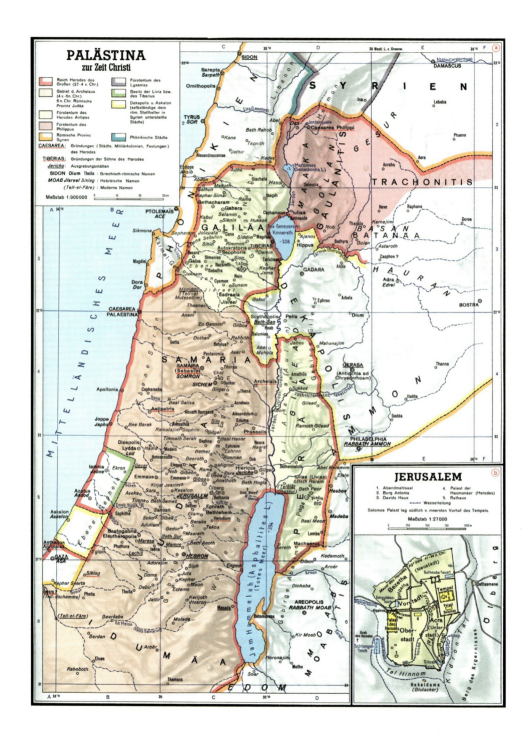

PALÄSTINA
zur Zeit Christi

Reich Herodes des Großen (37–4 v. Chr.)

Gebiet d. Archelaus (4 v.–6n. Chr.) 6 n. Chr. Römische Provinz Judäa

Fürstentum des Herodes Antipas

Fürstentum des Philippus

Römische Provinz Syrien

Fürstentum des Lysanias

Besitz der Livia bzw. des Tiberius

Dekapolis u. Askalon (selbständige dem röm. Statthalter in Syrien unterstellte Städte)

Phönikische Städte

CAESAREA: Gründungen (Städte, Militärkolonien, Festungen) des Herodes
TIBERIAS: Gründungen der Söhne des Herodes
Jericho: Ausgrabungsstätten
SIDON Dium Thella : Griechisch-römische Namen
MOAB Jisreel Siklag : Hebräische Namen
(Tell-el-Fâre) : Moderne Namen

Maßstab 1:900000

JERUSALEM

1. Abendmahlsaal
2. Burg Antonia
3. Davids Haus
4. Palast der Hasmonäer (Herodes)
5. Rathaus
— — — Wasserleitung

Salomos Palast lag südlich v. innersten Vorhof des Tempels.

Maßstab 1:27000

IV

Die Juden unter römischer Herrschaft
(63 v. Chr. – 135 n. Chr.)

Das Ende der Unabhängigkeit

Die im Vorangehenden beschriebene Expansion und die Unabhängigkeit des Hasmonäerreiches waren durch das Machtvakuum möglich geworden, das das zerfallende Seleukidenreich hinterließ. Aber die Hasmonäer waren nicht die einzigen, die daraus Gewinn zogen. Es gab zahlreiche kleine Dynasten, die in der Küstenebene und im Libanon sich von der seleukidischen Oberherrschaft lösten. Sie alle waren auf Bereicherung und Vergrößerung ihrer Duodezherrschaften aus, und ihre Mittel waren Raub und Gewalt. Das Reich der Hasmonäer war nicht der einzige «Räuberstaat» der Region. Plünderungszüge und Seeraub waren endemisch. Es war die Zeit der systematisch betriebenen Piraterie, an der sich, wie wir erfahren, auch die Juden von Ioppe aus beteiligten. Der Status des Hasmonäerreichs als regionale Vormacht in der alten seleukidischen Provinz Koilesyrien und Phönizien war außerdem keineswegs gefestigt. Oben war davon die Rede, daß dem jüdischen Staat im Osten ein Rivale in Gestalt des Königreichs der arabischen Nabatäer heranwuchs. Syrien, den Kern des Seleukidenreiches, hatte König Tigranes von Armenien im Jahre 83 v. Chr. in Besitz genommen, und er drohte, seine Herrschaft weiter nach Süden auszudehnen. Als er Ptolemais/Akko belagerte, versuchte Alexandra Salome, ihn durch reiche Geschenke günstig zu stimmen. Die Gefahr aus dem Norden ging noch einmal vorüber: Tigranes mußte im Jahre 69 v. Chr. nach Armenien zurückkehren, weil er erfahren hatte, daß der römische Feldherr Lucius Licinius Lucullus auf der Verfolgung des Königs Mithradates VI. von Pontos, seines Schwiegervaters, mit dem er verbündet war, nach Armenien eingefallen war und die Hauptstadt Tigranokerta belagerte. Aber dann kamen die Römer. Im Jahre 67 v. Chr. machte Pompeius in einem brillanten dreimonatigen Feldzug ein Ende mit der Seeräuberplage, deren Basis die Küste des östlichen Mittelmeeres war. Einmal im Osten angelangt erhielt er auch das Kommando gegen König Mithradates und brachte den langwierigen Krieg gegen ihn binnen kurzem, noch im Jahre 66 v. Chr., zu einem siegreichen Ende. Dann folgte bis zum Jahre 63 die Neuordnung des gesamten Ostens. Eines der Ergebnisse waren die Errichtung der römischen Provinz Syrien und das Ende der Unabhängigkeit des jüdischen Staates.

Letzteres war vor allem dem dynastischen Konflikt des Herrscherhauses und der politischen Torheit des Aristobulos geschuldet, der nach dem Tod der Alexandra Salome seinen älteren Bruder Hyrkanos besiegt und zum Verzicht auf das Hohepriesteramt und die Königswürde gezwungen hatte. Hyrkanos war ohne weiteres bereit, sich in die Bequemlichkeit eines wohldotierten Privatlebens zurückzuziehen. Aber sein vertrauter Majordomus, der Idumäer Antipater, beredete ihn, den Kampf um die Königs- und Hohepriesterwürde mit Hilfe des Nabatäerkönigs Aretas aufzunehmen. Antipater, der von seinem gleichnamigen Vater, dem Strategen von Idumäa, gute Beziehungen mit den arabischen Nachbarn geerbt hatte – er war mit einer arabischen Fürstentochter verheiratet –, zog so eine auswärtige Macht in den dynastischen Familienkonflikt. Er veranlaßte Hyrkanos zur Flucht nach Petra, und gegen das Versprechen, dem nabatäischen König zwölf von Alexander Jannaios eroberte Städte im Ostjordanland abzutreten, versprach dieser ihm die Wiedereinsetzung in die Herrschaft. Aretas besiegte Aristobulos und belagerte ihn in Jerusalem. Während der Belagerung, die im Jahre 65 v. Chr. stattfand, ordnete Pompeius von Armenien aus, wo er sich damals noch aufhielt, seinen Legaten Marcus Aemilius Scaurus nach Syrien ab, um das Land unter römische Kontrolle zu bringen. Von Damaskus aus begab Scaurus sich nach Judäa. Er hatte von dem Konflikt der beiden Hasmonäer Kenntnis genommen und beabsichtigte, persönliche finanzielle Vorteile aus einer Intervention zu ziehen. Die Zeiten, in denen der Historiker Polybios der politischen Klasse Roms noch eine weitgehend intakte Unbestechlichkeit attestiert hatte, waren längst vorüber. Prompt bot jeder der beiden Kontrahenten, Hyrkanos und Aristobulos, dem Römer 400 Talente für eine günstige Entscheidung. Scaurus entschied sich für Aristobulos und nahm dessen Geld. Vermutlich wollte er den Verbündeten des Hyrkanos, den Nabatäerkönig, aus dem Spiel bringen. Ihm befahl er, die Belagerung aufzuheben und Judäa zu verlassen. Als Aretas gehorchte und abzog, griff ihn Aristbulos an und brachte ihm und Hyrkanos eine schwere Niederlage bei.

Im Herbst 64 v. Chr. erschienen dann die Gesandten der beiden Hasmonäer vor Pompeius, der inzwischen nach Syrien gekommen war und in Antiochien Hof hielt. Aristobulos besaß die Ungeschicklichkeit, die beiden Legaten des Pompeius, Scaurus und Gabinius, der Bestechlichkeit anzuklagen: Der
eine habe sich 300, der andere 500 Talente von ihm geben lassen. Damit
machte er sich beide zu Feinden, ohne sein Ziel, die römische Bestätigung seiner Herrschaft, zu erreichen. Obwohl er Pompeius ein wertvolles Geschenk in
Gestalt eines goldenen Weinstocks im Wert von 500 Talenten überreichen
ließ, verschob dieser seine Entscheidung auf das bevorstehende Frühjahr. Als
er dann in Damaskus erschien, sah er sich nicht nur mit dem streitenden Brü-
derpaar konfrontiert, sondern zusätzlich mit einer Deputation des Volkes – sie
bestand aus Priestern und Schriftgelehrten –, die von ihm die Beseitigung des
hasmonäischen Königtums und die Wiederherstellung der Verfassung des Esra
und Nehemia forderten:

> *Dort (in Damaskus) hörte er (Pompeius) die Juden und ihre Führer an, die*
> *miteinander in Konflikt lagen, Hyrkanos und Aristobulos, sowie das mit bei-*
> *den zerfallene Volk, das forderte, von der Königsherrschaft befreit zu werden:*
> *Es sei bei ihnen Tradition, den Priestern des von ihnen verehrten Gottes zu*
> *gehorchen, doch diese (die Hasmonäer), Abkömmlinge von Priestern, ver-*
> *suchten das Volk zu einer anderen Herrschaftsform zu führen, damit es eine*
> *Nation von Sklaven werde.*
>
> (Josephus, Jüdische Altertümer XIV, 41)

Pompeius zog es angesichts dieser undurchsichtigen Lage vor, auch diesmal
noch keine Entscheidung zu treffen. Er vertröstete die streitenden Parteien auf
die Zeit nach dem Feldzug gegen die Nabatäer, den zu führen er im Begriff
war. Aristobulos verließ voller Zorn das römische Lager und flüchtete sich in
die Festung Alexandreion. Pompeius wurde mißtrauisch und folgte ihm. Die
angeknüpften Verhandlungen führten zu nichts. Pompeius verlor schließlich
die Geduld und befahl ihm, alle Festungen in Judäa zu übergeben. Aristobulos gehorchte und konterkarierte seinen Gehorsam durch eine unverständli-
che Trotzreaktion. Er entwich nach Jerusalem und rüstete zum Krieg. Aber als
das römische Heer sich der Stadt näherte, besann er sich eines Besseren und
bat unter dem Versprechen, Geld zu zahlen und Jerusalem zu übergeben, um
Frieden. Doch als Gabinius im Auftrag des Pompeius vor der Stadt erschien,
verschloß die Besatzung, die sich an Aristobulos' Befehl nicht hielt, vor den

Römern die Tore. Daraufhin setzte Pompeius den unzuverlässigen Aristobulos gefangen und erschien persönlich mit seiner Armee vor Jerusalem. Die Anhänger des Hyrkanos lieferten ihm die Stadt aus, aber die seines Bruders besetzten den stark befestigten Tempelberg, der an drei Seiten völlig unzugänglich war, so daß die Römer zu einer Belagerung von drei Monaten gezwungen waren. Schließlich gelang es ihnen, an einem Sabbat eine Bresche in die Befestigung der Nordmauer zu schlagen. Es folgte ein furchtbares Blutbad unter den Verteidigern. Pompeius betrat mit einigen Begleitern das Allerheiligste des Tempels, das nur der Hohepriester am Versöhnungstag betreten durfte. Das war in den Augen der Juden ein schweres Sakrileg, und es milderte die Empörung nicht, daß Pompeius den Tempelschatz nicht anrührte. Der römische Feldherr schwamm ja ohnehin in Geld. Denn von der Beute abgesehen, die er im Krieg gemacht hatte: Alle Machthaber und alle Parteien, die bei ihm und seinen Unterfeldherren antichambrierten, ließen sich die Gunst der Sieger enorme Summen kosten.

Mit seinem unglücklichen Taktieren hatte Aristobulos die jüdische Unabhängigkeit endgültig verspielt. Das römisch-jüdische Bündnis, das im Jahre 161 v. Chr. auf Betreiben des Judas Makkabaios geschlossen worden war und das von Anfang an eher für die Juden als für die Römer von einiger praktischer Bedeutung war, spielte in der Auseinandersetzung des Jahres 64/63 v. Chr. mit gutem Grund keine Rolle in den Verhandlungen. Das Bündnis war für den Fall eines Angriffs, der von einer auswärtigen Macht gegen einen der Partner ausging, geschlossen worden, der Krieg des Jahres 63 v. Chr. hingegen war die Folge eines innerjüdischen Konflikts, in dem die rivalisierenden Parteien die römische Seite um eine Entscheidung angegangen waren. Pompeius hatte erst zu den Waffen gegriffen, als von jüdischer Seite das zuletzt geschlossene Abkommen – Zahlung eines Geldbetrags und Übergabe Jerusalems gegen Gewährung des Friedens – gebrochen worden war. Der Eroberung folgte die Behandlung des jüdischen Staates nach Kriegsrecht. Pompeius bestrafte die für den Vertragsbruch Verantwortlichen mit dem Tod, verkleinerte das Reich der Hasmonäer und machte es tributpflichtig. Aristobulos wurde abgesetzt, und Pompeius nahm ihn zusammen mit zwei Töchtern und den beiden Söhnen Alexander und Antigonos mit nach Rom, wo er im Triumphzug des Siegers unter den prominenten Gefangenen mitgeführt wurde. Ebenfalls wurde eine große Zahl von Kriegsgefangenen und Anhängern des abgesetzten Königs nach Rom deportiert. Sie brachten der jüdischen Gemeinde von Rom, deren Existenz bereits für das Jahr 139 v. Chr. bezeugt ist, als die Behörden Juden wegen der Gewinnung von Proselyten aus der Stadt auswiesen, einen bedeutenden Zuwachs und angeblich sogar Einflußmöglichkeiten bei öffentlichen Versammlungen, wie zumindest Cicero in einer Gerichtsrede des Jahres 59 v. Chr. behauptet.

Schlimm waren die territorialen Einbußen, die der jüdische Staat erlitt. Pompeius entschied, daß im Prinzip alle ursprünglich nichtjüdischen Gemeinden, die von den Hasmonäern erobert worden waren, als autonome Städte im Verband der von ihm konstituierten römischen Provinz Syrien wiederhergestellt werden sollten. Vermutlich machte sich in diesem Punkt der Einfluß seines Freigelassenen Demetrius geltend. Dieser Mann war Pompeius' graue Eminenz, und er wurde damals im Orient aufgrund seines Einflusses bei Pompeius wie ein König geehrt und umschmeichelt. Seine Dienste ließ er sich gut bezahlen. Jedenfalls hinterließ er das ungeheure Vermögen von 4000 Talenten. Dieser Mann stammte aus dem von Alexander Jannaios zerstörten Gadara, und er veranlaßte Pompeius dazu, seine Vaterstadt wieder aufzubauen. Seinem Einfluß ist es vermutlich mit zuzuschreiben, daß Pompeius neben Gadara auch Hippos, Skythopolis, Pella und Dion zu freien Städten erklärte. Aus dem verbleibenden jüdischen Territorium wurden Gaba in Galiläa und in Samaria die gleichnamige von Johannes Hyrkanos zerstörte Stadt ausgegliedert und wiederhergestellt. Die Küstenstädte vom Berg Karmel bis zur ägyptischen Grenze, Dora, Ioppe, Iamneia, Asdod, Askalon, Gaza und Raphia, wurden wieder selbständige Gemeinden. In dem jüdischen Reststaat wurde Hyrkanos als Hoherpriester eingesetzt. Der Königstitel wurde ihm vorenthalten. Formell war er mit dem Titel eines Ethnarchen (Führer des Volkes) auch der weltliche Herrscher des tributpflichtigen, den römischen Statthaltern in Syrien unterstellten Reststaates. Die tatsächliche Macht lag in den Händen seines alten Majordomus Antipater, der für den Rest seines Lebens zum Vertrauensmann der Römer avancierte.

Die römische Oberherrschaft begann also mit einer Katastrophe für den jüdischen Staat. Klar ausgesprochen hat das Josephus, indem er in einem zusammenfassenden Rückblick auf die Ereignisse des Jahres 63 v. Chr. feststellt:

Für dieses Unglück Jerusalems trug nur der Konflikt zwischen Hyrkanos und Aristobulos die Schuld. Wir verloren unsere Freiheit und wurden den Römern untertänig, und wir wurden gezwungen, das Land, das wir mit unseren Waffen erworben hatten, indem wir es den Syrern wegnahmen, den Syrern

zurückzugeben, und dazu trieben die Römer in kurzer Zeit mehr als 10 000
Talente bei uns ein, und die Königswürde, die vorher denen gegeben wurde,
die aufgrund ihrer Herkunft Hohepriester waren, gelangte an Männer aus
dem Volk.

(Josephus, Jüdische Altertümer XIV, 77–78)

Dieser letzte Hinweis gilt der Folgezeit, als die Nachkommen des Idumäers
Antipater, Herodes der Große, sein Enkel und Urenkel Könige von Roms Gnaden wurden.

Die Frommen im Lande deuteten das Ungeheuerliche, den Sturz des Hasmonäerreiches, die Einnahme Jerusalems und die Entweihung des Tempels, als
Strafe Gottes für die Sünden der Herrschenden und des Volkes. Dies war die
Anwendung der überkommenen altprophetischen Geschichtsdeutung auf die
jüngst erlebte Katastrophe der jüdischen Geschichte. So hatte das Zweite Makkabäerbuch die Entweihung und die Glaubensverfolgung unter Antiochos IV.
gedeutet, und so urteilten die im ersten Jahrhundert v. Chr. entstandenen «Psal-
men Salomos» die Ereignisse des Jahres 63 v. Chr. Pompeius fungierte als die
Zuchtrute Gottes, aber als Mensch, der seinem eigenen Willen folgte und von
dem Gott der Juden nichts wußte, war er ein Frevler; denn er hatte sich nicht
gescheut, das Allerheiligste zu entweihen. Als er im Jahre 48 v. Chr. nach der
gegen Caesar verlorenen Schlacht bei Pharsalos nach Ägypten floh, erreichte
ihn endlich – so deuteten es die Frommen – die Strafe Gottes:

In seinem Übermut stürzte der Sünder (Pompeius)
mit dem Widder ragende Mauern,
und Du (o Herr) hast es nicht verhindert.
Fremde Völker bestiegen deinen Altar,
mit ihren Schuhen traten sie ihn nieder in Übermut,
weil die Söhne Jerusalems das Heilige des Herrn befleckt,
die Gaben Gottes durch Gesetzlosigkeiten geschändet hatten.
Darum sprach Er: ‹Werft sie (die Gaben) weit weg von mir,
Ich habe an ihnen keinen Gefallen.›
…
Ihre Söhne und Töchter (gerieten) in elende Gefangenschaft,
ihr Hals in einer Fessel, (gebrandmarkt) mit einem Mal im Angesicht
der Heiden.
Nach ihren Sünden tat Er ihnen,

als Er sie in die Hände der Mächtigen gab.
Denn Er wandte sein Antlitz weg vom Mitleid mit ihnen,
Jüngling, Greis und ihren Kindern zusammen,
denn Böses hatten sie getan zusammen, indem sie nicht (auf Gott) hörten.
                                           (Psalmen Salomos 2,1–8).

Die Strafe Gottes wünschte der Psalmist auch den Heiden, die sich ja nicht als das Werkzeug des Herrn begriffen hatten, sondern nach ihrem Übermut handelten. Die Erfüllung des Wunsches war der schmähliche Tod des Hauptverantwortlichen, des römischen Feldherrn Pompeius:

Denn sie (die Römer) haben nicht im Eifer (für Gott) gehandelt,
sondern in der Begehrlichkeit ihrer Seele,
Indem sie durch Plünderung ihre Wut über uns ausgossen.
Zögere nicht, o Gott, die Vergeltung auf ihr Haupt kommen zu lassen,
den Hochmut des (römischen) Drachens in Schmach zu verwandeln.
Und es dauerte nicht lange, bis Gott mir seine (des Pompeius) Schande
  offenlegte:
Durchbohrt auf den Felsen Ägyptens,
für geringer geachtet als der Geringste zu Wasser und zu Lande
Trieb sein Leichnam in den Wellen in großer Schmach,
und da war keiner, der ihn begrub,
weil Er ihn erniedrigte in Schande.
Er hatte nicht bedacht, daß er ein Mensch sei,
und er hatte das Ende nicht bedacht.
Er sprach: ‹Ich will Herr über Erde und Meer sein›,
und er erkannte nicht, daß Gott groß ist,
mächtig in seiner gewaltigen Kraft.
Er ist König im Himmel
Und richtet Könige und Herrscher.
Er richtet mich auf zur Herrlichkeit
Und beugt die Übermütigen nieder zu ewigem Verderben in Schmach,
weil sie Ihn nicht erkannten.
                                           (Psalmen Salomos 2,24–31)

Experimente römischer Herrschaftsgestaltung (57 – 37 v. Chr.)

Im Jahre 59 v. Chr. geriet die römische Politik in das Gravitationsfeld des Dreibundes, den Gnaeus Pompeius, Gaius Iulius Caesar und Marcus Licinius Crassus zur Durchsetzung ihrer politischen Ziele miteinander schlossen. Dieses Bündnis zwischen dem Mächtigsten, dem Genialsten und dem Reichsten der politischen Klasse Roms sollte sich als Schlüsselereignis in der Geschichte der damaligen Welt erweisen: Es hielt die römische Politik in Atem, solange es bestand, und als es zerbrach, begann eine Phase verheerender Bürgerkriege, die mit den Ressourcen eines Weltreichs ausgetragen wurden und an deren Ende der Untergang der Republik und die Entstehung des römischen Kaisertums standen.

Die erste Auswirkung der neuen Machtkonstellation des Jahres 59 v. Chr. auf Judäa war die Zuweisung von Syrien als prokonsularische Provinz an einen prominenten Parteigänger des Pompeius, an den Konsul des Jahres 58 Aulus Gabinius. Dieser hatte Pompeius auf seinem Ostfeldzug als Legat gedient, und er war dementsprechend mit den Verhältnissen Syriens und, wie man hinzufügen muß, mit den Möglichkeiten zur Bereicherung, die das Land bot, bestens vertraut. Im ersten Jahr seines Prokonsulats (57 v. Chr.) gelang es einem der Söhne des abgesetzten Hasmonäerkönigs Aristobulos namens Alexander, dem seinerzeit auf dem Weg in die Gefangenschaft nach Rom die Flucht geglückt war, sich Judäas zu bemächtigen. Doch den Truppen des Gabinius konnte er nicht standhalten. Er flüchtete sich in die Festung Alexandreion und wurde dort von den Römern belagert. Schließlich erkaufte er sich Straflosigkeit und persönliche Freiheit durch die Übergabe von Alexandreion und aller Festungen, die seine Anhänger noch besetzt hielten. Die Folge war, daß Gabinius das Hasmonäerreich auflöste. Der amtierende Hohepriester Hyrkanos und sein Majordomus Antipater hatten sich als unfähig erwiesen, die Insurrektion Alexanders zu verhindern beziehungsweise niederzuwerfen. Also nahm Gabinius eine Trennung zwischen geistlichem Amt und weltlichem Regiment vor. Hyrkanos blieb als Hoherpriester für den Kult und die Administration des Jerusalemer Tempels zuständig, sein Reich hingegen wurde ihm entzogen und in fünf sich selbst verwaltende Bezirke eingeteilt. Deren städtische Mittelpunkte waren Jerusalem, Gazara, Amathus, Jericho und Sepphoris in Galiläa. Daneben kümmerte sich Gabinius mit besonderem Nachdruck um den Wiederaufbau der nichtjüdischen Gemeinden, die Pompeius aus dem Hasmonäerreich ausgegliedert hatte.

Trotzdem trat in Palästina keine Ruhe ein. Die brutalen Eingriffe der römischen Oberherren in die territoriale Integrität und die Struktur des jüdischen

Territoriums sowie die ausbeuterischen Praktiken, die von den Römern geübt wurden, trieben dem durch Aristobulos und seine Söhne repräsentierten Zweig des Hasmonäerhauses Anhänger in Scharen zu. Als Aristobulos mit seinem Sohn Antigonos in Palästina erschien – die Umstände und Hintergründe ihrer Flucht aus Rom liegen im dunkeln –, brach ein neuer Aufstand aus, der von den Römern ebenso niedergeschlagen wurde wie der erste. Wiederum wurde Aristobulos als Gefangener nach Rom gebracht, während seine Söhne auf Verwendung des Gabinius die Freiheit erhielten. Als Gabinius gegen den Willen des Senats im Auftrag des Pompeius, der sich diese Gefälligkeit mit der ungeheuren Summe von 10 000 Talenten vergolden ließ, den von den Alexandrinern vertriebenen König Ptolemaios XII. Auletes an der Spitze seiner Legionen nach Ägypten zurückführte und wieder in die Herrschaft einsetzte, waren die Juden in doppelter Weise von diesem Unternehmen betroffen. Antipater unterstützte Gabinius durch die Lieferung von Getreide, Waffen und Geld und verschaffte ihm die Unterstützung der im Osten des Nildeltas angesiedelten Juden, so daß sie die römische Armee passieren ließen. Während seiner Abwesenheit brach in Palästina, wieder unter Führung des Hasmonäers Alexander ein neuer großer jüdischer Aufstand aus. Doch auch ihm war letzten Endes kein Erfolg beschieden. Gabinius besiegte Alexander in der Nähe des Berges Tabor, dabei kamen angeblich 10 000 Juden ums Leben.

Dann löste Marcus Licinius Crassus, einer der Triumvirn und zusammen mit Pompeius Konsul des Jahres 55, Gabinius ab. Crassus hatte sich das Kommando in Syrien übertragen lassen, um Krieg gegen die Parther im Zweistromland führen zu können. Er wollte endlich den Kriegsruhm gewinnen, um den er seine auf diesem Feld erfolgreicheren Verbündeten beneidete. Das Unternehmen endete im Mai 53 mit seiner Niederlage bei Carrhae und seinem Tod. Fromme Juden konnten darin nur die Strafe Gottes sehen. Denn Crassus hatte getan, was Pompeius vermieden hatte: Er hatte wie Antiochos IV. den Tempelschatz geplündert. Josephus berichtet, daß ihm dabei an Geld 2000 Talente und Gold im Wert von 8000 Talenten in die Hände fielen. Die Statthalterschaft in Syrien fiel nach Crassus' Tod an seinen Legaten Gaius Cassius Longinus, den späteren Caesarmörder, der sich nicht nur bei der Abwehr der Parther bewährte, sondern auch einen neuen jüdischen Aufstand in Palästina niederschlug. Den Anführer dieses Aufstandes, Peitholaos, ließ er auf Antipaters Anraten hinrichten, und angeblich wurden bei der gewaltsamen Befriedung des Landes etwa 30 000 Menschen versklavt.

So aussichtslos sich jeder Widerstand gegen Rom erwies, so viel konnte derjenige gewinnen, der dem jeweiligen Repräsentanten der römischen Weltmacht zu Diensten war. Antipater handelte nach dieser Einsicht, vor allem in den schwierigen Zeiten nach Ausbruch des Bürgerkriegs zwischen Caesar und Pompeius im Januar 49 v. Chr. Bis zur Entscheidungsschlacht bei Pharsalos im Sommer 48 hielt er sich zurück, dann trug er entscheidend dazu bei, daß Caesar, der auf der Verfolgung des flüchtenden Pompeius mit geringen Streitkräften in Alexandrien gelandet war und dort von den Truppen Ptolemaios' XIII. belagert wurde, sich befreien und seinen Gegner besiegen konnte. Der Hohepriester Hyrkanos veranlaßte die jüdischen Militärsiedler im östlichen Nildelta die Entsatzarmee, die Caesar von Palästina aus zu Hilfe kam, passieren zu lassen. Dann zeichnete sich das jüdische Kontingent bei der Befreiung Caesars und beim Sieg über die Armee Ptolemaios' XIII. besonders aus. Der Dank des Siegers ließ nicht lange auf sich warten. Als Caesar im Frühsommer 47 v. Chr. auf dem Rückweg nach Rom in Syrien die lokalen Verhältnisse ordnete, wies er den Anspruch des Antigonos auf das Hohepriesteramt zurück. Dessen Berufung auf die procaesarische Haltung seines Vaters, des abgesetzten Hasmonäerkönigs Aristobulos, der sich im Jahre 49 v. Chr. in Rom Caesar zur Verfügung gestellt hatte, aber vergiftet worden war, bevor er nach Palästina gelangen konnte, kam gegen die jüngeren und stärkeren Verdienste des amtierenden Hohenpriesters und seines Majordomus Antipater nicht an. Caesar bestätigte Hyrkanos im Amt und hob die von Gabinius geschaffene Ordnung wieder auf. Das gesamte jüdische Territorium wurde in den von Pompeius festgelegten Grenzen wieder dem Hohenpriester unterstellt, der zum Zeichen seiner weltlichen Herrschaft wieder den Titel eines Ethnarchen erhielt. Hinzu kamen weitere Privilegien, wie dem in Syrien publizierten Dekret Caesars zu entnehmen ist, das der jüdische Historiker Josephus in sein Geschichtswerk aufgenommen hat. Es lautet:

Iulius Caesar Imperator, Pontifex Maximus und Diktator zum zweiten Mal, hat mit seinem Beirat folgende Entscheidung getroffen: Da der Jude Hyrkanos, der Sohn des Alexander (Jannaios), sowohl gegenwärtig als auch in früherer Zeit in Krieg und Frieden Treue und Eifer für unsere Sache gezeigt hat, wie es ihm viele (römische) Feldherren bezeugt haben, und in dem gerade beendeten alexandrinischen Krieg mit 1500 Soldaten zu Hilfe kam und von mir zu Mithradates (von Pergamon, dem Führer der Entsatzarmee) geschickt alle in vorderster Linie Stehenden an Tapferkeit übertraf: Deshalb ist

*es mein Wille, daß Hyrkanos, der Sohn des Alexander, und seine Söhne
Ethnarchen der Juden sind und für alle Zeiten das Hohenpriesteramt gemäß
dem traditionellen Brauch innehaben; daß er und seine Söhne unsere
Bundesgenossen sind und dazu namentlich in das Verzeichnis unserer Freunde aufgenommen werden; und was gemäß ihren eigenen Gesetzen hohenpriesterliche Vorrechte sind, das sollen, so befehle ich, er und seine Söhne
besitzen; und wenn später ein Streit über die (religiöse) Lebensordnung der
Juden anhängig ist, so ist es mein Wille, daß die Entscheidung bei ihnen
liegt. – Winterquartiere oder Geld von ihnen zu fordern verbiete ich.*

(Josephus, Jüdische Altertümer XIV, 192–195)

Abgesehen von dem letzten Punkt, der das Reich des Hyrkanos von Quartier-
lasten und außerordentlichen Geldforderungen freistellt, betrifft die Privilegierung ausschließlich den Hohenpriester und seine Söhne. Die geistliche und
weltliche Gewalt wird in der männlichen Nachkommenschaft des Hyrkanos
für erblich erklärt, der amtierende Hohenpriester und seine Nachfolger werden als höchste richterliche Autorität in allen Angelegenheiten der religiösen
Lebensordnung der Juden anerkannt, und Hyrkanos und seine Söhne (nicht
etwa das jüdische Volk wie in dem von Judas Makkabaios seinerzeit erwirkten
römisch-jüdischen Bündnis) sollen als Bundesgenossen in das Verzeichnis der
Freunde des römischen Volkes aufgenommen werden. Auch Antipater, der
wahre Machthaber hinter den Kulissen, wurde bedacht. Er erhielt das römische Bürgerrecht und dazu Abgabenfreiheit, und er wurde unter dem Titel
eines Prokurators zuständig für die Einsammlung und Ablieferung des Tributs,
dem das Land unterworfen war. Das Reich des Hyrkanos wurde auf diese
Weise ein Klientelstaat der Römer im klassischen Sinn, und dies in der doppelten Bedeutung des Wortes. Über die Person des Herrschers und seines
regierenden Majordomus wurde der jüdische Staat sowohl in den römischen
Herrschaftsverband als auch in die persönliche Klientel des ihn repräsentie-
renden Diktators Caesar aufgenommen. Ähnlich war schon Pompeius verfahren, und was Caesar anbelangt, so beschreibt der unbekannte Verfasser des
Kommentars über den alexandrinischen Krieg die von diesem geschaffene
Ordnung der Klientelstaaten im Umkreis der Provinz Syrien wie folgt: «Könige, Tyrannen und Dynasten, die der Provinz (Syrien) benachbart waren und
die alle zu ihm gekommen waren, nahm er in ein Treueverhältnis auf und entließ sie als seine und des römischen Volkes Freunde» ([Caesar] Alexandrini-
scher Krieg 65,5).

Wenige Monate später, bevor Caesar im Herbst 47 v. Chr. nach Nordafrika zu seinem Feldzug gegen das republikanische Widerstandszentrum aufbrach, schickte Hyrkanos eine Gesandtschaft nach Rom, um sich seinen Status als Herrscher des wiederhergestellten Hasmonäerreiches sowie als Freund und Bundesgenosse des römischen Volkes vom Senat bestätigen zu lassen. Dies ist offensichtlich auch geschehen: Josephus hat einen Auszug aus dem betreffenden Senatsbeschluß in sein Geschichstwerk aufgenommen. Bis zum Jahre 44 v. Chr. vergab Caesar weitere Privilegien zugunsten des jüdischen Staates, und als dieser im Begriff war, zu seinem geplanten Ostfeldzug aufzubrechen, erschien zu Beginn des Jahres 44 v. Chr. eine zweite Gesandtschaft des Hyrkanos in Rom mit der Bitte um eine Ratifikation dieser Privilegien durch den Senat. Am 9. Februar erging auf der Grundlage eines in Caesars Kabinett hastig zusammengestellten Aktenkonvoluts der gewünschte Beschluß, aber er wurde nicht ordnungsgemäß in die Beschlußbücher aufgenommen und erlangte somit keine Rechtskraft. Caesars hektische Regierungstätigkeit war mit einer souveränen Mißachtung aller staatsrechtlichen Regularien gepaart. Er regelte die Beziehungen zu den Untertanen, indem er dem Senat einfach seine Entscheidungen vortrug, und es kam vor, daß der in die Form eines Senatsbeschlusses gebrachten Entscheidung des Diktators Protokollzeugen hinzugeschrieben wurden, die an den betreffenden Senatssitzungen weder teilgenommen hatten noch die geringste Kenntnis von dem besaßen, was Caesar vorhatte. Als nach Caesars Ermordung an den Iden des März die Konsuln Marcus Antonius und Publius Cornelius Dolabella durchsetzten, daß die Regierungsakte des Diktators Rechtsgültigkeit behielten, aber zugleich den rechtlichen Erfordernissen des republikanischen Staatsrechts nach Möglichkeit Rechnung tragen wollten, ließen sie den Senat am 11. April 44 v. Chr. einen Beschluß dahingehend fassen, daß «bezüglich der Entscheidung, die Caesar durch Senatsbeschluß traf», im Sinne Caesars verfahren werden und die betreffenden Materialien ordnungsgemäß zu den Akten genommen und publiziert werden sollten. Diese Materialien hat Josephus in der chaotischen Form, wie sie dem Senatsbeschluß vom 11. April beigefügt waren, in seine «Jüdischen Altertümer» aufgenommen (XIV, 199–212).

In einzelnen handelt es sich um folgende Privilegien: Caesar erlaubte, Jerusalem wieder zu befestigen, und restituierte die Städte Ioppe und Lydda sowie Domänenbesitz vor allem in der Jesreelebene. Zusätzlich wurde die Besteuerung geregelt. Sie erfolgte in Form von Getreidelieferungen. Abgesehen von den steuerfreien Sabbatjahren mußte ein Viertel des Ernteertrags nach Sidon abgeliefert werden. Für die Hafenstadt Ioppe wurde als Sonderregelung die Abgabe einer Pauschale in Höhe von mehr als 20 000 Scheffel Getreide festgelegt. Judäa wurde von den ausbeuterischen Praktiken der römischen Steuerpächter befreit. Für die Steuern und Abgaben war ausschließlich Antipater, römischer Bürger und «Kanzler» des jüdischen Ethnarchen in einem, zuständig. Josephus bezeichnet ihn geradezu mit dem griechischen Äquivalent des römischen Funktionsbegriffs für einen Geschäftsführer (procurator). Während also die Tributpflicht als solche bekräftigt und nur die gewinnorientierte Einziehung der Abgaben durch private Steuerpächter beseitigt wurde, wurde dem jüdischen Staat das sogenannten freien Gemeinden im römischen Reichsverband vorbehaltene Privileg der Befreiung von außerordentlichen Lasten zugestanden:

> *Und kein Magistrat oder Promagistrat, Feldherr oder Legat darf im Land der Juden Hilfstruppen ausheben, und Soldaten soll es nicht gestattet sein, Gelder von ihnen einzutreiben für Winterquartiere oder einen anderen Zweck, sondern sie sollen von allen Belästigungen frei sein.*
>
> *(Josephus, Jüdische Altertümer XIV, 204)*

Schließlich wurden Hyrkanos, seinen Söhnen und Gesandten die Ehrenrechte und Privilegien eingeräumt, die römischen Bundesgenossen vorbehalten waren, wenn sie in offizieller Mission nach Rom kamen:

> *Hyrkanos, seinen Söhnen und seinen Gesandten sei das Recht gewährt, bei Gladiatorenkämpfen und Tierhetzen zusammen mit den Senatoren zu sitzen und zuzuschauen, und wenn sie den Diktator (Caesar) oder den Magister equitum (den Stellvertreter des Diktators) bitten, vor dem Senat erscheinen zu dürfen, sollen diese sie vor den Senat führen und ihnen dessen Antworten innerhalb von zehn Tagen, nachdem ein Beschluß (in ihrer Angelegenheit) ergangen ist, mitteilen.*
>
> *(Josephus, Jüdische Altertümer XIV, 210)*

Aber neben dem jüdischen Tempelstaat des Dynasten Hyrkanos gab es die jüdische Diaspora, die abgesehen von der babylonischen und der ägyptischen unter römische Herrschaft gefallen war. Obwohl demographische Daten völlig fehlen und somit alle Schätzungen des jüdischen Anteils an der Bevölkerung des Römischen Reiches auf Sand gebaut sind, gab es auf nichtjüdischer Seite den subjektiven Eindruck, daß Juden allgegenwärtig waren und beträchtlichen Einfluß ausübten. Cicero machte, wenn auch aus prozeßtaktischen Gründen, in einer Rede des Jahres 59 v. Chr. spitze Bemerkungen über den Druck, den in Rom eine jüdische Zuhörerschaft bei der öffentlichen Verhandlung über einen Gegenstand, der ein jüdisches Interesse betraf, den Transfer von Gold aus der Diaspora nach Jerusalem, auszuüben in der Lage war. Bei dem griechischen Historiker und Geograph Strabon heißt es gar: «Die (Juden) sind schon fast in jeder Stadt des Erdkreises verbreitet, und man kann nicht leicht einen Ort in der Welt finden, der dieses Volk nicht beherbergte und von ihm beherrscht wird» (Strabo bei Josephus, Jüdische Altertümer XIV, 115). Das ist gewiß eine Übertreibung, und eine verräterische insofern, als sie den antijüdischen Affekt auf der Stirn trägt. Woher dieser Affekt rührt, ist verhältnismäßig leicht erkennbar. Es gab Konfliktfelder zwischen der griechischen Mehrheit und der jüdischen Minderheit, und das letzte Wort im Streit der Parteien hatten die Römer, die als gelehrige Nachfolger der hellenistischen Könige auf die Loyalität der Juden setzten und sie, wie es hieß, gegen Belästigungen, das heißt gegen Beeinträchtigungen ihres Status und ihres religiösen Lebens, schützten.

Die Konfliktfelder in der Diaspora ergaben sich aus den korporativen Sonderrechten der Juden, aus ihrer Befreiung von Militärdienst und aus dem Transfer von Geld und Edelmetall nach Jerusalem. Jeder erwachsene männliche Jude hatte jährlich eine Doppeldrachme zugunsten des Jerusalemer Tempels zu entrichten, und hinzu kamen freiwillige Gaben und Weihgeschenke. Dabei kamen große Summen ins Spiel, die in der Regel schon aus Gründen des leichteren Transports in Form von Gold nach Jerusalem geschafft wurden. Das zehrte an den Goldreserven der betroffenen Gemeinden und auch an ihrer Fähigkeit, ihren regulären und außerordentlichen Zahlungsverpflichtungen gegenüber den Römern nachzukommen. Um welche Summen es sich handelte, ist zwar nicht genau zu beziffern, aber einzelne Nachrichten geben immerhin eine gewisse Vorstellung von den Größenordnungen der Goldtranfers. Als Mithradates VI. im Jahr 88 v. Chr. Kleinasien überrannte und nach den Ägäisinseln und Griechenland ausgriff, hatten die Juden aus Sicherheitsgründen auf der Insel Kos zweihundert Talente deponiert, die nach Jerusalem geschafft werden sollten. Um das Jahr 60 v. Chr. hatten die Juden der kleinasiatischen Städte Apameia, Laodikeia und Adramyttion für den gleichen Zweck rund 220 Pfund Gold gesammelt. Der römische Statthalter ließ dieses Geld beschlagnahmen, und Cicero weist in seiner Verteidigungsrede für ihn darauf hin, daß auch der Senat in Rom wiederholt derartige Goldtransfers verboten habe. Insoweit bestand eine Identität der Interessen zwischen griechischen Gemeinden und ihren römischen Oberherren, als sie den Abfluß von Geld beziehungsweise Gold nach Jerusalem zu verhindern suchten. In der soeben herangezogenen Verteidigungsrede für den Statthalter Flaccus scheute sich Cicero auch nicht, das offenbar verbreitete Ressentiment gegen die Fremdartigkeit der jüdischen Religion und Lebensform gegen die Juden zu mobilisieren: «Jeder Staat», so läßt er sich vernehmen, «hat seine eigene Religion, wir die unsrige. Schon als Jerusalem noch stand und die Juden friedlich waren (das heißt: bevor sie mit Pompeius Krieg führten), waren ihre religiösen Praktiken mit dem Glanz unserer Herrschaft, der Würde unseres Namens und den Bräuchen unserer Vorfahren gänzlich unvereinbar» (Cicero, Für Flaccus 69). Persönlich mochte Cicero den Juden und dem Judentum eher gleichgültig gegenüberstehen, aber das hielt ihn nach Rhetorenart nicht davon ab, Ressentiments auszubeuten, wenn es seinem Argumentationsziel diente.

Dieses Ressentiment gab es nicht nur in Rom, sondern mindestens ebensosehr in den Städten Griechenlands und Kleinasiens. Ja, es war hier wohl noch ausgeprägter, da es als Erbe der hellenistischen Königreiche von alters her einen rechtlichen Sonderstatus jüdischer Gemeinschaften in griechischen Städten gab und diese gewissermaßen ein Staat im Staate waren. Als Caesar in Rom alle Vereinigungen außer den traditionellen Berufsvereinen verbieten ließ, bezweckte er die Beseitigung von Organisationsstrukturen, die in Rom dem sozialen Protest der vom Bürgerkrieg hart betroffenen Stadtbevölkerung Rückhalt und Durchschlagskraft zu geben in der Lage waren. Aber er nahm die jüdische Gemeinde mit Rücksicht auf seinen Verbündeten Hyrkanos und auf dessen Verdienste um seine Rettung in Alexandrien ausdrücklich von diesem Verbot aus. Das hinderte aber griechische Gemeinden nicht daran, die scheinbar günstige Gelegenheit des Vereinsverbots zu nutzen, um den Sonderstatus der jüdischen Gemeinden zu beseitigen. Jedenfalls zitiert Josephus eine ganze Reihe von Dokumenten aus der Zeit der Alleinherrschaft Caesars, deren Voraussetzung ressentimentgeladene Konflikte zwischen griechischen Bürgerschaften und den in ihren Mauern privilegierten jüdischen Gemeinschaften waren.

Während die betreffenden Dokumente aus der Zeit zwischen 46 und 44 v. Chr. stammen, gehören andere in das Jahr 49, also in den Anfang des Bürgerkriegs zwischen Caesar und Pompeius, als dieser nach seinem Rückzug aus Italien alle personellen und finanziellen Ressourcen im Osten des Römischen Reiches für den Krieg mobilisierte. Damals wurden alle wehrfähigen römischen Bürger für den Dienst in den Legionen rekrutiert, und die Frage war, ob dies auch für die sicher wenigen Juden mit römischen Bürgerrecht – dies waren wohl im wesentlichen Freigelassene römischer Bürger – gelten solle. Die Juden beriefen sich auf die Unvereinbarkeit ihrer religiösen Lebensform – etwa der Einhaltung der Sabbatruhe und der Speisegesetze – mit dem römischen Militärdienst, und sie erhielten durch Entscheidungen der römischen Autoritäten die gewünschte Befreiung. In der Zeit des Bürgerkriegs und der Alleinherrschaft Caesars ergab sich somit aufgrund pragmatischer Entscheidungen und nicht etwa, wie man früher meist angenommen hat, aufgrund einer besonderen Charta so etwas wie ein Kanon jüdischer Minderheitenrechte im römischen Reichsverband: Juden genossen, auch wenn sie römische Bürger waren, Befreiung vom römischen Militärdienst, sie besaßen ein korporatives Versammlungs- und Vereinsrecht, und es wurde festgestellt, daß zu ihren religiösen Rechten auch die Sammlung von Beiträgen für den Jerusalemer Opferdienst und damit auch das Recht zur Transferierung von Gold- und Edelmetall nach Jerusalem gehörten. Diese Fixierung jüdischer Rechte in der Diaspora verdanken die Juden in erster Linie Caesar und dem Bündnis, das dieser mit dem Hohenpriester Hyrkanos und dessen Majordomus Antipater geschlossen hatte. Dieses Bündnis wirkte sich auch dahingehend aus, daß nach dem Jahr 47 v. Chr. der Hohepriester und Ethnarch als Freund und Verbündeter Caesars und des römischen Volkes als Sachwalter jüdischer Rechte in der Diaspora in Erscheinung treten konnte. Vorher, noch im Jahr 49 v. Chr., mußten die von der Einberufung in die Legionen bedrohten Juden selbst zusehen, wie sie mit Unterstützung ihrer Glaubensgenossen das Begehren nach Befreiung vom Kriegsdienst durchsetzten. Dabei halfen ihnen allenfalls prominente Juden mit persönlichen Beziehungen zum römischen Führungspersonal wie der in einem der einschlägigen Dokumente namentlich genannte alexandrinische Jude Dositheos, der Sohn des Kleopatrides. Nachdem aber Caesar das Bündnis mit Hyrkanos geschlossen und die Juden in Rom ausdrücklich von seinem Vereinsverbot ausgenommen hatte, schaltete sich Hyrkanos in Konfliktfällen gegebenenfalls selbst ein. Woher der Wind seit Caesars Entscheidungen wehte, zeigen alle Dokumente mit wünschenswerter Deutlichkeit, beispielsweise der Brief, den der Prokonsul der Provinz Asia an die an der Küste der Troas gelegene Gemeinde Parium richtete. Er lautet:

Gaius Caesar, unser Imperator und Konsul, hat, als er durch Edikt die Versammlung religiöser Vereinigungen in der Stadt (Rom) verbot, allein diesen (den Juden) nicht untersagt, Geldbeiträge zu sammeln und gemeinsame Mahlzeiten zu halten. Dementsprechend verbiete auch ich alle religiösen Vereinigungen und gestatte allein diesen, gemäß ihren traditionellen Bräuchen und Gesetzen zusammenzukommen und ihre Feste zu begehen. Und ihr tut somit recht in Anbetracht ihrer Verdienste um uns und ihrer Loyalität (uns gegenüber) für ungültig zu erklären, wenn ihr etwa einen Beschluß gegen unsere Freunde und Bundesgenossen gefaßt habt.

(Josephus, Jüdische Alterümer XIV, 215–216)

Den griechischen Gemeinden blieb nichts anderes übrig, als sich zu fügen. Sie mußten, ob sie wollten oder nicht, den Statthaltern Vollzugsmeldungen machen, wenn diese zugunsten der Juden interveniert hatten. In diesem Sinne schrieben beispielsweise die Magistrate der kleinasiatischen Stadt Laodikeia an den Prokonsul:

Sopatros, der Gesandte des Hohenpriesters Hyrkanos, hat uns deinen Brief übergeben, in dem du uns mitteilst, daß von Hyrkanos, Hohenpriester der Juden, ein Schreiben ihr Volk betreffend übergeben worden sei (des Inhalts), daß es ihnen erlaubt sein möge, den Sabbat einzuhalten und ihre übrigen religiösen Bräuche gemäß ihren traditionellen Gesetzen, und (in dem du uns befiehlst), daß niemand ihnen Auflagen machen solle, (indem du zur Begründung sagst) ‹denn sie sind unsere Freunde und Bundesgenossen›, und daß keiner sie ‹in unserer Provinz› (wie du sagst) behelligen dürfe; und daß du, als das Volk von Tralles in deiner Gegenwart einwandte, man sei nicht mit den die Juden betreffenden Entscheidungen einverstanden, den Befehl gegeben hast, sie zu vollziehen; und daß an dich appelliert worden sei, diesen die Juden betreffenden Brief auch ans uns zu richten. Wir haben also gemäß deinen Weisungen den uns übergebenen Brief entgegengenommen und ihn in unserem Archiv deponiert, und bezüglich deiner anderen Auflagen werden wir Vorsorge treffen, daß es nichts zu tadeln gibt.

(Josephus, Jüdische Altertümer XIV, 241–243)

Die Juden hatten allen Grund, Caesar dankbar zu sein, und sie waren es auch. Wir erfahren, daß niemand den ermordeten Diktator intensiver betrauerte als die jüdische Gemeinde in Rom. Caesars Biograph Sueton berichtet: «Wäh-

rend der großen öffentlichen Staatstrauer brachte auch die große Menge aus-
ländischer Einwohner (der Stadt) in eigenen Versammlungen Trauerklagen
nach ihrer jeweiligen Sitte dar, vor allem aber die Juden, die sogar nächtelang
den Platz der Leichenverbrennung umlagerten» (Divus Iulius 84,5). Dankbarkeit und Interesse bestimmten auch Antipater, die caesarischen Generäle in
ihrem Kampf gegen den Pompeianer Caecilius Bassus zu unterstützen, der
sich seit dem Jahr 46 v. Chr. mit zwei Legionen im syrischen Apameia verschanzt hatte. Aber nachdem Caesar ermordet worden war und es Gaius Cassius gelungen war, alle im Osten stehenden römischen Legionen auf seine Seite zu ziehen, mußte sich Antipater, wie immer er persönlich eingestellt war,
dem Mörder Caesars anschließen und ihm zu Diensten sein. Cassius mobilisierte für den bevorstehenden Krieg mit den verbündeten Caesarianern alle
Mittel, die sich aus dem Osten des Reiches herauspressen ließen. Unter diesen
Voraussetzungen war das von Caesar herrührende Privileg, das die Juden von
allen Requirierungen freistellte, das Papier nicht wert, auf dem es stand. Antipater hatte für Cassius 700 Talente aufzubringen. Bei ihrer Eintreibung tat sich
Herodes, einer der Söhne des Antipater und Stratege in Galiläa, besonders hervor. Wo dieser Eifer fehlte, den römischen Befehlen zu folgen, koste es, was es
wolle, und die geforderten Summen nicht zusammenkamen, hielt sich Cassius
durch Versklavung der Bevölkerung jüdischer Städte – genannt werden in diesem Zusammenhang Gophna, Emmaus, Lydda und Thamna – schadlos. Zum
Lohn für seine Dienste ernannte Cassius den jungen Herodes mit dem Titel
eines Strategen zum römischen Sicherheitsbeauftragten in Koilesyrien, und
mit Cassius' Rückendeckung rächte er seinen Vater, der damals von einem
Rivalen vergiftet worden war, indem er den Mörder umbringen ließ. Als Cassius Syrien verlassen hatte, um seine Armee mit der des Marcus Brutus in
Griechenland zu vereinen, brach in Palästina das Chaos aus. Der Hasmonäer
Antigonos, der Sohn Aristobulos' II., versuchte mit Hilfe des Dynasten Ptolemaios von Chalkis Hyrkanos aus der Herrschaft zu verdrängen, und wenn es
Herodes auch gelang, diesen Versuch abzuwehren, so konnte er doch nicht
verhindern, daß ein anderer lokaler Dynast, Marion, der Tyrann von Tyros,
Teile von Galiläa okkupierte.

Nach der Doppelschlacht von Philippi im Spätherbst 42 v. Chr., die das
Ende der römischen Republik besiegelte, mußten sich Herodes und sein älterer
Bruder Phasael wieder umorientieren und mit dem neuen Machthaber im
Osten des Reiches, mit Marcus Antonius, arrangieren. Antonius war seinerzeit
Legat des Prokonsuls von Syrien, Aulus Gabinius, und als solcher ein Gast-

freund Antipaters gewesen. So wies er denn im Frühjahr 41 die Klagen, die eine Gesandtschaft der jüdischen Priesteraristokratie gegen die beiden Söhne Antipaters erhob, zurück und gab in Ephesos dem Begehren nach einer Restituierung der unter Cassius in die Sklaverei verkauften Juden sowie nach einer Rückgabe jüdischen Territoriums statt und stellte ausdrücklich die Stellung des jüdischen Staates so wieder her, wie sie aufgrund der Entscheidungen Caesars und des von ihm und seinem Mitkonsul Dolabella erwirkten Senatsbeschlusses vom 9. April 43 festgestellt worden war. Die entscheidende Stelle seines erhaltenen Briefes an Hyrkanos und das jüdische Volk hat folgenden Wortlaut:

> *Indem ich also dich (Hyrkanos) und das (jüdische) Volk in Erinnerung behalte, will ich für die Förderung eurer Interessen sorgen. Ich habe Briefe an die (umliegenden) Städte (des Inhalts) geschickt, daß, wenn Freie oder Sklaven von Cassius oder seinen Beauftragten unter der aufgepflanzten (Auktions-) Lanze verkauft worden sind, diese freigelassen werden, und ich will, daß ihr die von mir und Dolabella erteilten Privilegien genießen sollt. Den Tyriern verbiete ich, Gewalt gegen euch zu gebrauchen, und was sie von jüdischem Besitz an sich genommen haben, das befehle ich zurückzuerstatten.*
>
> *(Josephus, Jüdische Altertümer XIV, 312–313)*

Im Spätsommer 41 v. Chr. brachte eine hundertköpfige Gesandtschaft der Jerusalemer Aristokratie in Daphne, der Vorstadt von Antiochien am Orontes, erneut ihre Klagen gegen die beiden Söhne des Antipater vor – noch zu dessen Lebzeiten war es zu einer scharfen Konfrontation zwischen dem jüdischen Ältestenrat und Herodes gekommen, weil er bei der Unterdrückung einer Aufstandsbewegung in Galiläa den prominenten Anführer unter Mißachtung der Gerichtsbarkeit des Rates hatte eigenmächtig hinrichten lassen. Herodes fand sich ebenfalls in Daphne ein, und bei der Anhörung beider Seiten kam Antonius zu dem Ergebnis, daß das Nebeneinander von Hohempriester und Hohem Rat auf der einen und den Söhnen des Antipater auf der anderen Seite der Stabilität des jüdischen Staates im Wege stand und zur Unregierbarkeit des Landes führe. Er kehrte deshalb insoweit zur Lösung des Gabinius zurück, als er das weltliche und geistliche Regiment wieder trennte. Hyrkanos blieb Hoherpriester und stand somit weiterhin zusammen mit dem Ältestenrat an der Spitze der Tempelorganisation, die weltliche Herrschaft fiel dagegen an die Söhne Antipaters. Antonius ernannte sie gegen den Widerstand ihrer jüdischen Gegner zu Tetrarchen, das heißt Teilherrschern, und wies dem Älteren, Phasael, Judäa und dem Jüngeren, Herodes, Galiläa als Herrschaftsbezirk zu.

Langen Bestand hatte diese Regelung indessen nicht. Noch im Jahre 43 v. Chr. hatte Gaius Cassius über seinen Emissär Quintus Labienus Verhandlungen mit dem Partherkönig Orodes angeknüpft, um sich seiner Unterstützung für den bevorstehenden Kampf mit den Triumvirn zu versichern. Diese Unterstützung war damals nicht zustande gekommen. Erst drei Jahre später hatte Labienus Erfolg. Zusammen mit dem parthischen Prinzen Pakoros eröffnete er im Jahre 40 v. Chr. eine Offensive, die zu einem Zusammenbruch der Herrschaft des Antonius im Vorderen Orient und in weiten Teilen Kleinasiens führte. In Jerusalem setzten die Parther ihren Parteigänger Antigonos, den Sohn Aristobulos' II., zum Hohenpriester und König ein. Hyrkanos und Phasael gerieten in Gefangenschaft, Herodes gelang die Flucht. Nachdem er seine Familie in der uneinnehmbaren, mit reichem Proviant versehenen Festung Masada am Toten Meer in Sicherheit gebracht hatte, begab er sich über Petra, die Hauptstadt des Nabatäerreiches, Alexandrien und Rhodos nach Rom. Die Parther lieferten Hyrkanos und Phasael dem neuen von ihnen eingesetzten Herrscher aus. Antigonos ließ seinem Onkel die Ohren abschneiden, um ihn für die Hohenpriesterwürde auf alle Zeiten untauglich zu machen. Phasael gab sich im Gefängnis selbst den Tod.

In Rom traf Herodes seinen Patron Marcus Antonius. Dieser hatte sich mit einer großen Flotte und einem Teil seiner Legionen zur Austragung des inzwischen entbrannten Machtkampfes mit seinem Kollegen und Rivalen Octavian, dem Adoptivsohn Caesars, nach Italien begeben. Aber die Abneigung der Soldaten, gegeneinander zu kämpfen, und die Zwangslage, die durch die erfolgreiche parthische Offensive im Osten entstanden war, erzwang einen Kompromiß zwischen beiden. Im Herbst 40 v. Chr. wurde in Brundisium das entsprechende Abkommen geschlossen. Als Herodes wenig später in Rom eintraf, wurde er von den beiden Triumvirn als Verbündeter für den bevorstehenden Feldzug zur Wiedererrichtung der römischen Herrschaft im Osten willkommen geheißen. Der Senat ernannte ihn zum König der Juden, und in einer feierlichen Zeremonie geleiteten die Triumvirn, die Konsuln und die Magistrate ihn zur Niederlegung des Beschlusses in das Staatsarchiv und anschließend zu einem Opfer für Juppiter Optimus Maximus auf das Kapitol. Herodes nahm seit Beginn des Jahres 39 v. Chr. an der römischen Gegenoffensive teil. Die Kämpfe in Palästina zogen sich fast drei Jahre hin. Sie waren erst zu Ende, als Antonius' Legat Gaius Sosius mit Herodes' Unterstützung

Jerusalem nach längerer Belagerung im Sommer 37 v. Chr. einnahm. Antigonos geriet in Gefangenschaft, und Antonius ließ ihn in Antiochien hinrichten. In der Person des Herodes hatten die römischen Machthaber den König der Juden gefunden, den sie sich wünschten. Herodes war sich bewußt, daß die Grundbedingung seiner Herrschaft die unbedingte Loyalität gegenüber den römischen Oberherren war, und er wußte auch, was diese von ihm erwarteten: Er hatte sein kleines zwischen Syrien und Ägypten gelegenes Reich, das als Durchgangsland eine hohe strategische Bedeutung hatte, ruhig zu halten, und er hatte eine wichtige Funktion im System der römischen Grenzsicherung zu erfüllen. Tatkräftig, klug und skrupellos wie er war, entsprach er den in ihn gesetzten Erwartungen. Aus diesem Grund überstand er auch unbeschadet den Untergang des Marcus Antonius, seines Patrons, indem er seine Loyalität auf den Sieger Octavian, den späteren Kaiser Augustus, übertrug.

König Herodes (37 – 4 v. Chr.)

Die Regierungszeit des Königs Herodes war vom Standpunkt äußerer Machtentfaltung aus gesehen zweifellos ein Höhepunkt der jüdischen Geschichte im Altertum. Das Reich, über das er schließlich gebot, übertraf an Umfang das des Alexander Jannaios, und die Zahl und die Pracht der Bauten, mit denen er die Städte seines Reiches und des hellenistischen Ostens schmückte, suchen ihresgleichen. Sein jüngster Biograph hat an den Schluß seines Buches anstelle einer Zusammenfassung einen fiktiven, dem Monumentum Ancyranum des Kaiser Augustus nachempfundenen Tatenbericht des Herodes gestellt, und er läßt ihn mit folgenden Worten beginnen (ich übersetze sie aus dem Englischen ins Deutsche): «Dies ist eine Abschrift (von der Aufstellung) der Verdienste des Königs Herodes und seiner Aufwendungen zur Wiederherstellung jüdischen Stolzes und Selbstvertrauens.» Damit ist dem König ein Motiv unterstellt, das dem modernen Nationalismus, einer der Wurzeln des Zionismus, entlehnt ist, das aber weder dem Selbstverständnis des Herodes noch dem damaligen, religiös definierten Bewußtsein jüdischer Identität entspricht. Gerade von jüdischer Seite wurde, wie unten zu zeigen sein wird, die Legitimität seines Königtums, das eine Schöpfung der Römer war, in Frage gestellt, und sein Reich umfaßte dank der von Augustus vorgenommen Gebietserweiterungen auch einen beträchtlichen nichtjüdischen Anteil und war dementsprechend kein rein jüdisches. Herodes war der Inbegriff eines späthellenistischen Königs unter römischem Protektorat, und er verdankte seine Stellung der Entscheidung des Augustus, daß es am klügsten sei, sich in diesem schwer regierbaren, spannungsreichen Durchgangsland zwischen Syrien und Ägypten auf eine indirekte Herrschaft zu beschränken und es dem ebenso zuverlässigen wie effizienten Despoten Herodes zu überlassen, mit den Problemen fertig zu werden, vor die das Zusammenleben von Juden, Samaritanern, Arabern und hellenisierten Städten jede Regierung unweigerlich stellte. Herodes hatte auf seine Weise Erfolg, und das Geheimnis dieses Erfolges war, daß er es verstand, den Römern ein Römer, den Juden ein Jude und den Griechen ein Grieche zu sein.

Offensichtlich hatte sich Herodes von früher Jugend an den wechselnden Repräsentanten Roms im Vorderen Orient als effizientes Werkzeug ihrer Herrschaft empfohlen. Die Parteikämpfe und Bürgerkriege, die diese um die Macht in Rom austrugen, hatten ihm deshalb nichts anhaben können. Ob Caesar und seine Generäle, der Caesarmörder Gaius Cassius, der Triumvir Marcus Antonius oder der Kaiser Augustus das Sagen hatten – Herodes stieg bei jedem Herrschaftswechsel nur höher auf. Der von Caesar eingesetzte Statthalter Syriens, Sextus Caesar, hatte ihn zu seinem Sicherheitsbeauftragten in dem ehemaligen Koilesyrien gemacht, und in dieser Stellung wurde er von Gaius Cassius bestätigt. Nach der Niederlage der Caesarmörder erhob ihn Marcus Antonius zum Teilherrscher in dem von Caesar wiederhergestellten verkleinerten Hasmonäerreich, dann wurde er von den Triumvirn zum König erhoben und in dieser Stellung wurde er ungeachtet der Rolle, die er im Herrschaftssystem des Antonius gespielt hatte, von Octavian, dem späteren Kaiser Augustus, nach der Schlacht von Actium bestätigt. Herodes hatte sich unmittelbar nach der Schlacht dem Sieger zur Verfügung gestellt und nahm keinen Anstand, dessen Legaten Quintus Didius im Kampf gegen die Gladiatorentruppe des Antonius, der vor kurzem noch sein Patron gewesen war, zu unterstützen.

Der Parteiwechsel mag Herodes um so leichter gefallen sein, als Antonius den Aspirationen seiner Geliebten, der Königin Kleopatra, die ptolemäische Herrschaft in Koilesyrien wiederherzustellen, durch mancherlei Zugeständnisse, unter anderem durch Überlassung der ertragreichen Palmenhaine von Jericho, entgegengekommen war. Herodes mußte seine Domäne von der neuen Eigentümerin pachten und somit eine Minderung seiner Einnahmen in Kauf nehmen. Herodes gab im Jahre 30 v. Chr. Octavian auf seinem Weg nach

Ägypten in Ptolemais/Akko einen prächtigen Empfang und empfahl sich seinem neuen Patron durch die Versorgung seiner von Syrien nach Ägypten ziehenden Armee. Den Lohn für seine Dienste empfing er, als Alexandrien gefallen und Ägypten eine römische Provinz geworden war, in der Octavian die Nachfolge der ptolemäischen Könige antrat. Der Sieger von Actium erweiterte das Reich des Herodes und schlug neben Jericho, Gadara, Hippos und Samaria auch mehrere Städte der Küstenebene, Gaza mit seinem Hafen Anthedon, Ioppe und Stratons Turm der Herrschaft des Herodes zu. Sieben Jahre später überließ ihm Augustus weite Gebiete nordöstlich des Sees Genezareth, die Landschaften Trachonitis, Batanaia und Auranitis, die von räuberischen Nomaden unsicher gemacht wurden und dringend der Befriedung bedurften. Als Augustus im Jahre 20 v. Chr. Syrien besuchte, wies er Herodes schließlich noch die Tetrarchie eines lokalen Dynasten namens Zenodoros zu: die Distrikte Ulatha und Panias an den Jordanquellen mit den angrenzenden Gebieten. Zenodoros hatte gegen Gewinnbeteiligung gemeinsame Sache mit den räuberischen Nomaden gemacht, die die Verbindungswege von und nach Damaskus unsicher machten.

Deren Treiben zu unterbinden war die Aufgabe, die Herodes mit der Vergrößerung seines Reiches übertragen war. Die römische, aus Legionen bestehende Armee verfügte noch nicht wie später über reguläre Auxiliarverbände zur Sicherung der Grenzen und Verbindungswege, und so blieb nur die Möglichkeit, den Klientelkönig, der Augustus' volles Vertrauen besaß, mit dieser Aufgabe zu betrauen. Herodes sicherte diese Gebiete, indem er in der Trachonitis 4000 Idumäer und eine Reitertruppe von 500 babylonischen Juden in der Batanaia ansiedelte. Der militärischen Sicherung des Landes diente auch die Anlage von Militärkolonien im galiläischen Gaba und in dem im Ostjordanland gelegenen Esbon. Herodes besaß in seinem Reich die Militärhoheit, und neben jüdischen beziehungsweise idumäischen Militärsiedlern verwendete er wie die Hasmonäer seit Johannes Hyrkanos I. fremde Söldner – im einzelnen werden Thraker, Germanen und Kelten genannt. Diese von ihm unterhaltenen Streitkräfte waren Teil des römischen Verteidigungs- und Sicherungssystems, und Herodes hatte gegebenenfalls wie anläßlich des Arabienfeldzuges des Petronius im Jahre 25 v. Chr. Hilfstruppen zu stellen. Daß er seine Militärmacht im römischen Sinne verwendete, dafür bürgte das Treueverhältnis, das ihn mit Augustus verband, und die überlegene Macht der in Syrien und Ägypten stationierten Legionen. Wie man sich das Verhältnis der sogenannten Klientelherrscher zu den unter direkter römischer Herrschaft stehenden Pro-

vinzen vorzustellen hat, geht aus dem oben bereits zitierten Bericht eines caesarischen Offiziers über die von Caesar getroffenen Neuordnung der Verhältnisse Syriens hervor. Der betreffende Text lautet vollständig wie folgt:

> *Könige, Tyrannen, Dynasten, die der Provinz (Syrien) benachbart waren*
> *und die alle zu ihm (Caesar) gekommen waren, nahm er in ein Treuever-*
> *hältnis auf und entließ sie als seine und des römischen Volkes Freunde, nach-*
> *dem er ihnen (spezielle) Bedingungen zum Schutz und der Verteidigung der*
> *Provinz auferlegt hatte. Nachdem er wenige Tage in der Provinz verbracht*
> *hatte, setzte er Sextus Caesar, seinen Freund und Verwandten, an die Spitze*
> *der Legionen und (der Provinz) Syrien.*
>
> *([Caesar], Alexandrinischer Krieg 65,5)*

Wie es scheint, besaß Herodes in seinem Reich nicht nur die Militär-, die
Gerichts- und die Finanzhoheit, sondern er genoß zumindest unter Augustus
auch das Privileg der Tributfreiheit. Unter Caesar und Antonius war das nicht
der Fall gewesen. Gleichwohl war sich Herodes bewußt, was von ihm erwartet
wurde. Zu den Aufwendungen, die Augustus aus seinen Mitteln für die Soldaten und das Volk von Rom machte, leisteten die Klientelkönige Beiträge, die for-
mal freiwillig waren, und Herodes machte keine Ausnahme. Wir erfahren, daß
er im Jahre 12 v. Chr. anläßlich der von Augustus vermittelten Versöhnung zwischen ihm und seinen Söhnen dem Kaiser ein Geschenk in Höhe von dreihundert Talenten machte, das für den genannten Zweck bestimmt war. In seinem
zweiten Testament setzte er dem Kaiser, seiner Frau, der Familie und den Freunden des Augustus Legate von insgesamt 1500 Talenten aus, das sind etwa
36 Mio. Sesterzen, und dann im letzten Testament, insgesamt 60 Mio. Sesterzen.
Den Kaiser und sein Haus im Testament zu bedenken war auch unter den
Wohlhabenden der römischen Gesellschaft üblich, und was Klientelkönige
anbelangt, so hatten sie besonderen Grund, so zu verfahren. Ihr Status und ihr
Titel waren vom Kaiser verliehen, und auch ihre testamentarischen Verfügun-
gen, soweit sie die Erbfolge beziehungsweise die Dispositionen über ihr Reich
betrafen, bedurften der Bestätigung durch den Kaiser. Das Treueverhältnis, das
einen Klientelkönig mit dem Kaiser verband, zwang ihn, sich im eigenen Interesse nach Kräften um das Wohlwollen seines Patrons zu bemühen.

Herodes trug nicht nur die Lasten, sondern war auch der Nutznießer dieses seine Souveränität begrenzenden Treueverhältnisses. Als er Augustus die
dreihundert Talente zukommen ließ – das sind in römischem Geld etwa 7,2

Mio. Sesterzen –, entschädigte ihn der Kaiser mit der Abtretung des halben Ertrags, den er aus den Kupferminen Zyperns zog, und versorgte ihn so mit dem Metall, das er für seine auf den lokalen Geldbedarf zugeschnittene Münzprägung benötigte (Gold und Silber durften Klientelkönige nicht ausprägen). Von der Überlassung weiterer Gebiete im Nordosten des Sees Genezareth war bereits die Rede. Dort verpachtete Herodes das Grasland bis zum Rand der Wüste an Nomaden und zog so zusätzliche Einkünfte aus der Landzuweisung des Augustus. Herodes war die Aufgabe übertragen worden, in diesen Gebieten für die Sicherheit der Reise- und Handelswege zu sorgen, aber freie Hand gegenüber den Arabern, besonders gegenüber den Nabatäern, war ihm damit nicht gelassen. Als er um das Jahr 9 v. Chr. ohne Autorisierung des Kaisers einen förmlichen Feldzug gegen den Nabatäer Syllaios außerhalb seines Reiches unternahm, trug ihm das die Ungnade seines Patrons ein, und erst die Vermittlung ihres gemeinsamen Freundes, des Nikolaos von Damaskus, stellte die guten Beziehungen zwischen Patron und Klienten wieder her.

Unter den gegebenen Umständen versteht es sich von selbst, daß Herodes jede Gelegenheit wahrnahm, seinen römischen Gönnern persönlich die Aufwartung zu machen. Er reiste zu Augustus und zu dessen Freund und Schwiegersohn Marcus Agrippa, als diese sich im Osten des Reiches aufhielten, und er reiste zwei- oder dreimal nach Rom zu Augustus. Als Agrippa im Jahre 15 v. Chr. Jerusalem besuchte, gab er ihm einen prächtigen Empfang und begleitete ihn im folgenden Jahr nach Kleinasien. Seine Söhne präsentierte er dem Kaiser und ließ sie in Rom erziehen. Konflikte in seiner Familie brachte er vor Augustus, denn er durfte es nicht wagen, eigenmächtig seine der Verschwörung beschuldigten Söhne hinrichten zu lassen. Der Kaiser vermittelte, aber es blieb ihm zuletzt nichts anderes übrig, als nacheinander, in den Jahren 7 und 4 v. Chr., Herodes die Hinrichtung von insgesamt drei Söhnen freizustellen. Der zu Sarkasmen neigende Augustus kommentierte die Familientragödie im Hause seines Klienten mit den Worten, er wolle lieber das Schwein als der Sohn des Herodes sein.

Herodes' Herrschaft war in seinem Reich nicht ungefährdet, und als er auf die Idee kam, sich nach dem Vorbild des sogenannten Kaisereides von seinen Untertanen einen Loyalitätseid schwören zu lassen, mußten sich diese nicht nur zum Schutz des Königs, sondern auch des römischen Kaisers verpflichten. Der Kaisereid war nach dem Vorbild der Selbstverpflichtung griechischer Gemeinden zugunsten hellenistischer Könige gestaltet, und er war ein religiöser Akt. Von den nichtjüdischen Städten seines Reiches konnte dieser Eid in der üblichen Form, ähnlich demjenigen, den die Paphlagonier nach Einbeziehung ihres Landes in die römische Provinz Galatien dem Kaiser Augustus schworen. Dieser lautete:

> *Ich schwöre bei Zeus, der Erde, der Sonne, allen Göttern und Göttinnen sowie bei Augustus selbst, daß ich Caesar Augustus, seinen Söhnen und Nachkommen mein ganzes Leben lang loyal bleiben werde in Wort, Tat und Gesinnung, indem ich dieselben als Freunde wie er betrachte und dieselben als Feinde wie er; und daß ich in deren Interesse weder körperliche Unversehrtheit noch Leben noch Vermögen noch meine Kinder schonen, sondern auf jede Weise zur Erfüllung der ihnen geschuldeten Pflicht jede Gefahr auf mich nehmen werde; und daß ich, wenn ich merke oder höre, daß gegen sie etwas gesagt, geplant oder getan wird, dies anzeigen und dem Feind sein werde, der etwas derartiges sagt, plant oder tut; und daß ich diejenigen, die sie als ihre Feinde ansehen, zu Wasser und zu Lande mit Waffen und Schwert verfolgen und bestrafen werde. Wenn ich aber etwas tue, was gegen diesen Eid verstößt oder nicht in Übereinstimmung mit meiner Eidesleistung steht, so rufe ich auf meine Person, meine körperliche Unversehrtheit, Leben, Vermögen und Kinder sowie mein ganzes Geschlecht Untergang und gänzliche Vernichtung herab bis auf meine gesamte Nachkommenschaft und die meiner Kinder, und weder Meer noch Land soll die Körper der Meinen oder meiner Nachkommen aufnehmen noch ihnen Früchte bringen.*
>
> (Dittenberger, Orientis Graecae Inscriptiones Selectae 532)

Einen solchen oder ähnlichen Eid für den König und den Kaiser zu schwören, war den nichtjüdischen Untertanen des Herodes ohne Gewissensbeschwerung möglich, für einen frommen Juden war es das nicht, auch wenn in der für die Juden bestimmten Eidesformel die heidnischen Götter durch den Allerhöchsten, das heißt durch Jahwe, ersetzt wurden. Die Juden scheuten jeglichen Eid, gerade weil darin Gott zum Zeugen angerufen wird und jeder falsche Eid eine Entweihung des Allerhöchsten bedeutet. Pharisäer und Essener verweigerten denn auch den Eid und gingen entweder straflos aus oder wurden nur mit einer Geldstrafe belegt, die zudem von der Schwägerin des Herodes bezahlt wurde. Für die Frommen war Gott allein der König Israels, und nie und nimmer waren sie bereit, einen Treueid für den von ihnen abgelehnten König oder gar für den römischen Kaiser zu leisten. Da die Pharisäer im Volk einflußreich waren und die Essener aus anderen Gründen die Gunst des Königs besaßen, wurde auf sie Rücksicht genommen. Alle anderen leisteten gezwungenermaßen beziehungsweise aus Furcht den Eid. Der Fall zeigt, daß das Königtum des Herodes keine innere Zustimmung im jüdischen Volk besaß, und so war denn die geforderte Eidesleistung nichts anderes als ein Surrogat für die fehlende Legitimität. Weil der König sich seiner Herrschaft nicht sicher sein konnte, griff er von Anfang an zu Gewalt und Terror sowie zu den Mitteln eines Spitzel- und Überwachungsstaates. Die von ihm wiederaufgebaute Festung Hyrkania war berüchtigt als Kerker, in dem Gefangene verschwanden, um nie wieder zurückzukehren. Aber das Herrschaftssystem des Herodes bestand nicht nur aus Überwachung und Repression: Es stützte sich auch auf eine großzügige Förderung materieller Interessen und ideeller Bedürfnisse. Sozusagen mit Zuckerbrot und Peitsche suchte Herodes den Mangel an Legitimität und freiwilliger Zustimmung zu kompensieren.

Die Gründe des passiven und aktiven Widerstandes gegen seine Herrschaft waren komplex und speisten sich aus unterschiedlichen Quellen. In scharfer Konfrontation mit der Hasmonäerdynastie war er an die Macht gelangt, und mit der priesterlichen, den Ältestenrat dominierenden Aristokratie war er seit der Auseinandersetzung über seine Mißachtung der höchstrichterlichen Befugnisse des Ältestenrates verfeindet. Eingedenk des Satzes, daß die notwendigen Grausamkeiten zu Beginn einer neuen Herrschaft begangen werden müßten, ließ er zu Beginn seiner Königsherrschaft 45 Angehörige der Aristokratie hinrichten und ihr Vermögen einziehen. Ein besonderes Problem war, daß er nicht aus priesterlicher Familie stammte und folglich zur Bekleidung des höchsten geistlichen Amtes unfähig war, andererseits aber noch männliche Angehörige der Familie der Hasmonäer am Leben waren. Er selbst hatte eine Hasmonäerin geheiratet, die sprichwörtlich schöne Mariamme, die als Enkelin sowohl des Hohenpriesters und Ethnarchen Hyrkanos als auch seines Bruders, des Königs Aristobulos II., sozusagen beide verfeindete Linien der Hasmonäer repräsentierte. Ihre Mutter Alexandra, die Tochter des Hyrkanos, verfolgte den Plan, ihrem Sohn Aristobulos das Hohepriesteramt zu verschaffen, das Herodes zunächst mit einem Landfremden aus priesterlicher Familie, dem babylonischen Juden Hannael, besetzt hatte. Alexandra machte ihren Einfluß bei der ägyptischen Königin Kleopatra geltend, und Herodes gab nach: Im Jahre 35 v. Chr. setzte er Hannael ab, und Aristobulos wurde Hoherpriester. Aber das Mißtrauen zwischen Herodes und den Hasmonäern blieb, und als es beim Laubhüttenfest zu Sympathiekundgebungen für den Hohenpriester kam, ließ der König seinen jungen Schwager auf heimtückische Weise in Jericho im Bad ertränken. Die Familienverhältnisse im Hause des Herodes wurden nun erst recht unerträglich. Alexandra erreichte über Kleopatra, daß sich Herodes vor Antonius verantworten mußte. Er verstand es jedoch, durch Leugnen und reiche Geschenke die ihm drohende Gefahr abzuwenden, und so nahm die Familientragödie ihren Lauf. Herodes hatte, als er zu Antonius aufbrach, seinen Onkel und Schwager Josephus, der mit seiner Schwester Salome verheiratet war, als seinen Vertreter zurückgelassen und ihm die Aufsicht über Mariamme mit der Weisung übertragen, sie töten zu lassen, wenn er nicht lebend zurückkehre. Er liebte seine Frau auf seine Weise und konnte den Gedanken nicht ertragen, daß sie nach seinem Tod einem anderen angehören könnte. Salome goß nach der Rückkehr ihres Bruders Öl in das Feuer des Familienzwistes. Sie beschuldigte ihren eigenen Mann des Ehebruchs mit Mariamme. Diese leugnete, aber als Herodes erfuhr, daß Josephus ihr von seinem Geheimbefehl erzählt hatte, ließ er ihn, ohne den Beschuldigten noch einmal anzuhören, im Jahre 34 v. Chr. töten. Bevor er dann nach der Schlacht von Actium den Sieger Octavian in Rhodos aufsuchte, ließ er sicherheitshalber den alten Hyrkanos als möglichen Thronprätendenten ebenfalls umbringen, und im folgenden Jahr brachten es die Mutter und die Schwester des Herodes durch eine fein eingefädelte Intrige fertig, daß auch die unglückliche Mariamme sterben mußte. Im Jahre 28 folgten ihre Mutter Alexandra ihr in den Tod – sie wurde einer hochverräterischen Verschwörung beschuldigt – und einige Zeit später sein Schwager Kostabar, der Stratege von Idumäa: Seine eigene Frau, die intrigante Salome, hatte ihm den Scheidungsbrief zugesandt und ihn dann angezeigt, weil er entfernte Angehörige der ehemaligen Königsdynastie versteckt hatte. Herodes nahm die Gelegenheit wahr und ließ auch die von Kostabar versteckten Verwandten der Hasmonäer töten.

Mit dieser Serie von Hinrichtungen war der blutige Familienkonflikt noch immer nicht zu Ende, er setzte sich in der nächsten Generation fort, und seine Opfer waren die beiden Söhne des Herodes, Alexander und Aristobulos, die er von der Hasmonäerin Mariamme hatte. Auch in diesem Fall war Salome der böse Geist, der das Mißtrauen ihres Bruders zu wecken verstand, so daß der König seinen ältesten Sohn Antipater, den er von seiner ersten Frau namens Doris hatte, an seinen Hof zurückrief. Dieser tat dann alles, um seine Halbbrüder und seinen Vater gegeneinander aufzubringen. Die Einzelheiten des Intrigenspiels und die Stationen des Konflikts können und müssen hier beiseite bleiben. Das Ende vom Lied war die Hinrichtung der Söhne der Mariamme und ihrer Anhänger im Jahre 7 v. Chr. Drei Jahre später erlitt der Nutznießer ihres Todes, der intrigante Antipater, das gleiche Schicksal, denn es

Stammtafel der Herodeer

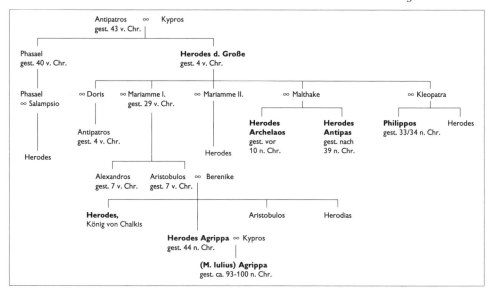

stellte sich heraus, daß er Vorbereitungen getroffen hatte, seinen Vater zu vergiften, um an die Herrschaft zu gelangen. Fünf Tage vor seinem eigenen Tod ließ Herodes mit Erlaubnis des Augustus auch seinen ältesten Sohn töten, den er zum Erben seines Reiches ausersehen hatte.

Diese schockierenden Vorgänge, die Antipater und den letzten Nachkommen der Hasmonäerdynastie das Leben kosteten, waren ebensowenig dazu angetan, die priesterliche Aristokratie und die Frommen im Lande mit der Herrschaft des Herodes auszusöhnen wie die Dezimierung des Ältestenrates oder die Vergabe des Hohenpriesteramtes an Günstlinge wie den aus einer in Alexandrien ansässigen Priesterfamilie stammenden Boethos, dessen Tochter Mariamme (nicht zu verwechseln mit der Hasmonäerin gleichen Namens) Herodes zu seiner dritten Frau nahm. Allenfalls konnte man von prominenter pharisäischer Seite zu seinen Gunsten die der alten Prophetie entlehnten Maxime hören, daß man Herodes' Herrschaft als Strafe Gottes für die eigenen Sünden hinzunehmen habe.

Gewiß bemühte sich Herodes, den religiösen Gefühlen seiner jüdischen Untertanen Rechnung zu tragen und auch für jüdische Interessen in der Diaspora einzutreten, doch konnte das die Kluft nicht schließen, die sich zwischen dem Herrscher und dem jüdischen Volk auftat. Das Problem hatte eine objektive und eine subjektive Seite, die eng miteinander zusammenhängen und gewissermaßen zwei Seiten einer Medaille bilden. Das Reich des Herodes war weder ethnisch noch religiös und schon gar nicht politisch eine Einheit. Neben dem jüdischen Kernland gab es, um nur das Wichtigste zu nennen, in der Peripherie des geschlossenen jüdischen Siedlungsgebietes die hellenistischen Städte, und es erleichterte das Regiment des Königs nicht, daß auch in ihnen viele Juden lebten. Herodes wollte und mußte beiden Seiten gerecht werden. Er selbst war Jude, wenngleich seine Mutter eine Araberin war, doch wie er selbst sagte, standen ihm die Griechen näher als sein eigenes Volk, und seine nähere Umgebung bestand größtenteils aus Griechen. Unter ihnen gab es Abenteurer wie den Spartaner Eurykles, der eine verhängnisvolle Rolle im Konflikt zwischen Herodes und seinen beiden Söhnen aus seiner Ehe mit der Hasmonäerin Mariamme gespielt hatte. Aber es gehörten zu seiner Umgebung auch Angehörige einer Elite, allen voran Nikolaos von Damaskus, der als Philosoph der peripatetischen Richtung und als Historiker gleich renommiert war und der Herodes in verschiedenen Funktionen, vor allem als Diplomat im Verkehr mit Augustus und dessen Schwiegersohn Agrippa, diente. Zusammen mit seinem Bruder Ptolemaios gehörte Nikolaos zum innersten Machtzirkel im Regierungssystem des Herodes. Einen anderen Ptolemaios hatte Herodes an die Spitze seiner Finanzverwaltung gesetzt und ihm seinen eigenen Siegelring ausgehändigt.

Herodes profilierte sich innerhalb und außerhalb seines Reiches als einer der größten Wohltäter und Bauherren in der Geschichte des hellenistischen Königtums, dessen Typus seine Herrschaft geradezu idealtypisch verkörpert. Dies verschlang neben den Kosten für seine Söldnertruppen, für diplomatische Geschenke und für die unvermeidliche Prachtentfaltung seines Hofes ungeheure Summen, und er bedurfte deshalb entsprechender Einnahmen. Abgesehen von den Erträgen der königlichen Domänen und den Konfiskationen des Vermögens hingerichteter Gegner lieferte diese Einnahmen das ausgeklügelte Steuer- und Zollsystem, das ein Erbe der griechischen Fremdherrschaft aus der Zeit der Ptolemäer und Seleukiden war. Da auf den Juden des Heiligen Landes die zusätzlichen Abgaben lasteten, die das Religionsgesetz für die Unterhaltung des Tempelkultes und des Kultpersonals vorschrieb, war der Steuerdruck ein Problem, das in Judäa besonders ausgeprägt war und hier stärker als anderswo die Unzufriedenheit der bedrückten bäuerlichen Bevölkerung nährte. Im Unterschied zu den römischen Oberherren zur Zeit Caesars erhob Herodes offenbar auch in den Sabbatjahren Abgaben: Im Jahre 30/29 v. Chr. verwendete er angesichts der schweren Notlage, die das Zusammentreffen eines Sabbatjahres mit einer extremen Trockenheit und einer Seuche schuf,

Masada, die von den Hasmonäern errichtete Festung am Westufer des Toten Meeres wurde von König Herodes ausgebaut und mit prachtvollen Palastanlagen geschmückt.
Links im Bild ist die gewaltige Sturmrampe erkennbar, mit deren Hilfe die Römer die Festung, den letzten von den jüdischen Aufständischen gehaltenen Platz, nach kurzer Belagerung im Jahre 74 n. Chr. zu Fall brachten.

seine Mittel dazu, Getreide in Ägypten anzukaufen und es zu verteilen, aber in den folgenden Sabbatjahren, 23/22 und 16/15 v. Chr., begnügte er sich mit einem Steuernachlaß von einem Drittel beziehungsweise einem Viertel. Wie Josephus anläßlich des ersten Nachlasses ausdrücklich sagt, tat er das, um Unruhen vorzubeugen.

Die in der Überlieferung erwähnten Nachlässe waren vorübergehende Erleichterungen innerhalb eines hochentwickelten und unbarmherzig praktizierten Steuer- und Abgabensystems. Auf dessen Erträge konnte Herodes schon deshalb nicht verzichten, weil er um seiner eigenen Sicherheit willen fremde Söldner unterhielt und das Land mit Festungen überzog, die mit prachtvollen Palästen für den Aufenthalt des Königs und seines Hofes geschmückt wurden. Ein besonders eindrucksvolles, von der archäologischen Forschung gut erschlossenes Beispiel ist der Ausbau des uneinnehmbaren Masada am Toten Meer. Desgleichen wurde Machairus im Ostjordanland ausgebaut. Die von Gabinius zerstörten Hasmonäerfestungen Alexandreion und Hyrkania ließ er wieder herrichten, und hinzu kamen als Neugründungen die beiden Herodeion genannten Festungen, die eine im Ostjordanland, die andere bei Bethlehem gelegen, die zugleich als sein Mausoleum vorgesehen war. Um das Jahr 24 v. Chr. wurde in Jerusalem ein befestigter Königspalast in der Oberstadt errichtet, von dem der sogenannte Davidsturm noch erhalten ist. Schon vorher hatte Herodes die alte Zitadelle nördlich des Tempels wiederaufgebaut und sie zu Ehren seines damaligen Patrons, des Triumvirn Marcus Antonius, Antonia benannt.

Nach dem Vorbild hellenistischer Könige war Herodes auch ein eifriger Städtegründer. Den Wiederaufbau von Samaria trieb er voran und benannte die Stadt zu Ehren des Augustus mit dem griechischen Namen Sebaste, das heißt Augustusstadt. Er stattete sie mit 6000 Landlosen aus und verlieh ihre eine Verfassung nach griechischem Muster. Im Jordantal gründete er an der Stelle des alten Kapharnaba zu Ehren seines Vaters Antipatris, nördlich von Jericho zu Ehren seines in der Gefangenschaft durch Selbstmord umgekommenen Bruders die Stadt Phasaelis. Anthedon, der Hafen von Gaza, wurde ausgebaut und zu Ehren Agrippas in Agrippeion beziehungsweise Agrippias umbenannt. Seine großartigste Neugründung war jedoch das zum Haupthafen

Herodeion
Die auf einem Hügel bei Tekoa,
etwa 12 Kilometer südlich von
Jerusalem gelegene Festung war
von ihrem Erbauer, Herodes dem
Großen, mit prachtvollen Palast-
anlagen geschmückt worden.
Die von israelischen Archäologen
freigelegte Anlage diente dem
König zugleich als Mausoleum.

des Landes in der Zeit zwischen 23/22 und 10 v. Chr. ausgebaute Caesarea maritima, dessen Hafenanlagen teilweise erhalten sind. Überragt werden die Hafenanlagen noch heute von den gewaltigen Substruktionen des Augustustempels, den Herodes zu Ehren des römischen Kaisers in der nach diesem benannten Stadt errichten ließ. Damit bekundete Herodes gewissermaßen am Eingangstor seines Reiches seine Zugehörigkeit zur Klientel seines römischen Schutzherrn, und er schloß sich damit, ungeachtet seines formellen Judentums, dem heidnischen Brauch der religiösen Verehrung eines Gottmenschen als einer Loyalitätsbekundung an, wie er damals im römischen Herrschaftsverband allerorts geübt wurde: «Die meisten Provinzen richteten damals», sagt Sueton, der Biograph des Augustus, «zusätzlich zu Tempeln und Altären auch Spiele im Abstand von vier Jahren (zu Ehren des Augustus) beinahe Stadt für Stadt ein. Und die befreundeten und verbündeten Könige gründeten, jeder in seinem Reich, Städte mit dem Namen (des Kaisers) Caesarea» (Divus Augustus 59).

Herodes zögerte nicht, in den nichtjüdischen Teilen seines Reiches weitere Tempel des Kaiserkultes zu errichten, so in Sebaste/Samaria oder in der Nähe von Panion an den Jordanquellen. Zusätzlich bedachte er viele Städte der benachbarten römischen Provinz Syrien mit Monumenten der seinem Patron Augustus gewidmeten Verehrung. Josephus schreibt: «Mit einem Wort: Man kann keinen nennenswerten Platz seines Reiches nennen, den er ohne ein Zeugnis der Ehrung Caesars ließ. Und nachdem er sein eigenes Land mit Tempeln (des Kaiserkultes) angefüllt hatte, überschüttete er die Provinz (Syrien) mit den Ehrungen für die Person Caesars und errichtete vielen Gemeinden Bauten, die nach Caesar benannt waren» (Jüdischer Krieg I, 407). Es versteht sich von selbst, daß Juden schweren Anstoß an den religiösen Formen jener öffentlich dokumentierten Loyalität gegenüber Augustus nehmen mußten, und bezeichnenderweise entschuldigte sich Herodes fälschlicherweise mit einer Art Befehlsnotstand. Er sagte, er handle nicht aus eigenem Antrieb, sondern im Auftrag und auf Anweisung. Das war gewiß eine Ausflucht, die auf jüdische Ablehnung berechnet war. Er wußte natürlich genau, daß er es nicht wagen durfte, Monumente des Kaiserkultes in Heiligen Land zu errichten, aber er stiftete zu Ehren des Augustus in Jerusalem gymnische und musische Wettkämpfe, die alle vier Jahre, vermutlich zur Feier des Sieges von Actium, ausgetragen wurden. Überhaupt nahm Jerusalem unter seiner Herrschaft den Charakter einer hellenistischen Residenzstadt an. Er ließ ein Theater in der Stadt bauen und in der Ebene vor der Stadt ein großes Amphitheater. Zu den Spielen lud er Athleten und Künstler aus der ganzen hellenististischen Welt ein und setzte den Siegern wertvolle Preise aus. Fast ist man versucht zu sagen, daß Herodes vollendete, was in der Zeit Antiochos' IV. der Hohepriester Jason beabsichtigt hatte. In den Augen der Frommen war dies alles eine Verletzung der auf der Thora beruhenden Ordnung des Landes, doch Herodes war bei aller Neigung zu Grenzüberschreitungen klug genug, diejenige Grenzlinie zu beachten, die durch das Scheitern der hellenistischen Reform des Jason und den Makkabäeraufstand markiert worden war: Die jüdische Religion blieb unangetastet, und Jerusalem erhielt weder Gymnasium und Ephebie noch die Verfassung einer Polis.

Herodes beherrschte, wie gesagt, ein komplex zusammengesetztes Reich im hellenistisch geprägten Osten, und er selbst verstand sich als ein hellenistischer König, der dem römischen Kaiser als Wohltäter und Garanten seiner Herrschaft Ehre und Loyalität schuldig war. Dies ist der Hintergrund, der verständlich macht, daß er in der Tradition des hellenistischen Königtums ebenfalls als einer der größten Wohltäter der griechischen Welt in Erscheinung treten wollte. Nicht nur, daß er überall Kaisertempel und Bauten zu Ehren des Augustus errichtete und sich am Bau von Nikopolis, der Siegesstadt, die Augustus an der Stelle seines Lagers während des aktischen Krieges gründete, mit großen Spenden beteiligte, er überschüttete auch griechische Städte mit Bauten, Geschenken und Stiftungen. Josephus hat gerade von dieser Seite seiner Herrschaft ein eindrucksvolles Bild gezeichnet:

> *Es wäre schwierig, all die anderen Wohltaten aufzuzählen, die er den Städten in Syrien wie auch all denen in Griechenland zuteil werden ließ, in denen er auf seinen Reisen (in den Jahren 40, 30, 23/22, 18/17 und 14 v. Chr.) Station machte. Bekanntermaßen übernahm er zahlreiche öffentliche Dienstleistungen auf eigene Kosten, sorgte für die Errichtung vieler öffentlicher Bauten und schenkte für viele Bauvorhaben, bei denen die Arbeit zum Erliegen gekommen war und aus Geldnot nicht vollendet werden konnten, reichlich Geld. Die größten und bedeutendsten seiner Leistungen waren folgende: Den Rhodiern errichtete er auf eigenen Kosten den Tempel des Pythischen Apoll und gab viele Talente für den Flottenbau; den Bürgern von Nikopolis, das in der Nähe von Actium von Caesar (Augustus) gegründet worden war, half er bei der Errichtung der meisten ihrer öffentlichen Gebäude; den Antiochenern, die die größte Stadt in Syrien bewohnen, schmückte er die Hauptstraße, die die Stadt der Länge nach durchschneidet, mit Säulenhallen auf beiden Seiten und ließ die unter freiem Himmel gelegene Straße*

mit polierten Steinen pflastern. So trug er eindrucksvoll zur Attraktivität der Stadt und zum Nutzen ihrer Bewohner bei. Den Olympischen Spielen, die aus Geldmangel weitaus unansehnlicher geworden waren, als der berühmte Name (verheißt), verhalf er zu größerem Ansehen durch (regelmäßige) Einkünfte aus einer Stiftung und erhöhte die Würde des Festes im Hinblick auf die Opfer und die sonstige Ausstattung (des Platzes). Wegen dieser Werke der Ehrliebe wurde er von den Eleern mit dem Titel eines Agonotheten (Spielgebers) auf Lebenszeit ausgezeichnet.

(Jüdische Altertümer XVI; 146–149)

Und an anderer Stelle heißt es ergänzend:

Obgleich er sich an der Gründung so vieler Städte beteiligt hatte, gab er auch einer großen Anzahl auswärtiger Gemeinden Beweise seiner Großzügigkeit: Tripolis, Damaskus und Ptolemais stattete er mit Gymnasien aus, Berytos und Tyros mit Exedren, Säulenhallen, Tempeln und Marktplätzen, Sidon und Damaskus mit Theatern, Laodikeia am Meer mit einer Wasserleitung, Askalon mit prächtigen Bädern und Brunnenanlagen, darüber hinaus mit Säulenhallen, die in ihrer Schönheit und Größe bewundernswert sind. Weiterhin gab es Städte, denen er Haine und Wiesen schenkte. Viele Städte empfingen auch Land von ihm, so als gehörten sie zu seinem Reich. Wieder anderen finanzierte er durch Zuweisung fester Einkünfte aus Stiftungen die Kosten für die Gymnasiarchie wie beispielsweise in Kos, damit dieses (mit Kosten verbundene) Ehrenamt niemals unbesetzt bliebe. Allen, die Not litten, spendete er Getreide… Und soll man noch die Schenkungen an die Lyker und Samier oder die Freigebigkeit erwähnen, als in ganz Ionien jede Stadt Not litt? Sind nicht Athen und Lakedaimon, Nikopolis und Pergamon in Mysien nicht voll von den Weihgeschenken des Herodes?

(Jüdischer Krieg I, 422–425)

Was Herodes bezweckte, war gewiß die Gewinnung von Ansehen in der griechischen Welt, und man darf auch unterstellen, daß er sich auf diese Weise seinen nichtjüdischen Untertanen empfehlen wollte, die sich selbst der griechischen Oikumene zurechneten. Aber man wird auch damit zu rechnen haben, daß er auf diese indirekte Weise auch jüdische Interessen zu fördern beabsichtigte. Denn die Empfänger seiner Wohltaten in der griechischen Welt waren Städte, in denen es auch zum Teil beträchtliche jüdische Diasporagemeinden gab. Obwohl prinzipientreue Juden sicherlich Anstoß an Tempeln und Weihgeschenken nahmen, mit denen Herodes die Städte der Heiden bedachte, fiel von einem pragmatischen Standpunkt aus gesehen doch ins Gewicht, daß er durch seine Geschenke, Stiftungen und Bauten ein Klima von Dankbarkeit und gutem Willen schuf, das einen günstigen Boden für sein Eintreten zugunsten jüdischer Interessen in der Diaspora schuf. Es sind denn auch in der Regierungszeit des Herodes mehrere Entscheidungen des Augustus und des Agrippa sowie römischer Statthalter zugunsten der jüdischen Diaspora erhalten geblieben. Insbesondere wurde immer das Recht der Juden bekräftigt, Geld und Edelmetall zugunsten des Tempels und seines Opferkultes nach Jerusalem zu transferieren.

In diesem Punkt konvergierte ein religiös motiviertes Interesse der Juden mit einem politischen des Herodes. Als König der Juden ließ Herodes, nicht zuletzt auch mit den Beiträgen und Spenden der Diaspora, seit dem Ende der zwanziger Jahre den prachtvollen Neubau des Tempels errichten – eine der gewaltigsten Tempelanlagen der antiken Welt, auf deren durch gewaltige Stützmauern abgesichertem Plateau sich heute das islamische Heiligtum, der Felsendom mit der El-Aqsa-Moschee, erhebt. Das Riesenunternehmen konnte Herodes nicht zu Ende führen. Die Bauzeit betrug, so erfahren wir, 46 Jahre, und auch danach wurde, fast bis zur Zerstörung des Tempels im Jahre 70 n. Chr., wie an den großen Domen des Mittelalters ständig weitergebaut. Als religiöser Mittelpunkt aller Juden zog er an den großen Festen gewaltige Pilgermassen nach Jerusalem. Als Pilgerstätte und als eine der größten Baustellen der damaligen Welt war der Tempel auch von grundlegender wirtschaftlicher Bedeutung für die Bewohner des Heiligen Landes. Urheber und Organisator des gewaltigen Unternehmens war Herodes. Aber dennoch entsprach die Resonanz, die es bei den Juden fand, in keiner Weise den Verdiensten, die er damit seinem Volk erwies, und er hat sich darüber auch bitter beklagt. Zu sehr hatte sich Herodes durch seine Herrschaftsmethoden sowohl der Aristokratie wie den meinungsbildenden religiösen Führern und damit der Masse des Volkes entfremdet. Der Bericht des Matthäusevangeliums, daß Herodes aus Furcht vor dem in Bethlehem geborenen wahren König Israels alle Kinder der Stadt umbringen ließ, entbehrt jeglicher Historizität; er verwendet ein verbreitetes Wandermotiv, aber er ist in Hinblick auf die Einschätzung des Mannes und seiner Herrschaft aufschlußreich genug; als ein König ohne Legitimität und als gewalttätiger Despot stand er in dem Ruf, die größten Grausamkeiten zu begehen, um sich an der Herrschaft zu halten. Hinzu kommt ein

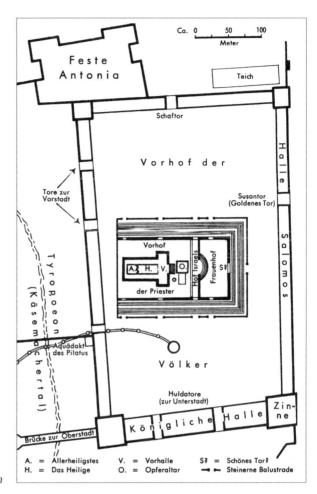

Der Herodestempel in Jerusalem

mangelndes Gespür für die Tabus des religiösen Empfindens der Juden, und so brachte er es dahin, durch Akte symbolischer Politik die Früchte der realen zunichte zu machen. Im Jahre 4 v. Chr., in seinem Todesjahr, ließ er über den Eingang zum Tempel als Weihgeschenk einen großen goldenen Adler anbringen und verstieß damit, so Josephus, gegen das biblische Verbot der Abbildung eines lebenden Wesens. Vielleicht ist eher in Rechnung zu stellen, daß der Adler ein römisches Hoheitszeichen war. Jedenfalls fand auf Anstiften von zwei Schriftgelehrten ein Aufruhr statt, in dessen Verlauf der Adler vom Eingang des Tempels heruntergerissen und in Stücke geschlagen wurde. Der todkranke König ließ die Hauptverantwortlichen bei lebendigem Leib verbren-

Bruchstück einer Verbotstafel aus dem herodianischen Tempel (Aufbewahrungsort: Israelische Antikenverwaltung Rockefellermuseum Inv.-Nr. 36.989, mit Ergänzungen)

ΜΗΘΕΝΑΑΜΟΓΕΝΗΕΙΣΠΟΡΕΥΕΣΘΑΙ
ΕΝΤΟΣΤΟΥΠΕΡΙΤΟΙΕΡΟΝΤΡΥ
ΦΑΚΤΟΥΚΑΙΠΕΡΙΒΟΛΟΥΟΣΔΑΝ
ΛΗΦΘΗΑΥΤΩΙΑΙΤΙΟΣΕΣΤΑΙ
ΔΙΑΤΟΕΞΑΚΟΛΟΥΘΕΙΝ
ΘΑΝΑΤΟΝ

Die Ergänzungen sind aus einem anderen, vollständig erhaltenen Exemplar übernommen, das heute in Istanbul aufbewahrt wird: vgl. Dittenberger, Orientis Graeci Inscriptiones Selectae II, Nr. 598). Die Verbotstafeln waren an der Marmorschranke angebracht, die den inneren von dem äußeren Tempelhof abgrenzte. Die Übersetzung des griechischen Textes lautet:
«Kein Fremdstämmiger (das heißt kein Nichtjude) darf die Schranke zum inneren Vorhof des Heiligtums passieren. Wer (dort) ergriffen wird, ist selbst daran schuld, daß ihn der Tod trifft.»

nen und setzte den amtierenden Hohenpriester ab, dem er eine Mitverantwortung für die gelungene Tat anlastete.

Wenige Tage nach der Strafaktion war Herodes tot, und es dauerte nicht lange, bis ein größerer Aufruhr, zu dem der König den Grund gelegt hatte, das Land erschütterte. In Rom erschien wiederum eine jüdische Gesandtschaft, die wie zu Pompeius' Zeiten forderte, ein Ende mit der Königsherrschaft zu machen und für das Heilige Land die Verfassung des Esra und Nehemia wiederherzustellen.

Judäa wird unregierbar

Herodes war kaum unter der Erde, da kam es in Jerusalem zu blutigen Unruhen. Eine große Menschenmenge forderte unter Schmähungen gegen den Verstorbenen die ehrenvolle Bestattung derjenigen, die er kurz vor seinem Tod wegen der Zerstörung des goldenen Adlers hatte hinrichten lassen, die Bestrafung seiner Ratgeber und die Wiedereinsetzung des abgesetzten Hohenpriesters. Die Demonstranten blieben allem guten Zureden unzugänglich, und die aufgestaute Wut griff auf die anläßlich des Passahfestes in Jerusalem versammelten Pilgermassen über, so daß Archelaos, der für die Königswürde vorgesehene Sohn des Herodes, die Menge von seinen Soldaten auseinandertreiben ließ. Dabei wurde ein Blutbad angerichtet, dem angeblich 3000 Menschen zum Opfer fielen. Nachdem die Ruhe so, wenigstens oberflächlich und, wie sich zeigen sollte, vorläufig wiederhergestellt worden war, begab sich Archelaos mit einer großen Zahl von Verwandten nach Rom, um das Testament letzter Hand, das Herodes auf dem Totenbett verfaßt hatte, von Augustus bestätigen zu lassen. In seinem vorletzten Testament hatte der König seinen jüngsten Sohn Herodes Antipas zum alleinigen Thronfolger bestimmt, aber in seinem letzten hatte er diese Verfügung umgestoßen und bestimmt, daß Archelaos, der ältere Sohn, den er von Malthake hatte, sein Nachfolger in der Königswürde sein solle, während Antipas mit der Tetrarchie von Galiläa und Peraia abgefunden wurde und Philippus, dem Sohn, den er mit der Jerusalemiterin Kleopatra hatte, die Außenbesitzungen Gaulanitis, Trachonitis, Batanaia und Panias zugesprochen wurden. Mit dieser Regelung war, wie sich von selbst versteht, Herodes Antipas nicht einverstanden, und so erhob sich vor Augustus der Streit der Erben; Archelaos forderte die Anerkennung des Testaments letzter Hand, Antipas des vorletzten, andere Angehörige des Herrscherhauses zogen die direkte römische Herrschaft der ihrer Verwandten vor und erklärten sich, wenn sie sich schon zwischen den beiden Haupterben Archelaos und Antipas entscheiden müßten, für den letzteren.

Augustus schob angesichts der widerstreitenden Ansprüche seine Entscheidung auf, und während der Bedenkzeit, die er sich nahm, kamen aus Judäa beunruhigende Nachrichten. Unmittelbar nachdem Archelaos Jerusalem verlassen hatte, waren erneut Unruhen ausgebrochen, und sie waren so erheblich, daß der Statthalter von Syrien Publius Quintilius Varus, derselbe, der später in Germanien im Teutoburger Wald Schlacht und Leben verlor, sie an der Spitze der syrischen Legionen niederschlagen mußte. Als er dann unter Zurücklassung einer Legion in Jerusalem nach Antiochien zurückgekehrt war, flammte der Aufruhr erneut auf. Er richtete sich gegen den römischen Prokurator Sabinus, den Augustus bis auf weiteres, das heißt bis zu seiner Entscheidung über die Nachfolge des Herodes, mit der Verwaltung des Königreiches beauftragt hatte. Dieser Sabinus war einer der typischen Vertreter der römischen Besatzungsmacht, denen die Geldgier zur zweiten Natur geworden war. Insofern glich er dem aus einer alten patrizischen Familie stammenden Quintilius Varus, von dem der Historiker Velleius Paterculus das Bonmot geprägt hat: «Als armer Mann betrat er das reiche Syrien, und als reicher Mann verließ er das arme Syrien» (Römische Geschichte II, 117, 2). In Jerusalem kam es zu heftigen Straßenkämpfen, in deren Verlauf die Säulenhallen, die den Tempelplatz umgaben, von den in Bedrängnis geratenen Römern in Brand gesteckt wurden. Der Tempelschatz fiel in römische Hände, und von dieser Beute wußte sich Sabinus 400 Talente zu sichern. Dies alles heizte die Unruhen nur noch mehr an. Ein Teil der königlichen Truppen solidarisierte sich mit dem Volk, und gemeinsam schlossen sie die römische Legion in dem von Herodes errichteten befestigten Königspalast ein. Der Aufstand griff auf das flache Land über, wo überall der Zündstoff einer revolutionären Erhebung, die Not der unter Willkür und Steuerdruck leidenden Landbevölkerung, bereit lag. Der Funke, der die Explosion auslöste, war die mit der direkten Fremdherrschaft wiederbelebte messianische Erwartung, daß ein von Gott gesandter König in der Stunde der letzten Not das Joch der Heiden zerbrechen und in einem endzeitlichen Entscheidungskampf das Reich der Gerechtigkeit begründen werde. Nach verbreitetem Glauben mußte die Erlösung kommen, wenn die Not am höchsten war, und das Menetekel, das die Endzeit anzeigte, war, daß die Heiden Feuer an den Tempel gelegt und den heiligen Schatz geraubt hatten. Der Massen bemächtige sich höchste Erregung, Endzeitvisionen schossen ins Kraut, und an verschiedenen Plätzen erhoben sich selbsternannte Könige, die in der fiebergeschüttelten Gesellschaft des jüdischen Kernlandes eine begeisterte und gewaltbereite Gefolgschaft fanden. In Galiläa scharte ein gewisser Judas, vermutlich der Sohn jenes Ezechias, den der junge Herodes als Führer eines Aufruhrs hatte eigenmächtig hinrichten lassen, zahlreiche Anhänger um sich, erstürmte das Zeughaus von Sepphoris und verteilte die erbeuteten Waffen an seine Leute. Es heißt bei Josephus, daß er mit seinen marodierenden Banden Schrecken im Land verbreitete und dabei nach Höherem, der Königswürde, strebte. Ähnliches wird von anderen Prätendenten berichtet, von einem Sklaven des Herodes namens Simon, der sich von der ihm folgenden Menge als König Israels huldigen ließ. Ein anderer namentlich

genannter dieser charismatischen Königsprätendenten war ein Hirt namens
Athronges, dem es zusammen mit seinen vier Brüdern vorübergehend sogar
gelang, die Römer und die Truppen des Archelaos in schwere Kämpfe zu verwickeln. Simon und Athronges waren keineswegs die einzigen, die mit dem
Anspruch auftraten, von Gott gesandt zu sein, um das Königreich der Gerechtigkeit zu errichten. Für Josephus war dieser Anspruch eine gefährliche Schar-
latanerie, und die von der bäuerlichen Unterschicht getragenen Aufstandsbewegungen galten ihm entsprechend der regierungsamtlichen Sprachregelung
als das Treiben wilder Räuberbanden. Als Angehöriger der alten herrschenden
Klasse war er für Recht und Ordnung, und da er wußte, wohin die Erhebungen letztlich geführt hatten, nämlich zur Zerstörung des Tempels und der Heiligen Stadt, lag sein Urteil über die messianischen Aufstandsbewegungen ganz
auf der Linie der jüdischen Obrigkeit, die zwischen den Römern und ihrem
eigenen Volk stehend ihre Autorität einbüßten und zuletzt in der Zeit des Großen Aufstandes von einer Revolution verschlungen wurde:

> *So war Judäa eine Brutstätte des Banditentums, und wo immer sich Auf-*
> *rührer irgendeinem anschlossen, warf dieser sich zum König auf und stürz-*
> *te zum Verderben des Gemeinwohls los. Denn während sie den Römern nur*
> *in geringem Maße lästig waren, brachten sie über ihre Landsleute Tod und*
> *Verderben ohne Grenzen.*
>
> (Jüdische Altertümer XVII, 285)

Trotz solcher regierungsamtlicher Sprachregelungen schimmert der messiani-
sche Hintergrund all dieser Aufstandsbewegungen, die Hoffnung auf eine
Erlösung von Gewalt und Unrecht durch einen von Gott gesandten König an
manchen Stellen seiner Schilderung durch das dichte Gewebe aus politischer
Verurteilung und Rücksichtnahme auf das Verständnis eines nichtjüdischen
Lesepublikums hindurch – so beispielsweise, wenn es heißt:

> *Eine solche Unvernunft bestimmte damals die politische Einstellung des Vol-*
> *kes, weil es keinen eigenen König hatte, der es durch seine Vorbildlichkeit*
> *lenkte, und weil die Fremden, die zur Unterdrückung der Aufständischen*
> *gekommen waren, noch ein (zusätzlicher) Ansporn (zum Aufruhr) waren*
> *durch ihre Gewalttätigkeit und ihre Geldgier.*
>
> (Jüdische Altertümer XVII, 277)

Man kann in Frage stellen, ob die Niederwerfung der Aufstände den Römern nur geringe Probleme bereitete. Immerhin mußte Quintilius Varus mit den ihm verbliebenen zwei Legionen und arabischen Hilfstruppen des Nabatäerkönigs Aretas erneut in Judäa eingreifen und sich kämpfend den Weg nach Jerusalem bahnen. Dabei wurde in Galiläa Sepphoris zerstört. In Jerusalem angekommen befreite Varus die im Palastbezirk belagerte Legion. Was folgte, waren die gewaltsame Liquidierung der verbliebenen Widerstandszentren und ein entsetzliches Strafgericht, vollzogen durch die grausame Hinrichtungsmethode der Kreuzigung, der nach Josephus' Bericht 2000 Menschen zum Opfer fielen. Die schockierende Brutalität von Massenkreuzigungen blieb seitdem das Mittel, mit dem die Römer die Ruhe im Land erzwingen wollten. Sie setzten auf die abschreckende Wirkung, aber sie erreichten damit keine Befriedung. Auch im Falle Judäas traf der Satz zu, daß Gewalt Gegengewalt hervorruft. Josephus traf mit der Bemerkung, daß die Methoden der Römer letzten Endes den Brand nicht löschten, sondern Öl ins Feuer gossen, den Nagel auf den Kopf. Augustus war freilich noch vorsichtig und vermied es angesichts der unübersichtlichen Verhältnisse, das Land unter direkte römische Herrschaft zu stellen, obwohl eine Gesandtschaft des Ältestenrates, der sich die jüdische Gemeinde in Rom – angeblich 8000 Menschen – anschloß, dies forderte, damit unter der Kontrolle der Römer die Verfassung des Esra und Nehemia wiederhergestellt werde. Die Situation war für Augustus um so schwieriger, als nicht einmal die Herodeer mit einer Stimme sprachen. Ja, sogar unter den Führern des Aufstandes, die Varus nach Rom zur Aburteilung durch den Kaiser schickte, befanden sich Mitglieder der Königsfamilie. Dem von Herodes vorgesehenen Haupterben Archelaos traute der Kaiser nach der Erfahrung der jüngsten Aufstände nicht die Autorität des Vaters zu, der immerhin über lange Zeit die ihm zugedachte Funktion, das Land ruhig zu halten, erfüllt hatte. Nach langen Beratungen entschloß sich der Kaiser, die Herrschaft den Herodeern im wesentlichen nach dem letzten Testament des verstorbenen Königs zu belassen. Die Familienmitglieder, die sich dem Aufruhr angeschlossen hatten, ließ er hinrichten. Die territorialen Bestimmungen des Testaments wurden bestätigt, aber Archelaos, der das jüdische Kernland, Judäa mit Samaria, den schwierigsten Reichsteil des Herodes, erhielt, wurde der Königstitel bis auf weiteres vorenthalten: Erhalten sollte er ihn erst, wenn er sich bewährt hatte. Vorläufig hatte er sich mit dem Titel eines Ethnarchen zu begnügen.

Archelaos erfüllte die in ihn gesetzten Erwartungen nicht. Im Jahre 6 n. Chr. gab Augustus den Klagen der Juden und Samaritaner über sein grausames und despotisches Regiment nach und setzte ihn ab. Er wurde mit Vermögensentzug bestraft und erhielt Vienna in Gallien als Verbannungsort zugewiesen. Die Herodeer waren ja seit Antipaters Zeiten römische Bürger und konnten deshalb vor ein römisches Gericht gestellt werden. Daß es das Kaisergericht und keines der ordentlichen Gerichtshöfe war, vor das Archelaos gestellt wurde, hängt mit dem delikaten politischen Fall zusammen, der nicht unter normale Straftatbestände subsumiert werden konnte. Das Ergebnis war, daß Augustus nun tun mußte, was er bisher vermieden hatte: Rom mußte direkte Verantwortung übernehmen. Das Reich des Archelaos wurde der Provinz Syrien als Sonderbezirk zugeschlagen. Der Statthalter dieser Provinz, Publius Sulpicius Quirinius, erhielt den Auftrag, das Reich und das Vermögen des Archelaos in Besitz zu nehmen. Eine der ersten Handlungen, die er veranlaßte, waren eine Volkszählung und Vermögensschätzung; diese sollte die Grundlage der Erhebung der römischen Personal- und Landsteuern bilden. Auf diesen Vorgang, mit der die Unterstellung Judäas und Samarias unter das römische Provinzialregime besiegelt wurde, bezieht sich das Weihnachtsevangelium des Lukas: «Es begab sich aber zu der Zeit, daß ein Gebot von dem Kaiser Augustus ausging, daß alle Welt geschätzt würde. Und diese Schätzung war die allererste und geschah zu der Zeit, als Cyrenius (Quirinius) Landpfleger in Syrien war», heißt es in der Übersetzung Martin Luthers. Der Verknüpfung der Geburt Jesu mit einem Schlüsselereignis der jüdischen Geschichte im Jahre 6/7 n. Chr. liegt eine symbolträchtige Konstruktion zugrunde. Lukas begründet die Wanderung der Eltern Jesu von Nazareth in Galiläa nach Bethlehem in Judäa damit, daß sein Vater Joseph als Nachkomme der davidischen Königsfamilie sich in seiner Heimatstadt, dem kleinen Bethlehem, in die Schatzungsliste eintragen lassen mußte. Dazu bestand jedoch kein sachlicher Grund. Joseph war ein Untertan des Herodes Antipas, dem die Herrschaft über Galiläa zugefallen war, und dort wurde der römische Zensus nicht erhoben. Dieser betraf nur Personen, die im ehemaligen Reich des Archelaos lebten und dort begütert waren. So wenig also Joseph Grund hatte, sich in Bethlehem registrieren zu lassen, so wenig gehörte er der Familie der Davididen an. Der Bezugspunkt der Konstruktion, die der Evangelist vorgenommen hat, ist die berühmte messianische Prophezeiung in Micha 5,1–8, die von den Christen als eine Weissagung auf Jesus als den künftigen Messias, den Gesalbten des Herren aus dem Hause Davids, verstanden wurde:

Aber du, Bethlehem-Ephrata,
so klein unter den Gauen Judas,
aus dir wird einer hervorgehen,
der über Israel herrschen soll

… .

Er wird auftreten und ihr Hirt sein
In der Kraft des Herrn,
im hohen Namen Jahwes, seines Gottes,
denn nun reicht seine Macht
bis an die Grenzen der Erde.
Und er wird der Friede sein

…

Er wird uns vor Assur retten,
wenn es unser Land überfällt
und in unser Gebiet eindringt.

Matthäus griff diese Verse auf und bezog sie auf Jesus als den wahren Messias, und Lukas verlegte das Heilsgeschehen in die Zeit der tiefsten Demütigung des jüdischen Volkes, der Unterwerfung des Heiligen Landes unter die Herrschaft der römischen Heiden. Diese Deutung entstammt dem Schoß einer jüdischen Sekte, aus der eine Weltreligion hervorgehen sollte. Aber in der Zeit, in der die Römer das Heilige Land einer Volkszählung und Vermögensschätzung unterwarfen, richtete sich die populäre Erwartung auf einen ganz anderen Messias, und tatbereite Eiferer erhoben die Waffen für die Sache Gottes gegen die fremden Herren.

Die Überforderung der römischen Besatzungsmacht

Die Entscheidung des Augustus, das Reich des Archelaos der Provinz Syrien zuzuschlagen und einem Militärgouverneur mit dem Titel eines Praefekten unter der Oberaufsicht des Statthalters von Syrien zu unterstellen, hob nicht die Selbstverwaltung der Gemeinden auf, die den von den Römern Judäa genannten Provinzialbezirk bildeten. Der jüdische Tempelstaat, nach dem der ganze Bezirk benannt wurde, war sein größter Bestandteil. Andere sich selbst verwaltende Gemeinden waren das Volk der Samaritaner mit dem Zentrum in Sichem sowie die Städte mit einer griechischen Verfassung, in denen die Juden einen großen Teil der Bevölkerung stellten: Sebaste, das frühe Samaria, die Hafenstadt Caesarea, die zugleich die ständige Residenz des römischen Praefekten wurde, sowie Apollonia und Ioppe in der Küstenebene. Hinzu kamen die von Herodes im Binnenland gegründeten Städte Antipatris und Phasaelis, über deren politische Verfassung wir keine Kunde besitzen. Der Praefekt hatte die Aufgabe, für die äußere und innere Sicherheit des Landes zu sorgen, und zu diesem Zweck wurden rund 3000 Mann aus der Armee des Archelaos in den römischen Dienst übernommen und in sechs Auxiliarverbände, eine Kavallerieeinheit und fünf Kohorten zu Fuß gegliedert. Eine von ihnen wurde als ständige Besatzung in der Burg Antonia in Jerusalem stationiert. Alle diese Einheiten stammten aus der nichtjüdischen Bevölkerung des neuen Provinzialbezirks und erhielten ihre Namen nach den Städten, aus denen sie rekrutiert worden waren: Sebastener und Caesareer (abgeleitet von Sebaste/Samaria und Caesarea maritima).

Mit dem militärischen Kommando verband der Praefekt eine umfassende Polizeigewalt einschließlich des Rechts, zur Aufrechterhaltung von Ruhe und Ordnung nach eigenem Ermessen die Todesstrafe zu verhängen. Dies war das sogenannte Schwertrecht *(ius gladii)*. Was den jüdischen Tempelstaat anbelangt, so repräsentierte der Hohepriester zusammen mit dem Ältestenrat, dem sogenannten Sanhedrin, die höchste Regierungsautorität. Dieser unterstanden der Tempelkult und die Administration des Heiligtums einschließlich seines ausgedehnten Finanzwesens; zu ihren Funktionen gehörte auch die Überwachung der Ordnung im Tempel mittels einer bewaffneten Einheit, der Tempelpolizei. Grundlage des öffentlichen und privaten Lebens war die Thora, und nach ihr wurde von jüdischen Gerichten – das oberste war der Sanhedrin – Recht gesprochen. Auch Fremde einschließlich der Angehörigen der Besatzungsmacht hatten die Heiligkeit des Tempels und des Landes zu respektieren. Die Todesstrafe drohte, wie die erhaltenen Fragmente der Warnungstafeln in griechischer Sprache zeigen, allen Nichtjuden, die das Verbot mißachteten, den inneren Vorhof des Tempels zu betreten. Fremde Götter durften im Heiligen Land nicht verehrt werden, und dem Bilderverbot unterlagen auch die an den Standarten der römischen Truppen angebrachten Kaiserbilder. Die wieder in Kraft gesetzte Verfassung des Esra und Nehemia war freilich mit der Wiederherstellung der Fremdherrschaft erkauft: Das Hohepriesteramt, das Herodes und Archelaos vorher vergeben hatten, wurde nun von den römischen Praefekten mit Angehörigen prominenter Priesterfamilien besetzt, die das Vertrauen der Besatzungsmacht besaßen und eng mit ihr zusammenarbeiteten.

Es versteht sich von selbst, daß die Römer in dem neuen Provinzialbezirk Judäa Steuern und Zölle erhoben. Denn ohne Ausschöpfung der Steuerkraft der Provinzialen konnte die von Augustus geschaffene Berufsarmee nicht unterhalten werden. Die Durchsetzung des Steuerstaates stieß in Ländern, die zum ersten Mal mit ihm Bekanntschaft machten, auf Widerstand, der sich teilweise in gewaltsamen Erhebungen äußerte. Wir erfahren, daß es in Gallien, auf dem Balkan und auch im rechtsrheinischen Germanien zu Aufständen kam. Aber anders als diese Länder war Judäa von alters her eine scharfe Besteuerung gewohnt: Nicht gewohnt war es jedoch daran, daß fremde Oberherren den Einzug von Steuern und Abgaben selbst organisierten und überwachten. Unter Herodes mußten den Römern überhaupt keine Steuern entrichtet werden, und unter Caesar war Antipater, der Majordomus des Hohenpriesters und Ethnarchen Hyrkanos, für die Einziehung und Ablieferung der geforderten Abgaben zuständig gewesen. Aber im Jahre 6 oder 7 n. Chr. kamen die römischen Soldaten, zählten die Bevölkerung und nahmen die Vermessung und Einteilung des Bodens in verschiedene Steuerkategorien vor. Wir besitzen noch den Grabstein eines römischen Offiziers, der mit seiner Einheit mit der Durchführung eines unter dem Statthalter Quirinius in Syrien stattfindenden Provinzialzensus betraut war. Es heißt auf diesem Grabstein:

> Q(uintus) Aemilius, aus der Stimmabteilung Palatina, Secundus, im Militärdienst des Gottes Augustus unter dem kaiserlichen Legaten von Syrien P(ublius) Sulpicius Quirinius mit militärischen Rängen ausgezeichnet, Praefekt der ersten Augustischen Kohorte, Praefekt der zweiten Flottenkohorte: Als solcher habe ich auf Befehl des Quirinius in der Gemeinde Apameia die Zählung und Vermögensschätzung von 117 000 Bürgern vorgenommen.
>
> (Dessau, Inscriptiones Latinae Selectae 2683)

Das fremde Militär erfaßte das Volk und das Land auf genauen Steuerlisten, und was diese lückenlose Erfassung für den Einzelnen bedeutet hat, mag man anhand des Formulars und der Erläuterungen ermessen, die der spätklassische römische Jurist Ulpian in seinem Werk *Über die Steuererhebung* gegeben hat:

> In der Zensusformel ist vorgesehen, daß Landbesitz folgendermaßen für die Erhebung des Zensus angegeben wird:

Bezeichnung des einzelnen Hofes: in welcher Gemeinde und in welcher
Flur er liegt und welches die beiden nächsten Nachbarn sind
Ackerland, das in den kommenden zehn Jahren besät wird: wie viele Morgen
Weinberge: wie viele Weinstöcke angepflanzt sind
Ölbaumpflanzungen: wie viele Morgen und wie viele Bäume sie enthalten
Wiese, die in den kommenden zehn Jahren gemäht wird: wie viele Morgen
Weideland: wie viele Morgen nach überschlägiger Berechnung
Desgleichen Wälder mit schlagfähigem Bestand.

(Digesten L,15,4 pr.)

Bei der Zensuserhebung mußte jedes Familienoberhaupt auch die Anzahl, das
Geschlecht und das Lebensalter aller zur Familie gehörenden Personen ange-
ben. Denn die sogenannte Kopfsteuer wurde innerhalb bestimmter Altersgren-
zen, die nach Geschlecht differierten, erhoben. Bei Ulpian heißt es dazu: «Das
Lebensalter bei der Zensuserhebung anzugeben ist notwendig, da das Alter
bestimmten Personen Steuerbefreiung gewährt: So sind beispielsweise in Syrien
Männer vom vierzehnten, Frauen vom zwölften bis zum fünfundsechzigsten
Lebensjahr der Kopfsteuer unterworfen» (Digesten L,15,3).

Die Kopfsteuer verband in Syrien zusammen mit einem Grundbetrag, vielleicht in Höhe von einem Denar pro Jahr und Person, die Besteuerung von
nichtlandwirtschaftlichem Vermögen in Höhe von 1 % des festgestellten Wer-
tes. Der von der römischen Administration eingeführte Steuerstaat erfaßte also
die Arbeitskraft mit einer niedrigen Pauschale und alle Vermögenswerte mit
einem nach dem geschätzten Wert der einzelnen Objekte berechneten Fixum.
Bezogen auf das damals wichtigste Produktivvermögen, landwirtschaftlich
genutzten Grund und Boden, bedeutete die römische Besteuerung eine Neu-
erung gegenüber der früheren Praxis: Nicht Ernteanteile mußten abgegeben
werden, sondern der Vermögenswert des Landes wurde besteuert. Das bedeutete unter anderem, daß die Schwankungen des Ertrags nicht mehr die Höhe
der Abgaben regulierte, sondern daß diese gleich blieben, wie immer der
Ertrag der besteuerten Vermögens ausfiel. Mit anderen Worten: Bei Mißernten
erhöhte sich automatisch die Last, die der Steuerpflichtige aus seinem Ein-
kommen zu tragen hatte, und er stand sich in diesem Fall schlechter als bei
einer nach Ernteanteilen kalkulierten Abgabepflicht.

Hinzu kommt, daß in dem neuen System die Fremdherrschaft sich jedem
Einzelnen fühlbar machte. Der römische Praefekt führte den Zensus durch, der
in periodischen Abständen zur Anpassung der Steuerlisten an gewandelte Ver-

hältnisse wiederholt wurde, und er bediente sich dazu der von ihm kommandierten Besatzungstruppen. Die lokalen Behörden mußten bei der Erhebung des Zensus und vor allem bei der Eintreibung der direkten Steuern mitwirken, die Einziehung der indirekten und der Zölle oblag einheimischen Pächtern und ihren Angestellten. Sie alle waren Kollaborateure der Besatzungsmacht, und so wurden sie eingeschätzt. Bei der Zollerhebung kam das private Gewinninteresse der Pächter und ihres Personals noch erschwerend hinzu. Als Werkzeuge der Fremdherrschaft und wegen ihrer sprichwörtlichen Geldgier waren sie dem Volk verhaßt. Im Neuen Testament werden Zöllner und Sünder mit einer stereotypen Redewendung stets in einem Atemzug genannt.

Da die Juden des Heiligen Landes die Last einer doppelten Besteuerung trugen – für den Tempel und das Kultpersonal auf der einen und für die fremden Herren auf der anderen Seite –, kann es nicht verwundern, daß ein großer Teil der bäuerlichen Bevölkerung, ob sie nun das Land als Eigentümer oder als Pächter bearbeiteten, hochverschuldet war und oft am Rande des Existenzminimums lebte. Ihnen blieb als letztes Mittel, um der Exekution des harten Schuldrechts zu entgehen, nur die Flucht in das unwegsame Bergland oder in die Wüste. Damit jedoch aus dem Elend von Verschuldung, Steuerdruck und Fremdherrschaft eine Aufstandsbewegung wurde, bedurfte es des Katalysators eines religiösen Glaubens, der den Unterlegenen die Gewißheit gab, für die Sache Gottes zu kämpfen und mit Hilfe des Allerhöchsten siegreich zu bleiben. Dieser Glaube war die gemeinsame Grundlage, die die Anhänger der selbsternannten messianischen Könige mit den Eiferern für die Sache Gottes verband, die sich, ausgehend von einer Art Befreiungstheologie, einem zähen Partisanenkampf gegen die Römer verschrieben hatten. Josephus bezeichnet diese Leute als die vierte Religionspartei. Nach seiner Darstellung waren Judas von Gamala und der Pharisäer Zadok die Begründer der frommen Widerstandslehre, und er knüpft ihre Entstehung an die erste Erhebung des römischen Zensus im Heiligen Land. Wie der Messianismus hatte auch diese neue aktivistische Glaubenslehre biblische Wurzeln. Stand nicht im Buche des Propheten Jesaja, daß Gott selbst seinem Volk geschworen hatte, daß nicht die Fremden die Früchte des Heiligen Landes genießen sollten? Dort war zu lesen: «Geschworen hat Jahwe bei seiner Rechten und bei seinem starken Arm: Nie wieder gebe ich dein Getreide deinen Feinden zur Speise, noch sollen Fremde deinen Most trinken, um den du dich abgemüht hast. Denn die es geerntet haben, sollen es essen und Jahwe preisen, und die (die Trauben) eingesammelt haben, sollen ihn trinken in meinen heiligen Vorhö-

fen» (Jesaja 62,8 – 9). In der Bibel war nachzulesen, daß Gott selber sich die
Zählung seines Volkes vorbehalten hatte und König David bestraft worden
war, weil es sich angemaßt hatte, das Volk zu zählen, um es zu besteuern, und
von dem Prophet Hosea stammte das Wort: «Die Zahl der Israeliten wird dem
Sand am Meer gleichen, den man nicht zählt» (Hosea 2,1). Mindestens ebenso anstößig erschien der neuen Lehre die Vermessung und Bewertung von
Grund und Boden. Das Heilige Land war das Eigentum und das Erbteil Gottes, und der Herr hatte, wie im Buch Leviticus nachzulesen war, verkündet:
«Dies Land ist mein» (Leviticus 25,23).

Judas und Zadok riefen zum Widerstand gegen die römische Herrschaft
auf. Josephus betrachtet die von ihnen vertretene Lehre als eine Abspaltung
von der pharisäischen, und er sieht in der aktionistischen Konsequenz, die ihre
Anhänger aus dem Satz ableiteten, daß Gott allein der König Israels ist, neben
dem ebenfalls zur politischen Tat drängenden Messianismus eine der Haupt-
ursachen für die Katastrophe des Großen Aufstandes in den Jahren 66 bis
70/73 n. Chr. Er umschreibt die Parolen, mit denen Judas und Zaddok im Jahre 6/7 n. Chr. zum Widerstand aufriefen, mit Worten, die trotz der Rücksichtnahme auf den Verständnishorizont nichtjüdischer Leser die Verquickung der
drei Motive, Abschüttlung der Fremdherrschaft, Sicherung der von Gott verheißenen Lebensgrundlage und der unbedingten Unterstellung unter den
Willen Gottes, erkennen läßt:

> *Sie riefen das Volk zum Kampf für die Freiheit auf (und argumentierten),
> daß sie im Fall des Erfolgs zu Wohlstand aufgrund des (ihnen von Gott
> gegebenen) Besitzes gelangen, im Fall des Scheiterns aber Ehre und den
> Ruhm großer Gesinnung gewinnen würden; und daß Gott um so mehr bereit
> sein werde, ihr Unternehmen durch seine Hilfe zum Erfolg zu befördern,
> wenn sie mit ganzem Herzen nach dem Großen strebten und nicht von der
> Tat abließen, die ihnen aufgegeben sei.*
>
> *(Jüdische Altertümer XVIII, 4 – 5)*

Der Aufruf fiel auf fruchtbaren Boden, und die Autoritäten des jüdischen Tempelstaates, an ihrer Spitze der Hohepriester Joazar, der Sohn des aus einer reichen alexandrinischen Familie stammenden Boethos, hatten alle Mühe, das
Schlimmste zu verhüten und das Volk zu überreden, die Erhebung des Zensus
über sich ergehen zu lassen. Judas und seine Anhänger, die sogenannten Zeloten, das heißt die Eiferer für die Sache Gottes, gingen in den Untergrund und

bildeten eine Partisanenbewegung, von der die Regierung des jüdischen Tempelstaates ebenso wie die römische Besatzungsmacht in Atem gehalten wurde.

Es war diese von wirtschaftlicher Not und diffusen Erwartungen des Gottesreichs auf der einen und von der Furcht vor Aufruhr und Gewalt auf der anderen Seite bestimmte Atmosphäre, in die auch die Passionsgeschichte Jesu gehört. Der Zimmermannssohn aus Nazareth, der als Wanderprediger und Wunderheiler seine galiläische Heimat durchzog, war wie andere auch von der Erwartung des nahen Gottesreiches erfüllt, und er war überzeugt, daß dessen Kommen mit der Unterwerfung des Einzelnen und des ganzen Volkes unter den in der Thora offenbarten Gotteswillen vorbereitet würde. Er hielt nichts von einer exklusiven Absonderung von der Masse der Sünder, wie sie die priesterliche Protestgemeinschaft der Essener praktizierte, oder von den pharisäischen Schriftgelehrten, soweit diese die Abgrenzung der vor Gott Gerechtfertigten von allen denen betrieben, die der Heiligung des Lebens nach dem Kultgesetz nicht entsprachen, also von den Ehebrechern und Prostituierten, den Zöllnern und Sündern und allen Unreinen. Aber Jesus stand den Pharisäern insoweit nahe, als auch sie der Aufspaltung des Gotteswillens in die aus der Thora abgeleiteten 613 Gebote und Verbote die Besinnung auf das Wesentliche, auf die Quintessenz der Weisung Gottes, entgegenstellten. Am schönsten kommt die prinzipielle Übereinstimmung, die über alle Differenzpunkte hinausführt, in dem Gespräch zwischen Jesus und einem pharisäischen Schriftgelehrten im Markusevangelium zum Ausdruck. Auf die Frage, welches das höchste Gebot sei, antwortet Jesus dem Schriftgelehrten mit Versen aus dem Deuteronomium und dem Buch Leviticus:

> *Jesus aber antwortete: Das vornehmste Gebot ist das: ‹Höre Israel, der Herr, unser Gott, ist allein der Herr, und du sollst Gott, deinen Herrn, lieben von ganzem Herzen, von ganzer Seele, von ganzem Gemüt und von allen deinen Kräften› (5. Mose, 6,4 – 5). Das andere ist dies: ‹Du sollst deinen Nächsten lieben wie dich selbst› (3. Mose 19,18). Es ist kein anderes Gebot größer als diese. Und der Schriftgelehrte sprach: Meister, du hast wahrlich recht geredet. Er ist nur einer und ist kein anderer außer Ihm; und Ihn lieben von ganzem Herzen, von ganzem Gemüt und von allen Kräften, und seinen Nächsten lieben wie sich selbst, das ist mehr als alle Brandopfer und Schlachtopfer. Da Jesus aber sah, daß er verständig antwortete, sprach er zu ihm: Du bist nicht ferne von dem Reich Gottes.*
>
> *(Markus 12,29–34).*

Diese Unterhaltung fand nach dem Evangelisten in Jerusalem statt, nachdem Jesus durch seine spektakuläre Tempelreinigung ein Zeichen gesetzt hatte: daß das Ende des Heiligtums und des Opferdienstes nahe herbeigekommen sei und das endzeitlich Neue, das Reich Gottes, an die Stelle des Alten treten werde. In den Befragungen durch Hohepriester und Schriftgelehrte, die dem Affront im Tempel folgten, wurde Jesus auch die Fangfrage gestellt, die ihn als Zeloten entlarven sollte:

Und sie sandten zu ihm etliche von den Pharisäern und den Leuten des Herodes [gemeint ist Antipas, der Tetrarch von Galiläa, dessen Untertan Jesus war], daß sie ihn fingen in seinen eigenen Worten. Und sie kamen und sprachen zu ihm: ‹Meister, wir wissen, daß du wahrhaftig bist und nach niemandem fragst; denn du achtest nicht das Ansehen der Menschen, sondern du lehrst den Weg Gottes in rechter Weise. Ist es (also) recht, daß man dem Kaiser Steuern zahle, oder nicht? Sollen wir sie geben oder nicht geben?› Er aber merkte ihre Verstellung und sprach zu ihnen: ‹Was versucht ihr mich? Bringt mir einen Denar, daß ich ihn sehe.› Und sie brachten einen. Da sprach er: ‹Wessen Bild und Aufschrift ist das?› Sie sprachen zu ihm: ‹Des Kaisers.› Da sprach Jesus zu ihnen: ‹So gebt dem Kaiser, was des Kaisers ist, und Gott, was Gottes ist.›

(Markus 12,13–17).

Mit dieser Antwort entzog Jesus seinen Versuchern den bequemen Vorwand, ihn als Steuerverweigerer und Zeloten dem römischen Praefekten auszuliefern. Darüber hinaus hatte er es auch vermieden, sich auf die in der Frage versteckte Unterstellung eines Gegensatzes zwischen der Steuerzahlung an den römischen Kaiser und dem Gehorsam gegenüber Gott einzulassen. Gleichwohl ließ die jüdische Obrigkeit ihn in der Nacht des Rüsttages zum Passahfest, wahrscheinlich am 14. Nisan des Jahres 30 n. Chr., festnehmen und nach einem kurzen Verhör als einen der selbsternannten messianischen Könige dem Praefekten Pontius Pilatus vorführen. Gewiß gehörte Jesus nicht zu den Königen vom Schlage eines Simon oder eines Athronges, die im Jahre 4 v. Chr. das Land in Aufruhr versetzt hatten. Sein Reich war, wie er im Verhör sagte, nicht von dieser Welt, und doch erschien es der jüdischen Obrigkeit geraten, diesen Jesus vor dem Passahfest unschädlich zu machen. Dieses Fest, das in Erinnerung der Befreiung aus der ägyptischen Gefangenschaft begangen wurde, war in der fiebergeschüttelten Gesellschaft des Heiligen Landes der gefährlichste Tag des Jahres. Die aus aller Welt zusammenströmenden Pilgermassen konnten durch Zeichen wie Jesu Tempelreinigung in eine endzeitliche Stimmung und in gewaltbereite Unruhe versetzt werden. Um Ausschreitungen zu verhindern, zog der römische Praefekt zur Zeit des Passahfestes regelmäßig mit zusätzlichen Truppen nach Jerusalem. Was also die jüdische Obrigkeit um jeden Preis vermeiden wollte, war der Ausbruch von Unruhen, die in einer Katastrophe enden konnten. Im Johannesevangelium hat diese Furcht der regierenden Klasse Judäas, zwischen die Mühlen des Unruhepotentials im eigenen Volk und der römischen Besatzungsmacht zu geraten, prägnanten Ausdruck erfahren. In dem Bericht über die Beratungen des Ältestenrates, wie man der von Jesus ausgehenden Gefahr einer unkontrollierbaren Volksbewegung begegnen solle, heißt es:

> *Da versammelten die Hohenpriester und Pharisäer den Rat und sprachen: ‹Was tun wir? Dieser Mensch tut viele Zeichen. Lassen wir ihn, dann werden alle an ihn glauben, und es werden die Römer kommen und nehmen uns Land und Leute.› Einer aber unter ihnen, Kaiphas, der in diesem Jahr (amtierender) Hohepriester war, sprach zu ihnen: ‹Ihr wißt nichts, ihr bedenkt auch nicht: Es ist euch besser, daß ein Mensch sterbe für das Volk, als daß das ganze Volk verderbe.› (Johannes 11,47–50)*

Dies ist nicht die einzige Textstelle, in der die fatalen Folgen des Zwangs zur Kollaboration mit der Besatzungsmacht manifest werden. Im Talmud findet sich die – umstrittene – rechtliche Maxime, daß jeder Jude, dessen Auslieferung von den Römern ultimativ gefordert wurde, auch ausgeliefert werden solle, damit, wie es wörtlich heißt, «nicht die ganze Gemeinschaft seinetwegen leiden muß» (Ber R 94,9).

Offenbar war die regierende Klasse des jüdischen Tempelstaates von der Furcht beherrscht, die Kontrolle über das Land zu verlieren und von den Römern so beseitigt zu werden, wie es mit den letzten Hasmonäern und mit Archelaos geschehen war. So erklärt es sich, daß sie von sich aus bereit waren, zur Vermeidung von Schlimmerem Männer des eigenen Volkes an die Römer auszuliefern, auch wenn die Betreffenden weniger durch schuldhaftes Handeln als durch ihre Wirkung auf die Massen Anlaß zu gefährlichen Unruhen geben konnten. Ob im übrigen ein ausgelieferter Jude hingerichtet oder mit der Peitsche traktiert wurde und so vielleicht mit dem Leben davonkam, hing von den Umständen und dem Ermessen des römischen Praefekten ab. Ein

Menschenalter nach der Kreuzigung Jesu kam es in Jerusalem zu einem analogen Fall, der allerdings nicht mit dem Tod des Betreffenden, der zufällig auch den Namen Jesus trug, endete. Dieser Jesus ben Hanan trat in der Nachfolge des Propheten Jeremias mit einem prophetischen Wehruf auf, der Jerusalem, dem Tempel und dem ganzen Volk galt und somit das endzeitliche Gericht Gottes ankündigte. Der Unglücksprophet erregte am Laubhüttenfest des Jahres 62 n. Chr. unliebsames Aufsehen. Schließlich ließen ihn die Behörden des jüdischen Tempelstaates festnehmen. Was dann geschah, berichtet Josephus so:

> *Da glaubten die Regierenden, was auch zutraf, daß eine übermenschliche Macht den Mann antrieb, und führten ihn zu dem Statthalter, den die Römer geschickt hatten. Er wurde bis auf die Knochen durch Peitschenhiebe zerfleischt, aber er flehte nicht, er weinte auch nicht, sondern mit dem jammervollsten Ton, den er seiner Stimme geben konnte, antwortete er auf jeden Schlag: ‹Wehe dir Jerusalem!› Als aber Albinus (der Statthalter) ihn fragte, wer er sei, woher er komme und weswegen er diese Rufe ausstoße, antwortete er darauf nicht das geringste, sondern ließ nicht von seinen Wehrufen über die Stadt ab, bis schließlich Albinus zu dem Urteil kam, daß der Mensch verrückt sei, und ihn freiließ.*
>
> *(Jüdischer Krieg VI, 303–305)*

Ob nun dieser Jesus das bevorstehende Gottesgericht ankündigte oder der andere Jesus, der von Nazareth, das Reich Gottes verkündete und es dabei offenließ, ob er der erwartete Messias sei: In den Augen der Römer waren dies alles Verrücktheiten. Aber die Regierenden, die den Römern für Ruhe und Ordnung verantwortlich waren, zeigten sich von dem Unglückspropheten wie von dem Verkünder des Gottesreiches in gleicher Weise alarmiert. Jesus von Nazareth mochte sagen, daß sein Reich nicht von dieser Welt sei, er mochte verhindern, daß seine Anhänger Gewalt brauchten, und dabei zu Petrus sagen, als dieser sein Schwert zog: «Oder meinst du, ich könnte meinen Vater nicht bitten, daß er mir sogleich mehr als zwölf Legionen Engel schickte?» (Matthäus 26,53). Aber vom Standpunkt der Regierenden besaß der Unterschied zwischen einer gewaltlosen und gewaltsamen Durchsetzung des Reiches Gottes kein entscheidendes Gewicht; denn sie konnten in keinem Fall die Reaktion des Volkes voraussehen. Gewiß, exklusive und im verborgenen lebende Sekten wie die Essener mochten sich den gewaltigen Endkampf, in den das Reich der Finsternis mit Hilfe der himmlischen Heerscharen sein

Ende findet, so blutig und gewalttätig vorstellen, wie er in der sogenannten Kriegsrolle, einer der wichtigen Papyrusfunde von Qumran, geschildert ist. Aber das blieb unter Verschluß, an eine Massenwirkung dachten die Essener nicht, und so blieben die blutigen Phantasien vom großen Endkampf für sie folgenlos. Den Römern war gleichgültig, was die Juden im verborgenen glaubten; worauf sie reagierten, waren die sichtbaren und die drohenden Wirkungen der in ihren Augen verrückten Glaubensüberzeugungen der Juden. Die Zeichenhandlungen, die Jesus im Tempel vornahm, und die Unglücksprophetie des anderen Jesus wurden, weil sie in der Öffentlichkeit stattfanden, für gefährlich gehalten. Was Jesus von Nazareth anbelangt, so ist er als einer der messianischen Könige und damit als potentieller Ruhestörer am Kreuz hingerichtet worden. Die an das Kreuz geheftete Inschrift läßt an dem Grund des Todesurteils keinen Zweifel. Ein ordentlicher Prozeß fand nicht statt, weder ein jüdischer vor dem Sanhedrin noch ein römischer vor dem Statthaltergericht. Pilatus verhörte Jesus und ließ ihn «standrechtlich kreuzigen» (W. Fricke).

Die Evangelien sind geneigt, den jüdischen Gegnern Jesu, also der Obrigkeit des Tempelstaates, die Hauptschuld an seinem Kreuzigungstod zu geben und den römischen Praefekten zu entlasten. Ob dies gerechtfertigt ist, darf bezweifelt werden. Pontius Pilatus erscheint in der Darstellung des Josephus als ein besonders unsensibler, zu hartem und gewaltsamem Durchgreifen stets bereiter Repräsentant der römischen Besatzungsmacht. Während von den Praefekten, die unter Augustus amtierten, nur der häufige Wechsel der von ihnen eingesetzten Hohenpriester etwas von der schwierigen Lage im Heiligen Land ahnen läßt, bildete die lange Amtszeit des Pontius Pilatus (26 – 36 n. Chr.) eine Kette schwerer Zwischenfälle. Unter Mißachtung des im Heiligen Land geltenden strengen Bilderverbots ließ Pilatus die Truppen, die nach Jerusalem in das Winterquartier gingen, die an den Feldzeichen angebrachten Kaiserbilder mitnehmen. Als die Juden in Massen dagegen protestierten und in Caesarea vorstellig wurden, um die Entfernung der Bilder aus der Heiligen Stadt zu fordern, traf er zunächst Vorbereitungen, Waffengewalt gegen die Protestierenden anzuwenden, und er gab erst nach, als er die Aussichtslosigkeit des Planes einsehen mußte. Zu erneuten heftigen Protesten kam es, als er Gelder aus dem Tempelschatz dazu verwandte, eine Wasserleitung nach Jerusalem zu bauen. Diesmal gab er nicht nach, sondern ließ seine Soldaten die Versammelten niederknüppeln und auseinandertreiben. Die Soldaten gingen mit größerer Härte vor, als der Praefekt beabsichtigt haben soll. Unklar bleibt, ob der Gewaltexzeß, der viele Tote und Verwundete kostete, auf das Konto der

Umstände oder des antijüdischen Ressentiments der aus Caesarea und Seba-
ste/Samaria rekrutierten nichtjüdischen Soldaten zu setzen ist. Die Niederlage, die er in der Affäre um die Kaiserbilder erfahren hatte, ließ Pilatus nicht
ruhen. Anstelle von Bildern wurden auf seinem Befehl in seiner Jerusalemer
Residenz, dem Königspalast des Herodes, vergoldete Votivschilde mit dem
Namen des Tiberius aufgestellt. Inzwischen war die Atmosphäre offenbar so
vergiftet, daß auch dies von seiten der Juden nicht toleriert wurde. Es kam
wieder zu Protestdemonstrationen, und als Pilatus sich unzugänglich zeigte,
ging eine Delegation jüdischer Honoratioren nach Rom und erwirkte von
Tiberius den Befehl, daß die Schilde aus Jerusalem entfernt und in Caesarea
aufgestellt wurden. Schon bei dieser Gelegenheit zeigte der Kaiser dem Praefekten seine scharfe Mißbilligung. Im Jahre 35 n. Chr. überzog er dann sein
Vertrauenskonto bei Tiberius endgültig. Der Anlaß war eine religiös motivier-
te Unruhe. Dieses Mal ging sie von einem charismatischen Führer der Samaritaner aus, der versprach, auf dem heiligen Berg Garizim die Kultgeräte wieder ans Tageslicht zu bringen, die einst Moses dort vergraben habe. Es kam zur
Zusammenrottung einer großen Menschenmenge. Als sie bereits im Begriff
war, den heiligen Berg hinaufzuziehen, griff Pilatus sie am Fuße des Garizim
mit Waffengewalt an und trieb sie auseinander. Dabei waren zahlreiche Tote
zu beklagen, und von den Gefangenen, die er hatte festnehmen lassen, ließ
Pilatus die Prominenten hinrichten. Daraufhin erhoben die Samaritaner Klage
bei Lucius Vitellius, dem Statthalter von Syrien, und machten geltend, daß der
Zug zum Garizim als eine Pilgerfahrt in friedlicher Absicht geplant war. Vitellius enthob Pilatus seines Kommandos und schickte ihn nach Rom, damit er
seine Amtsführung vor dem Kaiser verantworte. Pilatus kehrte nicht mehr
zurück, und der Provinzbezirk Judäa erhielt für die kurze Zeit bis zum Tod des
Tiberius im Jahre 37 n. Chr. in der Person eines gewissen Marcellus einen
Nachfolger aus der Umgebung des Vitellius. Bei dem Besuch, den er damals
Jerusalem abstattete, bemühte sich der Statthalter von Syrien um eine Verbesserung des Verhältnisses zwischen den Juden und der römischen Besatzungsmacht. Er hob die als schwere finanzielle Belastung empfundene Marktsteuer
auf, die in Jerusalem erhoben wurde, erreichte bei Tiberius, daß das hohenpriesterliche Festgewand, das die Römer in der Burg Antonia unter Verschluß
hielten und nur an hohen Festtagen herausgaben, der Tempelregierung zu
freiem Gebrauch übergeben wurde, und ersetzte den durch seine Kooperation
mit Pilatus belasteten Hohenpriester Kaiphas durch Jonathan, den Sohn des
früheren Hohenpriesters Ananus. Ein Jahr später stattete Vitellius Jerusalem

seinen zweiten Besuch ab. Dieser erfolgte, als er einen noch von Tiberius befohlenen Feldzug gegen den Nabatäerkönig Aretas kurz nach Eintreffen der Nachricht vom Tod des Kaisers abbrach. Der Feldzug war als Strafexpedition angeordnet worden, nachdem der Streit zwischen Aretas und dem Tetrarchen Herodes Antipas, dem Herrscher von Galiläa und Peraia, zu einem regelrechten Krieg geführt und Herodes dabei eine vernichtende Niederlage erlitten hatte. Wie es dazu kommen konnte, soll in einem kurz gefaßten Rückblick auf die Geschichte der den Herodeern nach der Provinzialisierung von Judäa und Samaria verbliebenen Landesteile geschildert werden.

Über den Tetrarchen Philippos ist nur wenig zu sagen. Er hatte, wie bereits oben erwähnt wurde, die Außenbesitzungen seines Vaters nordöstlich des Sees Genezareth erhalten. Nach dessen Vorbild baute er zwei Städte, Panias an den Jordanquellen und Bethsaida an der Mündung des Flusses in den See Genezareth, großzügig aus und benannte sie nach dem Kaiser und der in das julische Geschlecht aufgenommenen Witwe des Augustus Caesarea (Philippi im Unterschied zu Caesarea maritima) und Iulias. Josephus weiß von ihm zu berichten, daß er ein gerechter und friedliebender Regent war. Da sein kleines Reich außerhalb des geschlossenen jüdischen Siedlungsgebietes lag, konnte er es als einziger Herrscher aus dem Hause des Herodes wagen, Münzen mit dem Bildnis seiner römischer Oberherren, Augustus und Tiberius, prägen zu lassen. Philippos starb im Jahre 33/34 n.Chr., und sein Reich wurde der Provinz Syrien zugeschlagen.

Verheiratet war Philippos mit Salome, der Stieftochter seines Halbbruders Herodes Antipas. Als junges Mädchen hatte sie auf Betreiben ihrer Mutter, so berichten wenigstens die Evangelien, den Kopf Johannes' des Täufers von ihrem Stiefvater gefordert und ihn erhalten, nachdem dieser, von ihren Tanzkünsten hingerissen, ihr jeden Wunsch zu erfüllen versprochen hatte. Der Grund der Forderung war, daß der Täufer die Ehe, die Herodes Antipas mit seiner Schwägerin und Nichte Herodias geschlossen hatte, als einen Verstoß gegen die Thora gebrandmarkt hatte. Wir wissen nicht, ob die in den Evangelien berichteten Umstände, unter denen Johannes zu Tode kam, eine novellistische Fiktion sind oder der Wahrheit entsprechen. Aber daß er hingerichtet wurde, ist durch den unabhängigen Bericht des Josephus gesichert, der freilich einen anderen Grund für die Hinrichtung angibt als die Evangelien. Demnach löste die Massengefolgschaft, die der Bußprediger und Verkünder des nahenden Gottesreiches am Jordan um sich scharte, bei Herodes Antipas die Befürchtung aus, daß es zu einem religiös motivierten Aufstand kommen könnte. Spätestens seit dem Jahre 4 v. Chr. konnten die Herrschenden keine sichere Unterscheidung mehr zwischen einer unpolitischen religiösen Erwartung und einer drohenden politischen Tat treffen. Der jüdische Tetrarch handelte im Fall Johannes' des Täufers im Prinzip nicht anders als der römische Praefekt Pontius Pilatus gegenüber Jesus von Nazareth. Beide wurden als potentielle Unruhestifter zu Tode gebracht.

Das Reich des Herodes, das sich aus den beiden Landschaften Galiläa und Peraia zusammensetzte, war mehrheitlich von Juden besiedelt. Bei seinen Städtegründungen, Livias beziehungsweise Iulias im Ostjordanland und Tiberias am Westufer des Sees Genezareth, scheint er die Ansiedlung eines nichtjüdischen Bevölkerungselements betrieben zu haben, und zumindest Tiberias erhielt die Verfassung einer griechischen Polis. Nichtjuden bildeten auch einen Teil der Einwohnerschaft in der von ihm wiederaufgebauten alten Hauptstadt Galiläas Sepphoris, die bei den Unruhen des Jahres 4 v. Chr. schwer gelitten hatte. Aber das alles änderte nichts daran, daß sein Reich von der aus sozialen Nöten und der Erwartung des Gottesreiches gespeisten Unruhe erfaßt wurde. Es mag sein, daß Herodes auch Schwierigkeiten aus seiner Ehe mit Herodias erwuchsen, weil sie gegen die Bestimmungen der Thora verstieß. Ganz gewiß aber erwies sich diese Ehe für ihn insofern als ein Unglück, als sie ihn in Konflikt mit dem Vater seiner ersten Ehefrau, der Tochter des Nabatäerkönigs Aretas, brachte. Diese floh zu ihrem Vater, und als ein Grenzkonflikt die Beziehung der beiden Herrscher zusätzlich belastete, griff Aretas zu den Waffen und brachte Herodes eine schwere Niederlage bei. Fromme Juden, so berichtet Josephus, deuteten sie als eine Strafe Gottes für die Hinrichtung Johannes' des Täufers. Die Strafexpedition, die Tiberius anordnete, unterblieb, weil Vitellius den diesbezüglichen Auftrag mit dem Tod des Kaisers, Mitte März 37 n. Chr., als erloschen betrachtete.

Unter dem neuen Kaiser Caligula trat eine Eskalation der gewalttätigen Konflikte ein, und beinahe hätte sie in einer Katastrophe für das jüdische Volk, sowohl in Palästina als auch in Ägypten, dem Hauptland der Diaspora, geendet. Äußerlich gesehen nahm die Eskalation ihren Ausgangspunkt von den dynastischen Verhältnissen im Hause der Herodeer. Caligula war eng befreundet mit Herodes Agrippa, einem Sohn des von Herodes dem Großen hingerichteten Aristobulos. Er war in Rom erzogen worden und verfügte über enge Beziehungen zum Kaiserhaus. Er war freilich hoch verschuldet und hatte unvorsichtigerweise vor Zeugen geäußert, daß er eine Verbesserung seiner Lage von einem Herrscherwechsel erwarte, der Caligula und nicht den Enkel des Kaisers Tiberius, Gemellus, auf den Kaiserthron bringe. Das war dem Kaiser hinterbracht worden und hatte zur Folge, daß Herodes Agrippa ins Gefängnis geworfen wurde, in dem er die sechs Monate bis zum Tod des Tiberius verbringen mußte. Mit Caligulas Thronbesteigung änderte sich tatsächlich seine verzweifelte Lage zum Besseren. Der neue Kaiser überließ seinem Freund die ehemalige Tetrarchie des Philippos, fügte zu ihr noch das im Libanon gelegenen Territorium des Lysanias von Chalkis hinzu, zeichnete ihn mit praetorischen Ehrenrechten aus und verlieh ihm dazu noch die Königswürde. Herodes Agrippa blieb noch ein Jahr in Rom. Als der neue König dann im Herbst 38 n. Chr. in Palästina erschien, um von seinem Reich Besitz zu ergreifen, ließ der höhere Rang des Agrippa die Frau des Herodes Antipas nicht ruhen. Herodias setzte ihrem Mann so lange zu, bis er sich nach Italien begab, um von Caligula auch für sich die Königswürde zu erbitten. Aber Agrippa verstand es, die Initiative des Antipas zu hintertreiben, und ließ durch einen Gesandten schwere Vorwürfe gegen den Tetrarchen erheben, mit dem er persönlich verfeindet war. Im eleganten Badeort Baiae lehnte Caligula nicht nur das Gesuch des Herodes Antipas ab, er setzte ihn ab und verbannte ihn nach Lugdunum (Lyon) in Gallien. Seine Tetrarchie machte Caligula seinem Freund zu einem weiteren Geschenk. Angeblich ließ er den abgesetzten Tetrarchen wenig später in seinem Exil töten.

Herodes Agrippa hatte auf dem Wege nach Palästina im Spätsommer 38 n. Chr. in Alexandrien Station gemacht und wurde dabei ohne persönliches Zutun zum Anlaß antijüdischer Ausschreitungen, deren Weiterungen beinahe zu einer Vernichtung der in der Stadt ansässigen jüdischen Gemeinde geführt hätten. Der immer geldbedürftige Herodes Agrippa hatte als Prinz auch in Alexandrien im großen Stil Kredite aufgenommen und war dann mit dem Geld verschwunden, ohne zur Rückzahlung willens und in der Lage zu sein. Als er dann im August 38 in der Stadt erschien, wurde der als Bankrotteur und Kreditbetrüger übelbeleumdete König von der griechischen Stadtbevölkerung mit Hohn und Spott übergossen. Der Angriff galt aber nicht nur seiner Person, sondern, wie sich schnell zeigte, der großen jüdischen Minderheit in der Stadt, und er entwickelte sich zu dem größten Pogrom, der uns aus dem Altertum bekannt ist. Die Verspottung des Königs war kein spontaner Akt, sondern war inszeniert worden, und auch hinter den Übergriffen gegen jüdisches Leben und Eigentum stand die planende und ordnende Hand der führenden Kreise der griechischen Bürgerschaft. Sie standen auch hinter der ingeniös eingefädelten Instrumentalisierung der römischen Obrigkeit, sowohl der lokalen, die durch den Vizekönig, den Praefectus Aegypti Avillius Flaccus, vertreten wurde, als auch der höchsten Autorität im Reiche, des Kaisers selbst. Als Drahtzieher werden zwei Männer aus angesehenen griechischen Familien genannt, die beide bis in das höchste Amt der Stadt, das des Gymnasiarchen, des Vorstehers des Gymnasiums, aufgestiegen waren: Isidoros und Lampon, die später unter Kaiser Claudius wegen ihrer Rolle bei dem Pogrom vor dem Kaisergericht angeklagt wurden. Ihnen zur Seite stand als intellektueller Wortführer des alexandrinischen Antijudaismus der Homerphilologe Apion, den Theodor Mommsen als einen «Gelehrte(n) und Schriftsteller voll großer Worte und noch größerer Lügen, von dreistester Allwissenheit und unbedingtem Glauben an sich selbst» charakterisiert hat (Römische Geschichte V, 517 f.). Dieser Apion hatte ein antijüdisches Pamphlet verfaßt, ein Sammelbecken aller Anfeindungen und Verleumdungen, denen die Juden in der Antike ausgesetzt waren. Das Werk selbst ist nicht erhalten, aber sein Inhalt ist aus der Widerlegung zu rekonstruieren, die Josephus der Schrift des Judenfeindes Apion hat angedeihen lassen.

Die jüdische Gemeinde Alexandriens bereitete, wie bereits erwähnt, dem auf der Durchreise befindlichen neuen König der Juden von Caligulas Gnaden einen prächtigen Empfang, und die griechische Bürgerschaft organisierte vom Gymnasium aus die Parodie des Empfangs. Es begann mit Spottreden auf Herodes Agrippa, dann folgte ein pantomimischer Umzug. Im Mittelpunkt stand ein stadtbekannter Verrückter namens Karabas, der als König ausstaffiert wurde und Huldigungen empfing, die mit der Anrede für «Herr» in syrischer Sprache begannen. Dann wurde mit geradezu teuflischer Berechnung der Mentalität von Vizekönig und Kaiser von den Juden verlangt, daß auch sie zum Zeichen ihrer Loyalität Standbilder des Gottes Caligula in ihren Synagogen aufstellten. Die Initiatoren der Forderung wußten natürlich genau, daß die Juden die von ihnen geforderte Ehrung des Kaisers verweigern mußten und der Vizekönig, bedrängt wie er war, die Juden nicht schützen würde. Denn Avillius Flaccus lebte in der Furcht vor kaiserlicher Ungnade. Er war ein enger Freund des Kaisers Tiberius gewesen, er hatte bei der Verfolgung der Agrippina, der Mutter Caligulas, eine Rolle gespielt und in der Frage der Thronfolge für Tiberius Gemellus, den Rivalen des Caligula, Partei ergriffen. Als zu Beginn der Regierungszeit Caligulas der mit ihm befreundete Praetorianerpraefekt Macro gestürzt wurde, begann er um sein Leben zu fürchten, und er war um der eigenen Rettung willen zu allem bereit, was ihm bei Caligula wieder in Gunst setzen konnte. Darauf setzten die Führer der Judenfeinde, und es gelang ihnen, den römischen Vizekönig zum Werkzeug ihres Judenhasses zu machen.

Avillius Flaccus genehmigte die Aufstellung von Kaiserstatuen in den Synagogen, dann erklärte er, nachdem es zu Unruhen gekommen war, die Juden per Edikt zu Fremden in der Stadt der Griechen, ließ die wilden Ausschreitungen gegen die jüdische Bevölkerung zu und schritt auch seinerseits wegen angeblicher Widersetzlichkeit gegen die bedrängte jüdische Gemeinde ein.

Was sich damals in Alexandrien abspielte, war ein Pogrom der allerschlimmsten Art. Jüdische Häuser und Geschäfte wurden geplündert und verwüstet, die Menschen vertrieben, mißhandelt und ermordet, ihre Leichname verstümmelt, verbrannt oder durch die Straßen geschleift; jüdische Frauen wurden bei Androhung der Folter gezwungen, vor der johlenden Menge im Theater Schweinefleisch zu essen. Die Synagogen wurden teils zerstört, teils durch das Aufstellen der Götterstatue Caligulas geschändet: In der größten Synagoge der Stadt wurde das Standbild des Kaisers auf eine alte Quadriga gestellt, die eilends aus dem Gymnasium herbeigeholt wurde. Wo die Juden dicht beisammenwohnten, versuchten sie natürlich, sich zu wehren, und lösten damit erst recht die Repressalien des Statthalters aus. Er ordnete die Durchsuchung jüdischer Häuser nach Waffen an und hob den Sonderstatus der sich selbst verwaltenden jüdischen Gemeinschaft, das sogenannte Politeuma, auf. An 38 Mitgliedern des Ältestenrates ließ er in aller Öffentlichkeit die entehrende Strafe der Auspeitschung vollziehen. Die schändliche Rolle, zu der er sich in seiner Angst hergab, rettete Avillius Flaccus nicht das Leben. Zuerst enthob ihn Caligula seines Amtes und verbannte ihn auf die Ägäisinsel Andros, dann ließ er ihn wenig später umbringen.

So leicht es ist, den Anlaß für den Pogrom des Jahres 38 und die Voraussetzungen für die erfolgreiche Instrumentalisierung des Judenhasses zu benennen, so schwierig ist es, die Frage nach den Ursachen dieses Hasses zu beantworten. Alexandrien war die antike Großstadt, in der die meisten Juden lebten – weitaus mehr als in Jerusalem. Insofern ist Alexandrien mit dem heutigen New York vergleichbar, und auch darin sind beide Städte einander ähnlich, daß die Judenschaft einerseits gut in die nichtjüdische Mehrheitsgesellschaft integriert ist und doch als eine von dieser klar abgegrenzte Sondergemeinschaft in Erscheinung tritt. Was Alexandrien betrifft, so entsprach die gesellschaftliche Differenzierung der Juden im großen und ganzen derjenigen der griechischen Bürgerschaft. Es gab reiche und mächtige Familien, deren Vermögen aus Zollpacht und Seehandel stammte. Durch Kreditvergabe und Eheschließungen waren einige von ihnen mit dem Königshaus der Herodeer verbunden, und aus ihrem Kreis rekrutierten sowohl diese als auch die Römer die

Kandidaten für das Hohenpriesteramt in Jerusalem. Zu einer dieser reichen und mächtigen Familien gehörte der berühmte jüdische Religionsphilosoph Philon von Alexandrien. Sein Bruder Alexander war Oberzollpächter auf der östlichen, der arabischen Seite des Nils (als solcher führte er den Titel Alabarch) und Vermögensverwalter der jüngeren Antonia, der Mutter des späteren Kaiser Claudius. Alexander bedachte den Jerusalemer Tempel mit reichen Geschenken und war der Geldgeber des Herodes Agrippa, dessen Auftritt als König in Alexandrien den Anlaß zu den oben geschilderten Ausschreitungen gegen die Juden gab. Mit dem Königshaus trat er sogar in verwandtschaftliche Beziehung: Er verheiratete seinen Sohn, der bezeichnenderweise den römischen Namen Marcus trug, mit Berenike, der Tochter des Königs Herodes Agrippa. Dieser Geldadel, der Beziehungen bis zum Königs- und Kaiserhaus unterhielt, stellte eine ganz schmale Elite dar und war keineswegs repräsentativ für die Judenschaft der Stadt. Die Masse setzte sich aus Handwerkern, Kleinhändlern und Tagelöhnern zusammen, die ihr Geld im Hafen der Stadt, dem großen Umschlagplatz der nach Ägypten eingeführten und aus dem Land ausgeführten Waren, verdienten. Die Handwerker waren wie die nichtjüdischen in gildeähnlichen Vereinigungen organisiert, und da das Vereinswesen religiös geprägt war, besaßen die Juden ihre eigenen, von den griechischen Berufsvereinen getrennten Organisationen in Anlehnung an die über die Stadt verteilten Synagogen. Dies ist ein deutlicher Verweis auf die Grenzen der Integration, und im Falle Alexandriens erwiesen sich diese Grenzen als höher und vielfältiger als im modernen New York.

Beide Weltstädte glichen sich übrigens darin, daß sie Zentren der Einwanderung waren und es neben alteingesessenen, längst integrierten Familien immer neue Wellen von Einwanderern gab. Insofern war die Judenschaft beider Städte über eine lange Zeit alles andere als eine monolithische Einheit. Aber während in New York die Einfügung in die politisch definierte Nation der Vereinigten Staaten in der Reichweite eines jeden Neuankömmlings lag, waren die Verhältnisse in Alexandrien ganz anders. Hier gab es eine kleine Minderheit innerhalb der Judenschaft, die nicht nur reich war und die höhere griechische Bildung genossen hatte, sondern auch das Bürgerrecht der griechischen Stadt besaß und damit auch die Voraussetzung zum Erwerb des römischen erfüllte. Sofern man in diesen Kreisen am Judentum, und das heißt an der Heiligung des Sabbats, der Beschneidung und den Speisegesetzen sowie an dem Glauben an die Thora als Gottes Offenbarung, festhielt, geschah das durch die allegorische Interpretation, deren höchste Stufe Philon darin sah, daß die Religion der Väter und die Philosophie der Griechen auf die Erkenntnis des einen Gottes und auf ein Gott wohlgefälliges Leben hinausliefen. Freilich konnte in diesem Milieu griechisch gebildeter Familien, die gute Beziehungen zu den Römern unterhielten, auch ein Bruch mit dem Judentum vollzogen werden. Philon spricht von Abtrünnigen, «die mit Geringschätzung auf (gläubig gebliebene) Angehörige und Freunde herabsehen, die Gesetze übertreten, in denen sie geboren und erzogen wurden, an der väterlichen Sitte rühren, die (doch) kein berechtigter Tadel trifft, und von ihr abfallen» (Leben des Moses I, 31). Philons eigene Familie ist geradezu ein Musterbeispiel für die von ihm geschilderten Verhältnisse. Während er und sein Bruder an einem philosophisch interpretierten Judentum festhielten, sagte sich sein Neffe, der Sohn seines Bruders, von der Religion der Väter los und machte als römischer Bürger Tiberius Iulius Alexander eine große Karriere im Dienst des Kaisers. Er begann in der ägyptischen Administration als Epistratege der Thebais, bekleidete in den Jahren 46–48 n. Chr. mit dem Titel eines Prokurators das Amt des Statthalters von Judäa, diente während des Partherkrieges im Stab des römischen Feldherrn Gnaeus Domitius Corbulo und stieg vor dem Jahre 68 n. Chr. zum Vizekönig von Ägypten auf. In dieser Funktion schlug er in Alexandrien einen jüdischen Aufstand nieder und spielte im Vierkaiserjahr 68/69 eine wichtige Rolle bei der Kaisererhebung Vespasians, des Begründers der flavischen Dynastie.

Die Masse der alexandrinischen Juden war von derartigen Chancen und Gefahren der Assimilation selbstverständlich weit entfernt. Man wird nicht fehlgehen in der Annahme, daß die meisten Juden, soweit sie gläubig waren, die heiligen Schriften nicht allegorisch auslegten, sondern sie für buchstäblich wahr hielten und daß sie nicht Bürger der griechischen Stadt waren. Es gab in Alexandrien von alters her in Gestalt eines Politeuma eine jüdische Selbstverwaltungsorganisation, an deren Spitze ein Ältestenrat und, zumindest zeitweise, ein Ethnarch standen. Aber dieses Politeuma umfaßte nicht alle Juden der Stadt, sondern scheint seinerseits eine exklusive Gemeinde gebildet zu haben. Es ist bereits oben in der Schilderung der Verhältnisse unter ptolemäischer Herrschaft darauf hingewiesen worden, daß der starke Zuzug von Juden die Entstehung einer dritten Kategorie von jüdischen Einwohnern bewirkt hat. Es ist auch so gut wie sicher, daß die Zuwanderer aus Palästina messianische Erwartungen mit nach Alexandrien brachten, und auch der fromme Terrorismus der Zeloten muß, wenn nicht in Alexandrien, so doch auf dem flachen Land in Ägypten Eingang gefunden haben. Einer der allergefährlichsten Terroristen, der in der Zeit des Kaisers Claudius in Judäa steckbrieflich gesucht wurde, war ein ägyptischer Jude, genannt «der Ägypter». In der Apostelge-schichte wird beschrieben, daß Paulus in Verdacht geriet, der Gesuchte zu sein und nur mit knapper Not der Auspeitschung entkam.

Die Judenschaft war also alles andere als eine monolithische Einheit, und auch ihre rechtliche Stellung wies, um dies noch einmal zu betonen, große Unterschiede auf. Sie reichte vom Status eines alexandrinischen und römi-schen Bürgers über den eines Mitglieds des Politeuma bis zu dem prekären Status eines Fremden ohne gesicherte Rechtsstellung. Offenbar gab es unter diesen Voraussetzungen das Streben weiter Kreise, Zugang zu dem jeweils höheren Status zu gewinnen, und seitdem Ägypten unter römische Herrschaft gefallen war, gab es noch einen handfesten Grund für den Erwerb des alex-andrinischen Bürgerrechts. Im Jahre 24/23 v. Chr. war in Ägypten die römi-sche Kopfsteuer eingeführt worden. Dieser Steuer wurden alle Bewohner des Landes, das waren mehrheitlich Ägypter und Juden, unterworfen, und nur wer im Rechtssinn Grieche war, also die Bürger Alexandriens und auf dem fla-chen Land diejenigen, die zur Korporation «der vom Gymnasium» gehörten, blieb davon befreit. Seitdem die Zugehörigkeit zu der privilegierten Gruppe der Griechen mit finanziellen Vorteilen verbunden war, gab es verständlicher-weise einen verstärkten Andrang zum alexandrinischen Bürgerrecht. Dies löste jedoch seitens der griechischen Bürgerschaft eine Abwehrreaktion aus, und ihre Repräsentanten gaben sich alle Mühe, das römische Interesse an einer möglichst großen Zahl an Kopfsteuerpflichtigen vor den Karren ihrer Abneigung gegen die Fremden zu spannen. In einer Petition an den römi-schen Kaiser – möglicherweise war der Adressat Augustus –, in der um die Erlaubnis, in Alexandrien einen Stadtrat ins Leben zu rufen, nachgesucht wird, heißt es in dem erhaltenen Teil dementsprechend wie folgt: «Ich sage, daß der Stadtrat darauf achten würde, daß keiner von denen, die für die Ein-tragung in die Liste der Kopfsteuerpflichtigen vorgesehen sind, die Einkünfte dadurch vermindern wird, daß sie sich zusammen mit den Epheben [den Angehörigen der Abschlußklasse des Gymnasiums] in die öffentlichen Listen (als künftige Bürger) mit einschreiben lassen und daß künftig die Bürgerschaft der Alexandriner unvermischt bleibt und nicht von unkultivierten und uner-zogenen Leuten verdorben wird» (sogenannter Boule-Papyrus: Tcherikover/ Fuks, Corpus Papyrorum Judaicarum 150). Die Ausgrenzungsstrategie bedien-te sich somit der griechischen Bildung als des zur Ausgrenzung der Fremden tauglichen Unterscheidungsmerkmals. Die Folge war, daß diese Ausgren-zungsstrategie auch gegen diejenigen Juden angewendet wurde, die sich durch den Besuch der griechischen Bildungsinstitutionen, Schule und Gymnasium, der vielgerühmten Erziehung zum Hellenen unterzogen hatten. Zu ersehen ist dies an dem erhaltenen Entwurf einer Eingabe, die der alexandrinische Jude Helenos, der Sohn eines gewissen Tryphon, in der Zeit zwischen 7 und 4 v. Chr. an den Vizekönig von Ägypten zu richten beabsichtigte. Der Petent weist in dem Entwurf darauf hin, daß er nach Maßgabe der Möglichkeiten seines Vaters der Bildung, die ihm zusagte, teilhaftig geworden sei und dennoch Gefahr laufe, seines Bürgerrechts verlustig zu gehen, weil aufgrund der Intervention eines Steuerbeamten sein Bürgerrecht mit dem Ziel angefochten wurde, daß er die Kopfsteuer zahle.

Offenbar wurde das Gymnasium, dessen Absolvierung nach einem Wort von Elias Bickermann das Eintrittsbillet zur abendländischen Kultur und, wie man hinzufügen darf, zur privilegierten griechischen Bürgerschaft war, zum Zentrum der Fremdenfeindlichkeit. Von der führenden Rolle, die die Gymnasiarchen Isidoros und Lampon bei der Judenverfolgung des Jahres 38 spielten, war bereits die Rede, und es ist auch deutlich, welche weitergehenden Ziele mit dem Pogrom verfolgt wurden. Die Juden wurden zu Fremden erklärt und wie in einem Ghetto in dem am Hafen gelegenen Stadtviertel Delta zusammengedrängt (übrigens das erste Ghetto, von dem wir Kenntnis haben). Ihre Sonderrechte, die immerhin ein großer Teil genoß, wurden aufgehoben, und der Zugang zum Bürgerrecht sollte Juden ein für allemal verschlossen werden. Wie sich der Konflikt in Alexandrien nach dem Gewaltausbruch des Jahres 38 in der Regierungszeit Caligulas weiterentwickelte, wissen wir nicht. Es gibt immerhin Anzeichen dafür, daß die Juden damit begannen, sich mit Unterstützung von Glaubensbrüdern aus dem flachen Land Ägyptens und aus Palästina zur Wehr zu setzen, und daß es somit weiterhin zu Gewalttaten kam. Die Gesandtschaften, die die beiden verfeindeten Seiten zu Caligula nach Rom schickten, konnten erst empfangen werden, nachdem der Kaiser Ende August des Jahres 40 von seinem germanischen Feldzug nach Rom zurückgekommen war. Die jüdische Gesandtschaft wurde auch dann noch lange hingehalten, und als schließlich die versprochene Audienz in Rom in den Gärten des Maecenas und des Lamia zustande kam, ließ Caligula die Gesandten, die von dem mehrfach erwähnten Religionsphilosophen Philon geführt wurden, hinter sich herziehen, während er seine Bauten in den Gärten inspizierte und ihnen dabei seine Fragen stellte. Der Kaiser hörte die Gesandten nur flüchtig an und warf ihnen ab und zu unter dem Gelächter der ebenfalls anwesenden Gesandtschaft der Alexandriner höhnische Bemerkungen zu und entließ sie schließlich, ohne eine Entscheidung zu treffen, mit der ironischen Bemerkung, er sehe schon, daß die Juden eher törichte als bösartige Leute seien, da sie an seine Göttlichkeit nicht glauben wollten.

Diese Reaktion Caligulas wirft eine scharfes Licht auf die bodenlose Leichtfertigkeit, mit der er die Frage des Kaiserkultes, die von den Feinden der Juden als Hebel ihres antijüdischen Vorgehens benutzt wurde, behandelte. Als er die jüdischen Gesandten mit seinem Schlußwort lächerlich zu machen suchte, war er gerade mit Mühe davon abgebracht worden, sein eigenes Gottesbild im Jerusalemer Tempel aufstellen zu lassen. Der Hergang war folgender: In Iamneia, das zusammen mit Asdod kaiserlicher, von einem Prokurator verwalteter Privatbesitz war, nahm die heidnische Minderheit die Vorgänge in Alexandrien zum Anlaß, der jüdischen Mehrheit der Stadt durch Errichtung eines Altars für den Gott Caligula die Machtfrage zu stellen. Der Plan gelang, denn prompt ließen sich die empörten Juden provozieren und zerstörten den Altar des Kaisers. Als der Frevel Caligula gemeldet wurde, wollte er den Widerstand der Juden gegen den Kaiserkult ein für allemal brechen und gab den Befehl, seine Statue im Jerusalemer Tempel aufzustellen. Ausführen sollte dies der Statthalter von Syrien, Publius Petronius, und da abzusehen war, daß es heftigen Widerstand geben würde, sollte er bei der Ausführung des Befehls gleich die halbe Orientarmee nach Jerusalem führen. Petronius kannte die Verhältnisse und war zutiefst erschrocken über die kaiserliche Zumutung. Zunächst versuchte er Zeit zu gewinnen. Er führte die Armee nicht nach Jerusalem, sondern nach Ptolemais/Akko und blieb dort längere Zeit. Dorthin kamen die Juden in Massen und bestürmten ihn, von dem Vorhaben abzulassen. Petronius schrieb an Caligula und entschuldigte die Verzögerung mit dem Vorwand, daß die Anfertigung der Statue Zeit brauche und daß es geraten sei, die Ernte abzuwarten, da sonst damit zu rechnen sei, daß die Juden zum Schaden des Fiskus in ihrer Verzweiflung die ganze Ernte vernichten würden. Nachdem die Ernte eingebracht war, vermied er es immer noch, nach Jerusalem zu gehen, sondern schlug sein Hauptquartier in Tiberias am See Genezareth auf. Dort begann er wieder mit jüdischen Abordnungen zu verhandeln. Sie blieben ergebnislos, und dann strömte zur Zeit der Winteraussaat, etwa im Oktober, die jüdische Bevölkerung in Massen nach Tiberias und bat Petronius vierzig Tage lang inständig, den Befehl des Kaisers nicht auszuführen. Dabei demonstrierten sie ihren Willen, lieber den Tod zu erleiden als den Greuel der Tempelentweihung erblicken zu müssen. Angehörige der Königsfamilie schlossen sich dem Massenprotest an, und schließlich nahm Petronius es auf sich, von dem Vorhaben Abstand zu nehmen. Er bat Caligula um den Widerruf des unausführbaren Befehls. Tatsächlich ließ Caligula sich dazu herbei, als auch König Herodes Agrippa seinen Freund, den Kaiser, brieflich beschwor, im Jerusalemer Tempel doch alles beim alten zu lassen. Zugleich verfügte Caligula jedoch, daß niemand künftig daran gehindert werden dürfe, dem Kaiser Altäre zu weihen. Petronius bekam zudem die kaiserliche Ungnade voll zu spüren. Caligula widerrief zwar seinen Befehl, aber in dem wütenden Brief, den er seinem Statthalter schrieb, befahl er ihm, sich das Leben zu nehmen. Kurz darauf wurde der Kaiser am 24. Januar 41 n. Chr. ermordet. Nur der Umstand, daß die Todesnachricht den Statthalter früher erreichte als der Tötungsbefehl, rettete ihm das Leben.

Obwohl das Schlimmste also mit knapper Not verhindert worden war, standen die Führer des jüdischen Volkes vor dem Scherbenhaufen ihrer Politik des vertikalen Bündnisses mit dem römischen Kaisertum. Welche Auswirkungen die nur knapp vermiedene Katastrophe auf die Juden gehabt hat, ist nicht eigens überliefert. Aber man kann sich leicht ausrechnen, daß Theodor Mommsen das Richtige getroffen hat, als er mit der ihm eigenen Kraft des Gedankens und der Sprache so urteilte:

> *Der weite Weg vom bösen Willen des Einzelnen zur bösen That der Gesammtheit war hiermit durchschritten und es war gezeigt, was die also Gesinnten zu wollen und zu thun hatten und unter Umständen auch zu thun vermochten. Daß diese Offenbarung auch von jüdischer Seite empfunden ward, ist nicht zu bezweifeln, obwohl wir dies mit Documenten nicht zu belegen vermögen. Aber weit tiefer als die alexandrinische Judenhetze haftete in den Gemüthern der Juden die Bildsäule des Gottes Gaius im Allerheiligsten. Es war schon einmal dagewesen: auf das gleiche Unterfangen des Königs von Syrien Antiochos Epiphanes war die Makkabaeererhebung gefolgt und die siegreiche Wiederherstellung des freien nationalen Staats. Jener Epiphanes, der Antimessias, welcher den Messias herbeiführt, wie der Prophet Daniel ihn, allerdings nachträglich, gezeichnet hatte, war seitdem jedem Juden das Urbild der Gräuel; es war nicht gleichgültig, daß die gleiche Vorstellung mit gleichem Recht sich an einen römischen Kaiser knüpfte oder vielmehr an das Bild des römischen Herrschers überhaupt.*
>
> (Römische Geschichte V,519 f.)

Dem ist nichts hinzuzufügen.

Der Befriedungsversuch des Kaisers Claudius – ein Zwischenspiel (41 – 44 n. Chr.)

Der Ermordung des Caligula folgte ein kurzes Interregnum, dann bestieg der Onkel des Ermordeten den Thron der Caesaren. Claudius war wegen eines Sprachfehlers und einer Gehbehinderung von der Familie zurückgesetzt und vor der Öffentlichkeit versteckt worden, und er hatte sich in den langen Jahren seiner Muße mit Geschichtsschreibung und Etruskologie befaßt. Nach der Ermordung Caligulas zogen Soldaten der Praetorianergarde den völlig Eingeschüchterten aus seinem Versteck und riefen ihn am 24. Januar 41 n. Chr. zum Kaiser aus. Am folgenden Tag fand er die Anerkennung des Senats, der zuvor erwogen hatte, die Republik wiederherzustellen. Während dieser Tage im Januar 41 war König Herodes Agrippa in Rom zugegen, und er gehörte zu denen, die Claudius in der kritischen Phase vor der Anerkennung des neuen Kaisers durch den Senat mit Rat und Tat unterstützten. Claudius erwies sich, sobald er fest im Sattel saß, als einer der besten und vernünftigsten Regenten in der langen Geschichte des römischen Kaisertums. Nicht zuletzt bewährte er sich bei der schwierigen Beilegung der gewalttätigen Konflikte, die das Zusammenleben von Juden und Nichtjuden unmöglich zu machen drohten. Dabei war er nicht nur darauf bedacht, der Kette von Gewalt und Gegengewalt ein Ende zu bereiten, sondern auch die Streitpunkte zu beseitigen, die Anlaß zu den Gewaltausbrüchen gegeben hatten.

Claudius konnte, unnötig zu sagen, die feindselige Gesinnung nicht ändern, die beide Seiten gegeneinander hegten. Er war keineswegs der Freund der Juden, als den Josephus und manche ihm folgende moderne Historiker ihn schildern. Die beiden von Josephus zitierten Edikte, auf denen die Annahme einer Judenfreundlichkeit des Kaisers beruht, sind Fälschungen, die dem Interesse der Juden an Entscheidungen zu ihren Gunsten geschuldet sind. Wie der Kaiser wirklich dachte und wie er entschied, geht aus einem echten Dokument hervor, das sich erhalten hat, einem Brief, den der Kaiser dem Vizekönig von Ägypten zukommen ließ und den dieser in Alexandrien in Form eines Edikts bekannt machte und schriftlich verbreiten ließ. Um den Befund vorwegzunehmen, der sich aus diesem Dokument ergibt: Claudius bemühte sich um eine sachgerechte Lösung, die beiden Seiten gerecht werden sollte, aber mit seinen Sympathien stand er der griechischen Seite näher als der jüdischen.

Sachliche Motive und keineswegs nur die Freundschaft mit Herodes Agrippa bestimmten den Kaiser auch, den Provinzialbezirk Judäa wieder aus der Provinz Syrien auszugliedern und dem jüdischen König zu unterstellen. Die

Erfahrung hatte gezeigt, daß die direkte römische Herrschaft in dem schwierigen Land mehr Probleme schuf, als sie löste, und daß verglichen mit dem Regiment der Praefekten der Begründer des Prinzipats mit König Herodes dem Großen weitaus besser gefahren war. Claudius täuschte sich nicht, was die Loyalität und die Eignung seines Kandidaten anbelangt. Herodes Agrippa war zwar auch der Freund des Caligula gewesen, aber er war, darin seinem Großvater vergleichbar, nach dessen Tod sofort auf die Seite dessen getreten, der in Rom die Macht in den Händen hielt. So erhielt er das Reich seines Großvaters, und seine Bindung an Rom wurde durch symbolische Akte unterstrichen: Er empfing als römischer Bürger die konsularischen Insignien, und nach altertümlichem Ritus wurde ein Bündnis zwischen ihm und Senat und römischem Volk geschlossen. Der neue König erfüllte in seiner kurzen Regierungszeit (41 – 44 n. Chr.) völlig die in ihn gesetzten Erwartungen. Die Römer waren der direkten Konfrontation mit den religiösen Empfindlichkeiten der Juden enthoben, und Herodes Agrippa verstand es, sein vergrößertes Reich, in dem Juden und Nichtjuden zusammenlebten, ruhig zu halten.

Während er in seiner Jugend das süße Leben der *jeunesse dorée* gelebt hatte, gab er sich in seiner Königswürde ganz als frommer Jude Er begünstigte die Pharisäer, unterwarf sich auf demonstrative Weise den Weisungen des Religionsgesetzes und schritt gegen die zum Ärgernis gewordene judenchristliche Sektenbildung ein. Innerhalb und außerhalb des Heiligen Landes trat er für die Sache der jüdischen Religion und des jüdischen Volkes ein. Dies hatte er bereits in der Schicksalsfrage der drohenden Aufstellung des kaiserlichen Gottesbildes im Jerusalemer Tempel getan, und dies tat er auch, wenn jenseits der Grenzen seins Reiches ein vergleichbarer Frevel geschah. Als in der phönizischen Küstenstadt Dora junge Leute ein Standbild des Kaisers in der Synagoge aufstellten, erwirkte er vom Statthalter von Syrien, daß die Täter zur Rechenschaft gezogen und Wiederholungstätern strenge Strafen angedroht wurden. Im übrigen trat er außerhalb seines Reiches, aber auch in Caesarea maritima nach dem Vorbild seines Großvaters als großzügiger Förderer der heidnisch-hellenistischen Stadtkultur auf. So ließ er in der römischen Kolonie Berytos/Beirut ein prachtvolles Theater, ein Amphitheater, Bäder und Säulenhallen errichten und feierte die Einweihung der Gebäude durch Spiele aller Art, die des Amphitheaters durch Gladiatorenkämpfe nach römischer Art, bei denen 1400 verurteilte Verbrecher auf Leben und Tod miteinander kämpfen mußten. Bezeichnend für den jüdisch-heidnischen Doppelcharakter seiner Herrschaft ist seine Münzprägung: Die in Jerusalem geprägten Stücke trugen kein Bildnis, die in den hellenistischen Städten seines Reiches geprägten zeigten teils sein eigenes Bild und teils das des Kaisers.

Im großen und ganzen folgte er also der politischen Linie seines Großvaters, freilich mit dem Unterschied, daß er sich in Jerusalem und im Heiligen Land viel stärker, als dieser es getan hatte, nach dem Lebensideal des pharisäischen Judentums richtete und dafür den Beifall und die Anhänglichkeit des Volkes empfing. Als er am Laubhüttenfest des Jahres 41 aus dem Deuteronomium vorlas, brach er bei der Stelle: «Du sollst keinen Fremdling als König über dich setzen, der nicht dein Bruder ist» (Deuteronomium 17,15) in Tränen aus, weil er sich wegen der idumäischen Abstammung seiner Familie davon getroffen fühlte. Aber das versammelte Volk rief ihm zu: «Sei nicht bekümmert, Agrippa! Du bist unser Bruder! Du bist unser Bruder!» So ist begreiflich, daß Josephus, der selbst dem pharisäischen Judentum anhing, voll des Lobes über diesen König aus dem Haus des Herodes ist: «Gern und fortwährend wohnte er in Jerusalem und hielt pünktlich die väterlichen Satzungen. Sein Leben war tadellos rein, und kein Tag verging ihm ohne Opfer» (Jüdische Altertümer XIX, 331).

Es steht außer Frage, daß sich die Herrschaft des Herodes Agrippa der Zustimmung der Pharisäer und damit auch der Mehrheit des Volkes erfreute, und insofern trug er ganz im Sinne seines römischen Patrons entscheidend dazu bei, daß sich die Lage in Palästina beruhigte. Während er die ihm zugedachte Aufgabe sogar besser als sein Großvater erfüllte, überschritt er in zwei Fällen die Grenzen, die einem Klientelkönig gesetzt waren. Herodes Agrippa begann ohne Autorisierung durch den römischen Oberherrn mit der Errichtung einer neuen gewaltigen Stadtmauer, die die nördlichen Vorstädte in die Befestigung Jerusalems miteinbeziehen sollte, und er lud, ebenfalls auf eigene Faust, zu einer Versammlung der Klientelfürsten nach Tiberias ein, zu der sich Antiochos von Kommagene, Sampsigeramos von Emesa, Kotys von Kleinarmenien, Polemon von Pontus und Herodes von Chalkis einfanden. Welche Motive ihn zu diesem Vorgehen bestimmten, ist nicht klar. Jedenfalls überschätzte er beträchtlich seinen Handlungsspielraum. Auf Anraten des Statthalters von Syrien, Gaius Vibius Marsus, verbot der Kaiser die Fertigstellung der Mauer, und die Versammlung in Tiberias wurde von Vibius Marsus persönlich aufgelöst: Er erschien in der Stadt und befahl den Gästen des Königs, nach Hause zu gehen.

Was die Beilegung der bürgerkriegsähnlichen Unruhen in Alexandrien anbelangt, so mußte Claudius selbst für Ruhe und Ordnung sorgen. Jede der

streitenden Parteien wollte verständlicherweise den neuen Kaiser vor den
Wagen ihrer Interessen spannen. Dabei war die griechische Bürgerschaft insofern im Vorteil, als sie mit einer Stimme sprach und ihren Forderungen
dadurch Nachdruck zu verleihen verstand, daß sie dem Kaiser das ganze Spektrum der göttergleichen Ehren anbot, über das die Tradition des Herrscherkul-
tes verfügte. Damit konnte die Judenschaft naturgemäß nicht mithalten, und
hinzu kam, daß sie entsprechend der unterschiedlichen Interessenlage innerhalb ihrer Gemeinde zum Ärger des Kaisers zwei Gesandtschaften nach Rom
schickte. Obwohl Claudius in seiner Entscheidung, die er Aemilius Rectus,
dem von ihm reaktivierten, bereits unter Tiberius bewährten Vizekönig Ägyptens zusandte, seine und seiner Familie Verbundenheit mit der griechischen
Bürgerschaft betonte, war er doch auf der Hut, sich von ihr vereinnahmen zu
lassen. Er ließ sich nicht auf die Forderung ein, die Gründung eines Stadtrates
zu gestatten, sondern antwortete vorsichtig ausweichend, und er hielt es in der
Frage der kultischen Ehren, um deren Annahme er gebeten wurde, für geraten, den Alexandrinern zu verstehen zu geben, daß er bei aller Bereitschaft,
Ehrungen anzunehmen, die Grenze zwischen Gott und Mensch eingehalten
wissen wollte. Damit reagierte er auf die Erfahrung, daß der Gott Caligula den
griechischen Alexandrinern ein bequemes Mittel gewesen war, gegen die
Juden vorzugehen, und so schrieb er ihnen das Folgende ins Stammbuch:

> *Es wäre vielleicht töricht, solche [im Vorangehenden genannte] Ehrungen an-
> zunehmen, hingegen die Errichtung einer claudischen Phyle [das heißt einer
> nach dem Kaiser benannten Abteilung der Bürgerschaft] und die Anlage
> eines heiligen Hains nach ägyptischem Brauch abzulehnen. Deshalb gestat-
> te ich auch dies… Die Ernennung eines Hohenpriesters [des Kaiserkults]
> und die Errichtung von Tempeln verbitte ich mir; denn ich will den Mitle-
> benden keinen Anstoß geben. Und es ist meine Überzeugung, daß Tempel,
> und was sonst hierher gehört, von jeder Generation allein den Göttern vor-
> behalten werden müssen.*
>
> (Papyrus Londinensis 1912, Col. III, 40–51)

Gab Claudius den Alexandrinern damit zu verstehen, daß sie nicht mit seiner
Duldung oder gar Unterstützung rechnen konnten, wenn sie die kultische
Ehrung seiner Person zu Anschlägen gegen die Juden mißbrauchen wollten,
so verwarnte er beide Seiten nachdrücklich vor Gewaltanwendung und er-
mahnte sie zu einem friedlichen Zusammenleben. Er erklärte ganz unmißver-

ständlich, daß er, wenn seine Warnungen in den Wind geschlagen würden, die Legionen einsetzen würde, um Ruhe und Ordnung herzustellen und aufrechtzuerhalten. Daß dies keine leere Drohung war, wußte damals jeder, der mit römischer Herrschaftspraxis in Berührung gekommen war. Zugleich versuchte er, das sachliche Kernproblem des Konflikts zwischen den beiden Bevölkerungsgruppen, die Frage des Bürgerrechts und des Sonderstatus der Juden, zu lösen. Er zog einen scharfen Trennungsstrich zwischen den griechischen Bürgern und den jüdischen Einwohnern der Stadt. Seine diesbezügliche Entscheidung hat folgenden Wortlaut:

Was nun die Unruhen und Auseinandersetzungen mit den Juden – oder besser, um die Wahrheit zu sagen, den Krieg gegen sie – anhelangt, so habe ich, obwohl bei der Gegenüberstellung beider Seiten eure Gesandten [das heißt die der griechischen Bürgerschaft] große Mühe darauf verwendeten und am meisten Dionysios, der Sohn des Theon, die Frage nicht bis ins letzte untersuchen wollen, welche Seite die Schuld trägt. Aber (soviel sollt ihr wissen), es hat sich in mir gegen diejenigen, die wieder mit den Unruhen beginnen, ein unversöhnlicher Zorn aufgestaut; und ich sage euch ein für allemal, daß, wenn ihr nicht der mörderischen und verstockten Wut gegeneinander ein Ende setzt, ich gezwungen sein werde zu zeigen, wie ein Kaiser ist, dessen Milde in gerechten Zorn umschlägt. Deshalb richte ich noch einmal einen beschwörenden Appell an euch, daß einmal die Alexandriner milde und menschenfreundlich mit den Juden umgehen, die seit langem mit ihnen dieselbe Stadt bewohnen, und daß sie keine ihrer Riten zur Verehrung ihres Gottes in den Schmutz ziehen, sondern sie nach ihren Gewohnheiten leben lassen wie zur Zeit des Gottes Augustus, was ich nach Anhörung beider Seiten bekräftigt habe – und den Juden befehle ich nachdrücklich, nicht mehr anzustreben, als sie erhalten haben, und nicht, wie wenn sie in zwei Städten wohnten, künftig zwei Gesandtschaften hierher zu schicken, was vormals noch nie geschehen ist, noch sich in die Wettkämpfe der Gymnasiarchen und Kosmeten [das sind für die Ausbildung der Epheben zuständige städtische Magistrate] einzudrängen, während sie doch ihre eigenen Rechte genießen und sich in einer Stadt, die nicht die ihre ist, eines Überflusses an vielen Privilegien erfreuen, noch Juden, die von Syrien oder Ägypten (kommend) den Fluß (nach Alexandrien) herunterfahren, herbeizuholen oder Aufnahme zu gewähren, wodurch wir gezwungen werden, schlimmeren Verdacht (gegen sie) zu schöpfen – anderenfalls werde ich sie auf jede Weise bestrafen wie

> *Leute, die eine die ganze Welt ansteckende Krankheit [gemeint ist die Stö-*
> *rung von Ruhe und Ordnung] erregen. Wenn ihr aber beide von alledem*
> *ablassen und mit gegenseitiger Milde und Menschenfreundlichkeit zusam-*
> *menleben wollt, so will auch ich die größte Fürsorge für die Stadt an den Tag*
> *legen entsprechend der engen und von den Vorfahren her bestehenden Bin-*
> *dungen zu euch.*
>
> (Papyrus Londinensis 1912, Col. IV, 73–104)

Mit dieser Entscheidung waren einerseits die korporativen Sonderrechte der
Juden wiederhergestellt, die unter Caligula der Vizekönig Avillius Flaccus aufgehoben hatte. Aber zugleich wurde ihnen der Zugang zum griechischen Bürgerrecht für die Zukunft prinzipiell verwehrt. Wer es bereits besaß, behielt es;
denn der Kaiser verfügte ausdrücklich, daß alle diejenigen, die das Gymnasium der Stadt bis zur Abschlußklasse durchlaufen hatten, im Besitz der damit
erworbenen Rechte bleiben und nur die Abkömmlinge von Personen aus dem
Sklavenstand von dieser Garantieerklärung ausgeschlossen bleiben sollten:

> *Jedem, der bis zu meinem Prinzipat [das heißt bis zum 24. Januar 41] die*
> *Ephebie absolviert hat, garantiere ich das alexandrinische Bürgerrecht mit*
> *allen Ehren und Privilegien der Stadt mit Ausnahme derjenigen, die als Ab-*
> *kömmlinge von Sklaven durch Täuschung [hinsichtlich ihrer Abstammung]*
> *Aufnahme in das Ephebenkorps gefunden hatten.*
>
> (Papyrus Londinensis 1912, Col. III, 53–57)

Claudius mag mit seinen Appellen, Drohungen und Maßnahmen die Ruhe in
der Stadt einigermaßen wiederhergestellt haben, aber er war nicht in der Lage,
den Haß zwischen Griechen und Juden aus der Welt zu schaffen. Einen Einblick in das schwer belastete Verhältnis zwischen den beiden Volksgruppen
geben vom Standpunkt der griechischen Alexandriner die Bruchstücke eines
in mehreren Fassungen umlaufenden (nicht offiziellen, sondern literarisch
bearbeiteten) Protokolls einer Gerichtsverhandlung vor dem Kaisergericht. In
diesem Protokoll treten die beiden Führer der antijüdischen Ausschreitungen
des Jahres 38, die Gymnasiarchen Isidoros und Lampon, als Ankläger des
Königs Herodes Agrippa auf, dem sie vorwerfen, den jüdischen Widerstand in
der Stadt organisiert zu haben. Die Verhandlung fand laut Protokoll am 1. Mai
41 n. Chr. statt. Zwei aufschlußreiche Fragmente haben den folgenden Wortlaut:

Isidoros begann zuerst mit seiner Rede und sprach: ‹Mein Herr, Caesar, auf den Knien flehe ich dich an, dir die Leiden meiner Vaterstadt anzuhören.› Claudius Caesar sprach: ‹Ich gewähre dir den (ganzen) Tag (zur Anhörung).› Alle Senatoren, die als Beisitzer (des Kaisergerichts) fungierten, stimmten zu, denn sie wußten, was für ein Mann Isidoros ist [das heißt einer, dem man nicht so schnell beikommen kann]. Claudius Caesar sprach: ‹Sage mir nichts gegen meinen Freund (Herodes Agrippa); denn du hast schon zwei meiner Freunde (als Ankläger) zu Tode gebracht, den Exegeten Theon [einen für Kultangelegenheiten zuständigen Magistrat in Alexandrien] und Naevius (Macro), [Praefekt von Ägypten und Praetorianerpraefekt in Rom], hast du (unter Caligula) zu Fall gebracht, und jetzt verfolgst du diesen Mann.› Isidoros entgegnete: ‹Mein Herr, Caesar, was kümmert dich Agrippa, dieser Dreigroschenjunge?› Claudius Caesar rief: ‹Was sagst du? Du unverschämtester aller Menschen…›

In einem weiteren Fragment, das nicht aus dem Protokoll der Gerichtsverhandlung stammt, sondern aus dem der Anhörung der jüdischen und der alexandrinischen Gesandtschaften vor Kaiser Claudius, wird ein direkter Wortwechsel zwischen Isidoros, Herodes Agrippa und Tiberius Claudius Balbillus, dem Führer der alexandrinischen Gesandtschaft, wie folgt wiedergegeben:

Isidoros sagte: ‹Mein Herr, Augustus, richtig ist, was Balbillus hinsichtlich deines Interesses gesagt hat. Aber dir, Agrippa, will ich bezüglich deiner Ausführungen über die Juden widersprechen. Ich werfe ihnen vor, daß sie darangehen, die ganze Welt in Aufruhr zu stürzen. Man muß nur im einzelnen diesen Pöbel betrachten. Sie sind nicht von der gleichen Art wie die Alexandriner, eher leben sie nach der Weise der Ägypter… Gleichen sie nicht denen, die die Kopfsteuer bezahlen?› Agrippa sprach: ‹Den Ägyptern haben die Behörden Steuern auferlegt… Aber diesen [den Juden] niemand.› Balbillus sagte: ‹Sieh nur, welche Unverschämtheit ihr Gott oder… (ihm eingibt)!›…

In diesem Wortwechsel ist die Rede von den Streitfragen, um die es in dem Konflikt zwischen Griechen und Juden in Alexandrien ging. Aber vor allem begegnet der Tenor bösartiger Unterstellungen, von denen die schlimmste ist, daß die Juden weltweit Unruhestifter sind. Selbst Claudius scheute sich nach Ausweis seines an Aemilius Rectus gerichteten Briefes nicht, eine mit diesem

Vorwurf operierende Warnung an die Adresse gewaltbereiter Juden zu richten. Der gegen die Juden gerichtete Vorwurf, sie wollten die Welt in Unruhe stürzen, war mit diabolischer Klugheit auf das elementare Interesse der römischen Obrigkeit an der Aufrechterhaltung von Ruhe und Ordnung berechnet, und er verfehlte auch deshalb seine Wirkung nicht, weil tatsächlich in der ersten Hälfte des ersten Jahrhunderts n. Chr. die Schwierigkeiten im Zusammenleben von Juden und Nichtjuden weltweit zunahmen.

Schon im Jahr 19 n. Chr. war in Rom ein Senatsbeschluß ergangen, der anordnete, 4000 jüdische Freigelassene im wehrfähigen Alter einzuziehen und gegen die Straßenräuber in Sardinien einzusetzen, den übrigen aber bei Androhung der Versklavung im Falle des Ungehorsams zu befehlen, Italien zu verlassen. Der Beschluß galt offenbar nicht der Gesamtheit der jüdischen Gemeinde Roms, sondern den Proselyten. In der Darstellung des Josephus war der spektakuläre Fall einer prominenten Römerin, die zum Judentum konvertiert war und zwei jüdischen Betrügern große Summen, die für den Jerusalemer Tempel bestimmt waren, übergeben hatte, der Anlaß für das Vorgehen des Senats. Der Historiker Cassius Dio macht jenseits des Einzelfalls das Problem der Massenkonversion verantwortlich, und aus Tacitus' Schilderung der Vorgänge ist zu entnehmen, daß nur eine bedingte Ausweisungsverfügung vorlag. Sie sollte gelten, wenn die Konvertiten und Sympathisanten nicht bis zu einem festgesetzten Termin der jüdischen Gottesverehrung entsagten. Diese Maßnahme des Jahres 19 verhinderte nicht das weitere Wachstum der jüdischen Gemeinde in Rom. In dem kritischen Jahr 41 n. Chr., als Kaiser Claudius mit der schwierigen Regelung der Judenfrage in Palästina und Alexandrien befaßt war, belegte er aus Furcht vor dem Unruhepotential, das in der stadtrömischen jüdischen Gemeinde steckte, diese mit einem Versammlungsverbot. Eine Ausweisung erschien wegen der Masse der Betroffenen schon nicht mehr möglich.

Auch dies war eine vorübergehende Maßnahme, die vermutlich nach Überwindung der Krise des Jahres 41 wieder aufgehoben wurde. Aber die Probleme blieben, wenn sie sich auch in wechselnder Gestalt darboten. Im Jahre 49 versetzte der innerjüdische Streit um die Frage, ob der gekreuzigte Jesus in Kürze als der endzeitliche Messias zurückkehren werde, um das Reich Gottes aufzurichten, die Gemeinde in Rom in Unruhe. Claudius griff ein und wies diejenigen Juden aus, die um des Messias Jesus willen Anlaß der Unruhe geworden waren. Denn daß die Ausgewiesenen nicht die Juden schlechthin, sondern Judenchristen waren, darf nicht nur wegen der Unmöglichkeit, alle

Juden aus Rom auszuweisen, vorausgesetzt werden. Für diese Interpretation spricht auch, daß sie sich zu der auch sonst von den Römern praktizierten Methode fügt, Störungen der öffentlichen Ordnung auf dem Weg des geringsten Widerstandes, durch Beseitigung des jeweiligen Steins des Anstoßes – in diesem Fall also der Judenchristen –, vorzubeugen. Ein weiterer Beweis für die Richtigkeit der oben vertretenen Deutung liefert die Apostelgeschichte. Nach ihr traf der Apostel Paulus im Jahre 50 in Korinth ein judenchristliches Ehepaar, Aquila und Prisca, das von der Ausweisung aus Rom betroffen war.

Die Entscheidung des im Jahre 48/49 n. Chr. in Jerusalem stattfindenden Apostelkonzils, von Heidenchristen der Diaspora, die sich aus dem Umfeld der Synagoge rekrutierten, nicht die Beschneidung als Voraussetzung der Zugehörigkeit zur Gemeinde der Gläubigen zu verlangen, stellte die jüdischen Gemeinden vor eine Zerreißprobe, von der die Apostelgeschichte und die Paulusbriefe vielfaches Zeugnis geben. In Korinth versuchte die jüdische Gemeinde im Jahre 51/52 n. Chr., diesen internen Konflikt vor den römischen Prokonsul Lucius Iunius Gallio Annaeanus zu bringen, aber der lehnte es ab, sich mit einer Frage zu befassen, die das jüdische Religionsgesetz und die heiligen Schriften der Juden betraf. Diese und ähnliche Vorgänge gehören in den Prozeß, in dem sich die christliche Variante des Judentums unter Konflikten aus dem Schoß der Mutterreligion löste. Von der Außenwelt einschließlich der römischen Obrigkeit wurde dieser Prozeß, solange das Christentum noch nicht als eine eigenständige Religion erkennbar war, als ein neuer von den Juden ausgehender Unruheherd wahrgenommen. Soweit dies alles eine innerjüdische Auseinandersetzung war, ging es um die Frage, ob Jesus von Nazareth der verheißene Messias sei, den Gott von den Toten auferweckt habe. Die christliche Heidenmission, die sich auf den im Buch Jesaja überlieferten Befehl Gottes (Jesaja 66,18 – 24) berief und noch vor dem erwarteten Eintritt der Endzeit die Heiden zur Anerkennung des Gottes Israels bewegen wollte, konnte ebenfalls die Heiden gegen die judenchristlichen Missionare aufbringen. In Philippi, der römischen Kolonie in Makedonien, wurde gegen Paulus und seinen Begleiter Silas vorgebracht: «Diese Menschen bringen unsere Stadt in Aufruhr; sie sind Juden und verkünden Ordnungen, die wir weder annehmen noch einhalten dürfen, denn wir sind Römer» (Apostelgeschichte 16,20 – 21). Und in Ephesos waren es die Produzenten und Händler von Devotionalien des Artemiskultes, die einen Aufruhr gegen die judenchristlichen Missionare erregten und diesen die Schuld daran zuwiesen: «Und ihr seht und hört, daß nicht allein in Ephesos, sondern auch fast in der ganzen Provinz Asien dieser Paulus viel Volk abtrünnig macht, überredet und spricht: ‹Was mit Händen gemacht ist, das sind keine Götter.› Aber es droht nicht nur unser Gewerbe in Verruf zu geraten, sondern auch der Tempel der großen Göttin Artemis wird für nichts geachtet werden, und zudem wird ihre göttliche Majestät untergehen, der doch die ganze Provinz Asien und der Weltkreis Verehrung erweist» (Apostelgeschichte 19,26–27).

Dies alles waren kleine Brandherde, von denen noch nicht klar war, daß sich aus ihnen einmal ein Steppenbrand entwickeln würde, dem alle heidnischen Kulte zum Opfer fallen würden. Aber sie paßten in das Bild, das über die Juden in Umlauf gebracht wurde: daß sie weltweit Unruhe stifteten.

Übrigens passen zu diesem Bild auch die Verhältnisse in der größten jüdischen Diaspora außerhalb des Römischen Reiches, in der zum Partherreich gehörenden babylonischen in Mesopotamien. Dort hatten sich in den Anfängen der Herrschaft des Großkönig Artabanos III. (ca. 12–38/39 n. Chr.) unter Führung der beiden Brüder Aninaios und Anilaios bewaffnete jüdische Banden gebildet, die sich zu einem armeeähnlichen jüdischen Selbstschutz entwickelten und die sogar der König als Gegengewicht gegen lokale Machthaber in seinen Dienst zu ziehen suchte. Nach dem Bericht des Josephus dauerte die Kontrolle, die von den beiden Brüdern, im Zweistromland ausgeübt wurde, fünfzehn Jahre. Dann entzweiten sie sich wegen der Ehe, die Anilaios mit einer vornehmen, an ihrem Heidentum demonstrativ festhaltenden Partherin geschlossen hatte. Als die Frau befürchten mußte, den Scheidungsbrief zu erhalten, weil die Juden Anstoß an dieser gesetzwidrigen Ehe nahmen, vergiftete sie den Bruder ihres Mannes. Am Ende von wechselvollen Kämpfen wurde schließlich Anilaios bei einem nächtlichen Überfall mit vielen seiner Leute getötet. Damit waren die Juden des Schutzes beraubt, den sie bisher genossen hatten, und sie suchten in ihrer Bedrängnis Zuflucht in der größten Stadt des Landes, in dem von Seleukos Nikator gegründeten Seleukeia am Tigris, das damals angeblich eine Einwohnerschaft von 600 000 Menschen besaß. Nach weiteren fünf Jahren erhielt der jüdische Bevölkerungsteil weiteren Zuwachs von Glaubensgenossen, die auf der Flucht vor einer auf dem flachen Land wütenden Pestepidemie waren. Aber Sicherheit fanden die Juden letztlich auch in der Großstadt nicht. In Seleukeia lebten Griechen, die Nachkommen der Kolonisten, und die in der Stadt lebenden Babylonier im Streit miteinander, und da die Juden auf die Seite der Babylonier getreten waren, gerieten die Griechen in schwere Bedrängnis. Schließlich befreiten sie sich daraus auf Kosten der Juden, indem sie ihre Streitigkeiten mit den Babyloniern beilegten und diese so auf ihre Seite zogen. Gemeinsam fielen sie über die Juden her, von denen angeblich 50000 dem Pogrom zum Opfer fielen. Die Überlebenden flohen und fanden auch in Ktesiphon, der parthischen Königsresidenz am anderen Ufer des Tigris, keine gesicherte Zuflucht. So wandten sie sich zurück auf das flache Land und nahmen Besitz von zwei gut geschützten Sicherheitsplätzen am Euphrat, von Nehardea, in der Umgebung des vom Euphrat abzweigenden Königskanals, und von dem auf einer Flußinsel gelegenen Nisibis. An diesen beiden Plätzen pflegten die Juden die Tempelsteuer zu deponieren, die sie dann einmal im Jahr unter bewaffnetem Schutz nach Jerusalem transportierten.

So kam es, daß die Juden der beiden größten Diasporagemeinden, Alexandrien und Seleukeia am Tigris, etwa zur gleichen Zeit eine blutige Verfolgung erlitten und dennoch auf ihnen das Verdikt lastete, im Weltmaßstab Unruhestifter zu sein. Die Atmosphäre zwischen der jüdischen und der nichtjüdischen Bevölkerung war in Mesopotamien scheinbar genauso irreparabel vergiftet wie in Alexandrien. Josephus beschreibt in diesem Sinne die nach dem gewaltsamen Ende des Anilaios eingetretene Lage wie folgt:

> *Die Babylonier waren nun von der Furcht vor Anilaios befreit, dem einzigen Menschen, der ihrem Haß gegen die Juden bisher Schranken gesetzt hatte. Fast ununterbrochen hatten sie mit diesen wegen der Verschiedenheit ihrer (religiösen) Lebensordnung in Streit gelebt, und welche Seite sich jeweils überlegen fühlte, griff die andere tätlich an….*
>
> *(Jüdische Altertümer XVIII, 371)*

In Palästina und Ägypten war dies nicht anders. Claudius' Befriedungsversuch war angesichts dieser Umstände mehr oder weniger zum Scheitern verurteilt. Kurzfristig konnte er zwar im Unterschied zu dem Partherkönig, dessen Reich mit seiner locker gefügten feudalen Struktur nicht die Möglichkeit eines effektiven Durchgreifens bot, für Ruhe und Ordnung sorgen, aber er konnte die Quellen des Hasses nicht beseitigen. Noch unter seiner Herrschaft mehrten sich in Palästina nach dem Tod des Königs Herodes Agrippa die Zeichen, die den Weg in die Katastrophe markierten.

Der Weg in die Katastrophe und das Ende des jüdischen Tempelstaates

Der Weg in die Katastrophe wurde durch ein unvorhersehbares Ereignis freigemacht: durch den frühen Tod Herodes Agrippas I. im Jahre 44 n. Chr. Sein Sohn Marcus Iulius Agrippa, damals erst sechzehn Jahre alt, kam wegen seiner Jugend für die Nachfolge in dem schwierigen Land nicht in Frage, obwohl Claudius ihm das Reich seines Vaters gerne übergeben hätte. Nach dem Tod seines Onkels, des Königs Herodes von Chalkis, erhielt Agrippa im Jahre 50 dessen Reich mit dem Recht, die Hohenpriester in Jerusalem einzusetzen, und im Jahre 53 wurde ihm anstelle von Chalkis die ehemalige Tetrarchie des Philippos (die Landschaften Batanaia, Trachonitis und Galaunitis) sowie die des Lysanias von Abila übertragen. Nach Claudius' Tod vergrößerte Nero sein Reich um Gebiete in Galiläa (nämlich die Städte Tiberias und Tarichea am See Genezareth) sowie um die Stadt Iulias mit vierzehn umliegenden Dörfern in der Peraia, und später nach dem Ende des jüdischen Tempelstaats erweiterte Kaiser Vespasian Agrippas kleines Reich noch um zusätzliche Gebiete im Norden. Aber das eigentlich jüdische Kernland ist ihm nie unterstellt worden, obwohl er, wie noch zu erwähnen sein wird, eine nicht unbedeutende Rolle in der Geschichte Judäas und Jerusalems spielte. An dieser Stelle sei nur soviel gesagt, daß er loyal für jüdische Interessen eintrat, so im Jahre 53 auch für die jüdische Gemeinde in Alexandrien. Das trug ihm die Klage des Isidoros ein, des Mannes also, der im Jahre 38 die Verhöhnung seines Vaters und den Pogrom in Alexandrien inszeniert hatte. Doch Isidoros drang bei Claudius nicht durch, vielmehr wurde er, da er bereits andere Freunde des Claudius in den Zeiten Caligulas zu Fall gebracht hatte, wegen böswilliger Anklageerhebung verurteilt und hingerichtet.

Als in der Amtszeit des Prokurators Albinus (62–64 n. Chr.) der Tempel vollendet und die Bauarbeiten eingestellt worden waren, ließ Agrippa, um eine Massenarbeitslosigkeit in Jerusalem zu verhindern, die Straßen der Stadt auf eigene Kosten mit weißem Marmor pflastern. Im übrigen folgte er seinem Vater auch darin, daß er als Förderer der hellenistischen Städte in Erscheinung trat, so vor allem in Berytos/Beirut, wo er unter anderem einen Theaterbau und kostspielige Aufführungen finanzierte sowie das Volk mit Öl und Getreide beschenkte. An der jüdischen Religion hielt er fest, doch scheint er ihr distanzierter gegenübergestanden zu haben als sein Vater. Wie die Apostelgeschichte berichtet, wußte der Prokurator Festus im Jahre 60 nicht, was er mit dem unter seinem Vorgänger in Schutzhaft genommenen Apostel Paulus anfangen sollte, und überließ es dem jüdischen König, herauszufinden, was es mit diesem mysteriösen Jesus Christus eigentlich auf sich habe. Paulus hielt eine fulminante Bekehrungsrede. Der König indessen, gleich weit entfernt von Empörung und Begeisterung, ließ es bei distanziertem Interesse bewenden und gab, von Paulus persönlich angeredet, die ironische Antwort: «Es fehlt nicht viel, und du wirst mich noch überreden und einen Christen aus mir machen» (Apostelgeschichte 26,28). Von König Agrippa II. wird im Folgenden noch mehrfach die Rede sein.

Doch zurück zum Jahre 44 n.Chr. Das Regiment der römischen Unterstatthalter in dem erweiterten Provinzialbezirk Judäa – sie trugen nun den Titel eines Prokurators – begann von neuem, und gleich unter dem ersten, Cuspius Fadus (44 – 46 n.Chr.), begannen auch von neuem die alten Schwierigkeiten. Der erste Konfliktfall betraf wieder die heiligen Festgewänder des Hohenpriesters. Als Fadus sie unter Verschluß nehmen wollte, appellierten die Führer des jüdischen Tempelstaates an den Kaiser. Angeblich war es die Fürsprache des jungen Agrippa, die Claudius veranlaßte, zu der älteren Regelung zurückzukehren: Dieses Mal erhielt der Bruder des verstorbenen Königs, Herodes von Chalkis, die Aufsicht über das hohepriesterliche Gewand und das Finanzwesen des Tempels sowie das Recht, die Hohenpriester zu ernennen.

Während dieser Konflikt durch die kaiserliche Entscheidung bereinigt wurde, geriet das Land durch das Wiederaufleben der zelotischen Untergrundbewegung und durch das Auftreten eines falschen Propheten mit Namen Theudas in Aufruhr. Bei diesem Theudas handelt es sich um einen der messianischen Königsprätendenten. Er rief das Volk auf, ihm an den Jordan zu folgen, und verkündete, daß er als Zeichen seiner göttlichen Sendung das Wunder bewirken werde, daß der Fluß sich auf sein Wort hin teilen werde und das Volk ihn trockenen Fußes durchqueren könne. Dieses Wunder sollte wohl den Auftakt zur Befreiung vom Joch der Heiden werden. Doch Cuspius Fadus schritt ein. Eine Reitereinheit zersprengte die ungeordnete Menschenmasse. Viele von ihnen wurden getötet, andere gefangengenommen, und unter den Gefangenen war Theudas, der falsche Moses. Er wurde enthauptet und sein Kopf zur Abschreckung in Jerusalem zur Schau gestellt. Fadus' Nachfolger, Tiberius Alexander, der Renegat aus der Familie des jüdischen Religionsphilosophen Philon von Alexandrien, hatte während seiner Amtszeit (46 – 48 n.Chr.) gegen die wiederaufflackernde Partisanenbewegung der Zeloten zu kämpfen. Dabei gelang es ihm, die Söhne des Judas von Gamala, des Gründers der Bewegung, Jakob und Simon, in seine Gewalt zu bekommen. Er ließ beide kreuzigen.

Unter dem nächsten Prokurator, Ventidius Cumanus (48 – 52 n. Chr.) ereigneten sich zwei Vorfälle, die ein scharfes Licht auf das feindselige Verhalten der römischen Besatzungstruppen und ihre Verachtung gegenüber allem werfen, was den Juden heilig war. Als Cumanus am Passahfest, um Unruhen vorzubeugen, die aus diesem Anlaß immer zu befürchten waren, die Säulenhallen um den Tempelvorplatz mit einer bewaffneten Kohorte besetzen ließ, zeigte einer der Soldaten den versammelten Juden zum Hohn seine entblößten Geschlechtsteile. Auf diese Provokation reagierte die Menge mit Steinwürfen. Cumanus versuchte vergeblich, sie zu beschwichtigen, und schließlich beorderte er seine ganze Streitmacht in voller Bewaffnung zur Burg Antonia oberhalb des Tempels. In der ausbrechenden Panik kamen viele Menschen ums Leben, nach Josephus waren es 20 000. Auch wenn diese Zahl mit Sicherheit weit übertrieben ist, so war es doch das traurigste Passahfest, das Jerusalem bisher erlebt hatte. Bei einer anderen Gelegenheit, einer Strafaktion gegen Dörfer, in deren Umkreis Zeloten einen kaiserlichen Sklaven auf der Straße nach Bet-Horon in ihre Gewalt gebracht hatten, zerriß einer der Soldaten unter Schmähungen gegen die Juden in aller Öffentlichkeit eine erbeutete Thorarolle. Dieses schwere Sakrileg erregte ungeheure Empörung. Die Juden erschienen in Massen in Caesarea und forderten die Bestrafung des Schuldigen. Cumanus ließ den Soldaten enthaupten. Schon anläßlich des Vorfalls während des Passahfestes in Jerusalem war er empört über die Provokation gewesen, mit der einer seiner Soldaten die Lunte an das Pulverfaß gesetzt hatte. Aber die römischen Befehlshaber hatten ihre Leute keineswegs so in der Hand, daß sie in jedem Fall verhindern konnten, daß diese ihrem Haß und ihrer Verachtung jüdischer Bräuche freien Lauf ließen.

Im übrigen war Cumanus kein Unschuldsengel. Tacitus stellt ihm ein denkbar schlechtes Zeugnis aus, und dieses negative Urteil beruht auf dem Ergebnis einer Untersuchung, die ein aus Geldgier begangenes Amtsvergehen betraf. Der Anlaß war folgender: Samaritaner hatten jüdische Pilger, die von Galiläa durch samaritanisches Gebiet nach Jerusalem unterwegs waren, ermordet. Cumanus wurde ersucht, das Verbrechen zu ahnden, aber er ließ sich von den Samaritanern bestechen und tat nichts. Daraufhin griff die jüdische Seite unter den zelotischen Führern Eleazar und Alexander zur Selbsthilfe und verwüstete mehrere samaritanische Dörfer. Nun war der Statthalter gezwungen, mit Waffengewalt gegen die Juden vorzugehen. In Jerusalem war die Atmosphäre bereits so angespannt, daß die jüdische Obrigkeit die erregten Massen nur mit Mühe davon abhalten konnte, zu den Waffen zu greifen und so eine Katastrophe auszulösen. Josephus schreibt:

Als nun die Angesehenen und Vornehmen in Jerusalem den Ernst der Lage merkten, legten sie Säcke an, bestreuten ihr Haupt mit Asche und beschworen die aufgebrachte Menge auf das dringendste, indem sie ihr die drohende Zerstörung ihrer Vaterstadt, die Einäscherung des Tempels und ihrer Frauen und Kinder Versklavung vor Augen stellten, die Waffen beiseite zu legen und ruhig nach Hause zu gehen.

(Jüdische Altertümer XX, 123)

Diesmal setzte sich die Führung in Jerusalem durch, aber das Land kam, wie Josephus sagt, nicht mehr zur Ruhe: «Von dieser Zeit an war Judäa voll von bewaffneten Banden» (XX, 124).

Da weder Juden noch Samaritaner ihr Recht bei Cumanus fanden, wandten sich beide Seiten an den ihm übergeordneten Statthalter von Syrien, Gaius Ummidius Quadratus, als dieser sich im benachbarten Tyros aufhielt. Ummidius Quadratus beraumte eine Untersuchung in Samaria an und erklärte am Ende die Samaritaner für die Urheber der Unruhen. Die von Cumanus gefangengenommenen Zeloten ließ er ans Kreuz schlagen und einige weitere Juden hinrichten, die zum Abfall von Rom aufgerufen hatten. Den Hohenpriester Ananias und den Befehlshaber der Tempelpolizei Ananus schickte er gefesselt nach Rom, damit sie sich dort vor dem Kaiser verantworteten. Cumanus aber wurde seines Amtes enthoben und mußte zusammen mit einem seiner Militärtribunen ebenfalls nach Rom zum Verhör durch den Kaiser. In Rom suchten beide Parteien, die Juden und die Samaritaner, einflußreiche Fürsprecher zu gewinnen. Für die jüdische Seite setzte sich mit Erfolg der junge König Agrippa ein, und der Kaiser erkannte darauf, daß die Samaritaner durch die Ermordung der galiläischen Pilger Schuld an den daraufhin ausgebrochenen Unruhen hatten. Er bestrafte ihre in Rom anwesenden Vertreter mit dem Tod. Cumanus mußte ins Exil, und den Militärtribun ließ der Kaiser, um den Juden Genugtuung zu geben, in Jerusalem öffentlich hinrichten.

Der von Ummidius Quadratus mit nach Jerusalem geschickte neue Hohepriester Jonathan glaubte, der jüdischen Sache am besten zu dienen, wenn er für den Posten des Prokurators einen der einflußreichen Freigelassenen am Hofe des Claudius vorschlug. Die Wahl fiel auf Antonius Felix, den Bruder des Pallas, der das Schlüsselamt eines Finanzsekretärs innehatte und dabei selbst zu märchenhaftem Reichtum gekommen war. Die Übertragung einer ritterlichen Statthalterschaft mit militärischen Kommando hatte es noch nie gegeben, aber Claudius scheute den Präzedenzfall nicht. Die Ernennung erfolgte im Jahre 52 n. Chr. Obwohl sich herausstellte, daß Felix eine eklatante Fehl-besetzung war, konnte er sich, nicht zuletzt wegen des Einflusses seines Bru-ders, der die Herrschaft des Claudius überdauerte, bis zum Jahre 60 halten. Tacitus stellt Felix ein vernichtendes Zeugnis aus: «Mit jeder Art von Grau-samkeit und Willkür übte er das Herrschaftsrecht eines Königs in der Gesin-nung eines Sklaven» (Historien V,9,3). Kurz nachdem er sein Amt angetreten hatte, brachte er es fertig, Drusilla, die Schwester König Agrippas II., zu heira-ten, obwohl diese bereits die Ehefrau des Herrschers von Emesa war. Durch Ehe- und Verwandtschaftsbeziehungen gedeckt glaubte er sich allmächtig und meinte, wie Tacitus an anderer Stelle sagt (Annalen XII, 54,1), «daß er gestützt auf solche Macht sich ungestraft alles erlauben dürfe.» Es versteht sich von selbst, daß von einem solchen Mann nicht die Sensibilität erwartet werden konnte, die sein schwieriges Amt erforderte.

Felix setzte bei der Bekämpfung der Zeloten, die im offiziellen Sprachge-brauch der Behörden Räuber hießen, allein auf Gewalt. Tatsächlich brachte er Eleazar, einen ihrer Führer, in seine Gewalt und schickte ihn mit vielen ande-ren führenden Zeloten zur Aburteilung nach Rom. Mit allen übrigen, die bei seinen Säuberungsaktionen in seine Hand fielen, machte er kurzen Prozeß. «Unermeßlich aber war», sagt Josephus, «die Zahl der Räuber, die er kreuzi-gen, und der Leute, die er als ihre Verbündeten aufspüren und bestrafen ließ» (Jüdischer Krieg II, 253). Damit aber bewirkte er nur eine gefährliche Meta-morphose des im Gang befindlichen Partisanenkrieges. Während er das flache Land auf seine Weise befriedete, tauchten die zu allem entschlossenen Atten-täter, die ihm entkommen konnten, in Jerusalem unter und liquidierten mit dem Dolch im Gewande alle, die in ihren Augen Kollaborateure der Römer waren. Das traf vor allem Angehörige der jüdischen Oberschicht und verbrei-tete eine Atmosphäre von Angst und Schrecken, von der Josephus eine ein-drucksvolle Beschreibung gegeben hat:

Kaum war das Land gesäubert, da wuchs in Jerusalem eine neue Gattung von Räubern heran, die sogenannten Sikarier [das heißt Dolchmänner]. Am hellichten Tage und mitten in der Stadt mordeten sie Menschen, besonders an den Festen mischten sie sich unter die Menge und stachen mit kleinen Dolchen, die sie unter ihren Kleidern verborgen hielten, ihre Gegner nieder. Brachen diese dann zusammen, so verwandelten sich ihre Mörder in einen Teil der aufgebrachten Menge... Ihr erstes Opfer war der Hohepriester Jona-than, nach ihm wurden täglich viele umgebracht; aber noch schlimmer als die Mordfälle selbst war die Furcht davor, denn jeder erwartete, wie im Krieg, stündlich seinen Tod….

(Jüdischer Krieg II, 254–256)

In dieses unheimliche Geschehen war der römische Statthalter selbst als Anstifter verwickelt. Der Hohepriester Jonathan, ein Mann der Mitte, der in der gegebenen Lage zwischen allen Stühlen saß, war Felix durch seine Mahnungen lästig geworden, und so war er es, berichtet Josephus, der seine Hand bei der Beseitigung des lästigen Mahners im Spiel hatte und die Mörder aus dem Kreis der Sikarier dingen ließ.

Hinzu kamen die religiösen Fundamentalisten – Josephus nennt sie Schwarmgeister und Betrüger –, die das Volk durch begeisternde Reden in die Erwartung der Endzeit versetzten und einen Massenauszug in die Wüste, den Ort der göttlichen Offenbarungen, anführten, um von hier aus den letzten Kampf gegen die Mächte der Finsternis, sprich die Römer, zu beginnen – oder in Josephus' Worten: «Schließlich führten sie das Volk in die Wüste hinaus, dort wolle ihn Gott Wunderzeichen zeigen, die die Freiheit [nämlich vom Joch der Römer] ankündigen. Auf Felix machte dies den Eindruck, als handele es sich um den ersten Schritt zum Aufruhr, er sandte deshalb Reiter und Schwerbewaffnete aus und ließ eine große Menschenmenge töten» (Jüdischer Krieg II, 259–260). Das größte Aufsehen unter den falschen Propheten erregte «der Ägypter». Dieser ägyptische Jude zog mit einer großen Gefolgschaft, angeblich 30 000 Mann, zum Ölberg, um den Römern in einem endzeitlichen Gotteskrieg die Heilige Stadt zu entreißen. Doch Felix kam ihnen zuvor und brachte den Glaubenskriegern mit Unterstützung des jüdischen Volksaufgebots eine vernichtende Niederlage bei. Aber «der Ägypter» entkam mit wenigen Begleitern und wirkte weiter im Untergrund.

Felix hatte einen Pyrrhossieg errungen. Die Zeloten und die Wundertäter, die sozial Deklassierten und die religiös Inspirierten taten sich zusammen, um den endzeitlichen Befreiungskampf vorzubereiten, und sie führten zunächst einen Ausrottungskrieg gegen die jüdische Oberschicht, gegen die man vieles vorbringen konnte, aber die sich so viel Realitätssinn bewahrt hatte, daß sie einen Befreiungskampf gegen die Römer für Wahnsinn hielt. «Diejenigen, die der römischen Herrschaft weiterhin gehorchen wollten», schreibt Josephus, «bedrohten sie mit dem Tode und behaupteten, man müsse die, die freiwillig die Knechtschaft vorzögen, mit Gewalt befreien. Sie verteilten sich in einzelnen Banden über das Land, raubten die Häuser der Vornehmen aus, töteten diese selbst und brannten die Dörfer nieder, so daß von ihrem Wahnsinn ganz Judäa erfüllt war, und dieser Krieg entbrannte an jedem Tag von neuem» (Jüdischer Krieg II, 265). Dies ist die Beschreibung eines klassischen Partisanenkrieges. Die Insurgenten beherrschten faktisch das flache Land, von dem sie sich ernährten und aus dem sie ihre Kraft zogen, die Besatzungsmacht hielt die Städte, allen voran Caesarea, Samaria und Jerusalem. Sie war auch in der Lage, den Partisanen einzelne Schläge zu versetzen. Aber sie konnte ihrer mit den begrenzten im Lande stehenden Kräften nicht mehr Herr werden.

Schließlich griffen die Unruhen auf die Hauptstadt des Provinzialbezirks, auf Caesarea, über. Der Grund war die Streitfrage, ob die von Herodes gegründete Stadt eine jüdische oder eine hellenische war und dementsprechend das Bürgerrecht entweder den Juden oder den hellenisierten nichtjüdischen Einwohnern vorbehalten sei. Die Juden, offenbar das stärkere und auch wohlhabendere Bevölkerungselement, machten geltend, daß die Stadt von einem Juden gegründet worden sei. Dem hielten die «Hellenen» entgegen, daß Herodes, wenn er die Stadt für die Juden bestimmt hätte, keine Tempel oder Bildsäulen darin errichtet hätte und somit die Stadt ihnen gehöre. Die hellenische Seite war zwar den Juden zahlenmäßig unterlegen, aber auf ihrer Seite standen mit ihren Sympathien die vornehmlich in Caesarea und Samaria ausgehobenen Soldaten der römischen Garnison. Als die Juden bei den ausbrechenden Unruhen im Straßenkampf die Oberhand behalten hatten, ließ Felix das Militär eingreifen. Eine große Anzahl von Juden wurde getötet, und ihre Häuser fielen der Plünderung durch die Soldaten anheim. Aber damit war das Problem nicht gelöst, das die Unruhen hervorgerufen hatte. Als eine seiner letzten Amtshandlungen veranlaßte Felix, daß Gesandtschaften beider Parteien ihren Streit über die Bürgerrechtsfrage Kaiser Nero zur Entscheidung vorlegten.

Zu allem Überfluß entstand, ebenfalls noch zur Zeit des Statthalters Felix innerhalb der priesterlichen Aristokratie in Jerusalem ein Streit über die priesterlichen Zehnten, die für den Unterhalt des Kultpersonals bestimmt waren. Der von Agrippa II. eingesetzte Hohepriester Ismaël und seine Vorgänger beanspruchten diese Einnahmen für sich. Die Priesterschaft wollte es aber verständlicherweise nicht hinnehmen, daß sie ihrer Existenzgrundlage beraubt wurde. Der Streit eskalierte, und beide Seiten griffen zur Gewalt. Die ohnehin durch die Partisanenbewegung der Sikarier gefährdete Führungsschicht des jüdischen Tempelstaates drohte sich selbst aufzureiben. Im Jahre 60 n. Chr. wurde Felix endlich seines Amtes enthoben, und sofort erhob die bereits in

Rom weilende jüdische Gesandtschaft aus Caesarea Anklage gegen den abberufenen Statthalter. Aber der noch immer einflußreiche Pallas wußte seinen Bruder zu schützen. Auch in der Bürgerrechtsfrage erlitt die jüdische Seite eine Niederlage. Ihre Gegner erreichten durch Bestechung des kaiserlichen Sekretärs für die griechische Korrespondenz, daß Nero zugunsten der «Hellenen» entschied und der jüdischen Mehrheit der Stadt das Bürgerrecht nahm.

Felix' Nachfolger, Porcius Festus, starb bereits nach zwei Jahren im Amt. Auch seine energischen Versuche, das Land zu befrieden, waren zum Scheitern verurteilt. Einzelne Erfolge, die er verbuchen konnte, änderten daran nichts. Einem der selbsternannten Endzeitpropheten, der eine große Menschenmenge mit dem Versprechen der Erlösung von allem Bösen um sich geschart hatte, wenn sie ihm in die Wüste folgten, ließ er von seinen Soldaten das Handwerk legen. Dabei kamen der Prophet und viele seiner Gefolgschaft ums Leben. Derartige Siege waren leicht zu erringen, aber die im Untergrund operierenden Partisanen waren davon nicht betroffen.

Nach Festus' Tod nahm der Hohepriester Ananus, der Sohn des aus der Passionsgeschichte Jesu bekannten älteren Ananus (oder Annas), das Interregnum bis zum Erscheinen des Nachfolgers zum Anlaß, sich seiner Gegner in tumultuarischen Verfahren zu entledigen. Auch Jakob, der Bruder Jesu, soll zu denen gehört haben, die der vom Hohenpriester angeordneten Steinigung zum Opfer fielen. Agrippa hielt es deshalb für geraten, Ananus sofort durch einen anderen Hohenpriester zu ersetzen; denn Ananus hatte offenbar in die Prärogative der Besatzungsmacht eingegriffen. Festus' Nachfolger wurde im Sommer 62 n. Chr. Albinus. Was seine Amtsführung anbelangt, so war sein ganzes Streben darauf gerichtet, mit außerordentlichen Maßnahmen und aparten Methoden einen Ersatz für die unter den obwaltenden Umständen ausbleibenden Steuereinnahmen zu finden. Albinus behalf sich mit Requirierungen, gab gegen Lösegeld eingekerkerte Partisanen frei und ließ sich von dem früheren Hohenpriester Ananias, einem zu außerordentlichen Reichtum gelangten Manne, auf Kosten der den Priestern zustehenden Zehnten großzügig beschenken. Dieses Zusammenspiel bewirkte, daß die Sikarier eine neue Methode entwickelten, ihre in Gefangenschaft geratenen Leute freizupressen. Sie nahmen Geiseln aus der Familie oder aus der Umgebung des ehemaligen, aber nach wie vor mächtigen Hohenpriesters Ananias, und auf dessen Verwendung hin ließ Albinus dann die geforderte Zahl von Gefangenen frei. So ergab sich ein merkwürdiges Dreiecksverhältnis zwischen dem Repräsentanten des Kaisers, dem einflußreichsten Vertreter der hohenpriesterlichen Klasse und ihren geschworenen Feinden, den in Banden organisierten Freiheitskämpfern. Klare Fronten gab es nicht mehr, und die Bekämpfung der Aufrührer wurde durch ein Zusammenspiel konterkariert, das der römischen Seite die Einnahmen sichern sollte, an die sie im regulären Steuereinziehungsverfahren nicht mehr kam. Und was die hohenpriesterliche Seite anbelangt, so untergruben ihre Repräsentanten aus Geldgier die legitimen Grundlagen ihrer Macht, indem sie die Priester ihrer gesetzlichen Einnahmen beraubten und sich um den Besitz des höchsten Amtes Straßenkämpfe in Jerusalem lieferten. Als König Agrippa die Hohenpriesterwürde von Jesus, dem Sohn des Damnaios, auf Jesus, den Sohn des Gamaliel, übertrug, weigerte sich jener, diesem das Amt zu überlassen. In diesem Machtkampf spielte wiederum der ehemalige Hohepriester Ananias eine besonders verhängnisvolle Rolle. Aufgrund seines Reichtums verfügte er über die schlagkräftigste Anhängerschaft. Überhaupt war ein repräsentativer Teil der jüdischen Aristokratie, der geistlichen ebenso wie der weltlichen, im Begriff, durch völlige Skrupellosigkeit ihre traditionelle Autorität beim Volk zu verspielen. Zwei Angehörige des Königshauses, Kostobar und Saulus, waren sich nicht zu schade, als Bandenführer ihre Landsleute auszuplündern.

Als Albinus im Jahre 64 abberufen wurde, tat er ein übriges, um seinem Nachfolger das Leben schwer zu machen und selbst noch einmal an Geld zu kommen. Er leerte als letzte Amtshandlung die überfüllten Gefängnisse. Die Schwerverbrecher wurden hingerichtet, die übrigen Gefängnisinsassen gegen Zahlung eines Geldbetrags freigelassen. Die Wirkung dieser Maßnahme faßt Josephus in dem lakonischen Satz zusammen: «So leerten sich die Gefängnisse von Übeltätern, das Land aber füllte sich mit Banditen» (Jüdische Altertümer XX, 215). Nach seinem Urteil trieben die Dinge unaufhaltsam einer Katastrophe zu. Der Besatzungsmacht war die Kontrolle über das Land entglitten, die jüdische Oberschicht war in sich zerstritten und hatte ihre Autorität durch Kollaboration mit der Besatzungsmacht und Beteiligung an der Ausbeutung des Volkes verspielt; beide waren mit einem bewaffneten Widerstand aus dem Untergrund konfrontiert, der sich aus wirtschaftlicher Not, Protest gegen Gewalt und Unterdrückung speiste, aber seine Unbedingtheit und Siegesgewißheit aus der Überzeugung gewann, die Sache Gottes zu verfechten. Es bedurfte nur noch eines zündenden Funkens, und der offene Freiheitskampf gegen die Römer und die Revolution gegen die jüdische Elite brachen sich mit elementarer Gewalt Bahn.

Der Albinus ablösende Prokurator Gessius Florus hatte seine Ernennung den guten Beziehungen seiner Frau zur Kaiserin Poppaea zu verdanken. Er war, obwohl Josephus ein vollständig vernichtendes Urteil über ihn spricht, vermutlich nicht schlechter, aber auch nicht besser als die meisten seiner Vorgänger. Vor allem war auch er darauf bedacht, aus dem Chaos, das in seinem Amtsbezirk herrschte, wenigstens die Einkünfte des Kaisers zu retten – und dabei selbst nicht zu kurz zu kommen. Deshalb setzte er die mafiose Politik seines Vorgängers in größerem Stil fort. Er requirierte, indem er sich ganze Städte vornahm, und er machte seine Geschäfte mit dem Widerstand im Untergrund, indem er Geld nahm und gefangene Sikarier freiließ. Bezeichnenderweise löste nicht diese Praxis den großen Aufstand aus, sondern erst die Verletzung der religiösen Gefühle des Volkes. Die beiden Brandherde waren Caesarea und Jerusalem, und ihre verheerende Wirkung stand, wie Josephus im ersten Fall ausdrücklich hervorhebt (Jüdischer Krieg II, 285), in keinem Verhältnis zur Größe des daraus hervorgehenden Unheils.

In Caesarea war die nichtjüdische Minderheit aufgrund der Entscheidung Neros Herr der Stadt geworden, und sie scheute sich nicht, zur Niederlage der Juden in der Bürgerrechtsfrage die religiöse Provokation hinzuzufügen. Die Juden hatten sich seit längerem um den Erwerb eines Grundstücks bemüht, das ihrer Synagoge benachbart war, aber der Besitzer, einer der «Hellenen», weigerte sich zu verkaufen, sondern begann das Grundstück mit Werkstätten so zu bebauen, daß den Juden nur ein enger, unbequemer Zugang zu ihrer Synagoge blieb. Alle Bemühungen, den Bau zu verhindern, nutzten nichts, auch die Bestechung des Florus nicht, für die wohlhabende Juden, allen voran der Zollpächter Johannes, die große Summe von acht Talenten, das sind 48 000 Drachmen, aufgebracht hatten. Florus nahm das Geld und ging nach Sebaste/Samaria, ohne etwas zu tun oder zu veranlassen. Am Tag nach seiner Abreise, einem Sabbat, provozierte einer der Bürger der Stadt die in die Synagoge strömenden Juden, indem er auf dem verbleibenden Vorplatz demonstrativ Vogelopfer darbrachte. Daraus entstand ein Tumult und ein Straßenkampf, dem auch der Kommandeur der in Caesarea verbliebenen römischen Garnison kein Ende setzen konnte. Die jüdischen Bewohner der Stadt flohen, und eine Gesandtschaft suchte Florus auf, erinnerte vorsichtig an die acht Talente und führte Klage über das, was geschehen war. Florus nahm die Gelegenheit wahr, sich der lästigen Mahner zu entledigen, und setzte sie gefangen. Den Vorwand lieferte der Umstand, daß die flüchtenden Juden ohne Erlaubnis die Thorarolle, das Allerheiligste also, aus der Synagoge mitgenommen hatten.

Diese Vorgänge erregten in Jerusalem große Empörung, und als Gessius Florus zu allem Überfluß noch siebzehn Talente aus dem Tempelschatz, angeblich zugunsten des kaiserlichen Fiskus, entnehmen ließ, war das Maß voll. Es kam zu Demonstrationen und zur öffentlichen Verspottung des Statthalters. Zum Schein wurde eine Sammlung für den immer geldbedürftigen Florus veranstaltet. Die Folgen waren voraussehbar. Der Statthalter brach nach Jerusalem auf, um den ihm angetanen Schimpf zu rächen. Das römische Militär wurde eingesetzt, und zahlreiche Juden erlitten das gleiche Schicksal wie Jesus von Nazareth: Sie wurden ausgepeitscht und gekreuzigt, selbst Juden mit römischem Bürgerrecht, die dem Ritterstand angehörten, wurden nicht verschont. Auch Berenike, die Schwester Agrippas II., die sich damals wegen der Erfüllung eines Gelübdes in der Heiligen Stadt aufhielt, geriet bei den Plünderungen und Ausschreitungen der Soldaten in Lebensgefahr. Diese Ereignisse fanden am 16. Artemision, das ist im Mai, des Jahres 66 n. Chr. statt.

Die jüdischen Autoritäten, Hohenpriester, Priester und Leviten, gaben sich die größte Mühe, das Volk zu beruhigen, doch Florus bestand auf einer Demütigung der Juden. Er verlangte, daß die Bevölkerung zwei Kohorten, die er zusätzlich nach Jerusalem beordert hatte, einen feierlichen Empfang bereitete. So geschah es auch, aber als das Volk seinen Unwillen darüber äußerte, daß die Truppen die ehrenvolle Begrüßung unbeantwortet gelassen hatten, griffen diese, angeblich von dem Statthalter entsprechend instruiert, sofort zu den Waffen. In der folgenden Straßenschlacht gerieten die Römer in arge Bedrängnis und mußten sich in ihr Lager am Königspalast des Herodes zurückziehen. Die Volksmenge besetzte den Tempelberg und zerstörte die Säulenhallen, die den Zugang von der Burg Antonia zum Tempel ermöglichten. Gessius Florus machte unter Zurücklassung einer Kohorte die jüdische Obrigkeit für die Wiederherstellung von Ruhe und Ordnung verantwortlich und zog sich nach Caesarea zurück. Unterdessen eilte König Agrippa auf die Kunde von der dramatischen Zuspitzung der Lage von Alexandrien nach Jerusalem und versuchte, die erregte Volksmasse zur Besinnung zu bringen, indem er ihr in einer eindringlichen Rede die ungeheure Militärmacht Roms vor Augen stellte. Sein Appell, die zerstörten Säulenhallen an der Burg Antonia wiederaufzubauen und dem Kaiser den rückständigen Tribut zu zahlen, fand Gehör. Aber sein Aufruf, auch zum Gehorsam gegenüber Florus zurückzukehren, traf auf geschlossene Ablehnung. Dann überstürzten sich die Ereignisse. Eine Gruppe von Sikariern besetzte unter Führung des Eleazar Ben Yair, einem Nachkommen des Judas von Gamala, die Festung Masada und machte die kleine dort stationierte römische Besatzung nieder, und in Jerusalem bewirkte der Tempel-hauptmann Eleazar, der Sohn des romhörigen ehemaligen Hohenpriesters Ananias, den Beschluß, das tägliche Opfer für den Kaiser einzustellen und nicht mehr wie bisher Opfergaben von Heiden anzunehmen. Angehörige der priesterlichen Aristokratie und führende Pharisäer bemühten sich verzweifelt, das Volk dazu zu bewegen, den gefährlichen Schritt zurückzunehmen, der die Aufkündigung der Untertänigkeit und das Zeichen des Abfalls von Rom bedeutete. Es war umsonst. Die regierende Klasse hatte ihre Autorität verspielt, und sie war sich, wie die Initiative des Eleazar zeigt, in der Schicksalsfrage, in der es um ihre und des Volkes Existenz ging, auch nicht mehr einig.

Die Mehrheit der regierenden Klasse, die hohepriesterliche Aristokratie, die führenden Pharisäer und die Herodeer, spielten ihre letzte Karte aus, um den Aufstand gegen Rom zu verhindern. Sie riefen König Agrippa zu Hilfe, und dessen 3000 Reiter sicherten ihr zunächst den Besitz der sogenannten Oberstadt, während die Aufständischen den Tempelbezirk und die Unterstadt behaupteten. Die Aufständischen erhielten Zuzug von Sikariern aus dem Umland. So gewannen sie die Überlegenheit, und sie bemächtigten sich in den folgenden Straßenkämpfen auch der Oberstadt. Die Paläste des Hohen-priesters und des Königs Agrippa gingen in Flammen auf, und als das Archiv-gebäude in ihre Hände gefallen war, steckten sie, bezeichnend für die sozial-revolutionäre Seite der Rebellion, die dort aufbewahrten Schuldregister in Brand. Wenig später, etwa im Juli, nahmen die Aufständischen auch die Burg Antonia ein und begannen mit der Belagerung des von Herodes dem Großen erbauten Königspalastes, in dem sich die römischen und die Truppen Agrip-pas verschanzt hatten. Agrippas Soldaten kapitulierten gegen die Gewährung des freien Abzugs, während die römische Kohorte zu den drei befestigten Forts des Palastes, den Turmanlagen Hippikos, Phasael und Mariamme ent-kam. Einen Tag später wurde der ehemalige Hohepriester Ananias aus seinem Versteck gezogen und ermordet. Die römischen Truppen ergaben sich schließ-lich ebenfalls gegen das Versprechen des freien Abzugs, aber die Aufständi-schen hielten ihre Zusage nicht ein und ermordeten die römischen Soldaten bis auf den letzten Mann. Damit hatten sie alle Brücken hinter sich abge-brochen.

Der Mord war das Signal zu furchtbaren Ausschreitungen, die sich bis nach Alexandrien im Süden und nach Antiochien am Orontes im Norden aus-dehnten. Wo die Juden in der Mehrheit waren, fielen sie über die Nichtjuden her, und wo diese die Mehrheit bildeten, töteten sie alle Juden, derer sie hab-

Halbschekel aus dem Jahre 1 des Jüdischen Aufstandes (66/67 n. Chr.)

Vs.: Kelch, darüber der Buchstabe Aleph = (Jahr) 1. Die Umschrift gibt den Wert der Münze an «Halbschekel»

Rs.: Stengel mit drei Granatäpfeln. Die Umschrift «YWRSLM QDŠH» bedeutet: Jerusalem ist heilig (Meshorer II, 259 Nr. 6 mit Pl. 17) Die Abbildungen haben symbolische, den Kult betreffende Bedeutung: Vgl. dazu Meshorer II, 106-109.

haft werden konnten. Im September/Oktober erschien nach langer Vorberei-tung der Statthalter von Syrien Gaius Cestius Gallus an der Spitze einer Legion, einem Detachement einer weiteren Legion in Stärke von 2000 Mann, sechs Kohorten und zwei Reiterverbänden, Hilfstruppen sowie Kontingenten der Klientelkönige, auch eines von Agrippa, vor Jerusalem. Er besetzte Beze-tha, die nördliche, nicht in den Mauerring einbezogene Vorstadt, und steckte sie in Brand. Nachdem er vergeblich versucht hatte, den Tempelberg zu erstür-men, zog er unverrichteter Dinge wieder ab. Auf dem Rückmarsch geriet sein Heer bei Beth-Horon in einen Hinterhalt, so daß er sich und den Kern seiner Truppen nur unter Preisgabe von viel Kriegsmaterial retten konnte. Während er den Rückzug nach Antiochien antrat, kehrten am 8. Dios (Oktober) die sieg-reichen Aufständischen im Triumph nach Jerusalem zurück.

Der Erfolg hatte eine elektrisierende Wirkung, und nun, sozusagen im letz-ten Moment, suchten die Gegner der Rebellion, die Angehörigen der alten Führungsschicht, von ihrer Position zu retten, was noch zu retten war, und setzten sich an die Spitze der Erhebung. Eine Volksversammlung wählte die Führer für die verschiedenen Kriegsschauplätze: Gorion Ben Joseph und den Hohenpriester Ananus für Jerusalem und Judäa, Jesus Ben Sapphias und Elea-zar Ben Ananias, beide aus hohenpriesterlichen Familien, für Idumäa und

Joseph ben Matthias, den späteren Historiker des Jüdischen Krieges, für Galiläa. Dies war die Schlüsselposition in dem bevorstehenden Krieg; denn die römische Invasion mußte über Galiläa erfolgen. Im Winter 66/67 befestigte die neue Kriegsregierung alle wichtigen Plätze im Land, hob eine starke Armee aus und ließ sie nach römischem Vorbild einexerzieren.

In Galiläa traf Josephus auf die erbitterte Gegnerschaft eines lokalen Partisanenführers namens Johannes von Gischala, der nicht zu Unrecht in dem aus vornehmer, mit den Hasmonäern verwandter Familie stammenden Josephus einen zur Rückversicherung neigenden Taktierer und potentiellen Verräter sah. Als Josephus das wertvolle Beutegut, das einem Funktionär des Königs Agrippa abgenommen worden war, dem König zurückerstatten wollte, kam es zu einem Eklat. Josephus konnte nur mit Mühe sein Leben retten. Johannes setzte in Jerusalem Josephus' Absetzung durch, aber Josephus verstand es, seine Abberufung zu hintertreiben, und bekämpfte nun notgedrungen eine um sich greifende Abfallbewegung der großen Städte Galiläas, Tiberias und Sepphoris, die sich nicht in den Krieg gegen Rom mit hineinziehen lassen wollten.

Kaiser Nero übertrug die Niederwerfung des Aufstandes Titus Flavius Vespasianus, einem tüchtigen General aus unbedeutender Familie, von dem er sich keiner Gefahr einer Usurpation versah. Nach umfangreicher Vorbereitung marschierte Vespasian im Frühjahr 67 mit zwei Legionen, der fünften und zehnten, nach Ptolemais. Sepphoris, die alte Hauptstadt Galiläas, erbat und erhielt eine römische Besatzung, und damit hatte Vespasian ohne Schwertstreich einen der wichtigsten Plätze des Landes in seine Hand bekommen. Als die Verstärkungen in Ptolemais eingetroffen waren – Vespasians Sohn Titus führte ihm die fünfzehnte Legion aus Alexandrien zu, und die Klientelkönige schickten ihre Kontingente –, fielen die Römer, angeblich etwa 60 000 Mann stark, in Galiläa ein. Vor dieser aus Berufssoldaten bestehenden großen Streitmacht liefen die unerfahrenen jüdischen Milizen davon. Ihr Oberbefehlshaber Josephus floh nach Tiberias und von dort nach der starken Festung Jotapata, wohin sich auch ein großer Teil seiner Truppen vorerst in Sicherheit gebracht hatte. Nach kurzer Belagerung fiel im Juni/Juli 67 die Bergfestung. Josephus rettete sich unter abenteuerlichen Umständen, die er später lang und breit mit apologetischer Tendenz im dritten Buch seines «Jüdischen Krieges» geschildert hat, prophezeite Vespasian sein künftiges Kaisertum und rettete so nicht nur sein Leben, sondern wurde sogar in die nähere Umgebung des römischen Feldherrn gezogen, so daß er den weiteren Verlauf des Krieges als Augenzeuge in der Sicherheit des römischen Lagers erlebte.

Nach der Einnahme von Jotapata unterwarf sich auch Tiberias, und Titus nahm das am Südufer des Sees Genezareth gelegene Tarichea ein (August/September 67). In Galiläa waren danach nur noch Gischala und der Berg Tabor, in der Gaulanitis das befestigte Gamala in der Hand der Rebellen. Beim ersten Versuch, diese Festung einzunehmen, trafen die Römer auf so erbitterten Widerstand, daß sie sich aus der Stadt, in die sie bereits eingedrungen waren, unter schweren Verlusten wieder zurückziehen mußten. Erst beim zweiten Angriff, im September/Oktober, fiel Gamala; der Berg Tabor wurde von einem römischen Detachement eingenommen, und Gischala ergab sich Titus, nachdem der dort befehlende Partisanenführer Johannes nachts mit seinen Leuten die Stadt heimlich verlassen hatte und nach Jerusalem gezogen war. Ende des Jahres war das ganze nördliche Palästina sowie die Küstenebene fest in römischer Hand.

In Jerusalem hatte die aus Angehörigen der alten Elite bestehende Regierung große Rüstungsanstrengungen unternommen, die Stadt in Verteidigungszustand versetzt, in großen Mengen Kriegsmaterial und Nahrungsmittel gehortet und die Jungmannschaft einexerzieren lassen. Aber der unglückliche Verlauf des Krieges im Norden gab den Radikalen aller Schattierungen, die zunehmend Zuflucht in Jerusalem suchten, gewaltigen Auftrieb. Sie gaben der Führung, den ehemaligen Kollaborateuren der Besatzungsmacht, die in ihrer Mehrheit nur widerwillig und notgedrungen auf den fahrenden Zug der Revolution aufgesprungen waren, die Schuld an den Mißerfolgen, und sie taten dies, wie die Kriegführung des Josephus in Galiläa zeigt, auch nicht ganz ohne Grund. Sie versuchten nun ihrerseits alles, die alte Führung abzusetzen, und als diese das Feld nicht freiwillig räumte, entstand ein blutiger Bürgerkrieg in den Mauern der Stadt – und das angesichts des bevorstehenden Angriffs der übermächtigen römischen Militärmacht. Führer der Radikalen wurde der soeben aus Galiläa nach Jerusalem gekommene Johannes von Gischala. Seit November 67 predigte er den «totalen Krieg». Er gewann die Jugend, und in der folgenden Abrechnung mit der alten Elite wurden viele ihrer Angehörigen gefangengesetzt und getötet, unter anderen auch ein Verwandter des Königs namens Antipas. Per Los wurde ein neuer Hoherpriester bestimmt. Es fiel auf einen einfachen Mann priesterlicher Herkunft, auf den Steinmetz Phannias (oder Pinhas). Doch noch immer traten die alten Autoritäten nicht kampflos ab. Sie gewannen sogar unter Führung des Gorion Ben Joseph, des Pharisäers Simon Ben Gamaliel und der beiden ehemaligen Hohenpriester Ananos Ben Ananos, und Jesus

Ben Gamaliel eine Zeit lang die Oberhand, so daß die Zeloten sich in den inneren Vorhof des Tempels flüchteten.

Dort wurden sie bewacht, aber die Bewachung war nicht so effektiv, daß es den Zeloten nicht möglich gewesen wäre, Verbindung mit der Außenwelt aufzunehmen. Es gelang ihnen, die Idumäer zu Hilfe zu rufen, indem sie ihre Gegner der heimlichen Komplizenschaft mit den verhaßten Römern beschuldigten. Die Idumäer kamen in Waffen, und in einer stürmischen Nacht öffneten ihnen die Zeloten die Tore der Stadt. Gemeinsam richteten sie ein Blutbad unter ihren Gegnern an. Die bisherigen Führer verschwanden von der Bildfläche, und der Terror der Zeloten setzte sich auch dann noch fort, als die Idumäer des Mordens und Plünderns müde geworden waren. Johannes von Gischala wurde so zum unumschränkten Herrn Jerusalems. Diese Vorgänge blieben Vespasian nicht verborgen, und auf die Kenntnis der jüdischen Selbstzerfleischung baute er seinen weiteren Kriegsplan. Er überließ die Kämpfenden in dem stark befestigten Jerusalem sich selbst und entschloß sich, zuerst das ganze Umland in Besitz zu nehmen und Jerusalem zu isolieren.

Der Feldzug des Jahres 68 begann im Frühjahr mit der Besetzung von Gadara. Dann kehrte Vespasian nach Caesarea zurück und überließ es seinem Tribunen Placidus, die Peraia, das jüdische Siedlungsgebiet im Ostjordanland, zu unterwerfen. Allein die Festung Machairos blieb hier in jüdischer Hand.

Bronzemünze aus dem Jahr 4 des Jüdischen Aufstandes (69/70 n. Chr.)

Auch dieses Stück zeigt kultische Symbole: Auf der Vs. einen Kelch, auf der Rs. ein Bündel von Zweigen zwischen zwei Zitrusfrüchten. Dies sind Bestandteile des Feststraußes, der beim Laubhüttenfest Verwendung fand. Die Aufschrift der Vs. lautet «Für die Befreiung von Zion», die der Rs. «Jahr 4» (Meshorer II, 262 f. Nr. 30 mit Pl. 19).

Vespasian selbst wandte sich nach Süden und eroberte bis zum Frühsommer Idumäa und das untere Jordantal mit Jericho. Als er schon im Begriff war, in das judäische Bergland einzudringen und mit der Belagerung Jerusalems zu beginnen, traf die Nachricht ein, daß Nero am 9. Juni 68 ermordet worden war. Daraufhin stellte Vespasian die militärischen Operationen zunächst ein und verhielt sich angesichts der unklaren Situation in Rom bis auf weiteres abwartend. Das gab einem zelotischen Führer, Simon Bar Giora, die Möglichkeit, das südliche Palästina zu verheeren und sich raubend und plündernd mit reichen Mitteln zu versehen. Unter anderem gelang es ihm, sich Hebrons zu bemächtigen, und dort fiel ihm eine riesige Beute in die Hände (Winter 68/69). Vespasian sah sich deshalb genötigt, seine abwartende Haltung aufzugeben und nach Judäa einzufallen. Im Mai/Juni 69 befand sich das ganze Land bis auf Jerusalem und die beiden Festungen Herodeion und Masada in seiner Hand.

Bei seiner Rückkehr nach Caesarea erfuhr Vespasian, daß die Legionen des Westens den Statthalter von Niedergermanien Aulus Vitellius zum Kaiser erhoben hatten. Daraufhin traten die Vorbereitungen bei den im Osten stehenden Legionen, Vespasian zum Gegenkaiser auszurufen, in das entscheidende Stadium. Am 1. Juli proklamierte der Vizekönig von Ägypten, Tiberius Iulius Alexander, Vespasian in Alexandrien zum Kaiser; am 3. Juli folgte das Heer in Judäa, und noch vor dem 15. des Monats schloß sich der Statthalter von Syrien, Gaius Licinius Mucianus, in Antiochien mit seinen Truppen der Kaiserproklamation an. Vespasian wandte seitdem seine ganze Aufmerksamkeit der Sicherung der Kaiserwürde zu. Er verließ Judäa und begab sich zunächst nach Antiochien, um Mucianus mit einer Armeegruppe auf dem Landweg nach Westen zu entsenden, und reiste dann weiter nach Alexandrien, um das für die Getreideversorgung Roms wichtige Ägypten in Besitz zu nehmen. In Alexandrien erfuhr er, daß Vitellius unmittelbar nach der Einnahme Roms durch flavische Truppen am 29. Dezember 69 ermordet und er selbst als Kaiser vom Senat anerkannt worden war. Er blieb noch bis zum Sommer des folgenden Jahres in Alexandrien und begab sich dann von dort aus nach Rom. Die Beendigung des jüdischen Krieges überließ er seinem Sohn Titus.

In Jerusalem, dem Zentrum des jüdischen Widerstandes, gab es inzwischen drei miteinander konkurrierende radikale Führer: Johannes von Gischala, Eleazar, der Sohn des Simon, dessen Gefolgschaft sich von der Partei des Johannes abgespalten hatte, und Simon Bar Giora. Dieser war in Jerusalem aufgenommen worden, nachdem er durch den Feldzug Vespasians im Frühsommer 69 seine Operationsbasis in Idumäa verloren hatte. Solange die

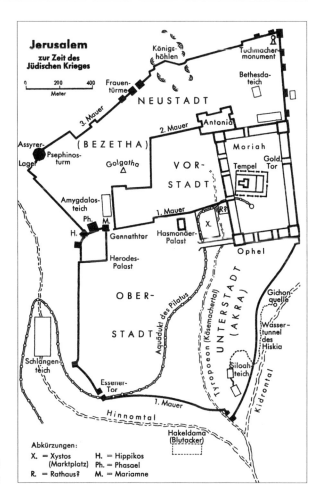

*Jerusalem zur Zeit des
Jüdischen Krieges*

Römer noch nicht vor Jerusalem erschienen waren, führten die Rivalen Bürgerkrieg gegeneinander. Johannes beherrschte den Tempelberg, Eleazar den inneren Vorhof des Tempels, und die Basis Simons war die Oberstadt. Den ganzen Wahnsinn dieses Bürgerkriegs im Angesicht der drohenden Belagerung beleuchtet nichts besser, als daß im Zuge der in den Straßen Jerusalems ausgetragenen Kämpfe die gewaltigen Getreidevorräte, die in der Stadt gelagert worden waren, in Flammen aufgingen. Im Frühjahr 70 brach Titus in Begleitung von Tiberius Iulius Alexander, der als sein Berater in jüdischen Angelegenheiten fungierte, mit der Armee nach Jerusalem auf. Diese bestand aus vier Legionen, der fünften, zehnten, zwölften und fünfzehnten, sowie aus Hilfstruppen und Kontingenten der Klientelkönige. Wenige Tage vor dem Passahfest kam die Armee vor der Stadt an. Obwohl die Lage für die Belagerten aussichtslos war und ihre Führer zerstritten waren, erwartete die Römer ein fanatischer Widerstandswille. Als die zehnte Legion dabei war, ihr Lager auf dem Ölberg zu errichten, geriet sie durch einen wild entschlossenen Angriff aus der Stadt in ernste Bedrängnis. Innerhalb der Mauern der Stadt wurde am Passahfest eine der drei Bürgerkriegsparteien liquidiert. Als Eleazar, der den inneren Tempelvorhof besetzt hielt, die Tore für die Festpilger öffnete, schmuggelte Johannes von Gischala auch seine Leute in den inneren Vorhof mit ein. Eleazar wurde mit seinen Gefolgsleuten überwältigt. Seitdem gab es nur noch zwei Parteien, die des Johannes von Gischala und die des Simon Bar Giora. Als die Römer die Belagerungsmaschinen in Stellung brachten, stellten sie den Kampf gegeneinander ein und verteidigten Jerusalem.

Zum besseren Verständnis der militärischen Operationen, die zur Eroberung der Stadt führten, sind einige Bemerkungen zur topographischen Situation notwendig. Jerusalem war eine Stadt auf Hügeln, die im Westen, Süden und Osten durch tiefe Geländeeinschnitte einen natürlichen Schutz genoß. Nur im Norden war der Boden einigermaßen eben, und nur von dieser Seite her war ein Angriff auf die Stadt möglich. Für ihren Schutz war durch mehrere Mauerringe zusätzlich gesorgt. Die Altstadt lag auf zwei, durch das tief eingeschnittene Tyropoion-Tal voneinander getrennten Hügeln. Auf dem größeren westlichen lag die Oberstadt, auf dem kleineren östlichen die Unterstadt. An die Unterstadt schloß sich im Norden der Tempelberg an, der seinerseits im Nordwesten von der Festung Antonia beherrscht wurde. Die Ober- und Unterstadt waren von einer gemeinsamen Mauer umschlossen, die Unterstadt noch zusätzlich durch eine weitere, eine Binnenmauer, die von Nord nach Süd entlang dem tiefen Einschnitt des Tyropoion-Tals verlief. Im Norden der Altstadt war die ältere Vorstadt durch eine dritte Mauer gesichert, und weiter im Norden umgab eine vierte die jüngere Vorstadt Bezetha. Mit dem Bau dieser Mauer hatte König Herodes Agrippa I. begonnen, hatte sie aber auf Befehl des damaligen Statthalters von Syrien nicht vollenden dürfen. Erst seit Beginn des Aufstandes war diese vierte Außenmauer, die die am meisten gefährdete Seite der Stadt deckte, in einen verteidigungsfähigen Zustand versetzt worden.

Entsprechend diesen topographischen Gegebenheiten griff Titus Jerusalem von Norden her an. Die Juden verteidigten die äußere Nordmauer fünfzehn Tage lang mit Erfolg, und einmal wäre es ihnen bei einem Ausfall beinahe gelungen, die römischen Belagerungsmaschinen zu zerstören. Doch dann schlugen diese eine Bresche in die Mauer, und die Römer bemächtigten sich am 7. Artemisios (etwa Ende April) der Vorstadt Bezetha. Neun Tage später fiel die zweite Mauer, und die Römer rückten bis an den Tempelberg und bis zur Altstadt vor. Dann stellte die Überwindung des Höhenunterschieds zwischen der Vorstadt und der Oberstadt beziehungsweise dem Tempelberg die Angreifer vor schwierige Probleme. Titus ließ in aufwendigen Arbeiten je zwei Rampen zur Oberstadt und zur Festung Antonia errichten. Während dieser Arbeiten wurden alle Juden, die auf der Suche nach Nahrungsmitteln den Mauerring verließen und aufgegriffen wurden, in Sichtweite der Belagerten ans Kreuz geschlagen. Doch deren Widerstandswille war nicht zu brechen. Sie bereiteten durch die Zerstörung der Rampen den Angreifern sogar einen schweren Rückschlag.

Daraufhin änderte Titus seine Taktik. Er umgab die ganze Stadt mit einem Steinwall, um sie auszuhungern. Nach drei Tagen war die Arbeit vollendet. Der Zernierungsring wurde streng bewacht, und binnen kurzem kam es zu einer Hungerkatastrophe in der Stadt. Dann begann Titus mit dem Sturmangriff. Dieser richtete sich gegen die Burg Antonia: Mittels vier neugebauter Wehrgänge wurden Rammböcke an die Außenmauer herangebracht. Als sie zum Einsturz gebracht war, standen die Römer vor einer neuen Mauer, die Johannes von Gischala unterdessen hinter der von den Römern zerstörten hatte bauen lassen. Doch auch diese Mauer wurde genommen, und die Römer drangen in die Burg ein. Am 17. Panemos, das ausdrücklich überlieferte Datum fällt auf den 6. August 70, mußte das tägliche Opfer im benachbarten Tempel eingestellt werden. In den folgenden Kämpfen wurden die Tore zum Tempel in Brand gesteckt, und die römischen Sturmkolonnen drangen in den äußeren Tempelbezirk ein. Am folgenden Tag wurde im Kriegsrat des Titus beschlossen, den Tempel zu verschonen, aber der Krieg entfaltete seine eigene Dynamik. Einen Tag nach dem Beschluß warf ein römischer Soldat bei der Abwehr eines jüdischen Angriffs einen Brandsatz in eine der Kammern des Tempels, und in den anschließenden Kämpfen ging trotz der Intervention des römischen Feldherrn die gesamte Anlage in Flammen auf.

Johannes von Gischala entkam mit seinen Getreuen dem Gemetzel. Er flüchtete in die Oberstadt. Die Aufforderung, die Altstadt zu übergeben, lehnten die beiden Führer Johannes und Simon Bar Giora ab. Daraufhin brannten die Römer die in ihrer Gewalt befindlichen Teile der Stadt nieder und brachten die Belagerungsmaschinen gegen die Oberstadt in Stellung. Ende September gelang ihnen der Einbruch in die Oberstadt, und am 5. Gorpiaios, am 26.

Sesterz des Jahres 71 n. Chr. Gedenkmünze auf den Sieg gegen die aufständischen Juden

Vs.: Kopf Vespasians mit Lorbeerkranz nach rechts mit der Umschrift «IMP(erator) CAES(ar) VESPASIAN(us) AVG(ustus) P(ontifex) M(aximus) TR(ibunicia) P(otestate) P(ater) P(atriae) CO(n)S(ul) III» = Imperator Caesar Vespasianus Augustus, Vorsteher der Staatsreligion, Inhaber der tribunizischen Gewalt, Vater des Vaterlandes, Konsul zum dritten Mal

Rs.: Dattelpalme, links der siegreiche Kaiser in militärischer Tracht, rechts trauernde Frauengestalt, das besiegte Judäa symbolisierend. Die Umschrift lautet «IVDAEA CAPTA» = Auf die Unterwerfung Judäas (RIC 427)

September, war die ganze Stadt in römischer Hand. Wer von den Überlebenden nicht sofort von der Soldateska getötet wurde, den erwartete ein schlimmes Schicksal. Frauen und Kinder wurden versklavt, und die Männer im Erwachsenenalter wurden entweder für den Tod in Tier- oder Gladiatorenkämpfen oder für Sklavenarbeit in den Bergwerken Ägyptens bestimmt. Auch dies war letztlich ein Todesurteil. Von den beiden überlebenden Führern des Aufstandes ergab sich Johannes von Gischala freiwillig und um Gnade bittend. Ihm wurde das Leben geschenkt, aber er mußte es in lebenslänglicher Haft verbringen. Simon Bar Giora wurde etwas später ergriffen, als er aus dem Untergrund der Stadt emporstieg. Er wurde im Triumphzug in Rom zur Schau gestellt und erlitt dann zusammen mit 900 auserlesenen Gefangenen bei den Schaukämpfen den Tod. Jerusalem war ein Trümmerhaufen, der Tempel zerstört, und die Kultgeräte wurden ein Raub der Sieger. Die jüdische Theokratie und ihr Tempelstaat waren ausgelöscht, das Werk von Esra und Nehemia, das ein halbes Jahrtausend Bestand gehabt hatte, schien endgültig vernichtet.

Womöglich noch erschreckender war der Preis an Menschenleben, den die Katastrophe gekostet hatte. Obwohl die von Josephus genannten Zahlen, wie meist in der antiken Historiographie, notorisch unzuverlässig sind, kann kein Zweifel daran bestehen, daß die Zahl der Opfer im sechsstelligen Bereich lag,

*Relief im Durchgang des Titusbogens in Rom mit Darstellung der Beutestücke aus dem
Jerusalemer Tempel, die bei dem Triumphzug des Jahres 71 n. Chr. zur Schau gestellt wurden.
Im Mittelpunkt des Reliefs stehen der Schaubrottisch und der Siebenarmige Leuchter aus
dem Allerheiligsten des Tempels.*

und was die entsetzlichen Grausamkeiten anbelangt, die in diesem vierjähri-
gen Krieg begangen worden sind, so sträubt sich die Feder, sie in den von Josephus berichteten Einzelheiten nachzuerzählen. Die Zerstörung Jerusalems
war indessen noch nicht das Ende des Krieges und des Mordens, sondern
lediglich eine, wenn auch tiefe Zäsur in den jüdischen Erhebungen gegen
Rom. Mit dem Ergebnis des Großen Aufstandes konnten sich die Juden so
wenig abfinden wie die Deutschen der Weimarer Republik mit dem im Vergleich viel harmloseren Ergebnis des Ersten Weltkriegs.

Im übrigen hatte der Große Aufstand noch ein Nachspiel. Die unbezwun-
genen Festungen Herodeion, Machairos und Masada mußten noch eingenommen werden. Bei den beiden erstgenannten gelang das ohne Schwierigkeiten, aber Masada konnte erst im Jahre 74 von Flavius Silva erobert werden.
Die abgelegene, uneinnehmbare und gut verproviantierte Festung mußte zer-

Masada mit einem Lager des römischen Belagerungsringes

niert und eine Belagerungsrampe unter großem Aufwand vom Westen her bis an die hochgelegene Außenmauer emporgeführt werden. Bevor die Römer durch die geschlagene Bresche in die Festung eindringen konnten, gab die aus Sikariern bestehende Besatzung den Frauen und Kindern und sich selbst den Tod. Die letzten zehn, so berichtet Josephus, zogen das Los, wer die neun und dann sich selbst töten solle. Bei den israelischen Ausgrabungen, die zu einer vorbildlichen Sicherung der eindrucksvollen Überreste sowohl der Festung mit dem Palast des Herodes als auch der römischen Belagerungswerke geführt haben, fand sich eine Tonscherbe mit dem Namen Ben Ya'ir. Mit an Sicherheit grenzender Wahrscheinlichkeit handelt es sich um den Führer der Sikarier, die den Römern bis in den Tod Widerstand geleistet hatten.

Tonscheibe mit dem Namen Ben Ya'ir.
Es handelt sich mit an Sicherheit grenzender
Wahrscheinlichkeit um Eleazar Ben Ya'ir,
den Befehlshaber der Zeloten in der Festung
Masada.

Die Folgen des Krieges und die letzten großen Aufstände

Der Krieg in Judäa war mit dem Fall von Masada zu einem definitiven Ende gekommen, aber in Ägypten und in der Kyrenaika fand er ein weiteres Nachspiel. In der menschenreichen Diaspora dieser Länder waren überlebende Sikarier aus Judäa untergetaucht und versuchten hier, neue Partisanengruppen für die Fortsetzung ihres Befreiungskampfes gegen die Römer zu rekrutieren. Der Ältestenrat der jüdischen Gemeinschaft in Alexandrien war alarmiert – die Sikarier hatten damit begonnen, jüdische Honoratioren, die sich ihrer Agitation entgegenstellten, durch Mord aus dem Weg zu räumen –, und tatsächlich gelang es ihm, die Gemeinde zu überzeugen, die Ruhe zu bewahren sowie 600 Sikarier dingfest zu machen und den römischen Behörden auszuliefern. Andere flohen nilaufwärts bis nach Theben in Oberägypten, wo sie ebenfalls Unruhen anzettelten, aber dann wurden sie nach und nach gefaßt und unschädlich gemacht. Sie waren auch in Gefangenschaft durch keine Folterqualen dazu zu bewegen, sich dem römischen Kaiser zu unterwerfen, sondern blieben bis in den Tod dabei, daß sie keinen Herren anerkannten außer dem Gott Israels. Die Unruhen in Ägypten veranlaßten Vespasian zur Schließung der letzten jüdischen Opferstätte, die es nach der Zerstörung des Jerusalemer Tempels noch gab, des Tempels von Leontopolis am östlichen Rand des Nildeltas. Offenbar war die römische Regierung überzeugt, daß die Existenz jüdischer Heiligtümer den Widerstand gegen die römische Herrschaft begünstigte.

Auch in der Kyrenaika erregten die Sikarier unter Führung eines gewissen Jonathan, eines Webers, erhebliche Verwicklungen. Es gab in der Kyrenaika unter den Juden ein großes Gefälle zwischen reich und arm, und wie in Judäa fand die Botschaft der Befreiung von den Übeln dieser Welt bei den Armen und Notleidenden starke Resonanz. Der Prokonsul der Provinz hatte jedoch keine große Mühe, die Anhänger Jonathans, die ihm in die Wüste gefolgt waren, zu zerstreuen. Die Aussagen des nach langer Fahndung schließlich gefangengesetzten Jonathan, der den wohlhabenden Teil der Judenschaft der Anstiftung der Unruhen beschuldigte, benutzte der Statthalter dazu, diese hinrichten zu lassen und ihr Vermögen einzuziehen. Jonathan hatte mit seinen Beschuldigungen den eigenen Kopf retten wollen, aber letztlich ging seine Rechnung nicht auf. Der Kaiser schöpfte Mißtrauen und untersuchte die Vorfälle. Jonathan wurde zum Tode verurteilt; der Prokonsul, der immerhin das Vermögen der jüdischen Notablen zugunsten des Kaisers eingezogen hatte, kam mit einem Verweis davon. Schuld wurde im Römischen Reich nicht nur in diesem Fall nach zweierlei Maß gemessen.

Judäa selbst wurde eine propraetorische Provinz, an deren Spitze ein kaiserlicher Legat aus der Rangklasse der ehemaligen Praetoren stand. Er war zugleich der Kommandeur der Legion, die zusammen mit sechs Auxiliarverbänden die Ruhe in dem besiegten Land garantieren sollte. Es handelte sich um die zehnte Legion, die von Anfang an den Jüdischen Krieg mitgemacht hatte und an der Eroberung Jerusalems beteiligt gewesen war. Ihr Standort war die zerstörte Stadt, die nicht wieder aufgebaut wurde, und ihr Lager richtete sie in dem ehemaligen Königspalast des Herodes ein, dessen drei befestigte Turmanlagen unzerstört geblieben waren. Die sechs Auxiliareinheiten stammten nicht mehr aus dem Lande selbst, sondern waren im Westen des Reiches aufgestellt worden. Aus einem Militärdiplom des Jahres 88 n. Chr. sind die betreffenden Einheiten bekannt. Es waren zwei Reiterverbände, die ala veterana Gaetulorum und die ala I Thraca Mauretana, und vier Kohorten zu Fuß, die I Augustua Lusitanorum, die I und II Thracum und die II Cantabrorum.

Der jüdische Staat und das Heiligtum wurden nicht wiederhergestellt, und ebenso wurde der Gemeinde der Samaritaner in Sichem mit ihrem Heiligtum auf dem Berg Garizim ein Ende bereitet. Das Territorium des ehemaligen jüdischen Tempelstaates fiel an den Kaiser, der in Emmaus Land an 800 Veteranen des Jüdischen Krieges vergab und alle übrigen Ländereien verpachten ließ. Bearbeitet wurden sie von jüdischen Bauern. Alle Juden, ob in Judäa oder in der Diaspora, hatten die jährliche Tempelsteuer in Höhe einer Doppel-

Rückseite einer Bronzemünze der von Vespasian im Jahre 72. n. Chr.
gegründeten Stadt Flavia Neapolis vom Jahr 158/59 n. Chr.

Rs.: Doppelgipfel des Bergs Garizim bei Sichem. Auf dem linken Tempel des Zeus, auf dem rechten befindet sich ein Altar (?). Eine Treppe (die dreihundert Stufen hatte) führt zum Tempel. Unter dem Berg befindet sich eine Säulenhalle. Die Umschrift lautet in Übersetzung «(Münze) von Flavia Neapolis in Syria Palästina. Jahr 87» (British Museum Coins Palestine, 48 Nr. 21).

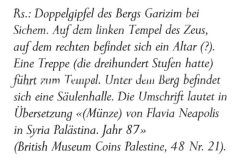

drachme weiter zu zahlen. Sie wurde, eine besonders schwere Demütigung, zugunsten des obersten römischen Staatsgottes, des Capitolinischen Iuppiter, erhoben (der Einzug dieser Sondersteuer ist bis in das dritte Jahrhundert n. Chr. bezeugt). Einen städtischen Mittelpunkt besaß das zur kaiserlichen Domäne gewordene ehemalige Heilige Land nicht mehr. In Samaria wurde in der Nähe von Sichem eine neue Stadt mit Namen Flavia Neapolis, das heutige Nablus, gegründet und auf dem Berg Garizim dem Höchsten Zeus ein Tempel errichtet. In der Küstenebene der Provinz gab es weiterhin die alten Städte mit ihren Territorien, eine Änderung trat nur in Caesarea maritima ein, das unter dem Namen Colonia prima Flavia Augusta Caesariensis in den Rang einer römischen Bürgerkolonie erhoben wurde.

Die Juden führten überall weiterhin die Abgaben an die Priester ab, obwohl diese ihre traditionellen Pflichten im Opferdienst nicht mehr erfüllen konnten, nur die dem Tempel und den Opfern zugewiesenen ruhten. Die hohenpriesterliche Aristokratie war bereits der innerjüdischen Revolution zum Opfer gefallen, und mit ihr war die sogenannte Partei der Sadduzäer zugrundegegangen. Den Krieg hatte ebenfalls die Sekte der Essener nicht überlebt. Ihren Mittelpunkt in Qumran hatten die Römer auf ihrem Marsch von Jericho nach Jerusalem zerstört, nachdem die Bewohner zuvor ihre Bücherschätze in den

Berghöhlen versteckt hatten. Die Entdeckung ihrer Überreste seit dem Jahr 1947 war bekanntlich eine wissenschaftliche Sensation. Die aufgefundenen Teile der Bibliothek umfassen nicht nur Texte und Auslegungen des biblischen Kanons, sondern auch Schriften, die einen authentischen Eindruck von der Organisation, der Frömmigkeit und den apokalyptischen Erwartungen jener Gemeinschaft bieten. Übrig blieb von den sogenannten Religionsparteien, die Josephus schildert, allein die pharisäische Richtung. Ihr Einfluß war schon vor der Katastrophe des Jahres 70 groß gewesen, aber nun gewann sie innerhalb des Judentums eine monopolartige Führungsstellung.

Zentrum des pharisäischen Schriftgelehrtentums wurde zuerst Iamneia in der Küstenebene. Hier wirkte in den ersten Jahrzehnten nach der Zerstörung Jerusalems Yohanan Ben Zakkai und dann bis in das frühe zweite Jahrhundert hinein Gamaliel II., der Sohn des auch aus der Apostelgeschichte bekannten Pharisäers Gamaliel I. Um diese beiden Führergestalten sammelte sich die Elite der Schriftgelehrten und richtete ihr ganzes Sinnen und Trachten auf das Studium der Thora, die nach der Zerstörung des Tempels verbliebene einzige Grundlage der religiös definierten Identität des Volkes. Dieses Studium galt allen Teilen der göttlichen Weisung, mochten sie nun von praktischer oder, in Hinblick auf die Kultvorschriften, bis auf weiteres nur noch von theoretischer Bedeutung sein. Die Frucht dieses Studiums, die mündliche Thora, wurde später, seit etwa 200 n. Chr., schriftlich fixiert und zusammen mit den Ergebnissen der späteren Arbeit der rabbinischen Schriftgelehrten am Ausgang der Spätantike in zwei Versionen, dem palästinensischen und dem babylonischen Talmud, kodifiziert. Die mündliche Thora, die Mischna, betraf in gleicher Weise Straf- und Zivilrecht sowie die religiösen Statuten mit allen Feinheiten des Tempelkults, der Reinheitsvorschriften, des Sabbats und der Feste, und zwar unabhängig von der Frage, ob sie befolgt oder wegen der Zerstörung des Tempels und der Aufhebung des Opferkults umständehalber nicht mehr praktiziert werden konnten. Aber die genaue Ausarbeitung der entsprechenden Vorschriften erschien um so nötiger, als die Judenschaft weiterhin in der Erwartung der Erlösung und der Wiedererrichtung des Tempels in Jerusalem lebte. Die künftige Generation, die die erwartete Wiederaufrichtung des Tempels erleben würde, sollte wissen, was sie dann entsprechend den Weisungen Gottes zu tun hatte, und damit dieses Wissen nicht verlorenging, bedurfte es eines intensiven Studiums. Dies ist der Grund, warum die Mischna eine Topographie des Tempels (Middoth) und eine Beschreibung der täglichen Pflichten der Priester (Tamid) enthält.

Praktische Bedeutung gewann das Gremium der Schriftgelehrten von Iamneia als höchste Autorität in Rechtsangelegenheiten und als Surrogat des Sanhedrin, des aufgehobenen obersten jüdischen Gerichts. Nach dem Vorbild des Sanhedrin soll es 72 Mitglieder umfaßt haben. Eine jüdische Gerichtsbarkeit war römischerseits unter der Voraussetzung erlaubt, daß beide an einem Rechtsstreit beteiligten Parteien sich auf ein jüdisches Gericht einigten. Noch in einer Kaiserkonstitution des Jahres 398 n. Chr. ist diese Regelung ausdrücklich bestätigt worden (Codex Theodosianus II, 1,10). Wenn jüdische Richter in Strafsachen tätig wurden, handelte es sich mehr um die Ausübung eines usurpierten Rechtes, aber nach dem Zeugnis des Origenes geschah das im dritten Jahrhundert mit Duldung der Kaiser.

Der Eifer für die Thora wurde auch durch die Vorstellung angefacht, daß die erlittene Katastrophe die Strafe für die eigenen Sünden, für den Abfall von Gottes Weisungen, gewesen sei. Das aber hieß nach der positiven Seite gewendet: Die praktizierte Treue zu den in der Thora offenbarten Geboten Gottes galt als die Voraussetzung dafür, daß Gott sich seinem Volk wieder zuwendet und der Tempel, wie nach dem babylonischen Exil, in neuem Glanz wieder erstehen würde. Die damals entstandene Apokalypse des Baruch und das vierte Buch Esra sind erfüllt von diesem Leitmotiv. Aber aus der Trauer über den Verlust zog auch die messianische Hoffnung neue Nahrung, und diese bestand wie schon vor dem Großen Krieg aus einem gefährlichen Gemisch endzeitlicher religiöser Erwartungen und der Bereitschaft, dem bevorstehenden Eingreifen Gottes durch eigenes Handeln nachzuhelfen. Je inbrünstiger daran geglaubt wurde, daß die Freiheit vom römischen Joch und die Wiederherstellung des Tempels das geheime Ziel der unbegreiflichen Wege Gottes sei, desto leichter konnte eine nüchterne Berechnung der Erfolgsaussichten einer Erhebung gegen Rom beiseite gesetzt werden. Dies war die mentale Disposition, die viel zur Katastrophe des Jahres 70 beigetragen hatte, und sie war auch im Spiel bei der Entstehung der nächsten großen Aufstände, die in womöglich noch größeren Katastrophen als der Jüdische Krieg von 66 – 70 n. Chr. endeten. Ihnen fiel ein großer Teil der jüdischen Bevölkerung in Ägypten und im Vorderen Orient sowie des jüdischen Siedlungsgebietes im Kernland von Judäa zum Opfer.

Auch nachdem das Nachspiel des Jüdischen Krieges in Ägypten und in der Kyrenaika ein Ende gefunden hatte, schwelte die Feindschaft zwischen Juden und Griechen weiter, und wie schon vorher versuchte jede Seite, sich der Unterstützung der höchsten Autorität im Römischen Reich, der des Kaisers, zu versichern. Die sogenannten alexandrinischen Märtyrerakten enthalten ein Stück, die Acta Hermaisci, die ein Reflex dieser Verhältnisse und des unter den Griechen verbreiteten Judenhasses sind. Erzählt wird von einer Gesandtschaft, die beide Seiten, die griechische Bürgerschaft von Alexandrien und die jüdische Gemeinde der Stadt, an Kaiser Traian (98 – 117 n. Chr.) abordneten, damit er in einem der Streitfälle, die sie entzweiten, eine Entscheidung treffen möge. Es heißt dort (H. Musurillo, Acts of the Pagan Martyrs, Nr. VIII, Col II und III):

> *Der Kaiser (Traian) erfuhr, daß die Gesandten der Juden und der Alexandriner eingetroffen waren, und er setzte den Tag fest, an dem er beide Parteien anhören wollte. Plotina (die Kaiserin) aber bat die Senatoren [das heißt diejenigen, die den Beirat des Kaisers bildeten], den Alexandrinern entgegenzutreten und den Juden zu helfen. Und zuerst traten die Juden ein und begrüßten den Kaiser Traian. Der aber begrüßte sie auf das wohlwollendste wieder, denn er war schon von Plotina (für die Sache der Juden) gewonnen worden. Nach ihnen traten die Gesandten der Alexandriner ein und begrüßten den Kaiser, der aber erwiderte den Gruß nicht, sondern sprach: ‹Ihr begrüßt mich, als ob ihr es verdientet, von mir wiedergegrüßt zu werden nach allem, was ihr den Juden Schlimmes angetan habt…›*

Dann beginnt nach einem verlorengegangenen Textstück, in dem ein Wortwechsel zwischen dem Kaiser und den alexandrinischen Gesandten protokolliert war, die dritte Kolumne mit einer Replik Traians:

> *‹Du willst sicher sterben, denn du schätztest (offenbar) den Tod gering, daß du auch mir freche Antworten gibst.› Hermaiskos sprach: ‹Aber es schmerzt uns doch nur, daß dein [aus Senatoren zusammengesetzter] Beirat mit gottlosen Juden angefüllt ist.› Der Kaiser sagte: ‹Sieh, Hermaiskos, ich sage es dir nun zum zweiten Mal; du gibst freche Antworten im Vertrauen auf deine vornehme Abkunft.› Hermaiskos entgegnete: ‹Wieso gebe ich freche Antworten, großer Kaiser? Kläre mich auf!› Der Kaiser sagte: ‹Weil du behauptest, mein Beirat bestehe aus Juden.› Daraufhin Hermaiskos: ‹Also ist dir der Name Juden anstößig? Dann aber mußt du eher wieder deine Leute unterstützen und nicht den gottlosen Juden das Wort reden.› Als Hermaiskos das gesagt hatte, begann die Büste des (Gottes) Serapis, die die Gesandten mitgebracht hatten, plötzlich zu schwitzen, und Traian verwunderte sich, als er das erblickte. Und kurz danach kam es in Rom zu Massenauf-*

läufen, Geschrei aus dem Munde einer riesigen Menschenmenge, und alle
flüchteten sich auf die Hügel (der Stadt) …

Der Wortwechsel, ein schwer zu überbietendes Beispiel der Unverschämtheit
und des Antijudaismus, findet sein Ende durch eine von Serapis bewirkte
Wundererscheinung, und dieses göttliche Eingreifen ist, in den Augen der
griechischen Alexandriner, ein Gottesurteil gegen die gottlosen Juden, deren
unsichtbarer Gott sich als machtlos erweist. Als ein Wettstreit zwischen den
Göttern der griechischen Stadt und dem Scheingott der Juden ist die Erzählung in Kolumne I eingeleitet. Dort heißt es: «Sie (die Gesandten) brachen
also aus der Stadt (Alexandrien) auf und stachen in See, indem jede Seite ihre
Götter mit sich führte, die Alexandriner…» An dieser Stelle bricht der Text ab.
Wie es weiterging, kann man sich leicht ausmalen: Die Griechen führten ihre
Götterbilder mit, die Juden kamen mit leeren Händen.

Noch unter Traian kam es zu einem neuen Sturm der Gewalttätigkeit, der
in der Kyrenaika, in Ägypten und auf Zypern schwere Verheerungen anrichte-
te und letzten Endes die große volkreiche jüdische Diaspora in diesen Ländern
auslöschte. Der Sturm kam völlig überraschend. Er brach zu Beginn des Jahres
115 n. Chr. in der Kyrenaika aus, sprang noch im selben Jahr nach Ägypten
über, und auch Zypern wurde erfaßt. Schließlich schlossen sich im Jahre 116
die Juden Mesopotamiens der allgemeinen Erhebung gegen die in das Land
eingedrungenen römischen Invasoren an. Hier fiel die jüdische Aufstandsbewegung mit einer allgemeinen während des Partherkrieges, den Traian führte,
zusammen und war somit ein Teilaspekt des römisch-parthischen Krieges.
Initiator des Aufstandes in der Kyrenaika, der die Initialzündung zu den übrigen darstellte, war ein Jude namens Lukas oder Andreas – die Namensgebung
in den Quellen schwankt (vielleicht trug der Betreffende den griechischen und
den hebräischen Namen). Bezeichnet wird er als König, und das heißt wohl,
daß er einer der messianischen Könige war, die den Endkampf gegen die sata-
nische Macht des vierten Weltreiches, des römischen, führten. Der Sturm, den
er auslöste, richtete sich mit elementarer Gewalt gegen das Leben und den
Besitz der Griechen und gegen alles, was ihnen heilig war, gegen ihre Tempel
und Götterbilder, darin stimmen die literarische Überlieferung und der aus
archäologischen Überresten und Inschriften erhobene Befund völlig überein.

In Kyrene, dem Zentrum der Insurrektion, wurden zahlreiche Tempel zerstört oder schwer beschädigt, so der des Apollon, des Zeus, der Dioskuren, der
Demeter, der Artemis und der Isis. Inschriften aus dem Caesareum der Stadt

und seiner Umgebung sprechen davon, daß im jüdischen Aufruhr Gebäude beziehungsweise Teile von Gebäuden niedergerissen oder niedergebrannt worden waren. Erneuerte Meilensteine, die nach Niederschlagung des Aufstandes gesetzt wurden, geben als Grund ihrer Erneuerung an, daß die alten beim jüdischen Aufstand *(tumultu Iudaico)* zerstört worden waren. Unter Hadrian, dem Nachfolger Traians, mußte im ganzen Land eine umfassende Rekonstruktionsarbeit geleistet werden. Inschriften feiern Hadrian als «Retter und (Neu)gründer» sowie als «Retter und Ernährer». Letzteres ist wohl ein Hinweis darauf, daß er die Getreideversorgung der städtischen Bevölkerung zu sichern half. Denn diese hatte unter der Zerstörung der Straßen und durch die auf dem flachen Land angerichteten sonstigen Verheerungen schwer gelitten. Dabei waren viele Menschen auf grausame Weise zu Tode gekommen, und auch wenn die erhaltene, auf das Geschichtswerk des Cassius Dio (frühes drittes Jahrhundert n. Chr.) zurückgehende blutrünstige Beschreibung der jüdischen Greueltaten möglicherweise übertreibt, kann doch kein vernünftiger Zweifel daran bestehen, daß die Juden der Kyrenaika sich zu einem endzeitlichen Kampf erhoben hatten, der alle Brücken einer Rückkehr zu einem friedlichen Zusammenleben abbrach. Es heißt bei Cassius Dio:

> *Und unterdessen begannen die Juden in der Kyrenaika unter Führung eines gewissen Andreas mit der Vernichtung der Römer und Griechen, und sie aßen von ihrem Fleisch und gürteten sich mit ihren Eingeweiden, beschmierten sich mit ihrem Blut und kleideten sich mit ihrer Haut; viele sägten sie auch vom Kopf an mitten durch; andere wiederum warfen sie wilden Tieren vor und zwangen sie, gegen andere zu kämpfen, so daß 220000 Menschen umkamen.*
>
> *(Römische Geschichte LXVIII, 32, 1–2)*

Die Zahl der Opfer und auch die Schilderung der Greueltaten mögen übertrieben sein, doch ist gesichert, daß sich schon Traian nach Niederschlagung des Aufstandes im Jahre 117 n. Chr. veranlaßt sah, für die Wiederbesiedlung des Landes zu sorgen. Aus einer Inschrift ist bekannt, daß 3000 Veteranen der 15. Legion Landlose in der Kyrenaika erhielten.

Noch im Jahre 115 n. Chr. führte der neue Messias seine Gotteskrieger nach Ägypten. Auch dort ist erbittert gekämpft worden, vom Nildelta bis nach Oberägypten und ebenso im Fayum. Nach Cassius Dio begingen die Juden in Ägypten ähnliche Greueltaten wie in der Kyrenaika, und was ihnen zumindest zugetraut wurde, mag der erhaltene Brief einer Mutter an ihren Sohn, den Gaustrategen Apollonios, bezeugen, in dem es heißt, sie bete zu den Göttern, daß sie ihn davor bewahrten, von den Juden geröstet zu werden. Der Kirchenhistoriker Eusebios berichtet, daß Hadrian die großen, von den Juden angerichteten Schäden in Alexandrien beseitigen ließ, und ein Zeitgenosse des jüdischen Aufstandes, der Historiker Appian von Alexandrien macht beiläufig eine Mitteilung, aus der hervorgeht, daß auch im Vorfeld der Stadt heftig gekämpft wurde. Er erwähnt, daß das vor der Stadt gelegene Heiligtum der Nemesis, in dem Caesar den Kopf des Pompeius hatte bestatten lassen, von den Juden im Zuge der Kämpfe zerstört worden sei. Da keine detaillierte Darstellung des Geschehens existiert, ist es nicht möglich, den Verlauf der Kämpfe im einzelnen nachzuzeichnen. Aus den Momentaufnahmen, die erhaltene Papyri geben, gewinnt man den Eindruck einer das ganze Land erfassenden blutigen Orgie der Verwüstung. Die römischen Truppen mußten gegen die Juden eingesetzt werden. In einem Edikt des Vizekönigs von Ägypten, Marcus Rutilius Lupus, vom 13. Oktober 115 wird Bezug auf eine Schlacht zwischen Juden und Römern genommen. Die Römer konnte nicht verhindern, daß die Juden auf dem flachen Land zunächst die Oberhand gewannen und die Griechen in Massen nach Alexandrien flüchteten. Dort freilich unterlagen die Juden, und es heißt, daß sie im Kampf besiegt und aufgerieben wurden. Ein weiteres Schreiben aus der zweiten Hälfte des Jahres 116 erwähnt einen jüdischen Sieg im Distrikt von Hermoupolis und die Ankunft einer zweiten von Rutilius nach Memphis beorderten Legion. Den dramatischsten Erlebnisbericht verdanken wir dem eben erwähnten Historiker Appian, der vor den aufständischen Juden um sein Leben lief und mit knapper Not entkam. Er schreibt:

Als ich auf der Flucht vor den Juden während des in Ägypten ausgebrochenen Krieges war und mich auf dem Weg durch das Peträische Arabien zu einem Fluß(arm) befand, wo mich ein Boot erwartete, das mich nach Pelusion bringen sollte, führte mich zu nächtlicher Zeit ein Araber. Als ich schon glaubte, daß Boot sei nahe, da krächzte bei Morgengrauen eine Krähe, und der Mann rief erschreckt: ‹Wir haben uns verirrt.› Und als sie ein zweites Mal krähte, rief er: ‹Wir haben uns total verirrt.› Ich geriet in Panik und hielt Ausschau, ob nicht ein Wanderer zu sehen sei, doch ich sah niemanden – und es war ja noch ganz früh, und das in einem Lande, in dem Krieg herrschte. Als dann der Araber den Vogel zum dritten Mal krächzen hörte,

sagte er voller Freude: ‹Zu unserem Vorteil haben wir uns verirrt. Jetzt sind
wir auf dem (richtigen) Weg.› Ich mußte lachen, daß wir uns noch immer
an den Irrweg halten sollten, und war drauf und dran, mich selbst aufzuge-
ben; alles war ja voller Feinde, und es war mir nicht möglich, umzukehren
wegen der Leute in meinem Rücken, vor denen ich die Flucht angetreten
hatte. So lieferte ich mich in meiner Ratlosigkeit der Prophezeiung (des Ara-
bers) aus und ging mit. Während ich mich in dieser Verfassung befand, zeig-
te sich unverhofft ein anderer Fluß(arm), der Pelusion ganz nahe lag, sowie
eine vorüberfahrende Triere. Auf ihr fand ich Aufnahme und wurde so geret-
tet. Das Boot aber, das mich an dem anderen Fluß(arm) erwartete, war eine
Beute der Juden geworden.

(Fragment 19 aus dem 24. Buch der «Römischen Geschichte»)

Traian sah sich schließlich gezwungen, einen seiner besten Generäle mit einer
Flotte und neuen Truppen nach Ägypten zu schicken. Wie der Kirchenhistoriker Eusebios zu berichten weiß, mußte Marcius Turbo einen langwierigen
Vernichtungskrieg führen, um des Aufstandes Herr zu werden: «Dieser (Marcius Turbo) stand den Krieg in vielen Kämpfen, die sich lange hinzogen,
durch und vernichtete Zehntausende von Juden nicht nur aus Kyrene, sondern auch aus Ägypten, die sich zusammen mit Lukas, ihrem König, erhoben
hatten» (Kirchengeschichte IV, 2,4). Im Herbst 117 war alles vorüber. Nun
begannen die Feststellung der angerichteten Schäden und die Arbeiten zu
ihrer Behebung. Am 28. November richtete ein Verwaltungsbeamter, der Gau-
stratege Apollonios von Apollinopolis-Heptakomias ein Gesuch an den Vizekönig von Ägypten und bat um Urlaub, «weil wegen des Angriffs der gottlosen Juden praktisch alles, was ich in den Dörfern des Gaus von Hermoupolis
und in der Metropole besitze, meiner Aufmerksamkeit bedarf» (Tcheriko-
ver/Fuks, Corpus Papyrorum Iudaicarum 443). Nach Ausweis anderer Papyri
wurde jüdisches Eigentum konfisziert, und entsprechend der Schwere der
Kämpfe wurde die Erinnerung an den mühsamen und mit großen Opfern
erkämpften Sieg durch besondere Gedenktage wachgehalten, so in Oxyrhyn-
chos, wo noch im Jahre 199/200 n. Chr. eine Feier zum Gedenken des Sieges
über die Juden begangen wurde. Die jüdische Diaspora in Ägypten und in der
Kyrenaika hat sich von dem Ausrottungsfeldzug, den die aufständischen Juden
provoziert hatten, nie wieder erholt. Die wohlhabende, hellenistisch gebilde-
te Oberschicht in Alexandrien gab es nicht mehr, und wer von der Masse des
einfachen Volkes das Massaker überlebt hatte, war offenbar gezwungen, im

Verborgenen zu leben. Ein äußeres Indiz für diese Situation ist, daß im Unterschied zu der Zeit vor dem Aufstand der Jahre 115 – 117 so gut wie kein Papyrusfund, weder Privatbriefe noch Steuerquittungen und amtliche Schreiben, die Fortexistenz jüdischen Lebens auf dem flachen Land in Ägypten bezeugt. In Alexandrien hielten die Unruhen noch bis in das erste Regierungsjahr des Kaisers Hadrian (117/118 n. Chr.) an. Wie Eusebios berichtet, führte der Kaiser eine Strafaktion gegen die dort weiterhin im Aufstand befindlichen Juden durch (Chronik II, 164/165). Das letzte Zeugnis betrifft Übergriffe der griechischen Bürgerschaft gegen die jüdische Minderheit und findet sich in einem Edikt eines hohen römischen Beamten, vermutlich des Vizekönigs, in dem die griechischen Alexandriner beschworen werden, von den gegen Juden gerichteten Mordaktionen abzulassen. Begangen wurden sie von Sklaven einflußreicher Griechen, die es vorzogen, im Hintergrund zu bleiben, aber die Fäden zogen und materielle Beihilfe leisteten. Der Text, der auf das 19. Jahr eines Kaisers (sein Name ist nicht erhalten, vermutlich handelt es sich um Hadrian), prangert die Selbsthilfe an, die nach dem Ende von Kämpfen gegen aufrührerische Juden von griechischer Seite geübt wurde: «Irgendeine Rechtfertigung konnte es vielleicht vor dem Kampf der Römer gegen die Juden geben. Jetzt aber sind das nichtige Gesichtspunkte, die (übrigens) auch schon vorher nicht zugelassen waren» (Papiri della Università di Milano, ed. A. Vogliano, II, 47, Col. III, 24 – IV, 3). Mit anderen Worten: Die römische Administration konnte auch nach dem Ende der von ihr durchgeführten Befriedungsaktion nicht verhindern, daß die Griechen durch einen von ihnen inszenierten Mordfeldzug Rache an den Besiegten nahmen.

Auf Zypern, wo sich die Juden im Jahre 116 erhoben hatten, war Salamis das Zentrum der von ihnen angerichteten Verwüstung. Als Führer des Aufstandes wird ein gewisser Artemion genannt. Vermutlich war auch er einer der messianischen Könige, die sich berufen fühlten, das große Endgericht an den Heiden zu vollziehen. Eusebios berichtet zum 19. Regierungsjahr Traians, daß die Juden Salamis angriffen, alle Griechen, deren sie habhaft wurden, töteten und die Stadt bis auf die Fundamente zerstörten. Traian mußte auch hierher Truppen schicken, die den Aufstand niederwarfen – eine Inschrift erwähnt einen Militärtribunen, der eine nach Zypern abgeordnete Marschabteilung der siebten Legion kommandierte (Dessau, Inscriptiones Latinae Selectae, 9491). Der Radikalität der Aufständischen entsprach die Reaktion der Sieger: Die alte, aus der Zeit der Ptolemäerherrschaft stammende jüdische Diaspora wurde vernichtet. Cassius Dio schreibt, daß allen Juden mit Androhung der Todesstrafe untersagt wurde, die Insel zu betreten, und, wenn einer von einem Sturm genötigt dort landete, auf der Stelle getötet wurde.

Dem Aufstand, der in Mesopotamien während des Partherfeldzugs Traians im Jahre 116 n. Chr. ausgebrochen war, schloß sich, wie bereits erwähnt, auch die jüdische Diaspora im Lande an. In der so entstandenen gefährlichen Lage beauftragte Traian den maurischen Prinzen Lusius Quietus, einen ebenso rücksichtslosen wie fähigen Kavalleriegeneral, die Provinz von den Insurgenten «zu reinigen», wie es heißt. Lusius Quietus folgte der Instruktion wortwörtlich und befriedete Mesopotamien mit barbarischer Grausamkeit. Die so bewiesene Effizienz war der Grund, daß Traian ihn anschließend nach Judäa abordnete. Auch dort muß die Gefahr einer Erhebung bestanden haben. Spartian, der Biograph Hadrians, weiß zu berichten, daß sich zu Beginn der Regierungszeit des Kaisers (117/118 n. Chr.) ein rebellischer Geist in der Kyrenaika und in Palästina breitmachte. Gesichert ist, daß nach Judäa Truppen verlegt wurden. Eine in Jerusalem gefundene Weihinschrift, gesetzt von einer Abteilung der dritten Legion, die den Beinamen «die Kyrenäische» führte, ist der Beweis, daß Traian in seinem letzten Lebensjahr die Truppe zur Verstärkung der dort stationierten zehnten Legion nach Jerusalem geschickt hatte. Hadrian stationierte zu Beginn seiner Regierungszeit eine weitere Legion, die sechste, die «Eiserne», in der kleinen Provinz, die damit in den Rang einer konsularischen erhoben wurde. Das heißt, daß die Statthalter der Rangklasse der ehemaligen Konsuln entnommen wurden. Hinzu kam eine erhebliche Verstärkung der Auxiliareinheiten. Nach einer neueren Schätzung, die sich der Angaben der Militärdiplome bedient, standen 15 oder 17 Einheiten im Lande. Diese Konzentration von Militär bewirkte zunächst, daß es im Unterschied zu Ägypten, der Kyrenaika, zu Zypern und Mesopotamien in Judäa zumindest äußerlich ruhig blieb.

Aber so sollte es nicht bleiben. Im Jahre 132 n. Chr. brach der sogenannte Bar Kochba-Aufstand los, dessen die Römer nur mit Mühe und unter hohen Verlusten in mehr als dreijährigen Kämpfen Herr werden konnten. Im Unterschied zu dem Großen Krieg der Jahre 66 – 70 hat der Bar Kochba-Aufstand keinen Historiker gefunden, der wie Josephus einen authentischen Einblick in die Vorgänge auf jüdischer Seite vermitteln könnte, und auch die Schilderung, die der römische Historiker Cassius Dio zu Beginn des dritten Jahrhunderts gegeben hat und die nur in einem Auszug aus dem elften Jahrhundert vorliegt, fällt gemessen an Josephus' Darstellung des Jüdischen Krieges sehr summarisch aus. Doch erfährt sein Bericht wertvolle Ergänzungen durch dokumen-

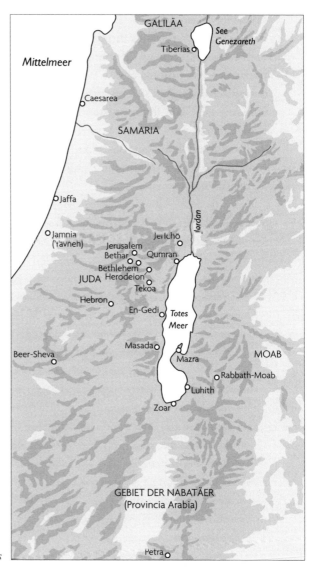

Palästina zur Zeit Bar Kochbas

tarisches Material, Münzen, Inschriften und Papyri. Letztere gewähren vor allem durch die sensationellen Funde, die in den sechziger Jahren des vorigen Jahrhunderts in den Höhlen am Toten Meer entdeckt worden sind, einen direkten Zugang zur Person von Bar Kochba, dem messianischen Führer des Aufstandes und, wie er in den Dokumenten und auf Münzen genannt wird,

«Fürsten (Nasi) Israels». In jüngster Zeit haben ein wichtiger Neufund, die Reste der Inschrift eines monumentalen Triumphbogens, den Senat und Volk dem Kaiser Hadrian zwölf Kilometer südlich von Skythopolis errichten ließen, und eine zusammenfassende neue Auswertung von älterem, längst bekanntem Inschriftenmaterial zu Ergebnissen geführt, die unsere Kenntnis vom Umfang des von dem Aufstand betroffenen Gebietes und der römischen Kriegsanstrengungen erheblich erweitert haben.

Trotzdem bleibt der Basistext, von dem auszugehen ist, der Bericht des Cassius Dio in der verkürzten Fassung bei Xiphilinos. Er soll zunächst hier im Wortlaut zitiert werden:

Als Hadrian in Jerusalem eine Stadt anstelle der zerstörten gründete, die er Aelia Capitolina nannte, und auf dem Platz des Tempels Gottes einen anderen für Iuppiter errichtete, entstand ein bedeutender und langdauernder Krieg. Die Juden hielten es für unerträglich, daß Fremdstämmige in ihrer (Heiligen) Stadt angesiedelt und fremde Kulte nach dort verpflanzt werden sollten. Solange sich Hadrian nun in Ägypten und dann wieder in Syrien aufhielt, blieben sie ruhig, abgesehen davon, daß sie mit Absicht die Waffen, die ihnen zu liefern auferlegt war, in schlechter Qualität anfertigten, damit sie sich ihrer, wenn sie zurückgewiesen wurden, bedienen könnten. Als aber Hadrian sich weiter entfernte, erhoben sie sich in aller Offenheit. Zwar wagten sie nicht, in offenem Kampf den Römern gegenüberzutreten, sondern sie besetzten auf dem Lande günstige Positionen und machten daraus befestigte Plätze mit unterirdischen Gängen und Mauern, damit sie, falls sie in Bedrängnis gerieten, eine Zuflucht besäßen und sie unbeobachtet unter der Erde zueinander kommen könnten, und sie trieben von oben Schächte zu den unterirdischen Gängen, damit diese Luft und Licht empfingen.

Anfangs merkten die Römer davon nichts. Aber als ganz Judäa in Bewegung geriet und die Juden sich überall im Land erhoben und zusammenrotteten und den Römern teils im verborgenen, teils auch ganz offen ihre feindselige Haltung vielfach unter Beweis stellten und sich ihnen aus Beutegier auch Nichtjuden anschlossen und sozusagen die ganze Welt in Bewegung geriet, da endlich schickte Hadrian seine tüchtigsten Generäle gegen sie. Von ihnen war der vorzüglichste Iulius Severus, der von Britannien aus, wo er Statthalter war, gegen die Juden entsandt wurde. Nirgendwo wagte er, sich den Feinden in offenem Kampf gegenüberzustellen, denn er erkannte ihre große

Zahl und ihre Kampfentschlossenheit, sondern er nahm sie sich einzeln vor, gestützt auf die große Zahl seiner Soldaten und Unterführer, indem er sie von der Nahrungsmittelzufuhr abschnitt und sie einschloß. So war er in der Lage, sie auf verhältnismäßig langsame, aber auch vergleichsweise ungefährliche Weise aufzureiben und zu vernichten. Tatsächlich überlebten nur wenige von ihnen. Fünfzig ihrer befestigten Plätze, um nur die bedeutendsten zu zählen, und 985 der namhaftesten Dörfer wurden bis auf den Grund zerstört. 580000 Menschen wurden bei den einzelnen Expeditionen und Kämpfen niedergemacht. Die Zahl der durch Hunger, Krankheit und Feuer Umgekommenen war nicht zu ermitteln.

So wurde beinahe ganz Judäa zu einer Einöde gemacht, wie es ihnen auch in gewisser Weise angekündigt worden war. Denn das Grab des Salomon, das sie als einen ihrer heiligen Orte verehren, war von alleine eingestürzt und zusammengefallen, und viele Wölfe und Hyänen waren heulend in ihre Siedlungen eingefallen. Doch auch viele Römer kamen in diesem Krieg um. Dies war der Grund, warum Hadrian in einem Schreiben an den Senat sich nicht der bei den Kaisern üblichen Eingangsformel bediente: ‹Wenn ihr selbst und eure Kinder wohlauf seid, ist es gut, ich selbst und das Heer sind wohlauf›.
(Cassius Dio, Römische Geschichte LXIX, 12 – 14,3)

Der Text benennt als Anlaß des Aufstandes die Gründung einer römischen Kolonie mit dem Namen Aelia Capitolina in Jerusalem und die Einführung paganer Riten an dem Platz, der für die Juden das größte Heiligtum war, weil dort Gott selbst auf dem Berg Zion seine Wohnung genommen hatte. Daß diese neue Provokation die Lunte an das Pulverfaß legte, ist ohne weiteres begreiflich. Um so bemerkenswerter ist das überlegte Vorgehen auf jüdischer Seite. Die Juden organisierten den Aufstand von langer Hand. Der Beschluß zur Gründung von Aelia Capitolina fällt in die Zeit des kaiserlichen Besuchs in der Provinz Judaa, das heißt in das Jahr 130 n. Chr., und aller Wahrscheinlichkeit nach ist der eigentliche Gründungsakt, das Ziehen der heiligen Furche um das geplante Stadtareal, kurze Zeit später durch den konsularischen Statthalter der Provinz Tineius Rufus erfolgt. Das Ereignis ist sogar in einer speziellen Münzprägung festgehalten. Die Juden reagierten darauf nicht mit einer spontanen Massenerhebung, die nach menschlichem Ermessen angesichts der starken römischen Militärpräsenz keine Chance besessen hätte. Statt dessen wurden auf die im zitierten Text beschriebene Weise Waffen gesammelt und das judäische Gebirge mit befestigten unterirdischen Stellungen überzogen, die eine Kommunikation zwischen den einzelnen Stützpunkten erlaubten. Diese Vorbereitungen dauerten bis in das Jahr 132 n.Chr., so lange, wie sich der Kaiser in der Nähe des bereits unterirdisch schwelenden Brandherds Judäa aufhielt. Die Tarnung scheint perfekt gelungen zu sein.

Wesentliche Gründe für das Gelingen der Vorbereitung waren auf römischer Seite eine Sorglosigkeit, die sich aus dem Bewußtsein der militärischen Überlegenheit speiste, und auf jüdischer ein hohes Maß an Selbstdisziplin, souveräner Planung und Führungsstärke. Cassius Dio erwähnt den Anführer der rebellischen Juden nicht. Aber wir wissen aus anderen Quellen, daß es einer der Messiasprätendenten war, die in der Geschichte des Landes seit dem Tod Herodes' des Großen schon so oft eine verhängnisvolle Rolle gespielt hatten. Sein Name Bar Kochba bedeutet «Sternensohn» und leitet sich aus der messianischen Deutung der Prophezeiung in Numeri 24,17 her. Der Hintergrund dieser Namensgebung wird im Talmud so erläutert: «Raban Simeon Ben Jochai lehrte: Mein Lehrer Aqiva legte [Numeri 24,17] ‹Ein Stern tritt hervor aus Jakob› so aus: Kozeba … tritt hervor aus Jakob. Raban Aqiva sagte nämlich, als er Bar Kozeba …. sah: Dieser ist der König Messias. Da sagte Raban Yohanan Ben Torta zu ihm: Aqiva, Gras wird aus deinen Kinnbacken sprossen, und der Sohn Davids wird immer noch nicht erschienen sein» (y Tam 4,8, fol. 68d).

Bronzemünze des Jahres 1 des Bar Kochba-Aufstandes (132/133 n. Chr.)

Vs.: Palmbaum mit zwei Datteltrauben. Die Aufschrift lautet «Simeon Fürst von Israel»

Rs.: Weinblatt auf Stengel. Die Aufschrift lautet «Erstes Jahr der Befreiung Israels» (Meshorer II, 265 Nr. 5 mit Pl. 20)

Tetradrachme aus dem Jahr 2 des Bar Kochba-Aufstandes (133/34 n. Chr.)

Vs.: Tempelfassade, zwischen den mittleren Säulen die Bundeslade, über dem Tempel ein Stern, das messianische Zeichen. Die Aufschrift lautet «Jerusalem»

Rs.: Feststrauß mit Zitrusfrucht links. Die Aufschrift lautet «Zweites Jahr der Erlösung Israels» (Meshorer II, 267 Nr. 13 mit Pl. 21)

Tetradrachme aus der Zeit des Bar Kochba-Aufstandes (undatiert)

Vs.: Tempelfassade wie auf der vorigen Münze, mit der Aufschrift «Simeon»

Rs.: Feststrauß wie auf der vorigen Münze. Die Aufschrift lautet «Erlösung Jerusalems» (Meshorer II, 272 Nr. 51 mit Pl. 25)

Die Namensform Kozeba bedeutet «Lügensohn» und reflektiert bereits die Erfahrung, daß auch dieser Messias sich als ein falscher erwiesen hatte. Nach der Niederschlagung des Aufstandes waren alle klüger geworden, aber als unter Bar Kochbas Führung das Volk sich zum endzeitlichen Kampf gegen das letzte der vier Weltreiche, das römische, erhob, da begrüßte auch eine geistliche Autorität wie Aqiva den Führer des Aufstandes als den König Messias. So wenigstens wird es erzählt. Übrigens sind beide Namensformen, Bar Kochba und Bar Kozeba, ein Wortspiel mit dem richtigen Namen des Mannes, den die dokumentarische Überlieferung erhalten hat. Der letzte König Messias hieß Simon Bar Kosiba. Wahrscheinlich ist der letzte Namensbestandteil ein Patronym, das dann zu den obengenannten Deutungen «Sternensohn» und «Lügensohn» einlud.

Nach Ausweis der von den Aufständischen geprägten Münzen und der am Toten Meer gefundenen Dokumente trug Bar Kochba den offiziellen Titel «Fürst (Nasi) Israels». Schon in der Zeit des babylonischen Exils taucht bei dem Propheten Ezechiel dieser Titel in einem eschatologisch-messianischen Kontext auf, und bezeichnenderweise heißt dort der endzeitliche David gleichzeitig und gleichbedeutend König und Fürst: «Und mein Knecht David wird ihr König sein und der einzige Hirte für sie alle. Und sie werden nach meinen Geboten leben und meine Gesetze achten und erfüllen. Und sie werden in dem Land wohnen, das ich meinem Knecht Jakob gegeben habe und in dem ihre Väter gewohnt haben, und mein Knecht David wird für immer ihr Fürst sein» (Ezechiel 37,24 – 25). So verbindet ein geistiges Band den letzten Versuch einer Wiederherstellung Israels mit den Prophezeiungen, die der Restauration des Tempels und der Rückkehr aus der babylonischen Gefangenschaft vorausgingen. Welche endzeitlichen Erwartungen sich im ersten Jahrhundert n. Chr. mit einem künftigen Fürsten Israels verbanden, zeigen die in Qumran gefundenen sogenannten Segensformeln. Es heißt dort:

> *(Es) er(hebe di)ch der Herr zu ewiger Höhe,*
> *und wie einen star(ken) Turm auf hochragender Mauer,*
> *auf daß du (die Völker) mit der Kraft deines (Mu)ndes sch(lägst)*
> *und mit deinem Szepter die Erde verwüstest,*
> *mit der Gewalt deiner Lippen die Frev(ler) tötest, ...*
> *Er mache deine Hörner eisern*
> *Und deine Hufe ehern,*
> *du sollst stoßen wie ein Jungstier ...*

(und die Völ)ker (zertreten) wie Straßenkot,
denn Gott hat dich zur Zuchtrute der Herrscher bestellt …
(und alle Na)tionen werden dir dienen.
(1 Q Sb 5,23 – 28 in der Übersetzung von J. Maier)

Unter dem messianischen Führer Bar Kochba wurde der Krieg gegen Rom, wie die von den Aufständischen geprägten Münzen zeigen, für die «Erlösung» und die «Befreiung» Israels geführt. Sowohl die Legenden als auch die Abbildungen der Münzen belegen, daß die Wiedergewinnung der Heiligen Stadt Jerusalem und die Wiederaufnahme des Opferkultes in einem erneuerten Tempel das Ziel waren, für das gekämpft wurde. Die Münzen zeigen Motive, die dem Tempelkult entlehnt sind: Feststrauß, Trompete, Leier und Krug. Insbesondere die Abbildung der Tempelfassade mit dem Stern, der aus Jakob aufgeht, spricht für sich selbst, und dazu fügt sich aufs beste, daß in den Legenden neben dem Fürsten Simon (Bar Kochba) ein Priester namens Eleazar genannt wird. Vielleicht ist damit zum Ausdruck gebracht, daß die Befreiung und Erlösung das Werk von zwei messianischen Gestalten ist, dem königlichen und dem priesterlichen Messias, von dem auch in der Gemeinderegel von Qumran oder in der sogenannten Damaskusschrift die Rede ist. Wie dem auch sei: Die Verknüpfung von Befreiung und Erlösung, der Vertreibung der

Überprägter Denar aus der Zeit des Bar Kochba-Aufstandes (undatiert)

Vs.: In einem aus neun mantelförmigen Gliedern bestehenden Kranz steht in althebräischen Buchstaben die Abkürzung für Simeon (Bar Kochba)

Rs.: Kannelierter Krug mit einem Henkel, rechts Palmzweig. Die Aufschrift lautet «Eleazar der Priester» (BMC 2)

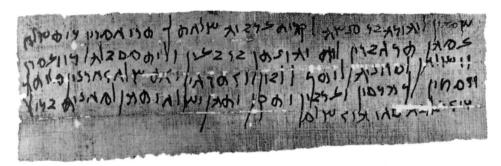

Brief Bar Kochbas mit dem Befehl, ihm Palmzweige, Zitronen, Myrten und Weiden für das Laubhüttenfest in sein Feldlager zu schicken.

Römer und der Errichtung der Gottesherrschaft im Heiligen Land gab dem Aufstand die elementare Kraft der unbedingten, das eigene Leben dem Willen Gottes hintanstellenden Kampfbereitschaft.

Für eine strenge religiöse Ausrichtung des Aufstandes spricht auch die christliche Überlieferung. Nach ihr hat Bar Kochba die Christen in seinem Herrschaftsbereich streng bestraft, wenn sie nicht Jesus verleugneten. Das paßt zu dem messianischen Anspruch des Fürsten Israels. In seiner Sicht verehrten die Christen einen falschen Messias, und deshalb verfielen sie der Bestrafung von Häretikern, und das um so mehr, als sie sich dem Kampf gegen die Römer verweigerten.

Die Papyrusfunde vom Toten Meer bezeugen, daß Bar Kochba und die Seinen auch in der Bedrängnis des Krieges auf strenge Einhaltung der kultischen Vorschriften der Thora achteten. In einem seiner Briefe befahl er einem seiner Untergebenen, die sogenannten «Vier Arten», die beim Laubhüttenfest gebraucht wurden, Palmzweige, Zitronen, Myrten und Weiden, von Qiryath Aravaya, dem «Dorf der Weiden» nordwestlich von Tekoa, in sein Feldlager zu liefern. Der Brief ist in aramäischer Sprache geschrieben und lautet in Übersetzung:

> *Simon an Yehuda Bar Menashe in Qiriath Aravaya. Ich habe euch zwei Esel gesandt, damit ihr sendet mit ihnen zwei Mann an Yehonathan Bar Be'ayan und Massabal, damit sie packen und senden in das Lager, zu euch, Palmzweige, und ihr aus eurem Ort, sendet andere, die euch Myrten bringen sollen und Weiden. Seht zu, daß sie zubereitet werden [das heißt, daß vor der Absendung der von der Thora vorgeschriebene Zehnte zugunsten der Prie-*

ster abgeführt wird] und sendet sie in das Lager. (Die Forderung wird gemacht), da das Heer groß ist. Gehabt euch wohl.»

Die Ausführung dieses Befehls verzögerte sich offenbar. So erklärt es sich am ehesten, daß der Brief Bar Kochbas zwei weitere von nachgeordneten Befehlshabern in derselben Sache nach sich zog. Die Verfasser waren keine Juden und verfügten auch über niemanden, der in der Lage gewesen wäre, hebräisch beziehungsweise aramäisch zu schreiben. Deshalb sind beide in griechischer Sprache verfaßt, und auch darin zeigt sich die nichtjüdische Herkunft der Verfasser, daß das Lager Bar Kochbas als das Lager der Juden bezeichnet wird. Beide Briefe sind eine willkommene Bestätigung der Nachricht des Cassius Dio, daß sich dem jüdischen Aufstand auch Nichtjuden «aus Beutegier», wie es heißt, angeschlossen hatten.

Cassius Dio spricht auch davon, daß, indem sich Fremdstämmige dem jüdischen Aufstand anschlossen, sozusagen die ganze Welt in Bewegung geriet. Das mag übertrieben sein, hat aber, wie wir seit kurzem wissen, durchaus einen wahren Kern. Zumindest darf jetzt als gesichert gelten, daß das vom Aufstand erfaßte Gebiet nicht identisch ist mit dem durch Münz- und Dokumentenfunde beziehungsweise durch Ortsangaben in den Dokumenten bezeichneten Territorium, dem jüdischen Bergland südlich von Jerusalem bis zum Westufer

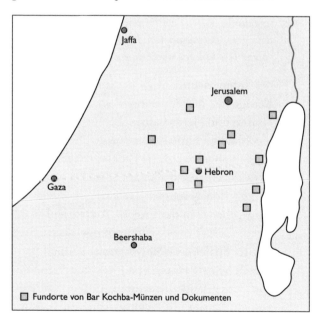

Der Kernraum des Bar Kochba-Aufstandes

☐ Fundorte von Bar Kochba-Münzen und Dokumenten

Brief des Bar Kochba, gefunden in der Briefhöhle von Wadi Murabba'at
Die Übersetzung lautet (nach Bardtke): «Von Shim'on Ben-Kosiba an Jeshu'a Ben-Galgula
und an die Männer der Festung. Frieden! Ich rufe den Himmel zum Zeugen an wider mich,
daß, wenn irgendeiner von den Galiläern, die ich gerettet habe, Schaden erleiden sollte, ich
eiserne Fesseln legen werde an eure Füße, gleichwie ich es getan habe mit Ben-Aphlul.»

des Toten Meeres. Soviel scheint jedoch ebenfalls richtig zu sein, daß dies das Kerngebiet des Aufstandes war, in dem der Fürst Israels sich lange halten konnte und Herrschaftsrechte ausübte, indem er Land verpachten ließ und so regelmäßige Einnahmen bezog. Die Papyrusfunde haben uns auch in seinem Namen abgeschlossene Pachtverträge erhalten. Jenseits dieses Kernraumes erfaßte der Aufstand aber auch Galiläa – in einem seiner Briefe spricht Bar Kochba von den geretteten Galiläern – sowie die Peripherie des jüdischen Siedlungsgebietes in der Provinz Arabia und wohl auch in Syrien. Dafür sprechen das in Gestalt eines Triumphbogens errichtete Siegesmonument in der Nähe des Tel Shalem, zwölf Kilometer südlich von Skythopolis, und die dokumentarisch belegte Flucht von zwei jüdischen Frauen aus der Provinz Arabia in das vom Krieg lange verschonte Gebiet am Westufer des Toten Meeres – beide Frauen, Babata und Salome Komaise, hatten auf ihrer Flucht ihre inzwischen entdeckten und publizierten Hausarchive mit wichtigen Papieren in ihre letzten Zufluchtsorte, die Höhlenverstecke von Murabba'at und Nahal Hever, mitgenommen. Daß der jüdische Aufstand auch außerhalb seines Kerngebietes bekämpft werden mußte, zeigt die Tatsache, daß die Statthalter von Syrien und Arabien, Publicius Marcellus und Haterius Nepos, bei seiner Niederschlagung an herausragender Stelle mitwirkten. Zusammen mit Iulius Severus, dem Oberkommandierenden auf dem Hauptkriegsschauplatz in Judäa, empfingen sie am Ende des Kriegs von Hadrian die sogenannten *ornamenta triumphalia*, die höchste Auszeichnung, die der Inhaber eines selbständigen Kommandos aus dem Senatorenstand in der Kaiserzeit erhalten konnte. Die drei erwähnten Statthalter waren also die besten gegen die Juden von Hadrian eingesetzten Generäle, von denen Cassius Dio spricht und von denen er nur Iulius Severus namentlich nennt. Entsprechend groß war die Streitmacht, die in den Provinzen Judäa, Syrien und Arabien zur Bekämpfung des Aufstandes konzentriert wurde. Insgesamt wird mit der Anwesenheit von zwölf bis dreizehn Legionen, die teils in voller Stärke, teils in Gestalt von abgeordneten Marschabteilungen eingesetzt wurden, sowie mit Auxiliarverbänden in entsprechender Stärke gerechnet. Dies würde bedeuten, daß im Laufe der Zeit etwa ein Viertel des römischen Heeres, wenn nicht ständig, so doch sukzessive auf dem jüdischen Kriegsschauplatz gekämpft hat.

Bethar, die letzte von Bar Kochba verteidigte Festung.
Grundriß der Festung von Bethar
A = Römischer Belagerungswall
B = Zitadelle von Bethar
C = Burggraben
D = Sturmrampe
E = Bittir (heutiges Dorf)

Diese starke Truppenkonzentration erklärt sich nicht allein aus der Ausdehnung des Aufstandes über die Grenzen seines Kerngebietes hinaus, sondern auch und vor allem mit der Kampfesweise, die Bar Kochba den Römern in Judäa selbst aufzwang. Das Land war, wie Cassius Dio berichtet, mit kleinen Festungen und unterirdischen Verstecken überzogen, und so mußte Iulius Severus eine große Zahl von Soldaten und Unterführern einsetzen, um die einzelnen Widerstandsnester zu isolieren, auszuhungern und einzunehmen. Da aber die jüdischen Gotteskrieger mit Todesverachtung fanatisch kämpften, erlitten auch die Römer große Verluste. Wahrscheinlich wurde sogar eine ganze Legion, die 22. mit dem Beinamen «die Deiotorianische», so stark dezimiert, daß sie aufgelöst werden mußte. Sie ist ähnlich wie die drei unter Quintilius Varus im Teutoburger Wald vernichteten nie wieder aufgestellt worden. Cassius Dio hat deutlich gemacht, daß die Römer einen Vernichtungskrieg führten, und die talmudische Überlieferung hat das Schreckensszenario später weiter ausgemalt und es so der Erinnerung des jüdischen Volkes eingeprägt. Wie dieser Ausrottungskrieg geführt wurde, mag man an den beiden kleinen römischen Lagern ersehen, die am Toten Meer südwestlich von Engedi bei Nahal Hever oberhalb der Briefhöhle und der Geierhöhle den Eingeschlossenen keine Chance des Entkommens ließen.

Die bei der Erforschung der Höhlen entdeckten Briefe Bar Kochbas zeigen den Fürsten Israels als einen militärischen Führer, der zuerst glaubte, mit den Römern, wie er sich ausdrückte, fertig zu werden, und der dann in bereits aussichtsloser Lage mit drakonischen Strafmaßnahmen die Fortsetzung des Kampfes erzwingen wollte. Er geißelte den Schlendrian in der Etappe von Engedi und machte den Verantwortlichen bittere Vorwürfe:

> Von Simon Bar Kosiba an die Männer von Engedi, an Massabal und an Yehonathan Bar Be'ayan, Frieden. Behaglich sitzt ihr, esset und trinkt vom Eigentum des Hauses Israel und kümmert euch nicht um eure Brüder.

Und in einem seiner letzten Briefe, von dem ein kleines Fragment erhalten ist, schrieb er, das nahende Ende vor Augen:

> … bis zum Ende…
> … sie haben keine Hoffnung…
> … meine Brüder im Süden…
> … von ihnen fielen durch das Schwert…
> … diese meine Brüder…

Kupfermünze auf die Gründung der römischen Kolonie Aelia Capitolina in Jerusalem
(geprägt zwischen 132 und 138 n. Chr.)

Vs.: Kopf Hadrians nach rechts

Rs.: Ochsengespann nach rechts. Die Umschrift lautet «COL(onia) AEL(ia) KAPIT(olina) COND(ita)» = Auf die Gründung der Kolonie Aelia Capitolina (British Museum Coins Palestine, 82 Nr. 2). Das Ochsengespann symbolisiert den Gründungsakt der Kolonie: Durch Ziehung der heiligen Furche, des Pomeriums, wurde der befriedete Binnenraum der Stadt von der Außenwelt geschieden. Die religiöse Zeremonie geht auf die Etrusker zurück.

Das Ende kam im Jahre 135 n. Chr. Die Römer schlossen Bar Kochba in der Bergfestung von Bethar mit einem Belagerungswall von etwa vier Kilometern Länge ein und erstürmten das Festungsplateau über eine von ihnen errichtete Sturmrampe. Bar Kochbar fiel nicht lebend in ihre Hände.

Der Vernichtungskrieg, den die Römer in Judäa führten, um des Aufstandes Herr zu werden, brachte der jüdischen Bevölkerung in ihrem Kernland schwere Verluste und hinterließ einen Zerstörungshorizont, der die Wirtschaftskraft und damit die Lebensgrundlage der verbleibenden Bevölkerung schwer in Mitleidenschaft gezogen haben muß. Cassius Dio vermittelt davon einen sicherlich zutreffenden Eindruck, auch wenn die von ihm genannten

Klagemauer

absoluten Zahlen wie üblich Anlaß zu Zweifeln bieten. Zusätzlich zu den Verlusten an Menschenleben trat die Massenversklavung von Überlebenden. Der Kirchenvater Hieronymus überliefert in seiner Chronik, daß damals das Überangebot an jüdischen Sklaven einen Preissturz bewirkte. Jerusalem wurde nach dem Krieg als Aelia Capitolina neu aufgebaut (ob die Ruinenstadt während des Aufstandes zumindest zeitweise in die Hände Bar Kochbas gefallen war, steht dahin). Die tiefe Schlucht zwischen dem östlichen und westlichen Stadthügel wurde mit dem Schutt der zerstörten alten Stadt aufgefüllt und auf dem so planierten Stadtareal das Straßennetz entworfen, das bis zum heutigen Tag die Struktur der Altstadt von Jerusalem bestimmt. Westlich vom Bezirk des alten Heiligtums erhob sich der Tempel des Capitolinischen Iuppiter, auf dem weiten Platz des ehemals jüdischen Tempelareals wurden das Standbild des Stadtgründers Hadrian und eine weitere, für uns nicht identifizierbare Statue aufgestellt. Das Chronikon paschale nennt einige der öffentlichen Bauten, die das römisch-hellenistische Aelia Capitolina schmückten, so zwei Bäder, das Theater, das Kapitol, das Tetranymphon, das Dodekapylon und anderes. Die Bevölkerung bildeten neben Veteranen der römischen Armee Syrer und Phönizier, Juden waren ausgeschlossen. Sie durften die Stadt und ihr Territorium bei Androhung der Todesstrafe nicht betreten. Nur am 9. Ab, dem Tag der Zerstörung des Tempels, war ihnen später erlaubt, an dem erhaltenen Teil seiner Umfassungsmauer, der sogenannten Klagemauer, den Verlust des Tempels und der Heiligen Stadt zu beklagen. Nicht nur der Name Jerusalem, sondern auch der des Heiligen Landes wurde getilgt. Die Provinz hieß nicht mehr Judäa, sondern Palaestina Syria. Sie blieb weiterhin mit einer unverhältnismäßig großen Besatzung belegt, mit zwei Legionen, der zehnten, Fretensis, und der sechsten, «der Eisernen». Stationiert waren sie in Jerusalem und in Kaparkotnei. Hinzu kamen noch zahlreiche Auxiliareinheiten.

An den Juden haftete weiterhin der Generalverdacht, gefährliche Unruhestifter zu sein. Als Kaiser Marc Aurel auf der Reise nach Ägypten im Jahre 175 n. Chr. durch Palästina kam, soll er angesichts der aufrührerischen Gesinnung der Juden ausgerufen haben: «Ach ihr Markomannen, Quaden und Sarmaten, endlich habe ich Leute gefunden, die noch aufsässiger sind als ihr» (Ammianus Marcellinus, Römische Geschichte XXII, 5, 5). Auch der Philosoph auf dem Kaiserthron sah nur die Seite des jüdischen Problems, die der herrschenden Macht Probleme bereitete, den Wahnsinn todesbereiter Gotteskrieger, die Gefährlichkeit des Messianismus und die Aufsässigkeit eines schwer gedemütigten Volkes. Woher dies alles rührte, war ihm wohl ebenso unzugänglich wie allen anderen Repräsentanten Roms. Für die religiösen Wurzeln und für das schwere Los der geschlagenen Juden besaßen sie, soweit wir es beurteilen können, kein Verständnis. Die Herren der Welt waren an der Aufrechterhaltung von Ruhe und Ordnung interessiert, und das hieß: Sie begnügten sich mit passivem Gehorsam und überließen es den Unterworfenen, nach ihrer Fasson selig zu werden. Aus dieser Haltung erklärt es sich, daß sie bei allem Unverständnis der Motive, aus denen die jüdische Widersetzlichkeit hervorgegangen war, niemals den Gedanken faßten, die Juden, weil sie Juden waren, auszurotten oder die jüdische Religion zu vernichten. Damals war man ohnehin geneigt, altes Herkommen zu respektieren, auch wenn man es nicht verstand oder gar für verrückt hielt. Auch Tacitus, der im jüdischen Exkurs seiner Historien die Vorwürfe der paganen Umwelt gegen die Juden nachspricht, hat diesem Respekt klassischen Ausdruck verliehen. Aus der beschriebenen Einstellung erklärt es sich auch, daß die römische Administration nach dem Ende der Kämpfe bereit war, Juden gegen die Übergriffe der paganen Mehrheit zu schützen, wie es beispielsweise der Vizekönig von Ägypten tat, als er gegen die von einflußreichen Griechen organisierten Mordbanden einschritt, die nach dem Sieg der Römer auf eigene Faust den Krieg gegen die Juden fortsetzten.

In den Kontext einer den Juden feindlich gesinnten Umwelt gehört auch die talmudische Überlieferung von einer hadrianischen Verfolgung. Abgesehen davon, daß die betreffenden Berichte ein spätes und fortgeschrittenes Stadium der Literarisierung des historischen Geschehens repräsentieren, widerspricht die Vorstellung, daß ein römischer Kaiser dem Judentum durch das Verbot der Beschneidung, des Thorastudiums, der Sabbatheiligung sowie religiöser Symbole wie der Gebetsriemen, der Laubhütte oder des Chanukkaleuchters ein Ende bereiten wollte, vollständig der aus anderen Quellen bekannten römischen Herrschaftspraxis. Im Talmud ist wiederholt davon die Rede, daß bei Gefahr auf diese sichtbaren Zeichen der Zugehörigkeit zum Judentum im Interesse des Lebens Verzicht geleistet werden könnte und sollte. Eine derartige Gefahr ging nach Beendigung der Kriegshandlungen nicht von den römischen Oberherren aus, sondern von den judenfeindlichen Kreisen der paganen Bevölkerung, die ihr Mütchen an den verhaßten Juden kühlen wollten. Die Pogrome in Alexandrien, von denen oben mehrfach die Rede war, waren vermutlich nur die Spitze des Eisbergs. Man wird sich die Verhältnisse im Osten des Römischen Reiches in der Zeit unmittelbar nach den großen Aufständen wohl nach Analogie der gewalttätigen Ausschreitungen vorstellen müssen, wie sie auf dem indischen Subkontinent nach dem Rückzug der englischen Kolonialherren im Jahre 1946 an der Tagesordnung waren. Damals liefen Moslems Gefahr, niedergemetzelt zu werden, wenn sie an der Beschneidung als solche erkannt wurden.

Wenn auch die römischen Kaiser mit Ausnahme Caligulas gegen derartige Pogrome einschritten, so haben sie doch auf der anderen Seite versucht, eine der Hauptquellen der Konflikte zwischen Heiden und Juden trockenzulegen, indem sie die Beschneidung von Nichtjuden verboten. Die Unruhe, die in der Mehrheitsbevölkerung die Gewinnung von Proselyten auslöste, hatte schon Tiberius zu einem scharfen Vorgehen gegen die jüdische Gemeinde in Rom veranlaßt. Unter Domitian ist der Übertritt zum Judentum mit dem Tode bedroht worden – dies führte unter anderem zu Denunziationen, die eine schikanöse Eintreibung der Judensteuer bei den Denunzierten nach sich zogen. Schon Nerva, Domitians Nachfolger, hat diese Unwillen erregende Nebenwirkung der gegen die Gewinnung von Proselyten gerichteten Politik wieder beseitigt. Kaiser Hadrian erließ dann ein Beschneidungsverbot, und Spartian, sein Biograph, behauptet, daß dies den Bar Kochba-Aufstand ausgelöst habe. Das ist freilich wenig wahrscheinlich, denn das Beschneidungsverbot galt mit an Sicherheit grenzender Wahrscheinlichkeit nicht generell für Juden, sondern es diente lediglich der Verhinderung der Beschneidung von Nichtjuden. Dies geht aus einem Reskript seines Nachfolgers, Antoninus Pius, hervor, der auf Anfrage die offenbar schon bestehende Regel in einem konkreten Fall bekräftigte. Es heißt in dem entsprechenden Auszug in den Digesten: «Nach einem Reskript des Gottes (Antoninus) Pius ist den Juden nur die Beschneidung ihrer Söhne erlaubt. Wer sie an jemandem vollzieht, der nicht dieser Religionsgemeinschaft angehört, unterliegt der Strafe, die auf Kastration steht» (Digesten XXXXVIII, 8,11 pr.). Die Kastration war von Domitian unter die Straftatbestände der Tötungsdelikte und der Gefährdung der öffentlichen Sicherheit gestellt worden, die das Cornelische Gesetz des Diktators Sullas über Dolchmänner und Giftmörder definiert hatte. Hadrian dehnte die Todesstrafe auf die Beschneidung von Nichtjuden aus, und Antoninus Pius bestätigte aus gegebenem Anlaß diese Regelung. Wie gegen die Christen verfuhr die kaiserliche Regierung auch gegen die Juden. Sie wurden von Staats wegen nicht verfolgt, aber es sollte nach Möglichkeit verhindert werden, daß sie Proselyten gewannen und so zur Steigerung des Konfliktpotentials beitrugen, das zwischen der heidnischen Mehrheit und der mißliebigen Minderheit ohnehin bestand. Dies ist der Grund, warum den Juden bei Androhung der Todesstrafe verboten wurde, Proselyten durch Vornahme der Beschneidung zu machen.

V

Neubeginn und neue Herausforderung
(135 – 640 n. Chr.)

Mit dem Ende der Großen Aufstände verschwindet das Volk der Juden aus der Geschichtsschreibung. Dies geschah nicht zufällig. Antike Historiographie hat die Ereignisgeschichte zum Gegenstand, Kriege, Aufstände und innere Auseinandersetzungen. Ein Volk ohne Staat, das über die ganze damalige Welt zerstreut war und bei Strafe des Untergangs sich in die bestehenden Machtverhältnisse schicken mußte, hatte keinen Platz mehr in der Geschichtsschreibung. Die jüdischen Schriftgelehrten, die nach der Katastrophe der Aufstände die Mischna, die mündliche Thora, schufen, und dann die Gemara, den weitläufigen Kommentar zur Mischna, waren Lehrer der Thora; ihr Interesse galt der religiösen Lebensordnung des Volkes und ihrer biblischen Grundlage, aber nicht seiner nachbiblischen Geschichte. Wenngleich nicht bestritten werden soll, daß die im babylonischen und palästinensischen Talmud vorliegende Endredaktion ihrer Debatten mannigfache Anspielungen auf die Lebensverhältnisse von Juden in der Zeit zwischen zweitem und sechstem Jahrhundert n. Chr. enthalten, so ist der Talmud weder ein Surrogat von Geschichtsschreibung, noch taugt er zur Erfassung der Vielfalt jüdischen Lebens außerhalb der Zentren seiner Entstehung in Palästina und Mesopotamien.

Auf diese Vielfalt des Lebens in der Diaspora fällt Licht so gut wie ausschließlich in den Momentaufnahmen der jüdischen Inschriften, in der materiellen Hinterlassenschaft der Juden und in einzelnen Notizen bei Kirchenschriftstellern und heidnischen Autoren. Alles in allem haben wir es mit einer höchst lückenhaften Quellengrundlage zu tun, die insbesondere für die Zeit zwischen dem Ende des Bar Kochba-Aufstandes und dem Beginn des vierten Jahrhunderts nur die Zeichnung allgemeiner Umrisse der Lebensverhältnisse erlaubt. Von ihnen soll zunächst die Rede sein. Erst die erhaltene

Kaisergesetzgebung seit Konstantin dem Großen und die reiche Überlieferung des christlichen Imperium Romanum wird es dann gestatten, die Darstellung der Geschichte des Volkes ohne Staat an einem neuen Leitthema auszurichten, der Herausforderung, die der Sieg des Christentums für die Juden bedeutete.

Ein Volk ohne Staat: Integration und Selbstbehauptung

Das Ergebnis der Großen Aufstände in der Zeit zwischen 66 und 135 n. Chr. bedeutete für das jüdische Volk die größte Katastrophe, die es im Altertum erlebte. Nicht nur das zentrale Heiligtum und die Autonomie des Tempelstaates waren verloren, vielleicht noch erschreckender war der Verlust von Menschen und Siedlungsgebiet. Judäa war nicht länger mehr geschlossenes Siedlungsgebiet und Kernland der Juden, die große hellenistische Diaspora in Ägypten und in ehemals ptolemäischen Nebenländern Ägyptens, der Kyrenaika und Zypern, war fast völlig ausgelöscht. Innerhalb des Römischen Reiches hatte sich Galiläa, ehemals eines der jüdischen Nebenländer, noch am ehesten den Charakter eines geschlossenen jüdischen Siedlungsgebietes bewahren können. Aber auch Galiläa wurde von der Urbanisierung erfaßt, mit der die Kaiser in der Provinz Palaestina Syria den Typus der hellenistischen Stadt und damit eine heidnische Bevölkerung verbreiteten. Zu den römischen Kolonien Caesarea maritima, Aelia Capitolina und Neapolis traten in der Zeit nach dem Bar Kochba-Aufstand Diocaesarea, vormals Sepphoris in Galiläa, Eleutheropolis an der Stelle von Bet Gubrim sowie Diospolis in Lod, das in der Zwischenkriegszeit von 70/74 bis 132 n. Chr. ähnlich wie Iamneia ein bedeutendes rabbinisches Zentrum gewesen war. Rom hatte es in Judäa und in den Zentren der östlichen Diaspora mit religiös inspirierten Aufstandsbewegungen zu tun gehabt, wie es sie nirgendwo sonst im Römischen Reich gab. Die Motive der Aufständischen blieben den Römern so fremd, wie sie vermutlich auch nicht einzusehen vermochten, daß das brutale Besatzungsregiment in Judäa den Haß und die Kampfbereitschaft der Betroffenen bis zum Äußersten gereizt hatte. Immerhin verfiel des kaiserliche Regiment niemals auf den Wahnsinnsgedanken, die religiöse Lebensform der Juden oder gar das jüdische Volk auszurotten. Eine allgemeine Verfolgung unter Kaiser Hadrian hat es, wie oben bereits dargelegt worden ist, entgegen anderslautenden Behauptungen nicht gegeben. Selbst das Verbot, Proselyten durch Beschneidung zu gewin-

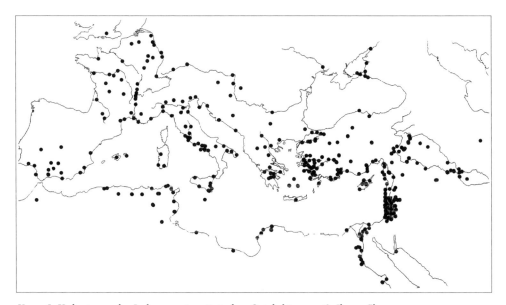

Karte I: Verbreitung des Judentums im römischen Reich bis zum 6. Jh. n. Chr.
● = *literarische, epigraphische oder archäologische Nachweise für Juden bzw. jüdische Gemeinden*

nen, scheint vor dem Bar Kochba-Aufstand erlassen worden zu sein und war demnach keine Bestrafung für die Erhebung gegen Rom. Sobald der jüdische Widerstand gebrochen war, haben die römischen Behörden die jüdische Minderheit vor dem Haß und den Übergriffen der heidnischen Mehrheit sogar zu schützen versucht.

Wenn eine griechische Bürgerschaft die jüdischen Aufstandsbewegungen dazu benutzen wollte, unbeteiligte jüdische Gemeinden in ihren Rechten einzuschränken oder sie gar aus ihren Mauern zu vertreiben, drangen sie mit ihren Gesuchen bei den Römern nicht durch. Im syrischen Antiochien entschied schon während des ersten jüdischen Aufstandes der Statthalter der Provinz Syrien Gaius Licinius Mucianus zugunsten der Juden, als die griechische Bürgerschaft versuchte, eines der jüdischen Privilegien aus der Zeit der seleukidischen Könige zu beseitigen. Und als die Griechen der Stadt nach Beendigung des Großen Krieges von Titus, dem Eroberer Jerusalems, die Erlaubnis zur Vertreibung der jüdischen Minderheit forderten, lehnte dieser das Gesuch mit den Worten ab: «Aber ihr Heimatland, in das man sie als Juden ausweisen müßte, ist doch zerstört, und es gibt keinen Ort mehr, der sie aufnehmen würde» (Josephus, Jüdischer Krieg VII, 108). Als die Antiochener daraufhin wenigstens die Aufhebung der jüdischen Privilegien erreichen und die jüdische Minderheit so auf den Status geduldeter Beisassen herabdrücken wollten, lehnte Titus wiederum ab und beließ alles beim alten. Auch nach den Aufständen unter Traian und Hadrian gab es, wie oben bereits betont worden ist, römischerseits keine generellen Verfolgungsmaßnahmen. Wenn in einzelnen Angaben des Talmuds die Vorstellung einer hadrianischen Verfolgung geweckt wird, so ist zu betonen, daß diese Hinweise der Gefährdung gelten, die Juden nach der Niederschlagung des Bar Kochba-Aufstandes von der Feindseligkeit der heidnischen Bevölkerung drohte.

Wie in Alexandrien war es wohl auch anderenorts für Juden unter Umständen gefährlich, sich als solche zu erkennen zu geben. Insoweit erklärt es sich unschwer, daß nach dem Bar Kochba-Aufstand auch die religiösen Autoritäten der Juden der Rettung jüdischen Lebens den Vorzug vor der sichtbaren Praktizierung der jüdischen Religion, Beschneidung, Sabbat- und Feiertagsheiligung, Thorastudium und synagogalen Gottesdienst, gaben, wenn Lebensgefahr drohte. Es ist möglich, daß es selbst in Diasporagebieten, die von den Zentren der Unruhen und Aufstände weit entfernt lagen, Juden gab, die sich in hadrianischer Zeit, zumindest äußerlich, von ihrer jüdischen Identität lossagten. Aus Smyrna ist das Bruchstück eines inschriftlichen Stiftungsversprechens aus dem Jahr 123 oder 124 n. Chr. erhalten, das eine Gruppe von «ehemaligen Juden» als Stifter von 10 000 Denaren zugunsten eines städtischen Bauvorhabens erwähnt (Ameling, Inscriptiones Judaicae Orientis II, 40). Wie negativ das Urteil der Nichtjuden über die Juden damals war, zeigt nicht nur der jüdische Exkurs in Tacitus' Historien, sondern auch das erst vor kurzem publizierte Inschriftenfragment, das zu der von Diogenes von Oinoanda verfaßten Darstellung der epikureischen Lehre gehört. Es heißt dort: «Ein starker Beweis, daß die Götter nichts vermögen, um Verbrechen abzuwehren, sind die Völker der Juden und Ägypter: Die fürchten nämlich von allen die Götter am meisten, sind aber von allen die Verwerflichsten» (abgedruckt und übersetzt von Ameling, Inscriptiones Judaicae Orientis II, 222, III/IV).

Die Kaiser und die Reichsadministration beteiligten sich nicht an den Ausbrüchen des Judenhasses, der hier und da eine Begleiterscheinung der Großen Aufstände gewesen zu sein scheint, sondern sie traten Übergriffen entgegen, schützten die traditionellen Rechte der Juden zur Ausübung ihrer Religion und einer freiwilligen Zivilgerichtsbarkeit auf der Grundlage des jüdischen Rechts. Ja, selbst eine jüdische Strafgerichtsbarkeit wurde, soweit nicht das römische Herrschaftsinteresse ins Spiel kam, zumindest geduldet. Als einige Zeit nach dem Bar Kochba-Aufstand zwei der bedeutendsten jüdischen Gesetzeslehrer, Rabbi Meir und Rabbi Simeon Ben Jochai, mit anderen zusammen den Sanhedrin und ein rabbinisches Lehrhaus in dem kleinen galiläischen Ort Uscha neu gründeten, fanden sie römische Unterstützung. Zu ihnen stieß Simeon, der Sohn Gamaliels II., und er war es, der zum Vorsitzenden gewählt wurde und dann die Dynastie der jüdischen Patriarchen begründete. Sein Sohn Jehuda ha-Nasi, das heißt Jehuda, der Fürst (Israels), fand die Anerkennung der römischen Regierung als oberster Repräsentant des Judentums. Ihm schreibt die jüdische Tradition die Redaktion der Mischna zu, der Kodifikation des auf der Thora beruhenden jüdischen Rechts, und er erhielt vom Kaiser Antoninus Pius die Besitzungen und Privilegien, auf denen die fürstliche Stellung der Patriarchen bis in die Spätantike beruhte. Vom palästinensischen Zentrum aus verkündete der Patriarch die für die Juden in aller Welt verbindlichen Daten der beweglichen Feste, und an seinem Amtssitz, zuerst in Uscha, dann in Bet Schearim, erfolgte die Kodifikation des Religionsgesetzes in Mischna und Tossefta. Langfristig betrachtet sind damals, im zweiten und dritten Jahrhundert, die Grundlagen für das klassische Judentum gelegt worden, und schon um das Jahr 200 n. Chr. betrachteten die Rabbinen die Mischna als das verpflichtende Gesetz, das zusammen mit der Thora und den übrigen Schriften des sich herausbildenden biblischen Kanons die Grundpfeiler jüdischen Lebens bilden sollten.

Spätestens in severischer Zeit (193 – 235 n. Chr.) scheint sich auch das Verhältnis zwischen Juden und Heiden merklich entspannt zu haben. Dafür spricht nicht nur, daß die Synagogengemeinschaften, die zentralen und übergreifenden Institutionen des Patriarchats, des Sanhedrins und der rabbinischen Lehrhäuser in Galiläa ihr ungestörtes Eigenleben führen konnten, sondern mehr noch der Umstand, daß die inschriftliche Überlieferung der Diaspora Grund zu der Annahme gibt, daß vielerorts ein gutnachbarschaftliches Verhältnis Platz griff und die jüdischen Gemeinden in erheblichem Umfang wieder Zulauf von Sympathisanten, den sogenannten Gottesfürchtigen, erhielten und sie sich trotz des nie zurückgenommenen Verbotes der Beschneidung von Nichtjuden auch durch Proselyten vergrößerten. Wir wissen über die Motive der Sympathisanten und Proselyten nicht Bescheid und können folglich nicht sagen, welchen Anteil an dieser Zuwendung zum Judentum der Monotheismus, die der jüdischen Religion inhärente Ethik und die beispielsweise von Kaiser Julian gerühmte soziale Fürsorge für Glaubensgenossen hatten, aber die Tatsache der Attraktivität des jüdischen Gemeindelebens ist gut belegt, und sie reichte bis in die führende Gesellschaft der Städte hinein, das

heißt in den Kreis der städtischen Ratsherren. Zwei Namenslisten aus dem
karischen Aphrodisias, die entweder in die Zeit um 200 n. Chr. oder gar in das
vierte beziehungsweise fünfte Jahrhundert gehören, haben dies eindrucksvoll
bezeugt. Umgekehrt muß es, den Inschriften und den bildlichen Zeugnissen
nach zu urteilen, auch ein hohes Maß an Integrationsbereitschaft auf seiten
der Juden gegeben haben. Sicherlich wäre es verkehrt anzunehmen, daß die
Juden der Diaspora in strenger Abgeschiedenheit nach ihrem Religionsgesetz
lebten (dessen Geltung nach der Zerstörung des Tempels ohnehin eingeschränkt war). Auf dem Bruchstück einer Namensliste aus dem karischen
Iasos, wahrscheinlich einer Ephebenliste, finden sich mehrere Juden, und im
lydischen Hypaipa bildeten Juden eine besondere Gruppe innerhalb der gym-
nasialen Altersklasse der Zwanzig- bis Dreißigjährigen. Aus dem phrygischen
Hierapolis ist vor kurzem eine Grabinschrift veröffentlicht worden, auf der ein
Jude mit dem griechisch-jüdischen Doppelnamen Hikesios/Judas sich als Sieger in den heiligen Spielen der Heiden zu erkennen gibt:

> *Der Sarkophag und das ererbte Heroon [sic! Gemeint ist die Grabstätte]*
> *(gehören) Hikesios, auch genannt Judas, dem Sohn des Theon, dem berühm-*
> *testen Sieger in heiligen Spielen, dem vielfachen Sieger, in dem Hikesios*
> *ruhen wird – und Olympias, die Tochter des Theokritos, seine Frau.*
> *(Ameling, Inscriptiones Judaicae Orientis II, 189)*

In derselben Stadt errichtete ein gewisser Publius Aelius Glykon Zeuxianus
Aelianus zwei kleine Stiftungen, von deren Ertrag die Korporation der Purpur-
färber am Passahfest und die Korporation der Teppichweber am jüdischen Fest
der Fünfzig Tage (Pfingsten) sowie am heidnischen Neujahrstag, den Kalen-
den des Januar, sein Grab bekränzen sollten. Die Bekränzung des Grabes war
ein heidnischer Brauch, und der merkwürdig jüdisch-heidnische Misch-
charakter der Verfügung hat den Herausgeber der jüdischen Inschriften Kleinasiens veranlaßt zu konstatieren, «daß wenigstens einzelne Juden in Hierapolis,
vielleicht sogar die ganze Gemeinde, enge Verbindungen zu den Lebensformen
ihrer heidnischen Umwelt hatten – oder war Glykon ein heidnischer Sym-
pathisant, ein *Gottesfürchtiger?*» (Ameling im Kommentar zu Nr. 196).

Wie dem auch sei – die strenge Orientierung an Thora und Mischna war
noch weit entfernt davon, den Charakter jüdischen Lebens zu bestimmen,
und mit Recht ist im Hinblick auf die eher langfristige Wirkung der Arbeit der
Schriftgelehrten gesagt worden, daß ihr Werk einer Zeitbombe glich, deren

Wirkung also mit erheblicher Verzögerung erfolgte. Selbst auf dem jüdischen Friedhof von Bet Schearim, dem Sitz des Patriarchen, bis er Mitte des dritten Jahrhunderts n. Chr. nach Tiberias am Sce Genezareth verlegt wurde, finden sich jüdische und heidnische Symbole, und aus einem der Grabsteine, der in griechischer Sprache verfaßt ist, spricht eher das Lebensgefühl der heidnischen Umwelt als das eines in sich gekehrten talmudischen Judentums (Schwabe/Lifshitz, Beth She'arim II,45):

> *Hier liege ich, Sohn des Leontios, tot, Iustus, Sohn der Sappho,*
> *und nachdem ich die Früchte jeglicher Weisheit gepflückt habe,*
> *ließ ich das Licht, die unglücklichen Eltern zurück,*
> *die nicht aufhören zu trauern,*
> *und meine Brüder. Weh mir, in meinem Besara [Bet Scheariml]!*
> *Nachdem ich in den Hades [sic!] herabgestiegen bin, liege ich, Iustus, hier*
> *mit vielen anderen, weil das übermächtige Schicksal es so wollte.*
> *Tröste dich, Iustus, niemand ist unsterblich!*

In den Synagogen fand das strenge Bilderverbot selbst in Galiläa keine Beachtung. Die Ausgrabungen in Dura Europos am Euphrat haben das prächtige Bildprogramm aus der Zeit um 240 n. Chr. zutage gefördert, und in der Spätantike hat ein wohlhabender Jude Geld für die Ausmalung der großen Synagoge von Smyrna in Kleinasien gestiftet. In den Vorständen der Synagogen der Diaspora sind Rabbinen, wie es scheint, nicht nachweisbar. Mit ihren Synagogenvorstehern, Archonten und Ältesten entsprach die Gemeindeverfassung der Juden der Organisationsstruktur von religiösen und Berufsvereinen der nichtjüdischen Umwelt. Die Synagogen waren Versammlungshäuser der Gemeinde, aber sie waren zugleich Stätten des Gebets und des Gottesdienstes, dessen Zentrum die Thoralesung war. Das Bildprogramm der Synagoge von Dura Europos entlehnt seine Motive der biblischen Geschichte des Volkes Israel, vom Buch Genesis bis zum Buch Esther, und bezeugt so auf eindrucksvolle Weise die Wurzeln der jüdischen Identität, das in der Heiligen Schrift niedergelegte Zeugnis des Bundes, den Gott mit seinem Volk geschlossen hat.

Im übrigen war die Institution des Patriarchats (und die entsprechende in Mesopotamien, das sogenannte Exilarchat) auch im inneren Kreis der Rabbinen keineswegs der Kritik entzogen. Dieser Kritik lag, wie an einer Stelle des Talmuds bezeugt ist, der Gedanke zugrunde, daß die herrschenden Familien das Kommen des Messias verhinderten:

> *Jehuda und Chiskija, die Söhne des Rabbi Chija, saßen einst bei einer Mahl-*
> *zeit von Rabbi (Jehuda ha-Nasi), ohne etwas zu sprechen. Da sagte er zu*
> *ihnen: ‹Gebt den jungen Leuten ordentlich Wein zu trinken, damit sie den*
> *Mund auftun!› Als sie angeheitert waren, begannen sie zu sprechen: ‹Der*
> *Sohn Davids (das heißt der Messias) wird nicht kommen, bevor nicht zwei*
> *Familien in Israel untergegangen sein werden, nämlich der Exilarch in Baby-*
> *lonien und der Patriarch (Nasi) im Lande Israel... ›.*
>
> *(b San 38a)*

Die Jungen löckten also wider den Stachel der internen Machtverhältnisse, und sie taten es so, daß sie das Verdienst der Patriarchats und der Rabbinen, die einer unbedachten Instrumentalisierung des Messianismus einen Riegel vor-schoben, in eine nach Lage der Dinge gefährliche Kritik verwandelten. So sehr also die Großen Aufstände und die Arbeit der Rabbinen den Messianismus in den Hintergrund gedrängt hatten, tot war er nicht.

Die Diaspora unterlag in der Zeit nach dem Bar Kochba-Aufstand auch einer bedeutenden räumlichen Verschiebung. Die alten Schwerpunkte innerhalb des Römischen Reiches, Ägypten, die Kyrenaika und Zypern, waren verloren gegangen, und obwohl Juden in den folgenden Jahrhunderten auch vereinzelt wieder dorthin einwanderten, gewannen sie bei weitem nicht mehr die Ver-breitung und die Bedeutung, die sie innerhalb des Judentums einmal besessen hatten. Dafür erweiterte sich der Umkreis der Diaspora nach Westen, nach Nordafrika und Westeuropa. Entlang der großen Verkehrswege ist in den städti-schen Zentren des südlichen Spanien, in Gallien und im Rheinland die Nieder-lassung von Juden nachweisbar. Auf dem Boden des heutigen Deutschland ist für Köln die erste jüdische Gemeinde bezeugt. Im Jahre 321 n. Chr. beantworte-te Kaiser Konstantin der Große eine Anfrage des Stadtrates wie folgt:

> *Allen Stadträten haben wir durch allgemeines Gesetz gestattet, Juden in die*
> *Kurien [das heißt in die Stadträte] aufzunehmen. Damit ihnen aber etwas*
> *zum tröstenden Andenken an den früher beobachteten Brauch bleibt, dulden*
> *wir, daß jeweils zwei oder drei gemäß lebenslangem Privileg von keinen No-*
> *minierungen (zum Stadtrat) getroffen werden sollen.*
>
> *(Codex Theodosianus XVI, 8,3)*

Das Reskript ist in mehrere Hinsicht aufschlußreich. Es setzt voraus, daß die Juden nicht vom Bürgerrecht in der römischen Kolonie Köln ausgeschlossen

waren. Dies entsprach der durch die *Constitutio Antoniniana*, eine Verordnung des Kaisers Caracalla aus dem Jahr 212 n. Chr., vollzogenen Ausweitung
des römischen Bürgerrechts auf alle Bewohner des Römischen Reiches (die
einzige Ausnahme, die in der *Constitutio* gemacht wird, tut hier nichts zur
Sache). Das bedeutete für die Juden, daß sie als römische Bürger auch Bürger
der Stadtgemeinden wurden, in denen sie bei Erteilung des Bürgerrechts ihren
festen Wohnsitz hatten. Die alten Streitigkeiten um das Bürgerrecht, die in der
Zeit vor und während der Großen Aufstände das Verhältnis von Juden und
Nichtjuden belastet hatten, waren somit gegenstandslos geworden. Aber die
Gewinnung eines verbesserten Status hatte ihre Kehrseite. Mit der Ausweitung
des römischen Bürgerrechts verfolgte die kaiserliche Regierung den Zweck,
das Steueraufkommen zu erhöhen. Der nur von römischen Bürgern geforderten Erbschaftssteuer war von nun an die gesamte Bevölkerung des Reiches
unterworfen, ohne daß sie in den Genuß der vorher römischen Bürgern vor-
behaltenen älteren Steuerbefreiungen gelangte. Für die Juden hatte diese Neuregelung die spezielle Auswirkung, daß die wohlhabende Minderheit unter
ihnen zur Mitgliedschaft in den Stadträten berufen werden konnte. Mit der
Zugehörigkeit zu den Stadträten war eine starke Belastung der Arbeitskraft
und des Vermögens der Betroffenen verbunden. Von ihren Leistungen und
gegebenenfalls von ihrer Haftung war nicht nur die städtische Administration
und teilweise auch der städtische Etat abhängig, sondern auch für die Einziehung der Steuern sowie die Organisation der Sach- und Dienstleistungen für
das Reich spielten sie eine unverzichtbare Rolle. Äußere Bedrohung und Bürgerkriege zwischen rivalisierenden Soldatenkaisern scheinen tendenziell
einen stärkeren Zugriff auf die Leistungsfähigkeit der Bevölkerung im allgemeinen und der Stadträte im besonderen nach sich gezogen zu haben, zumindest ist die Antwort der Betroffenen, die Steuerflucht, in den Zeugnissen seit
dem dritten Jahrhundert vielfach greifbar. Um die Mitte des dritten Jahrhunderts bezog Rabbi Johanan die Stelle in Genesis 32,12: «Entreiß mich der
Hand meines Bruders, der Hand Esaus» auf Rom, das heißt auf «das frevel-
hafte Reich, welches ein böses Auge auf den Besitz der Menschen wirft: dieser ist reich, machen wir ihn zum Magistrat (Archont), jener ist reich, machen
wir ihn zum Mitglied des Stadtrats (Bouleutes)» (Gen R 76,6, Th-A 904). So
nahm Johanan denn keinen Anstand, jüdischen Stadträten zu empfehlen, über
den Jordan in die Nachbarprovinz zu fliehen, um sich den Verpflichtungen des
Amtes zu entziehen: «Wenn sie dich zum Stadtrat (Boule) nominiert haben,
sei der Jordan deine Grenze» (j Sanh. VIII,2,26 a-b).

Aber die Juden hatten noch andere Möglichkeiten, sich den lästigen Pflichten eines städtischen Magistrats oder Ratsherrn zu entziehen. Derartige Möglichkeiten bot die Unvereinbarkeit zwischen dem ersten Gebot des Dekalogs und den heidnischen Opferhandlungen, von denen die öffentlichen Akte der Magistrate und des Stadtrats unweigerlich begleitet waren. Hinzu kamen noch die Freistellungen, die traditionellerweise dem Kultpersonal der staatlich anerkannten Religionen gewährt wurden. Von all dem ist von jüdischer Seite auch Gebrauch gemacht worden, und wie der Wortlaut des zitierten Reskripts Kaiser Konstantins impliziert, muß dies auch in Köln der Fall gewesen sein, bevor ein allgemeines Gesetz desselben Kaisers prinzipiell auch die Juden mit entsprechendem Vermögen der Kurienpflichtigkeit unterwarf. In dem oben zitierten Reskript wird den Juden ein Surrogat anstelle der früher gewährten Befreiung vom Dienst in der Kurie zugestanden. Mit der Anerkennung der jüdischen Religion als einer staatlich erlaubten war auch eine besondere Rücksichtnahme auf die frommen Juden verbotene Teilnahme an fremden Kulthandlungen verbunden. Im Unterschied zu den Christen wurde kein Jude gezwungen, an den staatlich angeordneten allgemeinen Opfern unter den Kaisern Decius und Diokletian teilzunehmen. Sie waren, wie ausdrücklich überliefert ist, von der Opferpflicht ausgenommen.

Als aber Konstantin der Große nach dem sogenannten Mailänder Edikt (313 n. Chr.) das Christentum zu begünstigen und das heidnische Opfer aus dem öffentlichen Raum der Städte und des Reiches zu verbannen begann, kamen auch für die Juden neue Zeiten. Eines der ersten Zeichen war das soeben erwähnte Gesetz Kaiser Konstantins, das den Städten generell erlaubte, geeignete Kandidaten aus der Judenschaft für die Stadträte zu nominieren. Diese Anordnung machte guten Sinn, da kein Jude mehr in die Verlegenheit kam, als Stadtrat einer heidnischen Opferhandlung beiwohnen zu müssen. Das vierte Jahrhundert war eine Übergangszeit, die den Juden auf der einen Seite neue Chancen verhieß und sie auf der anderen Seite mit einer neuen Herausforderung konfrontierte. Diese Herausforderung ging von der neuen, aus dem Judentum hervorgegangenen Weltreligion des Christentums aus. In seiner christlichen Metamorphose wurde der jüdische Messianismus zu einer neuen, freilich weitaus subtileren Bedrohung, als er in seiner Hauptrichtung im ersten und frühen zweiten Jahrhundert für das jüdische Volk gewesen war.

Judentum und christliches Imperium

Seitdem Kaiser Konstantin damit begonnen hatte, heidnische Opfer aus den Kurien, den Amtslokalen und Truppenlagern zu verbannen, war die Furcht vor ritueller Befleckung, die den Juden die Teilnahme an der Verwaltung der Städte oder den Eintritt in den kaiserlichen Dienst nicht erlaubt hatte, gegenstandslos geworden. Dementsprechend wurden die alten religiösen Entschuldigungsgründe von seiten des Staates nicht mehr anerkannt. Die Folge war, daß im vierten und zu Beginn des fünften Jahrhunderts Juden in steigender Zahl in den Stadträten und im kaiserlichen Dienst begegnen. In Magona auf den Balearen fungierte der Synagogenvorsteher Caecilianus um das Jahr 418 n. Chr. als Stadtrichter *(defensor civitatis)*, und der führende Rabbiner der jüdischen Gemeinde stieg noch höher auf, zum obersten Repräsentanten der Bürgerschaft, zum *pater civitatis*. In der Zeit um 400 n. Chr. ist in der kaiserlichen Gesetzgebung von Juden die Rede, die Mitglieder des Kontrolldienstes der *agentes in rebus* waren oder in der Armee und in der zivilen Administration des Reiches dienten. Ohne jüdische Ratsherren, so erfahren wir aus einer kaiserlichen Konstitution des Jahres 398 n. Chr., waren die meisten Stadträte in Apulien und Kalabrien nicht mehr in der Lage, die ihnen obliegenden Leistungen zu erbringen. Der höchste Rang, den nach unserem Wissen ein Jude in der Ziviladministration erreichte, war der eines Provinzstatthalters. Um das Jahr 418 n. Chr. bekleidete ein gewisser Lactorius, ein praktizierender Jude, dieses Amt in der Provinz der Balearen. Er trug den Ehrentitel eines *comes*, eines Begleiters des Kaisers. Einen noch höheren Ehrentitel trug um dieselbe Zeit der in Tiberias residierende oberste Repräsentant der Juden im Römischen Reich, der Patriarch Gamaliel VI., den eines Praetorianerpraefekten mit dem Prädikat eines *illustrissimus*, das heißt etwa: Euer Erhabenheit.

Wie am Ende des letzten Abschnitts bereits dargelegt worden ist, trug die Mitgliedschaft in den Stadträten ein Doppelgesicht, sie war Ehre *(honor)* und Last *(munus)* zugleich. Je stärker das persönliche und das finanzielle Leistungsvermögen der Ratsherren beansprucht wurde, desto öfter suchten die Betroffenen sich der lästigen Verpflichtung zu entziehen. Ein solches Verhalten war nicht auf Juden beschränkt, sondern war, wie die kaiserliche Gesetzgebung lehrt, ein weit verbreitetes Phänomen. Dagegen schritten die Kaiser ein, und als die Juden gegen Ende des vierten Jahrhunderts in den Provinzen Apulien und Kalabrien unter Berufung auf ein in der östlichen Reichshälfte von Kaiser Arcadius erlassenes Gesetz Befreiung vom Dienst in den Kurien zu erlangen versuchten, lehnte Kaiser Honorius das Gesuch ab und erklärte das Gesetz seines Bruders für nicht anwendbar, da es seinem Reichsteil Schaden bringe (Codex Theodosianus XII, 1,158). Im folgenden Jahr bekräftigte er diese Entscheidung noch einmal (XII, 1,165). Dabei blieb es dann auch im Osten. Juden und Nichtjuden waren, was die Mitgliedschaft in den Stadträten anbelangt, generell gleichberechtigt und gleich belastet. Aber auch in der zugelassenen Ausnahme, der Befreiung religiöser Amtsträger, waren Juden mit dem christlichen Klerus und dem heidnischen Kultpersonal (dies bis zum Verbot heidnischer Kulte) gleichberechtigt. Sowohl Konstantin der Große als auch die Kaiser Arcadius und Honorius nahmen Rücksicht auf den Vorrang des religiösen vor dem weltlichen Dienst im Stadtrat (Codex Theodosianus XVI, 8,2 vom 29.11.330 sowie XVI, 8,13 vom 1.7.397 n. Chr.). Arcadius und Honorius nahmen Bezug auf entsprechende Entscheidungen der Kaiser Konstantin, Constantius II., Valentinian und Valens, und sie widerriefen mit ihrem Erlaß eine abweichende Regelung des Kaisers Gratian (Codex Theodosianus XII, 1,99 vom 18.4.383). Darin hatte dieser die Privilegierung des jüdischen Kultpersonals unter Hinweis auf die von ihm für christliche Kleriker erlassene Bestimmung beseitigt und verfügt, daß die Ableistung aller der politischen Gemeinde geschuldeten Dienste dem Eintritt in den privilegierten Stand des Klerus vorausgehen müsse beziehungsweise von der Übertragung des Vermögens an einen Ersatzmann abhängig sei. Eine Benachteiligung der jüdischen Religionsgemeinschaft hatte somit die Neuregelung Gratians nicht bedeutet; sie war nur den Christen gleichgestellt worden, deren Klerikerprivileg bereits vorher eingeschränkt worden war.

Die unter dem einschlägigen Titel «Über Juden, Himmelsanbeter und Samaritaner» in den Codex Theodosianus aufgenommenen Kaiserkonstitutionen zeigen darüber hinaus, daß auch die christlichen Kaiser den traditionellen Schutz der jüdischen Religionsgemeinschaft, dieses Kernstück des vertikalen Bündnisses zwischen dem Judentum und der höchsten Autorität im Römischen Reich, aufrechterhalten haben. Dazu hatten sie auch guten Grund. Der alte Haß gegen Juden, der im Vorfeld und im Verlauf der Großen Aufstände das Zusammenleben von Juden und Nichtjuden vergiftet hatte und der danach offenbar wieder abgeklungen war, lebte mit dem Siegeszug des Christentums wieder auf. Er erfuhr eine religiöse Metamorphose, die sich aus den jüdischen Wurzeln der siegreichen neuen Religion erklärt. Die Christen betrachteten Jesus von Nazareth als den von den Propheten des Alten Testaments verheißenen Messias. Die Kirche hatte im zweiten Jahrhundert gegen den Versuch des Markion, den Gott der Christen radikal von dem Gott Israels zu trennen, daran festgehalten, daß der Gott Israels auch der ihre sei. Sie vergaß nicht, daß die Botschaft Jesu sich zuerst an sein eigenes Volk gerichtet und der Apostel Paulus sich auf seinen Missionsreisen zunächst und in erster Linie an die jüdischen Gemeinden der Diaspora gewandt hatte und erst dann, als er abgewiesen wurde, an die Sympathisanten des Judentums im Umkreis der Synagoge. Als dann das Christentum sich mit der Verehrung Jesu als Sohn Gottes als eine neue Religion konstituierte und im vierten und fünften Jahrhundert die begriffliche Fixierung des Verhältnisses von Gott Vater, Sohn und Heiligem Geist beziehungsweise des Verhältnisses von göttlicher und menschlicher Natur in der Person Jesu die theologischen Dispute beherrschten, waren die Juden davon in doppelter Weise betroffen. Die Rolle, die die Evangelien der jüdischen Obrigkeit und der Masse des Volkes bei der Verurteilung Jesu zum Kreuztod zuschrieben, war ursprünglich Teil einer innerjüdischen Auseinandersetzung, aber in den gewandelten Verhältnissen, die der Siegeszug des Heidenchristentums bewirkt hatte, schmiedeten christliche Theologen aus den Passionsberichten den diffamierenden Vorwurf einer jüdischen Kollektivschuld. Die Juden, so hieß es gar, waren Gottesmörder. Neben der Diffamierung wurden die Juden dem Erwartungsdruck einer Bekehrung zu Jesus Christus als dem wahren Messias ausgesetzt. Um so schlimmer war es in christlichen Augen, daß die, wie es hieß, verstockten Juden sich der Anerkennung der Messianität Jesu und der christlichen Deutung ihrer heiligen Schriften verschlossen. Die triumphierende Kirche verurteilte die Synagoge als irrende Schwester, und sie warf ihr vor, zu verhindern, daß die Juden sich zum «wahren Israel», als das sich die Kirche begriff, bekehrten. Gewiß war es die Generallinie der Kirche, daß sie den Standpunkt vertrat, daß der Übertritt zum Christentum freiwillig und ohne Zwang zu erfolgen habe. Aber die Juden konnten sich in einer Umwelt, in der das Christentum sich als die herrschende, ja als Staatsreligion etablierte, nicht mehr sicher vor gewaltsamen Pressionen und Übergriffen von christlicher Seite sein. Dabei war es keineswegs ausgeschlossen, daß auch christliche Bischöfe und Kleriker eine unheilvolle Rolle spielten.

Ein besonders erschreckendes Beispiel dafür, was sich aus der beschriebenen Konstellation ergeben konnte, stellt die Kallinikon-Affäre des Jahres 388 dar. In dieser am Euphrat gelegenen Stadt zerstörte der christliche Mob neben dem heiligen Hain der christlichen Sekte der Valentinianer auch die jüdische Synagoge. Anstifter des Zerstörungswerkes waren Mönche, und zwar soll die Initiative von dem Ortsbischof ausgegangen sein. Kaiser Theodosius wurde darüber durch den obersten Verwaltungsbeamten der Diözese des Orients unterrichtet und befahl die Restitution der geraubten Kultgeräte und den Wiederaufbau der Synagoge sowie die Bestrafung der Täter. Er tat das von Mailand aus, und hier fiel ihm der einflußreiche Bischof der Stadt Ambrosius in den Arm. Die hanebüchene, jedem Rechtsempfinden Hohn sprechende Argumentation, mit der er den Gang der Gerechtigkeit aufhielt, verdient hier wiedergegeben zu werden. Ambrosius ordnete den politischen Gesichtspunkt der Wahrung von Ruhe und Ordnung der Religion unter und er erklärte sich bereit, die Schuld für das angebliche Verbrechen, die Zerstörung der Synagoge, um des höheren Zweckes willen auf sich zu nehmen, daß es nirgendwo mehr einen Ort gebe, an dem Christus geleugnet werde. Und dann folgt eine abenteuerliche Deutung der Ursachen des Sieges, den Theodosius über den Usurpator Magnus Maximus gewonnen hatte. Dieser Triumph des rechtgläubigen Kaisers sei nicht zuletzt darauf zurückzuführen, daß der Usurpator sich als Sachwalter der öffentlichen Ordnung hatte in Szene setzen lassen wollen, indem er ein Edikt verkündete, das Schadenersatz für eine in Rom angezündete Synagoge anordnete. Mit anderen Worten: Die Niederlage des Usurpators war die Strafe Gottes für den Versuch, das den Juden zugefügte Unrecht wiedergutzumachen.

Im Fall von Kallinikon setzte sich der Bischof gegen den am Bischofssitz residierenden Kaiser mit der Androhung durch, in dessen Gegenwart das Meßopfer nicht zu feiern, aber die generelle Linie der kaiserlichen Politik, den Schutz jüdischer Religionsausübung, konnte Ambrosius nicht verändern. Im Gegenteil: Theodosius hat bei gegebenen Anlässen immer das Prinzip klargestellt, an dem sich die Regelung einzelner Konflikte ausrichten sollte. Am 29. September 393 hieß es in einem Erlaß: «Es besteht völlige Klarheit darüber, daß die jüdische Religionsgemeinschaft durch kein Gesetz verboten worden ist», und er wies dementsprechend den obersten Militärbefehlshaber in der Diözese des Orients an, mit aller Strenge gegen den christlichen Mob vorzugehen und die Plünderung und Zerstörung von Synagogen zu verhindern. Da nach solchen Ausschreitungen lokale Behörden die Ruhe und Ordnung auf Kosten der Juden wiederherzustellen versuchten, indem sie sie mit einem Versammlungsverbot belegten, stellte der Kaiser klar, daß solche Verbote gegen die Versammlungsfreiheit jüdischer Gemeinden und somit gegen bestehendes Recht verstießen (Codex Theodosianus XVI, 8,9). Generell wurden jüdische Rechte und Privilegien von Staats wegen gegen Übergriffe untergeordneter Instanzen ebenso geschützt wie gegen pogromähnliche Ausschreitungen. Kaiser Valentinian wies den Oberhofmeister *(comes officiorum)* Remigius an, dafür

Esra verliest die Thora vor der
Volksversammlung

Moses spaltet beim Auszug aus Ägypten das Meer. Die rechte Bildhälfte zeigt den Untergang der ägyptischen Verfolger, die linke den Durchzug der Israeliten durch das Schilfmeer. In der unteren Bildhälfte ist das Heer der Israeliten dargestellt, in der oberen die Führer der Zwölf Stämme mit ihren Standarten. Die Mitte des Bildes nimmt zweimal Moses als die dominierende Gestalt des Geschehens ein. Daß er das Werkzeug Gottes ist, wird durch die herabgestreckten Hände am oberen Bildrand symbolisiert.

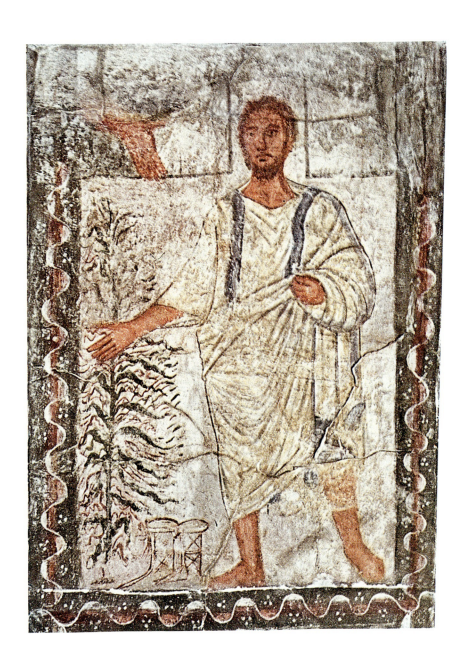

Moses am brennenden Dornbusch

Moses schlägt in der Wüste Wasser aus einem Fels(brunnen). Um das Zeltheiligtum mit den Kultgeräten (oben Mitte) sind zwölf Zelte mit den zwölf Stammesfürsten gruppiert

Moses verbrennt das Goldene Kalb

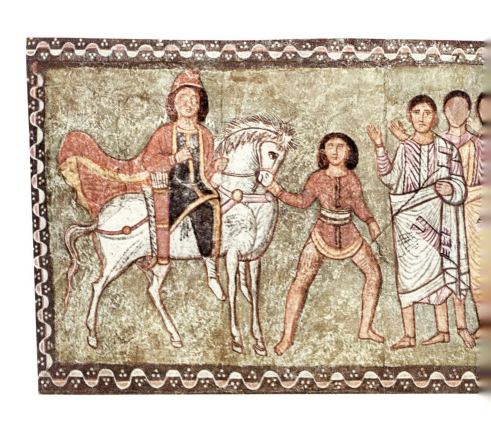

*Die Rettung der Juden
durch Esther und Mordechai.
Auf der linken Bildhälfte reitet
Mordechai, ausgezeichnet mit
einem königlichen Gewand
und geführt von Haman,
dem Feind der Juden, auf der
rechten sitzen der König und
die Königin Esther auf ihrem
Thron, Xerxes übergibt einem
Boten das Edikt zur Rettung
der Juden*

Einweihung des Wüstenheiligtums der wandernden Israeliten, der sogenannten Stiftshütte, durch den Priester Aron

zu sorgen, daß Synagogen nicht mit Einquartierungen belegt wurden (Codex Theodosianus VII, 8,2), und er griff ein, als staatliche Richter dem Ansinnen von Juden stattgaben, den von den zuständigen jüdischen Autoritäten gegen sie verhängten Gemeindeausschluß zu kassieren. In einem an den Praetorianerpraefekten des Ostens gerichteten Erlaß forderte Kaiser Theodosius die Beachtung des Prinzips, daß die jüdische Gemeinschaft hinsichtlich ihres religiösen Lebens völlige Autonomie genieße (Codex Theodosianus XVI, 8,8).

Nur dann, wenn zwingende Vorschriften des römischen Rechts in Widerspruch zu fakultativen Regelungen des jüdischen Religionsgesetzes standen, richtete sich die kaiserliche Regierung nach der staatlichen Rechtsordnung. In einem Erlaß an den *comes Orientis* aus dem Jahre 393 n. Chr. verbot Theodosius den Juden die Vielehe. Vermutlich geschah dies aus gegebenem Anlaß. Zwar spielte im damaligen Judentum die Polygamie praktisch keine Rolle, aber sie war im Religionsgesetz auch nicht verboten. Als römische Bürger unterlagen die Juden nun dem römischen Recht, und dieses verbot mit Nachdruck die Vielehe. Kaiser Valerian hatte in einem Reskript des Jahres 258 n. Chr. festgestellt: «Römischen Bürgern ist der Abschluß mehrerer Ehen verboten» (Codex Iustinianus IX, 9,18 pr.), und Diokletian hatte diese Vorschrift auch auf Personengruppen ausgeweitet, die das römische Bürgerrecht nicht besaßen (Codex Iustinianus V, 5,2). Wenn also Kaiser Theodosius das Prinzip der Einehe gegen die im Judentum obsolete, aber nicht ausdrücklich verbotene Möglichkeit der Vielehe geltend machte, so lag darin kein Abweichen von der Generallinie, die die Juden zwar nicht von der allgemeinen Rechtsordnung dispensierte, aber ihnen in allen Fragen, die das Wesen ihrer Religion tangierten, eine weitgehende Autonomie gewährte.

So günstig sich diese Generallinie der kaiserlichen Politik auch für die Juden in einer Zeit der wiederauflebenden, nun christlich gefärbten Judenfeindschaft auswirken mochte, so konnten sie doch nicht mehr sicher sein, daß diese Generallinie von christlichen Kaisern unter allen Umständen eingehalten wurde. Der oben geschilderte Fall von Kallinikon war ein Menetekel. Einem christlichen Kaiser gegenüber konnte ein machtbewußter Bischof seinen Willen gegebenenfalls gegen die bestehende Rechtsordnung durchsetzen. Abgesehen davon unterlag das vertikale Bündnis zwischen der jüdischen Religionsgemeinschaft und der kaiserlichen Gewalt auch insofern einer inneren Aushöhlung, als christliche Kaiser mehr oder weniger die negative Einstellung teilten, die die Kirche dem Judentum entgegenbrachte. Wie sich dies auswirkte, zuerst in subtiler, dann in massiver Weise, soll im folgenden erläutert werden. Aus heidnischer Zeit stammte das Verbot, Nichtjuden zu beschneiden und so Proselyten zu machen. Dieses Verbot ließ sich nicht lückenlos durchsetzen, aber es wurde aufrechterhalten, und in die wiederholten Einschärfungen, die christliche Kaiser aus gegebenem Anlaß vornahmen, mischte sich die spezielle Sorge, daß christliche Sklaven in jüdischen Haushalten zum Übertritt zum Judentum gebracht werden könnten. Kaiser Constantius II. ging einen Schritt weiter und verbot Juden generell den Erwerb oder die Annahme christlicher Sklaven unter welchem Rechtstitel auch immer. Am Ende der Rechtsentwicklung, die auf eine Ausgrenzung von Juden, Samaritanern und Heiden aus der bürgerlichen Gesellschaft hinauslief, wurde dieses generelle Verbot wiederholt, und es erging die Anordnung, daß Sklaven zu befreien und jüdische Sklavenhalter mit 30 Pfund Gold zu bestrafen seien. Was Apostasie anbelangt, wurde ohnehin seit Kaiser Konstantin dem Großen mit zweierlei Maß gemessen. Juden durften keine Proselyten machen, aber Abfall vom Judentum und Bekehrung zum Christentum wurden von staatlicher Seite gegen Akte jüdischer Gegenwehr geschützt. Am 18. Oktober 315 n. Chr. ließ Konstantin den Führern der Juden mitteilen, daß künftig gewalttätige Übergriffe gegen Konvertiten, die vom Judentum zum Christentum übergetreten waren, mit dem Feuertod der Täter geahndet würden. Die barbarische Strafandrohung mochte sich noch in die Tradition eines Strafrechts einfügen, das auf Ausschreitungen und Störungen der öffentlichen Ordnung mit äußerster Härte reagierte. Aber schon die Sprache der kaiserlichen Konstitution verrät den speziellen antijüdischen Affekt: Die Gemeinschaft der Juden wird als verderbliche und verbrecherische Sekte (*feralis* beziehungsweise *nefaria secta*) bezeichnet, und es liegt ganz auf dieser Linie, wenn in derselben Konstitution Nichtjuden verboten wird, am jüdischen Gemeindeleben teilzunehmen. Mit einer solchen, auf einen speziellen Vorfall reagierenden Anordnung konnte ein Kaiser natürlich nicht verhindern, daß es weiterhin Gottesfürchtige und Proselyten gab. Wo es keinen Ankläger gab, gab es auch keinen Richter. Aber die kaiserliche Gewalt verfolgte ganz im Sinne der Kirche weiter das Ziel, die jüdische Gemeinschaft zu isolieren. Während Apostasie vom Judentum begünstigt und der Apostat geschützt wurde, wurde Apostasie vom Christentum verboten und mit bürgerlicher Zurücksetzung, der Einschränkung der Testierfreiheit, geahndet (Codex Theodosianus XVI, 8,7 vom 3.7.353 (?) und 7,3 vom 21.5.383).

Der Separierung von Juden und Christen diente das Verbot, daß christliche Frauen Juden heirateten. Die erste diesbezügliche Anordnung ging auf einen konkreten Anlaß zurück: Staatliche Textilmanufakturen hatten weibliche

Arbeitskräfte verloren, weil die Frauen Ehen mit Juden geschlossen hatten. Aber Constantius II. beschränkte sich in seinem Erlaß vom 13. August 339 nicht darauf, den konkreten Fall im Interesse der staatlichen Textilproduktion zu regeln, sondern er ging so weit, daß er die Angelegenheit zum Anlaß nahm, christlichen Frauen unter Androhung kapitaler Strafen die Ehe mit Juden generell zu verbieten. Dieses Verbot wurde von Kaiser Theodosius am 14. März 388 erneut eingeschärft (Codex Theodosianus III, 7,2). Wie sehr im Interesse des zur Herrschaft gelangten Christentums nach zweierlei Maß gemessen wurde, zeigt der Erlaß Constantius' II., der Juden generell den Erwerb nichtjüdischer Sklaven verbot (Codex Theodosianus XVI, 9,2 vom 13.8.339): Wenn ein Jude einen heidnischen Sklaven kaufe, so verfügte er, solle dieser dem Fiskus anheimfallen, wenn er aber einen christlichen erwerbe, sollten ihm alle in seinem Besitz befindlichen christlichen Sklaven entzogen werden.

Beschränkungen wurden Juden nicht nur dann unterworfen, wenn es um den Schutz des christlichen Bekenntnisstandes ging, auch aus dem Staatsdienst wurden sie im fünften Jahrhundert wieder verbannt. In einer Verordnung des Jahres 404 n. Chr. schloß Kaiser Honorius Juden und Samaritaner künftig aus dem Dienst im Spezialkorps der *agentes in rebus* aus, und im Jahr 418 wurden sie auch aus der Armee des Westreichs verdrängt. Immerhin wurde ihnen bei entsprechender Bildung und Vermögensstand weiterhin gestattet, als Advokat bei Gericht oder als Ratsherren in den Städten zu fungieren. Aber im Jahre 438 wurde dann ein Gesetz für den Ostteil des Reiches verkündet, das den Ausschluß der Juden aus dem öffentlichen Dienst weiter faßte als das des Honorius aus dem Jahre 418: Ihnen wurde der Zugang zu allen Ämtern der Ziviladministration verwehrt (Codex Theodosianus II, Novella III). Auf dem Weg der Verdrängung der Juden aus der bürgerlichen Gesellschaft ist später weiter fortgeschritten worden. Kaiser Leo schloß im Jahre 468 n. Chr. alle diejenigen vom Beruf des Advokaten aus, die sich nicht zur christlichen Orthodoxie bekannten, also auch die Juden (Codex Iustinianus II, 6,8). Und schließlich verschlechterte Iustinian den Status jüdischer Ratsherren, indem er ihnen die Privilegien des Standes entzog und die Bekleidung städtischer Ämter untersagte, sie den kurialen Lasten aber weiterhin unterwarf (Novella XLV vom 1.9.537). Aber damit nicht genug: Iustinian und sein Vorgänger, sein Onkel Iustin, verfügten insofern eine zusätzliche Minderung der Rechtsstellung der Juden, als sie kein Testament machen und keine Vermächtnisse außer von Verwandten in direkter Linie annehmen sowie kein Zeugnis vor Gericht gegen einen orthodoxen Christen ablegen durften. Den gleichen Beschränkungen wurden übrigens auch die Samaritaner, Heiden und Häretiker unterworfen. Sie sind somit nicht als spezielle Ausnahmeregelungen für Juden, sondern als Teil des von der christlichen Orthodoxie inspirierten Kampfes der Staatsgewalt gegen alle Andersgläubigen zu deuten.

Aber während dieser Kampf erklärtermaßen der Ausrottung des Heidentums und aller Häresien diente, blieb die staatliche Haltung gegenüber der jüdischen Religionsgemeinschaft zwiespältig. Einerseits war es erwünscht, daß die Juden sich bekehrten und die Synagogen als Orte, «in denen Christus geleugnet wurde» (so Bischof Ambrosius von Mailand), verschwanden. Aber auf der anderen Seite war es immerhin der offizielle Standpunkt der Kirche, daß gegenüber dem Volk, dem Jesus zuerst seine Heilsbotschaft verkündet hatte, keine Gewalt angewendet werden dürfe. Diese Haltung traf mit der aus heidnischen Zeiten herrührenden Linie der Staatsgewalt insofern zusammen, als diese gewohnt war, einerseits die jüdische Religionsgemeinschaft zu schützen und andererseits ihre Ausbreitung durch das Verbot der Beschneidung von Nichtjuden zu verhindern. Obwohl die christlichen Kaiser im Unterschied zu ihrer gegen Heiden und Häretiker gerichteten Politik sich niemals die Vernichtung der jüdischen Religionsgemeinschaft zum Ziel setzten, scheuten sie doch seit dem fünften Jahrhundert nicht davor zurück, in die religiöse Autonomie der Juden einzugreifen. Als Honorius im Jahre 399 die Patriarchensteuer aus seinem Reichsteil abzuführen verbot und das gesammelte Geld für die Staatskasse zu beschlagnahmen befahl, war sicherlich kein religiöses Motiv, sondern eher schlichte Geldnot im Spiel. Fünf Jahre später wurde denn auch die Einziehung der Steuer wieder erlaubt. Anders steht es jedoch mit den Versuchen der Reichsgewalt, den Neubau von Synagogen zu verhindern. Im Jahre 415 n. Chr. wurde der Patriarch Gamaliel VI. im Rang degradiert, weil er verbotenerweise Synagogen hatte errichten lassen. Bei dieser Gelegenheit wurden seine Rechte erheblich beschnitten. Er durfte keine Synagogen mehr errichten, und ihm wurde aufgetragen, einsam gelegene abtragen zu lassen, wenn dies, wie es bezeichnenderweise heißt, ohne größeres Aufsehen geschehen könne. Bei Rechtsstreitigkeiten von Juden und Christen durfte er nicht mehr wie früher als Richter fungieren, und er verlor das Eigentumsrecht an christlichen Sklaven zugunsten der Kirche (Codex Theodosianus XVI, 8, 22). Kurz vor 429 n. Chr. ist dann das Patriarchat ganz abgeschafft worden, und die kaiserliche Regierung nahm die Gelegenheit wahr, die Patriarchensteuer weiterhin einsammeln und an die Staatskasse abführen zu lassen. Somit waren die Juden wieder von neuem wie nach der Zerstörung des Tempels mit einer staatlichen Sondersteuer belegt. Das Bauverbot von Synagogen wurde in den Jahren 423 und 438 n. Chr. erneuert – neben dem archäologischen Befund ein sicheres Zeichen dafür, daß die Juden es umgingen und die Kaiser an ihrem Verbot festhielten. Das letzte der genannten Gesetze (Codex Theodosianus II, Novella III) erlaubte nur noch Reparaturen und schloß in diese Regelung auch die Samaritaner mit ein. Während somit immerhin eine implizite Bestandsgarantie für bestehende Synagogen gegeben war, hat Iustinian im Jahre 531 die Zerstörung der samaritanischen angeordnet (Codex Iustinianus I, 5,17).

Von dieser letzten Anordnung waren die Juden zwar nicht betroffen. Aber wenn Christen an der Nachbarschaft einer Synagoge oder einem jüdischen Festbrauch Anstoß nahmen, wurde gegen die jüdische Seite entschieden. Anstoß genommen wurde beispielsweise daran, daß die Juden am Purimfest die Hamanpuppe an einem kreuzähnlichen Gestell zu verbrennen pflegten. Dies wurde verboten, und die Statthalter erhielten Anweisung, darauf zu achten, daß das Verbot eingehalten wurde (Codex Theodosianus XVI, 8,18 vom 29.5.408). Im sechsten Jahrhundert wurde spanischen Juden befohlen, ihre in der Nähe einer christlichen Kirche gelegene Synagoge aufzugeben und an einen anderen Ort zu verlegen, weil die Christen an ihrem Gesang Anstoß nahmen.

Was die Haltung der Kirche anlangt, so verfolgte sie im allgemeinen den gleichen Kurs wie die weltliche Gewalt. Besonders Papst Gregor der Große zeichnete sich durch Fairneß und sogar Entgegenkommen aus. Er wandte sich gegen Zerstörungen von Synagogen und Zwangstaufen von Juden, und er nahm sogar Rücksicht auf die Schwierigkeiten jüdischer Sklavenhändler, die nach der Rechtslage keine christlichen Sklaven kaufen durften und sich der Vermittlung christlicher Strohmänner bedienen mußten. Auch einzelne Koryphäen in der christlichen Theologie wie Augustinus vermieden die ärgsten Ausfälle gegen die Juden wie den Vorwurf des Gottesmordes, indem er ebenso spitzfindig wie korrekt argumentierte, daß der Vorwurf die Juden schon deshalb nicht treffen könne, da in ihren Augen Jesus Mensch gewesen sei und nicht Gott. Aber die Kirche sprach in der Judenfrage nicht mit einem Mund. Zahlreiche Pamphlete und Predigten christlicher Kleriker «Gegen die Juden» trugen zur Vergiftung der Atmosphäre bei, und wie häufig die Übergriffe gegen jüdisches Leben und Eigentum gewesen sein müssen, mag man aus einer Anordnung Theodosius' II. vom 6. August 412 ersehen: «Ein Jude, der sich nichts hat zuschulden kommen lassen, genießt körperliche Unversehrtheit. Er darf nicht tätlich angegriffen oder sonstiger Schande ausgesetzt werden, nur weil er Jude ist (Codex Theodosianus XVI, 8, 21). Nicht ohne Grund ließ Iustinian diese Konstitution in seine Sammlung der Kaisergesetze wieder aufnehmen (Codex Iustinianus I, 9, 14).

Seit dem frühen fünften Jahrhundert kam es sporadisch vor, daß unter Anführung von Bischöfen Juden zwangsweise getauft und Synagogen niedergebrannt wurden. Das erste derartige Vorkommnis, von dem wir wissen, fand im Jahre 418 statt. Bei Ankunft der Gebeine des heiligen Stephanus (den nach dem Zeugnis der Apostelgeschichte ausgerechnet die Juden gesteinigt hatten) setzte sich der Bischof Severus von Iamo (auf Menorca) an die Spitze seiner Gemeinde, und gemeinsam zogen sie nach dem benachbarten Mago, wo es eine große jüdische Gemeinde gab, steckten die Synagogen an und zwangen 540 Juden zur Annahme der Taufe. Häufiger kam dies in den germanischen Königreichen auf römischen Reichsboden seit dem sechsten Jahrhundert vor. Im Jahre 576 ließ Avitus, Bischof der Arverner, die Synagoge zerstören und stellte die jüdische Gemeinde vor die Alternative Taufe oder Vertreibung. 500 Juden wählten, so heißt es, die Taufe, die übrigen wanderten nach Marseille aus. Sieben Jahre später befahl König Chilperich, die Juden von Paris zu taufen, und im Jahre 591 erhielten die Bischöfe von Narbonne und Arles einen strengen Verweis von Papst Gregor dem Großen, weil sie die Juden ihrer Städte zwangsweise getauft hatten. In Spanien befahl der Westgotenkönig Sisebut (612 – 620 n. Chr.), daß alle Juden seines Reiches die Taufe empfangen sollten. Etwa 20 Jahre später war Heraklios der erste römische Kaiser, der den bisher verfolgten Kurs eines begrenzten Schutzes der jüdischen Religionsgemeinschaft verließ und Zwangstaufen anordnete. Dies hängt mit besonderen Umständen zusammen, von denen im folgenden Abschnitt die Rede sein soll.

Selbstverständlich wäre es falsch zu meinen, daß Juden in der christlichen Umgebung des spätrömischen Reiches einer ständigen Verfolgung ausgesetzt gewesen wären. Wie in vorchristlicher Zeit bebauten Juden ihr Land oder gingen ihren Geschäften nach, und sie versammelten sich zum Gottesdienst oder zur Erledigung ihrer gemeinsamen Angelegenheiten in den Synagogen. Die Schriftgelehrten in den Lehrhäusern Galiläas und Mesopotamiens studierten und kommentierten weiterhin die Thora und die übrigen Schriften des biblischen Kanons, und noch immer zogen die jüdische Religion und das jüdische Gemeindeleben Sympathisanten und Proselyten auch aus der christlichen Nachbarschaft an. Aber dies alles, das Erbe der letzten Phase der vorchristlichen Zeit, stand unter dem Vorzeichen zunehmender Zurücksetzung und Diffamierung, der Eingriffe in die religiöse Selbstbestimmung, der Ausgrenzung und der

Drohung gewaltsamer Übergriffe. Auch das vertikale Bündnis, auf das die Diaspora angewiesen war, wurde unsicher, nachdem der römische Kaiser das Oberhaupt der rechtgläubigen Christenheit geworden war. Zwei Reaktionen auf diese neue Herausforderung sind innerhalb der Judenschaft der Spätantike kenntlich: eine verstärkte Abkehr von der nichtjüdischen Umwelt, die als äußere und innere Gefährdung erfahren wurde, und der aktive Widerstand und der Versuch einer Restauration des jüdischen Tempelstaates im Heiligen Land. Von letzterem soll im Schlußkapitel die Rede sein, von der Selbstisolierung als Mittel der Erhaltung jüdischer Identität in den folgenden Bemerkungen.

Äußeres Indiz des beginnenden Rückzugs aus der griechisch-sprechenden christlichen Gesellschaft des spätrömischen Imperiums ist die Wiederbelebung des Hebräischen als der Sprache jüdischer Gemeinden. Sie ist in den Inschriften aus dem Übergang vom sechsten zum siebten Jahrhundert greifbar, in der Benutzung der hebräischen Bibel im Gottesdienst, der auch die Entstehung des masoretischen Textes seit dem siebten Jahrhundert verdankt wird, sowie in dem zunehmenden Einfluß der Rabbinen und ihrer Auslegung der Heiligen Schrift auf das Leben der jüdischen Gemeinden. Diese Entwicklung, die den Übergang zum klassischen Judentum des Mittelalters markiert, vollzog sich nicht ohne innere Konflikte. Einen Eindruck in diese Verhältnisse gibt eine Gesetzesnovelle Kaiser Iustinians (Novella CXLVI vom 13.2.553). Die Voraussetzung dieser kaiserlichen Konstitution bildet der Streit innerhalb der jüdischen Gemeinde von Konstantinopel über die Frage, ob im Gottesdienst die hebräische Bibel oder der griechische Text der Septuaginta Verwendung finden solle. Die Streitfrage war, wohl von interessierter jüdischer Seite, dem Kaiser vorgelegt worden, und der nahm die Gelegenheit wahr, nicht nur in der Sprachenfrage den Juden seinen Standpunkt als Verpflichtung aufzuerlegen, sondern sie auch dazu zu bringen, die talmudische Auslegung ihrer Heiligen Schriften aus dem Gottesdienst zu verbannen und die Texte der Septuaginta zu lesen, denen er nachrühmt, daß die Übersetzer in bewundernswerter Weise das Kommen des Erlösers Jesus Christus vorausgesehen hatten. Die entscheidenden Stellen des Erlasses lauten:

Auch sollen die bei ihnen sich befindlichen Erklärer (des Alten Testaments), die nur die hebräische Sprache verstehen, nicht die Erlaubnis haben, dieselbe zu verunstalten und durch die Unkunde ihrer eigenen Schlechtigkeit zu verbergen. Diejenigen aber, die in griechischer Sprache (die Texte) vorlesen, sollen sich der Übersetzung der siebzig Männer bedienen, die die genaueste von allen ist und von allen vorgezogen wird... Wer sollte aber auch nicht das an den Übersetzern bewundern, daß sie, obgleich sie viel früher lebten, als die heilbringende Erscheinung des großen Gottes und unseres Heilandes Jesus Christus eintrat, dennoch diese als künftig eintretend voraussahen, indem sie gleichsam eine prophetische Gabe erleuchtete? ... Die bei ihnen so genannte Deuterosis [das heißt die Schriftauslegung der Rabbinen, die sogenannten Midraschim] verbieten wir strikt, da sie nicht zugleich mit der Heiligen Schrift angenommen, auch nicht aus himmlischer Eingebung durch die Propheten überliefert wurde, sondern eine Erfindung von Männern ist, die nur mit irdischer Weisheit sprachen und gar nichts Göttliches an sich hatten. Sie sollen die heiligen Worte selbst lesen, indem sie die Schrift selbst aufschlagen, aber nicht das in ihr Gesagte verbergen, indem sie fremdartige, eitle, nichtige Sätze, die nicht geschrieben stehen und die von ihnen zum Verderben der Einfältigeren ausgedacht worden sind, hinzufügen.

Dann folgt, verbunden mit strengen Strafandrohungen, eine Liste der Dogmen, die im jüdischen Gottesdienst nach dem Willen des Kaisers keinesfalls in Frage gestellt werden dürfen:

Wenn aber jemand unter ihnen gottlose und nichtige Grundsätze einzuführen gewagt haben sollte, indem er entweder die Auferstehung oder das Jüngste Gericht, oder daß die Engel das Werk und Geschöpf Gottes sind, leugnet, so wollen wir, daß er von jedem Ort vertrieben werde und keine so gotteslästerliche und der Erkenntnis Gottes ganz ermangelnde Sprache laut werden soll. Diejenigen nämlich, die so etwas zu sagen wagen, unterwerfen wir den höchsten Strafen, indem wir auf eben diesem Weg das jüdische Volk von dem eingeführten Irrtum reinigen.

Mit anderen Worten: Der Kaiser ergriff in einem innerjüdischen Streit in massiver Weise Partei, um die den Christen mißliebige Auslegung des Alten Testaments durch die Rabbinen zu verhindern und die Lektüre der von der Kirche des Ostens benutzten griechischen Version zu empfehlen, von der er sagt, daß ihre Urheber in wunderbarer Weise das Kommen des Erlösers Jesus Christus vorausgesehen hätten. Vorbei waren die Zeiten, als ein römischer Statthalter sich weigerte, einen vergleichbaren Konflikt, den zwischen dem Apostel Paulus und der jüdischen Gemeinde von Korinth über die Auslegung der Heiligen Schrift, auch nur anzuhören. Darüber berichtet die Apostelgeschichte wie folgt: «Als aber Gallio Prokonsul von Achaia war, traten die Juden einmütig gegen Paulus auf, brachten ihn vor das Tribunal und sagten: ‹Dieser verführt die Massen zu einer Gottesverehrung, die gegen das Gesetz verstößt.› Als Paulus etwas erwidern wollte, sagte Gallio zu den Juden: ‹Läge hier ein Vergehen oder Verbrechen vor, ihr Juden, so würde ich eure Klage ordnungsgemäß behandeln. Streitet ihr jedoch über Lehren und Worte und euer Gesetz, dann seht selber zu. Darüber will ich nicht Richter sein.›» (Apostelgeschichte, 18, 12 – 15). Der christliche Kaiser aber mischte sich ein, und was er im Sinn hatte, war unschwer zu erkennen. Was blieb den Juden angesichts der kaum verhüllten Nötigung, sie möchten sich dem Christentum zuwenden, anderes übrig, als sich diesem Ansinnen zu verschließen und sich ganz auf ihre Auslegung der Thora und der Heiligen Schrift zu konzentrieren, wenn sie ihre religiöse Lebensform und damit ihre Identität als Volk unter den Bedingungen der konkurrierenden christlichen Deutung ihrer Heiligen Schrift bewahren wollten?

Das Wiederaufleben des Messianismus und das Scheitern der Rückgewinnung Jerusalems

Als Kaiser Konstantin der Große seinen Rivalen Licinius besiegt hatte und damit auch der Ostteil der Römischen Reiches unter seine Herrschaft gefallen war, berief er im Jahre 325 n. Chr. zur Beilegung der dogmatischen und kirchenpolitischen Streitigkeiten das Erste Ökumenische Konzil nach Nikaia in Kleinasien ein. Zu den Streitfragen gehörte auch das Datum des Osterfestes, das im Osten des Reiches am Tag des jüdischen Passahfestes, am 14. Tag nach dem ersten Neumond, der auf das Frühjahrsäquinoktium folgt, gefeiert wurde, im Westen dagegen an dem Sonntag nach dem Passahfest. Das Konzil entschied, den Ostertermin auf den Sonntag, der auf den ersten Vollmond nach dem Frühjahrsäquinoktium folgt, zu verlegen und damit vom Datum des jüdischen Passahfestes abzukoppeln. Der Kaiser übernahm es, allen Provinzen die Entscheidung in einem kaiserlichen Schreiben mitzuteilen. Darin schmähte er die Juden als Propheten- und Gottesmörder und begründete die Trennung des christlichen von dem jüdischen Fest damit, daß «die Juden ihre Hände mit einem schlimmen Verbrechen befleckt und ihre Seelen infolge ihres grausamen Verhaltens besudelt hätten».

Zugleich begannen Konstantin und seine Mutter die Umgestaltung Jerusalems und der Orte, an denen Jesus gewirkt hatte, zu christlichen Gedenk- und Pilgerstätten. Jerusalem erhielt als christliche Stadt seinen alten Namen zurück, und an der Stätte des heiligen Grabes wurde die Grabeskirche errichtet und in ihr die Reliquie des Heiligen Kreuzes aufgestellt. Weitere Kirchen wurden an der Stätte der Himmelfahrt Christi, auf dem Ölberg, in Bethlehem über der sogenannten Geburtshöhle und in Mamre errichtet, wo nach der Tradition Abraham die als Gotteserscheinung gedeuteten drei Besucher bewirtet haben soll. Das alte Judäa war damit zum Heiligen Land der Christen geworden. Dies und die unter Konstantin einsetzende Diffamierung des Judentums, die unter christlichem Vorzeichen geschah, haben zu einer Neubelebung apokalyptischer Erwartungen und zur Hoffnung auf einen Messias geführt, der aller Drangsal ein Ende bereiten würde. Die sogenannte Kleine Apokalypse in der Mischna gehört vermutlich in die Zeit Konstantins oder seiner Söhne; denn sie nimmt Bezug auf die Hinwendung der Kaiser zum Christentum, das vom Standpunkt der Juden eine aus dem Abfall von der Mutterreligion entstandene Häresie war:

Im Gefolge des Messias nimmt die Unverschämtheit zu, und der Tod nimmt zu. Der Weinstock gibt seine Frucht, und der Wein hat einen hohen Preis. Das Königtum wendet sich zur Häresie, und es gibt keine Zurechtweisung. Das Versammlungshaus wird zum Hurenhaus, Galiläa wird verwüstet werden, der Golan wird zur Einöde werden, die Grenzbewohner werden von Stadt zu Stadt ziehen, und keiner wird sich ihrer erbarmen. Die Weisheit der Schriftgelehrten wird verfaulen, die, die Sünde scheuen, werden verworfen. Die Wahrheit wird verschlossen sein. Kinder werden Greise beschämen und Alte werden vor Kindern aufstehen: ‹Denn der Sohn verachtet den Vater, und die Tochter steht gegen die Mutter auf, die Schwiegertochter gegen die Schwiegermutter, die Feinde eines Mannes werden seine eigenen Hausgenossen› (Micha 7,6). Das Angesicht der Generation ist das Gesicht eines Hundes, der Sohn schämt sich nicht vor seinem Vater. Auf wen sollen wir uns da stützen? Auf unseren Vater im Himmel.

(m Sot 9,15)

Der unbekannte Verfasser deutete die Zeichen der Zeit als die schwere Drangsal, die der Rettung durch den endzeitlichen Messias vorausgeht. In der aramäischen Bibelübersetzung wird die messianische Prophezeiung des dritten

Buches Mose (Numeri 24, 17 – 19) unverhüllt auf den künftigen Sieg Israels über Rom beziehungsweise über Konstantinopel, das Zweite Rom, bezogen:

> *Die Edomiter [dies sind die Römer beziehungsweise Byzantiner] werden vertrieben werden – und ebenso die Söhne von Gabla – von Israel, und Israel wird mächtig werden durch ihren Besitz und wird sie beerben. Und ein Herrscher wird entstehen aus dem Hause Jakobs und vernichten und zerstören den Rest, der von Konstantinopel, der schuldigen Stadt, geflohen ist und verwüsten und in Trümmern legen die aufrührerische Stadt Caesarea, die mächtige Stadt der Völker.*
>
> *(TpsJ Num 24,18 f.)*

Es scheint so, daß den apokalyptischen Stimmungen und Erwartungen Taten in Gestalt einer Erhebung gefolgt sind. Johannes Chrysostomos hat später in einer seiner Predigten «Gegen die Juden» davon gesprochen, daß die Juden dies zur Zeit Konstantins taten (Rede gegen die Juden V, 11), und die Kirchenhistoriker haben es ihm nachgesprochen. Unter seinem Sohn Constantius II. kam es zu einer weiteren Erhebung, und nach dem Bericht des römischen Historikers Aurelius Victor ist mit einem messianischen Hintergrund durchaus zu rechnen; denn es ist davon die Rede, daß die Juden einen gewissen Patricius «verbrecherischer Weise zu einer Art Königtum erhoben hätten» (*nefarie in regni specie sustulerant*: Aurelius Victor, Die römischen Kaiser 42,11). Der Aufstand hinterließ einen Zerstörungshorizont, der in Bet Schearim auch archäologisch noch nachweisbar ist. In der literarischen Überlieferung ist davon die Rede, daß auch Sepphoris/Diocaesarea, Tiberias und Lod/Diospolis sowie zahlreiche andere Ortschaften niedergebrannt und einige tausend Menschen getötet worden seien. Der von Constantius eingesetzte *Caesar* Gallus, der ihn im Osten in der Zeit von 350 bis 353/54 vertrat, warf den Aufstand nieder.

Die Juden waren ebensowenig in der Lage, aus eigener Kraft die Macht des Römischen Reiches zu brechen, wie ihre Vorfahren in der Zeit des babylonischen Exils das Reich Nebukadnezars hatten stürzen können. Damals erschien den Juden der erwartete Retter in Gestalt eines heidnischen Herrschers: Der Begründer des persischen Großreichs Kyros war es, der der babylonischen Gefangenschaft ein Ende gesetzt und den Verbannten gestattet hatte, nach Jerusalem zurückzukehren und ihrem Gott einen neuen Tempel zu errichten. Das Wunder schien sich zu wiederholen, als Iulian, der sich im Jahre 360 im Westen gegen seinen Vetter Constantius erhoben hatte, im November des folgenden Jahres die Alleinherrschaft gewann. Iulian hatte sich das Ziel gesetzt, die Christianisierung des Römischen Reiches rückgängig zu machen und reichsweit die Opferkulte wieder zu beleben. Obwohl seine auf eine neuplatonische Theologie gegründete Restaurationspolitik der Erneuerung der heidnischen Kulte galt, sollte nach dem Willen des Kaisers auch das Judentum von der großen religionspolitischen Wende profitieren. Er plante, den Juden den Tempel in Jerusalem zurückzuerstatten und wiederaufzubauen.

Iulian betrachtete das Christentum als eine Unreligion, in der der gekreuzigte Jesus und die Märtyrer des neuen Glaubens, tote Menschen also, an der Stelle der Götter verehrt wurden. Aber er schätzte die jüdische Gottesverehrung, und er erkannte Jahwe als einen wahren Gott an, wenn auch nicht als den höchsten schlechthin und schon gar nicht als den einzigen, neben dem es keine Götter gab. Der Gott der Juden stand ihm auf einer Linie mit anderen höchsten Gottheiten der polytheistischen Religionen, und da er überzeugt war, daß die Rangunterschiede der verschiedenen Völker die Hierarchie der von ihnen verehrten Götter widerspiegele, stufte er Jahwe weit unter Zeus oder Iuppiter ein. Er argumentierte, daß die Griechen mit ihren wissenschaftlichen Leistungen und die Römer mit ihrem Weltreich sich den Juden als weit überlegen erwiesen hätten und daß somit der jüdische Anspruch, ihr Gott sei der einzige und universale, eine Anmaßung und Torheit darstelle. Aber er hatte hohen Respekt vor der religiösen Lebensform der Juden, und er sprach mit höchster Bewunderung davon, daß Juden im Unterschied zur Nachlässigkeit der Heiden seiner Zeit ihr Religionsgesetz ernst nahmen und daß selbst Proselyten eher zu sterben bereit waren, als unter Zwang gegen die Gebote ihrer Religion zu verstoßen. Iulian schätzte das Judentum auch deswegen, weil es bis zur Zerstörung des Tempels im Jahre 70 eine Opferreligion im Kreis der anderen, der heidnischen, gewesen war, und ihm war auch bewußt, daß die Juden nichts sehnlicher wünschten als die Wiederherstellung des Tempels. Da er angetreten war, überall im Römischen Reich Tempel und Opferkulte wiederherzustellen, war es nur folgerichtig, auch dem jüdischen Opferkult wieder seine Stätte zurückzugeben. Iulian sprach von diesem Plan einmal beiläufig in einer Instruktion, die er an einen Oberpriester der von ihm gegründeten heidnischen Staatskirche richtete, und im Jahre 363, als er sich bereits auf seinem Perserfeldzug in Mesopotamien befand, schrieb er an die Führer der Juden: «Ich richte (euch) mit allem Eifer den Tempel des Höchsten Gottes wieder auf.» Da Iulians Religionspolitik sich gegen das Christentum richtete, darf auch der symbolische Wert, der eine Wiederherstellung des jüdi-

schen Tempels für sein Anliegen besaß, nicht unterschätzt werden. Jesu endzeitliche Prophezeiung, daß von dem Tempel kein Stein auf dem anderen bleiben werde, sollte Lügen in der Stadt gestraft werden, die Konstantin der Große zu einem Zentrum der christlichen Gottesverehrung gemacht hatte.

Mit der Ausführung des Wiederaufbaus betraute Iulian einen hohen Beamten namens Alypius, der ihm vorher als Leiter der Zivilverwaltung in Britannien
gedient hatte. Tatsächlich sind die Arbeiten in Jerusalem unter lebhafter Teilnahme und Opferbereitschaft der Juden aufgenommen worden. Gregor von
Nazianz, ein christlicher Theologe, der nach Iulians Tod mit dem gefährlichen
Gegner des Christentums in zwei langen Predigten abrechnete, schrieb darüber:

> Da Iulian mit diesem Plan [der Wiederherstellung des Tempels] umging – zu
> allem, was man gerne tut, läßt man sich leicht verführen –, dachten die
> Juden daran, den Tempel wiederaufzubauen, und gingen fleißig und bereit-
> willig ans Werk. Wie Leute, die die Juden bewundern, zu erzählen wissen,
> verzichteten ihre Frauen nicht nur gerne auf ihren Schmuck zugunsten des
> Unternehmens und der (daran beteiligten) Arbeiter, sondern glaubten auch,
> Gott einen Dienst zu erweisen, wenn sie an ihrer eigenen Brust den Schutt
> wegschleppten und weder auf ihre kostbaren Kleider noch auf ihre zarten
> Glieder achteten.

Aber die Mühe war umsonst. Das Unternehmen stand unter keinem günstigen Stern. Die Rede ist davon, daß Sturm, Feuer oder Erdbeben die Arbeiten
zum Erliegen brachten. Was tatsächlich geschah, ob ein Unglücksfall, eine
Naturkatastrophe oder ein Sabotageakt der erbosten christlichen Bevölkerung
Jerusalems die Arbeit zunichte machte, ist unter einem Nebel von Wunderer-
zählungen verborgen. Iulian fiel am 26. Juni 363 in Mesopotamien, und damit
fand seine Religionspolitik, zu der auch der Plan einer Wiedererrichtung des
Jerusalemer Tempels gehörte, ihr definitives Ende.

Von messianischen Erwartungen verlautet in der kurzen Episode der
gescheiterten Tempelrestauration nichts, und unklar bleiben für uns auch die
Hintergründe der jüdischen und samaritanischen Aufstände, die im sechsten
Jahrhundert Palästina erschütterten. Für das Jahr 529 ist eine Erhebung der
Samaritaner überliefert, die ihren Ausgang von Skythopolis nahm. Es heißt,
daß die Samaritaner unter Führung eines gewissen Iulianus Kirchen zerstör-
ten, Felder verwüsteten und viele Christen töteten. Im Juli 556 erhoben sich
Juden und Samaritaner gemeinsam in Caesarea, griffen die Christen an, töte-

ten viele und steckten die Kirchen in Brand. Auch der Statthalter der Provinz, der Prokonsul Stephanus, kam dabei um. Um das Jahr 570 kam es zu einem weiteren Aufstand, der von den Feldherren des Kaisers Iustinus II. grausam unterdrückt wurde. Es heißt, daß sich danach Juden in der Nähe von Emmaus einer «Räuberbande» anschlossen, die das Land unsicher machte. Als im Jahre 610 die Perser nach Syrien einfielen und sich Antiochien näherten, erhoben sich im September die Juden, um die Stadt den sich nähernden Feinden auszuliefern. Alle diese Aufstände wurden niedergeschlagen. Gewiß ist die im Vorangehenden geschilderte Verschlechterung der Lage der Juden, die unter christlichem Vorzeichen stattfand, und die Kette der Übergriffe, von denen vermutlich nur besonders spektakuläre in die Überlieferung geraten sind, die allgemeine Voraussetzung der Bereitschaft, zu den Waffen zu greifen. Aber es darf immerhin vermutet werden, daß auch damals ähnlich wie bei den früheren Erhebungen endzeitliche Erwartungen mit im Spiel waren. So kann es nicht verwundern, daß in der jüdischen religiösen Poesie dieser Zeit Stimmen laut werden, die ein Ende der apokalyptischen Bedrängnis ersehnten und Gott anriefen, der Macht des Herrschers von Edom, das heißt des römischen Kaisers, ein Ende zu setzen. In einer der Hymnen des Jehuda heißt es: «Bis wann sollen wir außerhalb des (Heiligen) Landes sitzen, und wie lange wird der Herrscher des Reiches von Edom in den Himmel gehoben werden? Erniedrige ihn und zieh ihn herab in die Tiefen der Erde und lasse die Himmel froh sein und die Erde sich freuen» (Psalm 96,10).

Die große persische Offensive schien die ersehnte große Wende zu bringen. Im Jahre 611 fiel Antiochien am Orontes in persische Hand, 612 übergaben die Juden das kappadokische Caesarea den Persern, nachdem die christliche Bevölkerung geflohen war, 613 fiel Damaskus. Zu Beginn des folgenden Jahres drangen die Perser mit aktiver Unterstützung der Juden über Tiberias, Sepphoris und Lod nach Jerusalem vor. Die Stadt ergab sich ebenso wie auch Caesarea, fiel aber wieder ab, als der persische Feldherr Schaharbaraz sie wieder verlassen hatte. Er kehrte zurück, nahm mit jüdischer Hilfe die Stadt ein zweites Mal ein und hielt ein strenges Strafgericht. Viele Kirchen, auch die Grabeskirche, wurden zerstört, die Stadt geplündert und zahlreiche Christen getötet. Jerusalem wurde den Juden übergeben, und es spricht einiges für die Annahme, daß sie die Ereignisse im Lichte des Jahres 538 v. Chr. sahen, als Kyros, der Begründer des ersten Perserreiches, ihnen die Rückkehr nach Jerusalem und den Wiederaufbau des Tempels gestattet hatte. Es scheint so, daß ein neuer Nehemia unter persischer Oberhoheit daranging, ein Zeitalter des

Dritten Tempels zu begründen. Weit gekommen ist er damit nicht. Im Jahre 617 hielten es die Perser für angezeigt, die jüdische Herrschaft in Jerusalem zu beenden und die Stadt den monophysitischen Gegnern des orthodoxen römischen Kaisers zurückzugeben. Wiederum wurde den Juden verboten, die Stadt zu betreten. Der Grund für diese Wende der persischen Politik wird darin zu suchen sein, daß die Juden mit ihrer Kriegführung auf eigene Faust Mißerfolge hatten – ihr Versuch, das durch seine Lage und seine Befestigungen gut geschützte Tyros einzunehmen, scheiterte – und sie zur Unsicherheit der Lage in dem wichtigen Durchgangsland nach Ägypten, dem nächsten Ziel der persischen Invasion, beitrugen.

Es sollte noch schlimmer kommen. Die im Jahre 622 begonnene kühne Gegenoffensive des Kaisers Heraklios war letztlich von Erfolg gekrönt. Die Perser wurden im Zweistromland besiegt und mußten alle besetzten Gebiete zurückgeben. Am 21. März 629 zog der Kaiser feierlich in Jerusalem ein und brachte die Kreuzesreliquie in die Grabeskirche zurück. Auf seinem Marsch nach Jerusalem hatte er in Tiberias den Juden unter Eid Straflosigkeit versprochen, doch er brach sein Wort auf Drängen des Klerus, der sich bereit erklärte, zur Sühnung des Wortbruchs ein eintägiges Fastenfest, das seitdem in der Ostkirche so genannte Fasten des Heraklios, zu begehen. Den Juden wurde von neuem das Betreten der Heiligen Stadt und ihres Territoriums im Umkreis von drei Meilen verboten. Gegen Juden, die Kirchen zerstört oder Christen getötet hatten, wurde ein Prozeßkrieg eröffnet. Viele wurden hingerichtet, andere flohen in die Wüste und entkamen nach Ägypten oder in das Perserreich.

Unterdessen hatte in Arabien eine religiöse Revolution stattgefunden. Mohammed begründete in Medina und Mekka eine neue monotheistische Weltreligion, die sich mit großer Schnelligkeit über die arabische Halbinsel bis an die Grenzen des Römischen Reiches ausbreitete. Schon in dem Jahr, das auf die Einnahme Jerusalems durch Heraklios folgte, gab es Juden, die in Mohammed das Werkzeug Gottes sahen, den Messias, der der apokalyptischen Bedrängnis der Juden ein Ende bereiten würde. Kurze Zeit später schien die Erwartung in Erfüllung zu gehen. Als Heraklios aus Geldnot die verbündeten arabischen Stämme im östlichen Grenzgebiet nicht mehr bezahlen konnte, schlossen diese sich dem Propheten Allahs an und öffneten den Invasoren den Weg in das Römische Reich. Aus Furcht vor einer Kooperation der Juden mit den islamischen Angreifern befahl der Kaiser im Jahre 634 die Zwangstaufe der Juden und schrieb angeblich einen Brief mit entsprechender Aufforderung an den Frankenkönig Dagobert und dessen Mitkönig Sigebert.

Darin wies er zur Rechtfertigung und zur Notwendigkeit seines Tuns auf eine Weissagung hin, daß ein beschnittenes Volk ihm die Herrschaft über das Heilige Land entreißen würde. Er dachte an die Juden, aber es waren die Araber, an die er das Heilige Land und nicht nur dieses, sondern den gesamten Orient verlor. Am 20. August 636 erlitt das kaiserliche Heer eine vernichtende Niederlage am Fluß Jarmuk. Im März/April des Jahres 638 fielen Jerusalem nach dreivierteljähriger Belagerung und im Jahre 640 nach siebenmonatiger Belagerung Caesarea maritima, der letzte Stützpunkt des Kaisers in Palästina. Die Eroberer kamen nicht als Befreier der Juden. Auch wenn sich die islamische Herrschaft zunächst als weniger drückend als die christliche erwies – weder Mohammed noch der Kalif Omar waren Gottes Werkzeuge zur Befreiung der Juden.

Es ist leicht verständlich, daß die dramatischen Ereignisse zwischen 610 und 640 n. Chr., die eine neue Epoche der Weltgeschichte eröffneten, die Juden in ein Wechselbad der Gefühle tauchten. Höchste Erwartungen und tiefste Enttäuschung wechselten einander ab, und dies alles kleidete sich in die Form einer apokalyptischen Geschichtsdeutung, die um das alte, im Buch Daniel fixierte Schema von der Abfolge der vier Weltreiche kreiste, und in wilde Spekulationen über die Rettergestalt eines endzeitlichen Messias. In der sogenannten Apokalypse des Serubbabel ist von mehreren Gesalbten des Herrn die Rede, einmal von Nehemia, dem Sohn des Chuskiel, und von Menachem, dem Sohn des Amiel. Der erste sammelt die Kinder Israels und opfert wieder in Jerusalem dem Herrn, aber im fünften Jahr seiner Herrschaft, so heißt es, zieht Schiroi, der König der Perser (gemeint ist wohl Chosroe II.), gegen ihn und tötet ihn. Dies ist der Beginn einer großen Bedrängnis und das Vorspiel des Endkampfes gegen den Antimessias Armillos, den Sohn Satans – eines Kampfes, in dem ein weiterer Messias, der Sohn des Joseph, fällt und in dem ein vierter, der davidische Erlöser, der Sohn Daniels, den endgültigen Sieg erringt, das Reich Israel wieder aufrichtet und den Dritten Tempel erbaut. In einem anonymen Hymnos ist der Kampf der drei Mächte, des christlichen Reiches der Römer und des persischen sowie des islamischen der Araber, als das Vorspiel zu dem erlösenden letzten Akt geschildert, dem Erscheinen des siegreichen Messias:

> *Der König des Westens und der König des Ostens:*
> *sie werden einander zermalmen;*
> *und der König des Westens: seine Heere werden ihre Stärke*
> *im Lande beweisen,*

und von Yuktan wird ein König kommen,
seine Heere werden stark im Lande…
Edomiter und Ischmaeliten [das heißt Römer und Araber] werden kämpfen
im Tal von Akre,
bis ihre Pferde in Blut und Panik versinken…
und Harmylos [das ist der Satan Armillos] wird kommen und
wird den Messias des Herrn durchbohren,
der (andere, der letzte) Messias wird kommen und
er wird ihn durch das Wort Gottes ins Leben zurückrufen,
und ganz Israel wird an ihn glauben.

Aber der Messias blieb aus, und die muslimische Herrschaft setzte die Unterdrückung Israels fort. Der Sturz des Römischen Reiches aber gab der geschichtlichen Deutung der Prophezeiung Daniels, daß nach dem Ende des vierten Weltreichs der Messias kommen und Israel erlösen werde, neue Rätsel auf. Wie mit dem verwirrenden Geschehen gerungen wurde, zeigt die Unterhaltung zweier Juden, die in der «Doctrina Jacobi» wiedergegeben ist. Ein palästinensischer Jude namens Jakob, der im Jahre 634 von Palästina nach Karthago geflohen war, um der Zwangstaufe zu entgehen, wurde ergriffen und mußte sich doch taufen lassen. Im Gefängnis kam er beim Studium der Heiligen Schriften zu der Überzeugung, daß Jesus von Nazareth der verheißene Messias gewesen sein müsse, und er überzeugte mit seinen Argumenten die Juden Karthagos. Dann kam ein anderer Jude namens Iustus aus Palästina in die Stadt und schmähte Jakob als einen Verräter und Abtrünnigen. Jakob fragte ihn: «Was denkst du von der Lage des Römischen Reiches? Steht es noch so wie zu Beginn oder ist es kleiner geworden?» Iustus merkte, worauf Jakob hinauswollte, und entgegnete zögerlich: «Auch wenn es etwas kleiner geworden ist, so hoffen wir doch, daß es sich wieder erheben wird, weil erst der Messias kommen muß, solange das vierte Tier, das ist das Römische Reich, aufrecht steht.» Doch Jakob überzeugte ihn mit folgendem Argument: «Wir sehen doch, daß die Völker an den Messias (Jesus Christus) glauben und das vierte Tier gefallen und in Stücke gerissen ist von den Völkern, daß die zehn Hörner [das heißt die zehn Könige in der Prophezeiung des Kapitels 7 im Buch Daniel] die Oberhand behalten und der Satan Hermolaos (Armillos) kommen kann.» Darauf sagte Iustus: «Das kleine Horn [das ist der Antimessias] ist schon da. Mein Bruder Abraham hat mir aus Caesarea geschrieben, daß ein falscher Prophet bei den Arabern erschienen ist [gemeint ist Mohammed].

‹Denn als der kaiserliche Würdenträger (und Feldherr) Sergius von den Arabern getötet wurde›, schreibt Abraham, ‹war ich in Caesarea, und ich fuhr zu Schiff nach Sykaminos; und man sagte: Der Würdenträger ist getötet worden, und wir Juden hatten große Freude. Und man sagt, daß ein Prophet bei den Arabern erschienen ist und das Kommen des Gesalbten ankündigt, des Messias, der da kommen soll. Und als ich, Abraham, nach Sykaminos kam, ging ich zu dem Ältesten (der Gemeinde), einem sehr gelehrten Mann, und fragte ihn: Was sagst du, Rabbi, zu dem Propheten, der bei den Arabern erschienen ist? Und der seufzte laut und sagte: Er ist ein falscher Prophet; denn es ist gewiß, daß Propheten nicht mit Schwert und Streitwagen kommen. Wahrlich, die Bedrängnisse unserer Zeit sind Werke der Verwirrung, und ich fürchte, daß der, der zuerst kam, den die Christen verehren, derjenige war, der von Gott gesendet wurde, und wir Hermolaos an seiner Statt erhalten werden. Denn Jesaja sagt, daß wir Juden Herzen haben, die in die Irre gegangen und verhärtet sind, bis die ganze Erde eine Wüste sein wird. Aber gehe, Abraham, und forsche nach dem Propheten, der erschienen ist. Und ich, Abraham, forschte nach ihm und erfuhr von Leuten, die ihm begegnet waren, daß man nichts Wahres an diesem sogenannten Propheten finde, außer dem Vergießen von Menschenblut; denn er sagt, er halte die Schlüssel zum Paradies, und dies ist unwahr.›»

VI

Bilanz und Ausblick

Am Ausgang der Antike waren die Juden des Römischen Reiches römische Bürger geworden, aber sie waren Bürger zweiter Klasse, eingeschränkt in ihren bürgerlichen Rechten und ausgeschlossen vom Dienst in der Armee und in der Administration; sie trugen, soweit sie dazu finanziell in der Lage waren, die Lasten des Ratsherrenstandes, aber die Privilegien, die mit der Zugehörigkeit zu diesem Stand verbunden waren, wurden ihnen verwehrt. Die andere Seite der Medaille war, daß die Juden nach wie vor eine privilegierte Religionsgemeinschaft bildeten, die wenigstens prinzipiell staatlichen Schutz und, soweit die Haltung des hohen Klerus in Betracht kommt, auch den der Kirche genoß. Insofern standen sich die Juden besser als Heiden und Häretiker, gegen die die Kirchen des Ostens und des Westens mit Hilfe der weltlichen Gewalt einen Vernichtungsfeldzug führten. Freilich waren die Juden eher widerwillig geduldet, und sie waren dem Erwartungsdruck ausgesetzt, daß sie sich zum «wahren Israel» der christlichen Kirche bekennen möchten. Sie waren eine dem Ressentiment ihrer Umgebung ausgesetzte Minderheit, die auf das vertikale Bündnis mit Kaisern und Königen mehr denn je angewiesen war, aber in Anbetracht der Berufung christlicher Herrscher, zum Heil der Seelen mit der Kirche zusammenzuwirken, ergaben sich Gefährdungen, die unter heidnischen Oberherren nicht bestanden hatten. Wie die Judenverfolgungen unter Kaiser Heraklios und den germanischen Königen im Franken- und Westgotenreich zeigen, konnte sich unter Umständen das antijüdische Ressentiment bis zur Zwangstaufe und Vertreibung steigern (jedoch nicht wie im nationalsozialistischen Deutschland bis zum staatlich geplanten und vollzogenen Genozid).

Diese zugleich privilegierte und benachteiligte Stellung der Juden und ihre prekäre Lage zwischen Schutz und Verfolgung waren das Erbe, das die Spätantike an das christliche Mittelalter weitergab. Wie sich die Verhältnisse im einzelnen in den christlichen und in den muslimischen Reichen gestalteten, kann hier nicht weiterverfolgt werden. Der Hinweis muß genügen, daß dies die Rahmenbedingungen waren, unter denen das Judentum als Religionsgemeinschaft und als Volk bis in die Zeit der mit der Französischen Revolution beginnenden Emanzipation nicht nur überlebte, sondern eine bedeutende Rolle in der Geschichte des Mittelalters und der Frühen Neuzeit spielte. Sowohl das Überleben wie die Rolle, die es als Minderheit in einer nichtjüdischen Umgebung spielte, waren in erster Linie der religiösen Prägung des Volkes geschuldet, und diese war das Erbe der gesamten jüdischen Geschichte im Altertum von Esra und Nehemia bis zur Kodifizierung der mündlichen Thora im babylonischen (und palästinensischen) Talmud. Äußere und innere Faktoren, Ausgrenzung und Privilegierung auf der einen und die Bewahrung und Fortentwicklung der religiösen Lebensform auf der anderen Seite, wirkten zusammen, daß das Volk ohne eigenen Staat und eigenes Land viele Jahrhunderte überleben konnte und nicht in fremden Völkern aufging. Dies ist ein einzigartiges Phänomen in der Weltgeschichte, und ebenso einzigartig ist es, daß es dem jüdischen Volk in jüngster Zeit gelungen ist, auf dem Territorium ihres alten Stammlandes einen neuen Staat, das moderne Israel, zu gründen.

Die jüdische Staatsgründung im Altertum war religiös fundiert, und sie diente in erster Linie der Organisation des Tempelkultes und der religiösen Lebensform. Dies gilt für die Staatlichkeit, die Esra und Nehemia begründeten, und es gilt auch für den Ursprung des Makkabäerreiches, das seine Entstehung dem Widerstand gegen den Versuch unter König Antiochos IV. verdankt, die religiöse Lebensform des jüdischen Volkes zu vernichten. In diesem Fall endete freilich der Kampf um jüdische Selbstbehauptung in einem Königtum hellenistischer Prägung und in einer Expansion, die Juden und Nichtjuden unter der Herrschaft zuerst der Hasmonäer und dann der Herodeer zusammenzwang. Dadurch verlor dieses Königtum die Unterstützung der religiösen Führer der Juden, und es wurde durch die Feindschaft zwischen Juden und Nichtjuden schwer belastet. Es war darüber hinaus, seitdem die Römer im Orient das Erbe der hellenistischen Großreiche angetreten hatten, Teil der römischen Herrschaftsordnung, bis die Römer das jüdische Kernland provinzialisierten und in der Reaktion auf den Großen Jüdischen Aufstand die Reste der jüdischen Eigenstaatlichkeit, die theokratische Ordnung Esras und Nehemias, mitsamt dem Jerusalemer Tempel vernichteten.

Die moderne Staatsgründung Israels ist im Unterschied zum Tempelstaat der Antike und zum hellenistischen Königtum durchaus vom Geist der Moderne geprägt. Diese Staatsgründung setzt das Scheitern der Emanzipation, der Integration der Diaspora in die nach der Französischen Revolution entstehenden Nationalstaaten und die Steigerung des rassistischen Antisemitismus des neunzehnten Jahrhunderts zum Versuch der vollständigen physischen Vernichtung der Judenschaft voraus, und sie ist inspiriert von den modernen europäischen Strömungen des Nationalismus, der Demokratie westlicher Prägung und sozialistischer Ideale. Dennoch gibt es, was die Ermöglichung und die Problematik jüdischer Staatlichkeit anbelangt, überraschende und teilweise erschreckende Parallelen zwischen der Antike und der Gegenwart.

Die Gründung der theokratischen Ordnung durch Esra und Nehemia geschah aufgrund des interessegeleiteten Wohlwollens der persischen Großkönige, die Unabhängigkeit des expandierenden Hasmonäerstaates wurde durch den Niedergang des Seleukidenreiches ermöglicht, und die Herodeer verdankten ihr Königtum dem Herrschaftsinteresse der Römer. Existenz und Umfang jüdischer Staatsbildung bestimmten sich in entscheidender Weise innerhalb der den Vorderen Orient beherrschenden Großmächte, ihrer Geschichte und der Politik ihrer Herrscher. In der Gegenwart waren es die Auflösung des Osmanischen Großreichs und die Politik der am Ende des Ersten Weltkrieges an seine Stelle tretenden Mandatsmacht Großbritannien, die günstige Bedingungen für eine jüdische Staatsbildung in Palästina schufen. Aber England stand aufgrund der «Balfour Declaration», die den Juden eine Heimstatt in Palästina verhieß, nicht nur bei den Juden im Wort, sondern es war auch während des Kriegs gegen das Osmanische Reich zumindest moralische Verpflichtungen gegenüber seinen arabischen Verbündeten eingegangen. Die Folge war ein schleichender Krieg zwischen der jüdischen und arabischen Bevölkerung Palästinas, und als es am Ende der britischen Mandatszeit nach dem von den Vereinten Nationen verabschiedeten Teilungsplan zur Gründung des Staates Israel kam, mußte sich dieser sogleich gegen die Araber Palästinas und die benachbarten arabischen Staaten zur Wehr setzen. Israel behauptete sich und erweiterte die Grenzen seines Staatsgebietes und besetzte im Sechstagekrieg auch die den Arabern verbliebenen Teile des ehemaligen Mandatsgebiets von Palästina. Die Folgen sind bekannt: Israel ist mit der Feindschaft der Araber im eigenen Land und der Nachbarstaaten konfrontiert, und es bedarf des Rückhalts an der einzig verbliebenen Weltmacht unserer Zeit, der Vereinigten Staaten. Diese sind gewiß nicht Rom. Sie sind, anders als gelegentlich behauptet wird, noch kein Imperium im Sinne der antiken Großreiche, und sie üben keine direkte, finanziell drückende oder gar gewalttätige

Oberherrschaft über Israel aus. Aber das wohlwollende, informelle Protektorat der Vereinigten Staaten ist bis auf weiteres eine Bedingung der Existenz des Staates Israel, solange dieser im eigenen Land und in seiner Nachbarschaft von Feinden umgeben ist. Im Altertum führten die Feindschaft der Umwelt und die Abhängigkeit von einer Weltmacht, die sich von einer wohlwollenden Schutzmacht unter den Umständen, die in diesem Buch beschrieben sind, zum Totengräber jüdischer Staatlichkeit wandelte, zu einer Katastrophe. Was sich aus der gegenwärtigen verfahrenen Situation ergeben wird, hat die Geschichte noch nicht freigegeben. Aber die Geschichte pflegt sich bekanntlich nicht einfach zu wiederholen, und es besteht Grund zu der Hoffnung, daß die fundamentalen Unterschiede, die trotz gewisser Analogien zwischen damals und heute bestehen, eine ähnliche Katastrophe wie die unter römischer Herrschaft eingetretene nicht zulassen.

Zeittafel

587 v. Chr.	Einnahme und Zerstörung Jerusalems durch die Babylonier. Ende des Königreichs Juda
587 – 538	«Babylonische Gefangenschaft» der deportierten Elite des ehemaligen Königreichs Juda in Mesopotamien
538	Kyros, der Begründer des persischen Weltreichs, nimmt Babylon ein und gestattet den jüdischen Exilierten die Rückkehr nach Jerusalem
521 – 517	Wiedererrichtung des Tempels in Jerusalem
ca. 458 – 428	Esra und Nehemia begründen die auf der Thora beruhende religiöse Lebensform und organisieren den jüdischen Tempelstaat
332	Alexander der Große erobert den Vorderen Orient. Beginn der griechisch-makedonischen Herrschaft
321 – 301	Kriege der Generäle Alexanders des Großen um sein Erbe, in deren Verlauf Jerusalem siebenmal den Besitzer wechselt
301 – 201	Oberherrschaft der Ptolemäer, der Könige Ägyptens, über Judäa. Entstehung der jüdischen Diaspora in Ägypten, der Kyrenaika und auf Zypern

201 – 198	König Antiochos III. beendet die ptolemäische Herrschaft. Judäa fällt unter seleukidische Oberherrschaft
175	Antiochos IV. verkauft das Hohepriesteramt und die Ermächtigung, Jerusalem zu einer Stadt mit griechischer Verfassung und Gymnasium umzugestalten, an den aus hohenpriesterlicher Familie stammenden Jason
173 – 172	Antiochos IV. verkauft das Hohepriesteramt an Menelaos, den Rivalen des Jason, gegen Zusage höherer Zahlungen. Beginn innerer Unruhen in Jerusalem
170 – 168	Präventivkrieg Antiochos' IV. gegen Ägypten
169	Menelaos liefert Antiochos IV. den Tempelschatz aus
168	Abfall Jerusalems und Wiedereinnahme durch Antiochos IV. Verbot der jüdischen Religion
167 – 152	Makkabäeraufstand
165	Judas Makkabaios nimmt Jerusalem ein. Wiederaufnahme des Jahwekultes im Tempel
163	Rücknahme des Religionsverbots durch König Antiochos V. Niederlage der jüdischen Aufständischen bei Beth-Sacharia. Einsetzung des Hohenpriesters Alkimos durch den seleukidischen König
161	Judas Makkabaios besiegt den seleukidischen Strategen Nikanor und schließt ein Bündnis mit Rom
160	Judas Makkabaios fällt in der Schlacht bei Elasa
152	Der seleukidische Thronprätendent Alexander Balas erhebt den Führer der jüdischen Aufständischen Jonathan, einen Bruder des Judas Makkabaios, zum Hohenpriester

nach 145	Beginn der Expansion des jüdischen Tempelstaates
143	Judäa wird von der Steuer- und Abgabenpflicht befreit. Beginn der jüdischen Freiheitsära
141	Jonathan nimmt die Akra, die seleukidische Festung in Jerusalem, ein
140	Die jüdische Volksversammlung erhebt aus eigener Machtvollkommenheit Simon, den Nachfolger Jonathans, zum weltlichen Führer und Hohenpriester
133	König Antiochos VII. Sidetes zwingt Jerusalem zur Kapitulation und Johannes Hyrkanos I., den Sohn und Nachfolger Simons, zur erneuten Anerkennung der seleukidischen Oberhoheit
129 – 104	Johannes Hyrkanos erweitert unter Ausnutzung der Schwäche des Seleukidenreiches den jüdischen Tempelstaat und behauptet seine Eroberungen mit diplomatischer Unterstützung Roms
104 – 78	Unter den Söhnen des Johannes Hyrkanos, Aristobulos I. und Alexander Jannaios, wird die Expansion unter wechselhaften Kämpfen fortgesetzt. Annahme des Königstitels
ca. 90 – 84	Bürgerkrieg zwischen Alexander Jannaios und der religiösen Partei der pharisäischen Schriftgelehrten
76 – 67	Die Königin Alexandra Salome sucht den Ausgleich mit den Pharisäern
67 – 63	Dynastischer Bürgerkrieg zwischen den Söhnen des Alexander Jannaios und der Alexandra Salome Aristobulos II. und Johannes Hyrkanos II.

63	Einnahme Jerusalems durch Pompeius. Absetzung Aristobulos' II. Verkleinerung des Hasmonäerreichs, das Johannes Hyrkanos II. unter dem Titel Hoherpriester und Ethnarch unterstellt wird. Beginn der römischen Oberherrschaft
57	Aulus Gabinius, Statthalter von Syrien, beendet die weltliche Herrschaft des Hohenpriesters und teilt das jüdische Territorium in fünf Distrikte mit städtischen Mittelpunkten
48 – 44	Caesar stellt die weltliche Herrschaft des Hohenpriesters wieder her, erweitert sein Territorium und erteilt den Juden verschiedene Privilegien
40 – 37	Einfall der Parther. Einsetzung des Antigonos, eines Sohnes Aristobulos' II., zum König und Hohenpriester
37 – 4	Herodes der Große von Antonius' und Augustus' Gnaden König über ein um weitere Gebiete vergrößertes Reich
4 v. – 6 n. Chr.	Archelaos, einer der Söhne Herodes' des Großen, herrscht als Ethnarch über Judäa und Samaria
6 – 41	Direkte römische Verwaltung in dem neueingerichteten Provinzialbezirk Judäa. Wachsender jüdischer Widerstand gegen die direkte Fremdherrschaft
38	Antijüdische Ausschreitungen in Alexandrien
41 – 44	Befriedungsversuch des Kaiser Claudius. Wiederherstellung des Reiches Herodes' des Großen unter seinem Enkel Herodes Agrippa I.
44 – 66	Erneuerung der direkten römischen Herrschaft und Steigerung des jüdischen Widerstands zum offenen Abfall von Rom
66 – 70/74	Der Jüdische Krieg endet mit der Einnahme Jerusalems und der Zerstörung des Tempels. Aufhebung des jüdischen Tempelstaats. Judäa wird praetorische Provinz

74 – 132	Neubeginn jüdischen Lebens unter Leitung der Schriftge-lehrten von Jamneia
115 – 117	Jüdische Aufstände in der Kyrenaika, in Ägypten, auf Zypern und in Mesopotamien
132 – 135	Bar Kochba-Aufstand in Judäa. Gründung der römischen Kolonie Aelia Capitolina auf den Trümmern Jerusalems. Errichtung der konsularischen Provinz Syria Palaestina
135 – 175	Fortsetzung der Arbeit der Schriftgelehrten in Uscha
ca. 175 – 217	Das Patriarchat des Jehuda ha-Nasi in Bet Schearim und Sepphoris
Mitte 3. Jhdt.	Verlegung des Patriarchats nach Tiberias am See Genezareth
nach 324	Unter Kaiser Konstantin dem Großen wird Jerusalem zur Heiligen Stadt der Christen
4. Jhdt.	Ambivalenz jüdischer Existenz zwischen dem Status einer geschützten Religionsgemeinschaft und christlich motivier-ten Übergriffen
363	Kaiser Julian beabsichtigt, den Juden den Tempel in Jerusalem wiederaufzubauen
vor 429	Theodosius II. hebt das jüdische Patriarchat auf
5. – 6. Jhdt.	Die Gesetzgebung der christlichen Kaiser macht die Juden zu römischen Bürgern mit eingeschränkten Rechten
553	Kaiser Justinian versucht durch Erlaß, die Verwendung des Hebräischen und die talmudische Schriftauslegung der Rab-binen aus dem jüdischen Gottesdienst zu verbannen
614	Eroberung Jerusalems durch die Perser

614–617	Die Perser geben Jerusalem den Juden zurück
617	Die Perser beenden die jüdische Herrschaft und geben Jerusalem in die Hand der monophysitischen Christen
629	Kaiser Heraklios zieht nach seinem Sieg über die Perser in Jerusalem ein und verweist die Juden erneut aus der Stadt und ihrem Umfeld
632	Beginn der Einfälle der muslimischen Araber
634	Heraklios befiehlt wegen der jüdischen Sympathien für die Araber die Zwangstaufe der Juden Palästinas
638	Eroberung Jerusalems durch die Araber. Zusammenbruch der römisch-byzantinischen Herrschaft über den Vorderen Orient. Jerusalem wird zur Heiligen Stadt auch der arabischen Herren des Landes

Hinweise zu Quellen und
wissenschaftlicher Literatur

Im Folgenden wird eine Bibliographie raisonnée gegeben, die bewußt auf Vollständig keit verzichtet, aber dem Leser die Möglichkeit geben soll, eine Vorstellung von den zur Verfügung stehenden Quellen, der Grundlage einer jeden historischen Rekonstruktion, zu gewinnen und, was wissenschaftliche Literatur anbelangt, eine Auswahl wichtiger Werke zum Selbststudium in die Hand zu nehmen. Jede Auswahl ist, wie sich von selbst versteht, subjektiv, wie denn auch historische Urteilsbildung und historische Darstellungen ohne die Subjektivität des Historikers nicht vorstellbar sind. Aber auf Vollständigkeit bedachte Literaturlisten, die alphabetisch nach Verfassernamen geord-net Hunderte von Titeln auflisten, sagen bestenfalls dem Fachmann nichts Neues, und den Laien verwirren sie nur. Erfahrungsgemäß haben sie zudem, nicht zuletzt auch auf Studierende, eine geradezu abschreckende Wirkung. Im übrigen sei darauf verwiesen, daß viele der unten genannten Bücher mit ausführlichen Literaturlisten aufwarten.

Das literarische Produkt des in der Exilzeit vorbereiteten und im 5. Jahrhundert vollzogenen Neubeginns auf der Grundlage einer religiös fundierten Lebensordnung und damit zugleich seine Hauptquelle ist das Alte Testament. Der Alttestamentler Christoph Levin hat dies so formuliert:

«Im Alten Testament hat sich eine religiöse Gemeinschaft ihre Vergangenheit als Gottesgeschichte vergegenwärtigt, um ihre Zukunft wiederzugewinnen.»

Für diese Vergegenwärtigung der Vergangenheit gab es literarische Quellen. Aber sie sind gemessen am Umfang des Alten Testaments gering und machen nach einer modernen Schätzung allenfalls 10% des erhaltenen Textbestandes aus.

Der Zentralkult in Jerusalem war im Jahre 612 v. Chr. von König Josia auf ein Gesetzbuch fundiert worden, das dem 5. Buch Mose, dem sogenannten Deuterono-mium, entspricht. Das nachexilische Heiligtum, der Zweite Tempel, führte unter per-sischer Oberhoheit diesen jüdischen Zentralkult weiter, obwohl er seinen aus dem Hause Davids stammenden königlichen Träger verloren hatte. Das nötigte zu einer Neuinterpretation der überlieferten Religion. Ihre Quintessenz war die Vorstellung einer unmittelbaren, nicht durch das Königtum vermittelten Gottesherrschaft. Dies setzte im Umgang mit den überlieferten Quellen einen umfassenden Interpretationsprozeß in Gang, in dessen Folge die Lebensbedingungen der nachstaatlichen Zeit unter der Perserherrschaft an den Ursprung der eigenen Volksgeschichte versetzt wurde – oder in der Formulierung von Christoph Levin:

«Überspitzt ausgedrückt: In scharfem Gegensatz zu der Religionsgeschichte des eisenzeitlichen Syrien-Palästina entstand die Fiktion, daß sich in der Vorzeit am Sinai das Judentum konstituiert habe.»

Das Ergebnis war die Moses zugeschriebene Thora, die in den 5 Büchern des Pentateuch fixierte «Weisung Gottes». In ihr wurden ältere Erzählungen und älterer Rechtsstoff mit der umfassenden Kultordnung des Zweiten Tempels zu einer konstruierten Geschichte der Ursprünge des als Kultgemeinde begriffenen Volkes zusammengefaßt. Durch Erlaß des persischen Großkönigs Artaxerxes wurde die Thora in den Rang einer für alle Juden verbindlichen Lebensordnung erhoben. Die Entdeckung dieser historischen Zusammenhänge, in denen die Thora, das Grundwerk der jüdischen Religion, entstanden ist, hat verständlicherweise in traditionell religiösen Kreisen schwere Irritationen ausgelöst, aber das ändert nichts daran, daß das so gewonnene Bild der Entstehung des Pentateuch in großen Zügen zum Gemeingut der modernen Wissenschaft gehört. Einer seiner Hauptbegründer war Julius Wellhausen (1844 – 1918), der große Zertrümmerer der Überlieferung und Neuzusammensetzer ihrer Fragmente zu einem neuen Bild historischer Wirklichkeit. Das epochemachende Werk hat den Titel

– Prolegomena zur Geschichte Israels, Berlin 1882; 1899[5] (zuerst unter dem Titel «Geschichte Israels» 1878 erschienen)

Die verschlungenen Wege der späteren Thoraforschung brauchen uns hier nicht weiter zu interessieren. Ihre Akten sind in dem großen Orientierungswerk zum Alten Testament zu finden:

– O. Eissfeldt, Einleitung in das Alte Testament, Tübingen 1976[4], Neudruck 1989

Das Buch berücksichtigt nicht nur die Schriften des Kanons, sondern auch die Apokryphen und Pseudepigraphen (einschließlich der in Qumran gefundenen) und geht zum Schluß auf die Textgeschichte des Alten Testaments ein.

Das knappe, informative Buch von Chr. Levin, aus dem oben zitiert wurde, ist in der Reihe Beck's Wissen erschienen:

– Das Alte Testament, München 2001

Die vom 6. zum 5. Jahrhundert veränderte historische Konstellation hat ihren Niederschlag auch in den zwei verschiedenen Geschichtswerken des Alten Testaments gefunden. Während das sogenannte deuteronomistische Geschichtswerk noch ganz auf das Königtum Davids und seines Hauses fixiert ist und mit der Entlassung des letzten

Königs des Reiches Juda, Jojachin, aus der Gefangenschaft des babylonischen Herrschers im Jahre 562 endet, ist der Bezugspunkt des chronistischen Geschichtswerks das Jerusalemer Heiligtum. Dementsprechend schloß dieses Werk die Restauration des Tempels und die Reformen des Esra und Nehemia mit ein. Ursprünglich bildeten die Bücher Esra und Nehemia seinen Schlußteil. Diese sind erst später von der sogenannten Chronik abgetrennt worden.

Die Erfahrung von Untergang, Exil und Neubeginn hat weiterhin einen bedeutenden Niederschlag in den prophetischen Büchern gefunden. Im übrigen ist daran zu erinnern, daß das Alte Testament, sei es in der kanonischen Fassung der hebräischen Bibel oder in der erweiterten griechischen Version der sogenannten Septuaginta, auch in hellenistischer Zeit, und zwar bis in das späte 2. Jahrhundert v. Chr. hinein Erweiterungen erfahren hat. Dies gilt, was die Historiographie anbelangt, in Gestalt der beiden Makkabäerbücher für die Vorgeschichte des Makkabäeraufstandes und die Entstehung des Hasmonäerreichs (175 – 135 v. Chr.). Das Zweite Makkabäerbuch ist ein Auszug aus dem verlorengegangenen Geschichtswerk des Diasporajuden Jason von Kyrene. Ohne dieses Werk bliebe die Vorgeschichte des von Antiochos IV. verhängten Religionsverbotes für uns völlig undurchsichtig. Eine deutsche Übersetzung mit einem wertvollen historischen Kommentar, der von den glänzenden Kenntnissen des Verfassers in allen Fragen der hellenistischen Geschichte profitiert hat, ist Christian Habicht zu verdanken:

– 2. Makkabäerbuch, in: Jüdische Schriften aus hellenistisch-römischer Zeit I: Historische und legendarische Erzählungen, 3. Lieferung, Gütersloh 1976

Was die Propheten anbelangt, so hat das Buch Daniel seine endgültige Gestalt erst in der Zeit des beginnenden Makkabäeraufstandes, etwa um das Jahr 166/65 erfahren und hat im 11. Kapitel in Form einer Prophezeiung der dramatischen Ereignisse der Religionsverfolgung unter Antiochos IV. gedacht.

Eine schöne Würdigung von vier in hellenistischer Zeit entstandenen Büchern des Alten Testaments gibt

– E. Bickerman(n), Four Strange Books of the Bible. Jonah/Daniel/Kohelet/Esther, New York 1967

Im übrigen ist auf das oben genannte Standardwerk von Otto Eissfeldt zu verweisen. Deutsche Übersetzungen der jüdischen Schriften aus hellenistischer Zeit sind zusammen mit Kommentaren in der Reihe

– Jüdische Schriften aus hellenistisch-römischer Zeit I–IV, Gütersloh 1973–1983 (teilweise in 2. Auflage) erschienen.

Abgesehen von den beiden Makkabäerbüchern sind die beiden Geschichtswerke des Josephus, der «Jüdische Krieg» und die «Jüdischen Altertümer», unsere Hauptquellen für die jüdische Geschichte in der Zeit von Alexander dem Großen bis zur Zerstörung des Tempels und der Eroberung von Masada durch die Römer (332 v. Chr. – 70/74 n. Chr.). Der «Jüdische Krieg» liegt in einer guten zweisprachigen Ausgabe mit Kommentar vor:

– O. Michel/O. Bauernfeind, De Bello Iudaico. Der Jüdische Krieg, 3 Bde., München 1959–1969

Für beide Werke existiert daneben noch die ältere, in den Jahren 1977 und 1978 neu aufgelegte Übersetzung von H. Clementz, die freilich einer Überarbeitung bedarf. Eine mit Anmerkungen versehene Gesamtausgabe (einschließlich der Autobiographie und der gegen das antijüdische Pamphlet des Apion gerichteten Schrift) ist in der Loeb Classical Library erschienen:

– H. St. J. Thackeray, R. Marcus, L. H. Feldman, Josephus, 9 Bde., 1926–1965

Über die umfangreiche Josephusforschung unterrichtet

– L. H. Feldman, Josephus and Modern Scholarship (1937–1980), Berlin 1984 und Josephus. A Supplementary Bibliography, New York 1986

Leben und Werk des Josephus sind Gegenstand von zwei instruktiven Monographien:

– T. Rajak, Josephus. The Historian and his Society, London 1983 und
– P. Bilde, Flavius Josephus between Jerusalem and Rome. His Life, his Works and their Importance, Sheffield 1988

Die Werke des jüdischen Religionsphilosophen Philon von Alexandrien, des Hauptvertreters einer jüdisch-hellenistischen, von griechischer Philosophie inspirierten Theologie, sind ins Deutsche übersetzt worden von

– L. Cohn et al., Die Werke Philos von Alexandria, 7 Bde., Berlin 1909–1964

In der Loeb Classical Library ist eine griechisch-englische Ausgabe erschienen:
– F. H. Colson, G. H. Whitaker, 10 Bde. und 2 Suppl. Bde., 1929–1962

Eine gute Einführung in Leben und Werk des Philon gibt

– E. R. Goodenough, An Introduction to Philo Judaeus, Oxford 1962[2]

Eine Auswahl jüdischer Schriften aus hellenistischer Zeit in englischer Übersetzung und mit knappem Kommentar ist in der Serie «Cambridge Commentaries on Writings of the Jewish & Christian World 200 BC to AD 200» erschienen:

- J. R. Bartlett, Jews in the Hellenistic World 1 I: Josephus, Aristeas, The Sibyllic Oracles, Eupolemos, 1985 und
- R. Williamson, 1 II: Philo, 1989

Zum jüdischen Schrifttum in der Zeit des Zweiten Tempels ist mit Gewinn heranzuziehen:

- M. E. Stone (Hrsg.), Jewish Writings of the Second Temple Period. Apocrypha, Pseudepigrapha, Qumran Sectarian Writings, Philo, Josephus, Assen – Philadelphia 1984

Die in der Zeit zwischen 1947 und 1956 in der Nähe von Qumran entdeckten Schriftrollen, wahrscheinlich aus der Bibliothek der Sekte der Essener stammend, sind ins Englische übersetzt worden von

 G. Vermes, Complete Dead Sea Scrolls in English, London 1994[4]

Eine Auswahl der wichtigsten Texte ist zweisprachig, hebräisch/aramäisch und deutsch, im Verlag der Wissenschaftlichen Buchgesellschaft Darmstadt erschienen:

 E. Lohse, Die Texte aus Qumran I, 1971[2] und
- A. Steudel unter Mitarbeit von H.-U. Boesche, B. Bredereke, Chr. A. Gasser und R. Vielhauer, Die Texte von Qumran II, 2001

Ein instruktives Sachbuch zu den Texten von Qumran, dem historischen Hintergrund ihrer Entstehung und ihre Bedeutung für die Ursprünge des Christentums stammt von

 H. Stegemann, Die Essener, Qumran, Johannes der Täufer und Jesus, in: Herder Spektrum Bd. 4128, 1994[3]

Sensationell war seinerzeit die Auffindung von Briefen Bar Kochbas und weiterer Dokumente aus seinem Umkreis in den Höhlen von Murabba'at und Nahal Hever am Toten Meer:

- J. T. Milik, Textes hébreux et araméens, in: Discoveries in the Judean Desert II, Les grottes de Murabba'at, Oxford 1961 und
- Y. Yadin, Expedition D in Judean Desert Caves, Survey and Excavations 1960, in: Israel Exploration Journal 11, 1961 sowie Judean Desert Caves II, Survey and Excavations 1961, in: Israel Exploration Journal 12, 1962

Y. Yadin hat über seine Entdeckungen auch ein für das allgemeine Publikum bestimmtes, reich bebildertes Buch geschrieben, in dem ein Großteil der gefundenen Briefe und Dokumente übersetzt ist:

Y. Yadin, Bar Kokhba, London 1971; deutsch: Bar Kochba, Hamburg 1971, danach weitere Auflagen

Das aufwendigste Unternehmen der besonders rührigen israelischen Archäologie betraf Masada. Die Ausgrabungskampagnen sind dokumentiert in:

– M. Avi-Yonah et al., Israel Exploration Journal 7, 1957, 1 – 160; Y. Yadin, Israel Exploration Journal 15, 1965.

Yadin hat den Verlauf und die Ergebnisse dieser Kampagnen, ähnlich wie in dem Buch über Bar Kochba, reich bebildert für das allgemeine Publikum dargestellt:

 Y. Yadin, Masada, London 1966; deutsch Hamburg 1967, danach weitere Auflagen

Die griechischen und lateinischen Dokumente aus Masada sind veröffentlicht worden von:

– H. M. Cotton, J. Geiger, Masada 2: The Latin and Greek Documents, Jerusalem 1989

Den besten Zugang zu der im heutigen Israel mit Nachdruck betriebenen archäologischen Forschung bietet

– E. Stern (Hrsg.), The New Encyclopaedia of Archeological Excavations in the Holy Land I – IV, New York 1993

Die Befunde der Archäologie geben, was angesichts der späten Entstehung des Alten Testaments nicht verwundern kann, Anlaß, die Zuverlässigkeit der historischen Berichte der Bibel über die vorexilische Geschichte des Alten Israel in Frage zu stellen. Darüber ist jüngst ein für das allgemeine Publikum bestimmtes Buch veröffentlicht worden:

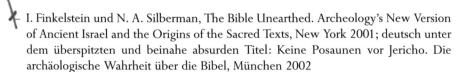 I. Finkelstein und N. A. Silberman, The Bible Unearthed. Archeology's New Version of Ancient Israel and the Origins of the Sacred Texts, New York 2001; deutsch unter dem überspitzten und beinahe absurden Titel: Keine Posaunen vor Jericho. Die archäologische Wahrheit über die Bibel, München 2002

Für die jüdischen Münzen besitzen wir jetzt das vorzügliche Corpus von

– Y. Meshorer, Ancient Jewish Coinage, Vol. I: Persian Period through Hasmoneans; Vol. II: Herod the Great through Bar Cochba, New York 1982.

Die Papyri, sowohl die von Juden geschriebenen als auch die sie betreffenden, sind ediert worden von

– V. Tcherikover/ A. Fuks/ M. Stern, Corpus Papyrorum Iudaicarum I-III, Cambridge/
Mass. 1957–1964

Was die Inschriften anbelangt, so ist bis auf weiteres noch die ältere Sammlung von J.
B. Frey nicht völlig ersetzt:

– Corpus Inscriptionum Iudaicarum I: Europe, Rom 1936; I2, New York 1975 mit
einem Prolegomenon von B. Lifshitz; II: Asie-Afrique, Rom 1952

Neuere Spezialsammlungen sind:

– M. Schwabe/B. Lifshitz, Beth She'arim II: The Greek Inscriptions, New Brunswick
1974
– W. Hosbury/D. Noy, Jewish Inscriptions of Greco-Roman Egypt, Cambridge/Mass.
1992
– Y. Le Bohec, Inscriptions juives et judaisantes de l'Afrique romaine, Antiquités afri-
caines 17, 1981, 65–207
– G. Lüderitz, Corpus jüdischer Zeugnisse aus der Cyrenaika, Wiesbaden 1983
– D. Noy, Jewish Inscriptions of Western Europe I-II, Cambridge/Mass. 1993/952
sowie neuerdings
– W. Ameling, Inscriptiones Judaicae Orientis II: Kleinasien, Tübingen 2004

Eine die Diaspora betreffende Quellensammlung stammt von:

– M. H. Williams, The Jews among the Greeks and Romans: A Diasporan Sourcebook,
London 1998

Die Äußerungen griechischer und römischer Autoren über Juden und Judentum sind
vorbildlich mit englischer Übersetzung und Kommentar gesammelt von

– M. Stern, Greek and Latin Authors on Jews and Judaism I–III, Jerusalem 1976–1984

Was den palästinensischen und babylonischen Talmud anbelangt, das wichtigste Zeugnis für den Umgang der Rabbinen mit der Bibel nach der Zerstörung des Tempels, verweise ich auf

– G. Stemberger, Einleitung in Talmud und Midrasch, München 1992[8] und
– Ders., Der Talmud. Einführung – Texte – Erläuterungen, München 1994[3]

So bedeutend der Talmud für die Religionsgeschichte des klassischen Judentums auch
ist, so wenig ergiebig ist er als Quelle für die profane Geschichte der Juden in der römischen Kaiserzeit und in der Spätantike. Dies hat beispielsweise P. Schäfer in einer kritischen Prüfung der talmudischen Zeugnisse über eine angebliche hadrianische Verfolgung nach dem Bar Kochba-Aufstand gezeigt:

– Der Bar Kokhba-Aufstand, Tübingen 1981

Am ehesten sind den talmudischen Texten noch Einblicke in den Alltag, nicht zuletzt
auch in die ökonomischen Verhältnisse zu entnehmen. Ein Versuch in dieser Hinsicht
ist das Buch von

– A. Ben-David, Talmudische Ökonomie I. Die Wirtschaft des jüdischen Palästina zur
  Zeit der Mischna und des Talmud, Hildesheim 1974

Zur kaiserlichen Gesetzgebung über Juden und Judentum in den spätantiken Corpora
des Codex Theodosianus und des Justinianischen Corpus Iuris verweise ich auf zwei
Arbeiten:

– K.-L. Noethlichs, Die gesetzgeberischen Maßnahmen der christlichen Kaiser gegen
  Häretiker, Heiden und Juden, Köln 1971 und jetzt vor allem
– A. Linder, The Jews in Roman Imperial Legislation, Detroit 1987

Die Geschichte der Juden reicht bekanntlich vom Altertum bis zur Gegenwart. Als
Thema der sich im 19. Jahrhundert als akademische Disziplin etablierenden
Geschichtswissenschaft ist sie von H. Graetz (1817–1891), Dozent am Jüdisch-Theolo-
gischen Seminar und Professor an der Universität Breslau, aufgegriffen und zum ersten
Mal in einem mehrbändigen Werk dargestellt worden:

– Geschichte der Juden von den ältesten Zeiten bis auf die Gegenwart, 11 Bde.,
  Leipzig – Berlin 1853–1876 (danach mehrere Auflagen und Übersetzungen)

Eine populärwissenschaftliche Version erschien unter dem Titel:

  Volkstümliche Geschichte der Juden, 3 Bde., Leipzig 1888 (danach zahlreiche Auflagen; der letzte Nachdruck in dtv reprint in 6 Bden., München 1985)

Das Werk, eine Pioniertat aus dem Umkreis der 1852 begründeten Monatsschrift für
Geschichte und Wissenschaft des Judentums ist inzwischen, unnötig zu sagen, veral-
tet. An seine Stelle tritt jetzt als ausführlichste Darstellung der jüdischen Geschichte
und Kultur vom Altertum bis zur Gegenwart das imponierende Œuvre von

– S. W. Baron, A Social and Religious History of the Jews, 18 Bde., New York 1952–1993

Freilich ist das Thema so facettenreich und der zu bewältigende Stoff so gewaltig, daß
sich für die Geschichte der Juden eine ähnliche Spezialisierung durchgesetzt hat wie in
der allgemeinen Geschichtswissenschaft. Allenfalls in Sammelwerken, in denen Spezia-
listenteams die einzelnen Epochen und Sachgebiete bearbeiten, erscheinen additive
Gesamtdarstellungen möglich. Zu nennen ist in erster Linie

H. H. Ben Sasson (Hrsg.), Geschichte des jüdischen Volkes, 3 Bde., München 1978

Bezogen auf die Geschichte der Juden in nachexilischer Zeit ist auch als Arbeitsinstrument besonders hilfreich

- W. D. Davies/L. Finkelstein, The Cambridge History of Judaism, 3 Bde., Cambridge 1984 – 1988

Das Werk, das ähnlich wie die Cambridge Ancient History angelegt ist, enthält nicht nur eine Darstellung der politischen Geschichte, sondern berücksichtigt, nach Epochen gegliedert, ebenso Religion, Literatur und Kultur; zugleich unterrichtet es über Quellen einschließlich der monumentalen und über wissenschaftliche Spezialliteratur. Den Schwerpunkt auf jüdische Staatlichkeit legt das bereits im Vorwort charakterisierte Buch von

 P. Schäfer, Geschichte der Juden in der Antike. Die Juden Palästinas von Alexander dem Großen bis zur arabischen Eroberung, Neukirchen – Vluyn 1983

Der Kultur der Juden im Altertum ist der erste Teil des Werkes von K. Schubert gewidmet:

- Die Kultur der Juden. Teil I: Israel im Altertum; Teil II: Judentum im Mittelalter, Wiesbaden 1970 – 1979

Was die Geschichte der Juden in hellenistischer Zeit anbelangt, so ist E. Bickerman(n) der herausragende Historiker dieser Epoche. Seinen Einzelstudien und seinen Untersuchungen und Darstellungen verdanken wir (und nicht zuletzt der Verfasser dieses Buches) eine Fülle von Belehrungen und Einsichten. Seine gesammelten Aufsätze sind unter dem Titel publiziert:

- Studies in Jewish and Christian History, 3 Bde., Leiden 1976 – 1984

Neben der knappen Darstellung

- From Ezra to the Last of Maccabees, New York 1962

steht jetzt das posthum veröffentlichte Meisterwerk

 - The Jews in the Greek Age, Cambridge/Mass. – London 1988

Dort sind auch die Verhältnisse der Exilzeit, die Restauration unter Kyros und Dareios sowie die Begründung der religiösen Lebensform unter Esra und Nehemia unter Rückgriff auf seine in Aufsatzform publizierten Forschungen dargestellt. Diese Aufsätze sind

- The Generation of Ezra and Nehemia, in: Studies in Jewish and Christian History III, 299 – 326 (mit Namenslisten aus dem Archiv des Bankhauses Muraschu, das 1893 bei den Ausgrabungen von Nippur durch die University of Pennsylvania freigelegt worden ist)
- The Edict of Cyrus in Ezra I, in: a.a.O.I, 72 – 108

Die Herausforderung durch die Begegnung mit dem Hellenismus ist Gegenstand auch folgender Bücher:

- V. Tcherikover, Hellenistic Civilization and the Jews, Philadelphia 1961
- M. Hengel, Judentum und Hellenismus, Studien zu ihrer Begegnung unter besonderer Berücksichtigung Palästinas bis zur Mitte des 2. Jh. v. Chr., Tübingen 1973^2
- ders., Juden, Griechen und Barbaren, Stuttgart 1976

Das Thema hat wegen des von Antiochos IV. erlassenen Religionsverbots und seiner Folgen viel Aufmerksamkeit gefunden. Den Hintergründen dieses Religionsverbots hat E. Bickerman(n) ein mit Recht berühmtes Buch gewidmet:

- Der Gott der Makkabäer. Untersuchungen über Sinn und Ursprung der makkabäischen Erhebung, Berlin 1937

Bickerman(n) zeigte, daß die Initiative zur Verfolgung der jüdischen Religion von dem Hohenpriester Menelaos ausgegangen war, und er sah in ihm den Exponenten eines vom Geist des Hellenismus inspirierten «Reformjudentums». Diese These hat M. Hengel in seinem materialreichen Buch auf eine breite empirische Grundlage stellen wollen, und auch das letzte, posthum erschienene Buch von E. Bickerman(n) hat seinen Bezugspunkt in der offenen Frage nach dem geistigen Hintergrund jener religiösen Revolution, die den Makkabäeraufstand auslöste. Bickerman(n)s Herleitung des Religionsverbots aus dem Geist eines hellenistischen Reformjudentums hat schon unmittelbar nach Erscheinen seines Buches Widerspruch gefunden:

- I. Heinemann, Wer veranlaßte den Glaubenszwang der Makkabäerzeit?, in: Monatsschrift für Geschichte und Wissenschaft des Judentums 82, 1938, 145 – 172

Der Verfasser dieses Buches hat an diesen Widerspruch angeknüpft und zu zeigen versucht, wie die politische Selbsthellenisierung der jüdischen Elite sowie die weltpolitische und die machtpolitische Konstellation im Inneren von Judäa zusammenwirkten und einen katastrophalen Effekt, eben das Verbot der jüdischen Religion, zeitigten. Dies ist im einzelnen dargelegt:

- K. Bringmann, Hellenistische Reformen und Religionsverfolgung in Judäa. Eine Untersuchung zur jüdisch-hellenistischen Geschichte (175 – 163 v. Chr.), Göttingen 1983

Die militärische Seite des Makkabäeraufstandes ist sehr ausführlich von dem besten Kenner des seleukidischen Militärwesens dargestellt worden:

– B. Bar-Kochva, Judas Maccabaeus. The Jewish Struggle against the Seleucids, Cambridge 1989

Die Zeit vom Regierungsantritt Antiochos' IV. bis zum Ende des Bar Kochba-Aufstandes ist nicht nur die dramatischste, sondern auch die durch besonderen Quellenreichtum ausgezeichnete Epoche der jüdischen Geschichte im Altertum. In ihrem Umfeld liegen bekanntlich auch die Wurzeln des Christentums. Dies ist der Entstehungsgrund des herausragenden Werkes zur Geschichte, zu den Institutionen, zur Religion und zu den Religionsparteien sowie zur Literatur der betreffenden Epoche:

– E. Schürer, Geschichte des jüdischen Volkes im Zeitalter Jesu Christi, 2 Bde., Leipzig 1886 – 1890^2; 1901 – 1909$^{3-4}$

Das Werk, Zeugnis eines stupenden Gelehrtenfleißes aus der fruchtbarsten Zeit der Geisteswissenschaft in Deutschland, ist inzwischen von einem in England lehrenden Judaisten und einem englischen Althistoriker unter Berücksichtigung neuerer Forschungsliteratur überarbeitet worden, jedoch so, daß, wie die beiden Bearbeiter zu Recht betonen, es sich nach wie vor um das Buch Emil Schürers handelt:

– E. Schürer, The History of the Jewish People in the Age of Jesus Christ (175 B.C. – A.D. 135). A New English Version rev. and ed. by G. Vermes & F. Millar, I – III. 1, Edinburgh 1973 – 1987

Aus der großen Zahl der Beiträge, die den römisch-jüdischen Vertragsbeziehungen in der Hasmonäerzeit gewidmet sind, nenne ich nur zwei, die ich für besonders förderlich halte:

– D. Timpe, Der römische Vertrag mit den Juden von 161 v. Chr., in: Chiron 4, 1974, 133 – 152 und
– A. Giovannini/H. Müller, Die Beziehungen zwischen Rom und den Juden im 2. Jh. v. Chr., in: Museum Helveticum 28, 1971, 156 – 171

Die in der Hasmonäerzeit entstandenen Religionsparteien sind ausführlich in dem erwähnten Werk von E. Schürer behandelt. Hinzu kommt das ebenfalls bereits genannte Buch von H. Stegemann über die Essener. Von älteren Werken nenne ich nur die brillante Studie von

– J. Wellhausen, Die Pharisäer und Sadducäer. Eine Untersuchung zur inneren jüdischen Geschichte, Greifswald 1874; ND Göttingen 1967

Was die Juden und das Römische Reich anbelangt, so ist der Versuch gemacht worden, die sich zur Katastrophe steigernden Konflikte aus Voraussetzungen zu erklären, die sich aus der Prägung beider Seiten durch ihre jeweilige Vorgeschichte ergaben:

– E. Baltrusch, Die Juden und das Römische Reich. Geschichte einer konfliktreichen Beziehung, Darmstadt 2002

Auf diese Weise kann freilich nicht alles erklärt werden, und indem auf eine Analyse der konfliktreichen Beziehungen zwischen 63 v. und 135 n. Chr. verzichtet wird, trägt das Buch einen geradezu irreführenden Titel.

Das ist anders in dem Standardwerk zur Geschichte der Juden unter römischer Herrschaft:

– M. Smallwood, The Jews under Roman Rule, Leiden 1976

Hinzu kommt neuerdings:

– K. L. Noethlichs, Das Judentum und der römische Staat. Minderheitenpolitik im antiken Rom, Darmstadt 1996

Eine bedeutende Episode in der römischen Phase der jüdischen Geschichte war die Herrschaft der Dynastie der Herodeer in Judäa beziehungsweise in dessen Nebenländern. Herodes dem Großen sind zwei moderne Biographien gewidmet worden:

– A. Schalit, Herodes der Große. Der Mann und sein Werk, Berlin 1969
– P. Richardson, Herod. King of the Jews and Friend of the Romans, Columbia/S.C. 1996

Das Werk von Schalit ist eine Fundgrube des Wissens, ist aber wegen seiner erratischen Fülle keine leichte Lektüre. Das Buch von Richardson ist weitaus besser organisiert.

Die Dynastie als ganze ist Gegenstand der instruktiven älteren Monographie von

– A. H. M. Jones, The Herodes of Judea, Oxford 1967[2]

Eine bedeutende Rolle bei der Entstehung einer Widerstandsbewegung gegen die römische Herrschaft aus dem Geist des religiösen Fundamentalismus haben die sogenannten Zeloten, die Eiferer für die Königsherrschaft Gottes, gespielt. Über sie orientiert am besten die Monographie von

– M. Hengel, Die Zeloten. Untersuchungen zur jüdischen Freiheitsbewegung in der Zeit von Herodes I. bis 70 n. Chr., Leiden – Köln 1976[2]

Den wirtschaftlichen Verhältnissen und den sozialen Zuständen auf dem Lande als dem Nährboden des Widerstandes gegen Rom gilt der Beitrag von

– Sh. Applebaum, Judaea as a Roman Province. The Countryside as a Political and Economic Factor, in: Aufstieg und Niedergang der Römischen Welt II. 8, Berlin – New York 1977, 355 – 396

Die politischen Verhältnisse zur Zeit Jesu sind Gegenstand eines instruktiven Sammelwerkes von
– E. Bammel/C. F. D. Moule (Hrsg.), Jesus and the Politics of His Day, Cambridge 1984

Vor dem Hintergrund seiner jüdischen Umgebung wird Jesus in einem Werk gezeichnet, das von der späteren christlichen Dogmenbildung völlig absieht:

 – G. Vermes, Jesus der Jude. Ein Historiker liest die Evangelien, Neukirchen – Vluyn 1993

Zum sogenannten Prozeß Jesu gibt es eine wahre Flut an Literatur. Das Wesentliche finden sich in einem Beitrag, der aus einem Rundfunkvortrag hervorgegangen ist:

– W. Stegemann, Es herrsche Ruhe im Land. Roms kurzer Prozeß mit Jesus von Nazareth, in: U. Schulz (Hrsg.), Große Prozesse. Recht und Gerechtigkeit in der Geschichte, München 1996, 41 – 54 (449: Literaturangaben)

Wie Jerusalem zur Zeit Jesu organisiert war, ist Gegenstand des Buches von

– J. Jeremias, Jerusalem zur Zeit Jesu, Göttingen 1963[2]

Der Geschichte der Juden in dem fatalen ersten Jahrhundert n. Chr. ist ein umfassendes zweibändiges Sammelwerk gewidmet:

– S. Safrai/M. Stern, The Jewish People in the First Century I, Assen 1974; II, Assen – Philadelphia 1987

Ein interessanter Beitrag zu den Ursprüngen des Großen Aufstandes im Jahre 66 n. Chr., der dem Autoritätsverlust der alten, durch Kooperation mit der Besatzungsmacht kompromittierten regierenden Klasse Judäas nachgeht, ist das Buch von

– M. Goodman, The Ruling Class of Judea. The Origins of the Jewish Revolt against Rome A.D. 66 – 70, Cambridge 1987

Das Standardwerk zur Diaspora und zur jüdischen Peripherie in Palästina ist:

– L. H. Feldman, Jew and Gentile in the Ancient World. Attitudes and Interactions from Alexander to Justinian, Princeton 1992

Wichtige Teilbereiche thematisieren

- H. Zucker, Studien zur jüdischen Selbstverwaltung im Altertum, Berlin 1936 (das Buch ist wie das Meisterwerk von E. Bickerman(n) «Der Gott der Makkabäer» im jüdischen Schockenverlag erschienen und macht – dem nichtjüdischen Historiker zu Ehren sei es gesagt – dem Ungeist der damaligen Zeit keinerlei Zugeständnisse)
- A. Kasher, The Jews in Hellenistic and Roman Egypt. The Struggle for Equal Rights, Tübingen 1985
- ders., Jews and Hellenistic Cities in Eretz-Israel. Relations of the Jews in Eretz-Israel with the Hellenistic Cities during the Second Temple Period (332 BCE – 70 CE), Tübingen 1990
- Sh. Applebaum, Jews and Greeks in Ancient Cyrene, Leiden 1979

In diesem Buch geht es nicht zuletzt um die Verhältnisse, die die Voraussetzung der Aufstände der Diaspora in der Zeit des Kaisers Trajan bilden. Den Aufständen selbst ist ein ebenso knapper wie informativer Artikel gewidmet worden:

- A. Fuks, Aspects of the Jewish Revolt in A.D. 115 – 117, in: Journal of Roman Studies 51, 1961, 98 – 104

Zum Bar Kochba-Aufstand verweise ich auf die im Quellenteil genannten Bücher von P. Schäfer und Y. Yadin sowie auf einen Aufsatz, der die seit langem bekannten lateinischen Inschriften im Lichte des Neufundes von Tel Shalem für eine militärgeschichtliche Analyse der römischen Anstrengungen zur Niederschlagung des Aufstandes auswertet:

- W. Eck, The Bar Kokhba Revolt: The Roman Point of View, in: Journal of Roman Studies 89, 1999, 76 – 89

Zur Geschichte der Juden nach der Niederwerfung des Bar Kochba-Aufstandes nenne ich nur zusammenfassende Werke, in denen die Spezialliteratur genannt wird:

- N. N. Glatzer, Geschichte der talmudischen Zeit, Berlin 1937 (ebenfalls erschienen im jüdischen Schockenverlag); 2. Auflage mit einem Vorwort von P. von der Osten-Sacken sowie einem Nachwort zur Einleitung der 1. Auflage von 1937 und einem Literaturnachtrag von N. N. Glatzer, Neukirchen – Vluyn 1981
- M. Avi Yonah, Geschichte der Juden im Zeitalter des Talmud in den Tagen von Rom und Byzanz, Berlin 1962
- G. Stemberger, Das klassische Judentum. Kultur und Geschichte der rabbinischen Zeit, München 1979
- K. L. Noethlichs, Die Juden im christlichen Imperium Romanum (4.–6. Jahrhundert), Berlin 2001

Bild- und Kartennachweis

Der Verlag konnte trotz intensiver Bemühungen nicht alle Bildrechtinhaber ermitteln. Berechtigte Ansprüche richten Sie bitte an den Verlag.

akg-images: S. 259, 286

K. L. Noethlichs, Berlin: S. 293

Yigael Yadin (Israel Exploration Society): S. 261, S. 280

IAA Israel Antiquity Authority: S.198

Corbis: S. 192 (Richard T. Nowitz), 260 (Charles & Josette Lenars)

Die Fotos wurden geliefert vom Institut für Archäologische Wissenschaften, Abt. II (Fotosammlung) der Universität Frankfurt a. M. Die Fotos wurden von Elisabeth Kießling angefertigt: S. 37, 55, 75, 94, 135, 136, 250, 253, 258, 263, 276, 277, 279, 285

Rudolf Hungreder: S. 273, 281, 283

Ullstein Bild: S. 191

Württembergisches Landesmuseum Stuttgart, P. Frankenstein, H. Zwietasch: S. 282

Farbtafeln mit Motiven aus dem Bilderzyklus der Synagoge von Dura-Europos: Die Fotos wurden geliefert vom Institut für Archäologische Wissenschaften Abt. II der Universität Frankfurt a. M. (Fotografin: Elisabeth Kießling).

Kartenteil (nach Großer Historischer Weltatlas. Erster Teil, Vorgeschichte und Antike, 1978/2005): © Bayerischer Schulbuch Verlag, München

Personenverzeichnis

4. Römische Kaiser und Kaiserinnen

2. Fiktive (?) Personen des Alten Testaments

Ortsverzeichnis

Helga Botermann:
Wie aus Galliern Römer wurden
Leben im Römischen Reich
458 Seiten, ca. 150 Abb. und Karten, gebunden, ISBN 3-608-94048-0

Die Autorin korrigiert das aus »Asterix und Obelix« vertraute Bild des antiken Gallien: Sie zeigt, wie zumeist ohne Gewalt und Zwang aus Galliern echte Römer wurden. Die eindrucksvollen Reste der antiken Städte zeugen vom zivilisierten Leben in der römischen »Provincia Narbonensis«. Nicht die Römer bauten den Pont du Gard, sondern die Gallier benötigten zum Glanz ihrer Stadt eine Wasserleitung.

»... Frau Botermann ist eine glänzende Provinzialgeschichte gelungen, ein Buch, das jeder anspruchsvolle Reisende in die Provence studieren sollte ...« *Karl Christ, Süddeutsche Zeitung*

»... Die Verfasserin vermittelt vielmehr alle Voraussetzung dafür, zu erkennen, was die (römische) Welt im Innersten zusammenhielt. Ein aufregendes Buch.« *Uwe Walter, F.A.Z.*

Ronald Syme:
Die Römische Revolution
Machtkämpfe im antiken Rom
Grundlegend revidierte und erstmals vollständige Neuausgabe
777 Seiten, gebunden, 50 s/w-Abb., Lesebändchen, ISBN 3-608-94029-4

So nuanciert wie fesselnd beschreibt Ronald Syme den blutigen Kampf um die Macht, den der herrschende Adel in Rom führte. Am Ende stand der Untergang der Republik.

»Es gibt historische Bücher, die sind spannender als jeder Roman. Zum 100. Geburtstag des Historikers Ronald Syme ist sein Meisterwerk in einer Übersetzung erschienen, die seiner Formulierungskraft endlich Ausdruck verleiht. Syme hat ein flüssig lesbares, im besten Sinne unterhaltendes Opus nicht nur zur römischen Geschichte geschrieben, sondern zu Funktionsweisen von Dekadenz und Totalitarismus.« *Wirtschaftswoche*

Klett-Cotta

Robin Lane Fox:
Alexander der Große
Eroberer der Welt

827 Seiten, 50 s/w Abb., Karten, gebunden, ISBN 3-608-94078-2

Robin Lane Fox' Werk gilt in der englischsprachigen Welt als die meistgelesene und bestgeschriebene Darstellung Alexanders des Großen und seiner Zeit. Ausgezeichnet mit mehreren Preisen für seine Erzählkunst, beschreibt der Autor mit beispielloser Eindringlichkeit die leidenschaftliche Begeisterung des großen Makedonen für die Welt Homers und seiner Helden: Als neuer »Achill«, rück-sichtslos, hochfahrend und voller Tatendrang, unterwarf Alexander Ägypten und besiegte die Perser. Als er im Alter von nur 34 Jahren starb, hinterließ er ein Reich, das sich weit über die Grenzen der bis dahin bekannten Welt erstreckte.
Zum erstenmal europäisierte der belesene Schüler des Aristoteles den Orient und schuf so die Voraussetzungen für eine griechisch-hellenistische Weltkultur, die bis heute nachwirkt.

»Alexander war ein Romantiker in einem rationalistischen Zeitalter. (...) Diesen Aspekt Alexanders versteht Robin Lane Fox auf herrliche Weise darzustellen.« *New Statesman*

Manfred Clauss:
Alexandria
Schicksale einer antiken Weltstadt

368 Seiten, 25 s/w Abb., Karten, gebunden, ISBN 3-608-94329-3

Souverän und fesselnd erzählt Manfred Clauss die wechselvolle Ge-schichte des antiken Alexandria und ihrer Bewohner aus allen Teilen der damaligen Welt. Diese einzigartige Darstellung einer Weltstadt des Altertums umspannt die Epoche Alexanders des Großen, die Zeit der Ptolemäer, die Römerherrschaft und den Beginn des Christentums bis zur Eroberung durch die Araber.

»Manfred Clauss vermag den Leser auf hohem Niveau zu fesseln.« *Antike Welt*

Klett-Cotta